"信毅教材大系"编委会

主　　任	卢福财
副 主 任	邓　辉　王秋石　刘子馨
秘 书 长	廖国琼
副秘书长	宋朝阳
编　　委	刘满凤　杨　慧　袁红林　胡宇辰　李春根
	章卫东　吴朝阳　张利国　汪　洋　罗世华
	毛小兵　邹勇文　杨德敏　白耀辉　叶卫华
	尹忠海　包礼祥　郑志强　陈始发
联络秘书	方毅超　刘素卿

信毅教材大系·会计学系列

管理会计学（第二版）

Management Accounting

张绪军　杨桂兰　主编

复旦大学出版社

总　序

世界高等教育的起源可以追溯到1088年意大利建立的博洛尼亚大学,它运用社会化组织成批量培养社会所需要的人才,改变了知识、技能主要在师徒间、个体间传授的教育方式,满足了大家获取知识的需要,史称"博洛尼亚传统"。

19世纪初期,德国的教育家洪堡提出"教学与研究相统一"和"学术自由"的原则,并指出大学的主要职能是追求真理,学术研究在大学应当具有第一位的重要性,即"洪堡理念",强调大学对学术研究人才的培养。

在洪堡理念广为传播和接受之际,英国的教育家纽曼发表了"大学的理想"的著名演说,旗帜鲜明地指出"从本质上讲,大学是教育的场所","我们不能借口履行大学的使命职责,而把它引向不属于它本身的目标",强调培养人才是大学的唯一职能。纽曼关于"大学的理想"的演说让人们重新审视和思考大学为何而设、为谁而设的问题。

19世纪后期到20世纪初,美国威斯康星大学查尔斯·范海斯校长提出"大学必须为社会发展服务"的办学理念,更加关注大学与社会需求的结合,从而使大学走出了象牙塔。

2011年4月24日,胡锦涛总书记在清华大学百年校庆庆典上,指出高等教育是优秀文化传承的重要载体和思想文化创新的重要源泉,强调要充分发挥大学文化育人和文化传承创新的职能。

总而言之,随着社会的进步与变革,高等教育不断发展,大学的功能不断扩展,但始终都在围绕着人才培养这一大学的根本使命,致力于不断提高人才培养的质量和水平。

对大学而言,优秀人才的培养,离不开一些必要的物质条件保障，但更重要的是高效的执行体系。高效的执行体系应该体现在三个方面：一是科学合理的学科专业结构，二是能洞悉学科前沿的优秀的师资队伍，三是作为知识载体和传播媒介的优秀教材。教材是体现教学内容与教学方法的知识载体，是进行教学的基本工具，也是深化教育教学改革，提高人才培养质量的重要保证。

  一本好的教材，要能反映该学科领域的学术水平和科研成就，能引导学生沿着正确的学术方向步入所向往的科学殿堂。因此，加强高校教材建设，对于提高教育质量、稳定教学秩序、实现高等教育人才培养目标起着重要的作用。正是基于这样的考虑，江西财经大学与复旦大学出版社达成共识，准备通过编写出版一套高质量的教材系列，以期进一步锻炼学校教师队伍，提高教师素质和教学水平，最终将学校的学科、师资等优势转化为人才培养优势，提升人才培养质量。为凸显江财特色，我们取校训"信敏廉毅"中一前一尾两个字，将这个系列的教材命名为"信毅教材大系"。

  "信毅教材大系"将分期分批出版问世，江西财经大学教师将积极参与这一具有重大意义的学术事业，精益求精地不断提高写作质量，力争将"信毅教材大系"打造成业内有影响力的高端品牌。"信毅教材大系"的出版，得到了复旦大学出版社的大力支持，没有他们的卓越视野和精心组织，就不可能有这套系列教材的问世。作为"信毅教材大系"的合作方和复旦大学出版社的一位多年的合作者，对他们的敬业精神和远见卓识，我感到由衷的钦佩。

王 乔

2012 年 9 月 19 日

序 言

　　管理会计与财务会计并列为现代会计的两大分支,它的形成和发展,不仅是社会经济环境变迁的产物,同时也是多种方法和思想共同作用的结果。我国社会主义市场经济体制的建立、发展和不断完善,宏观经济环境和宏观经济体制都在发生巨大变化。为了推进管理会计体系建设,从 2016 年 6 月开始财政部陆续颁布了管理会计基本指引、应用指引和案例示范,到 2019 年 12 月已经发布了 34 项应用指引。为了适应宏观经济环境和管理会计发展、变化的要求,满足管理会计教学的需要,我们对江西财经大学信毅系列教材《管理会计学》(张绪军主编,复旦大学出版社 2014 年版)进行了修订。本次修订的基本原则和内容是：

　　1. 调整了教材结构。修订后的教材包括总论、计划决策会计、执行控制会计和管理会计的新发展四大部分,在重点阐述学科领域成熟的、已有定论的理论和方法的同时,吸收了财会理论界近年来所取得的一些理论研究成果。

　　2. 优化了教材体例。采纳了教师和同学们的建议,减少识记类概念的阐述,增加对发散问题的思考,每一章均设置学习目的和要求、引入案例、复习思考题、案例分析,并配有知识拓展、课堂讨论、问与答,删除了概念归纳和练习题。

　　3. 完善了教材内容。为了便于教学内容在不同课程之间的划分,删除了存货决策的内容,更新了各章的教学案例,在介绍管理会计工具、方法时,结合了财政部最新发布的管理会计指引体系的内容。

　　4. 针对教材写作及出版过程中的文字表述及计算等方面的错误及不准确的内容,进行了全面复查与修订。

　　本次修订保持了教材的原有特色,修订后的教材具有体系独特而全面、内容新颖、案例完整和注重实用性的特点。编写过程中，我们力求博采众长、内容和结构新颖、方便教学。本书除可做高等院校财会专业教学使用外，对其他对管理会计感兴趣的理论研究和实务工作者也有一定的参考价值。

　　本书由张绪军、杨桂兰担任主编。编写提纲由张绪军提出，各章的编写分工如下：第一章由张绪军撰写；第二章、第三章由袁园、宛燕撰写；第四章、第九章由赵伟撰写；第五章由龚睿撰写；第六章、第七章由杨桂兰撰写；第八章、第十章由吉伟莉撰写；第十一章由张可撰写。最后由张绪军对全书进行了总纂。

　　本书的编写得到了管理会计课程组在写作过程中的支持与帮助；感谢江西财经大学"信毅教材大系"评审专家及复旦大学出版社的大力支持与鼓励。由于作者水平所限，书中纰漏，甚至错误在所难免，敬请读者批评指正。

编　者

2020 年 6 月

目 录

第一章　总论 ··· 001
　第一节　管理会计的定义 ························· 001
　第二节　管理会计的形成与发展 ············· 005
　第三节　管理会计的基本特征 ················· 009
　第四节　管理会计的基本理论 ················· 013
　第五节　管理会计职业和职业道德 ········· 021

第二章　成本性态分析与变动成本法 ········· 027
　第一节　成本性态分析 ····························· 027
　第二节　变动成本法 ································· 041

第三章　本量利分析 ····································· 054
　第一节　盈亏临界点分析 ························· 054
　第二节　实现目标利润分析 ····················· 068
　第三节　利润预测中的敏感分析 ············· 071
　第四节　本量利分析的基本假设 ············· 074
　第五节　本量利依存关系分析的扩展 ····· 075

第四章　经营预测 ··· 082
　第一节　经营预测概述 ····························· 083
　第二节　销售预测 ····································· 086
　第三节　成本预测 ····································· 092
　第四节　利润预测 ····································· 097
　第五节　资金需要量预测 ························· 100

第五章　经营决策 ··· 108
　第一节　经营决策需要考虑的成本概念 ··· 109
　第二节　经营决策的基本方法 ················· 115
　第三节　经营决策的分析评价 ················· 119

第四节　风险型决策和不确定型决策的分析 …………… 139

第六章　全面预算 …………………………………………… 148
　　　第一节　全面预算概述 ………………………………… 148
　　　第二节　全面预算的编制方法 ………………………… 152
　　　第三节　全面预算的编制 ……………………………… 156

第七章　标准成本法 ………………………………………… 166
　　　第一节　标准成本法概述 ……………………………… 166
　　　第二节　标准成本的制定 ……………………………… 168
　　　第三节　成本差异的计算与分析 ……………………… 174
　　　第四节　成本差异的账务处理 ………………………… 182

第八章　责任会计 …………………………………………… 188
　　　第一节　责任会计概述 ………………………………… 189
　　　第二节　责任中心与业绩评价 ………………………… 193
　　　第三节　内部转移价格 ………………………………… 202
　　　第四节　国际转移价格 ………………………………… 207

第九章　作业成本计算法 …………………………………… 215
　　　第一节　作业成本计算法概述 ………………………… 216
　　　第二节　作业成本计算法的基本原理 ………………… 218
　　　第三节　作业管理 ……………………………………… 238

第十章　战略管理会计 ……………………………………… 249
　　　第一节　战略管理会计概述 …………………………… 250
　　　第二节　战略管理会计的基本内容 …………………… 255
　　　第三节　战略管理会计的主要方法 …………………… 261

第十一章　企业业绩评价 …………………………………… 271
　　　第一节　业绩评价概述 ………………………………… 272
　　　第二节　业绩评价指标 ………………………………… 277
　　　第三节　业绩的综合评价 ……………………………… 289
　　　第四节　业绩评价体系的设计 ………………………… 298

第一章 总 论

【引导案例】

　　某国海军在西海岸有两个军事基地,一个是在 G 州的 A 基地,一个是在 H 州的 B 基地,国防部认为一个就够了,因此必须关掉一个。A 基地的建造成本 1 亿美元,每年运行费用 4 亿美元,该基地是建在海军所有的土地上,无需支付土地使用费,关闭该基地后可把土地以 5 亿美元卖给开发商。B 基地是建在海军从私人租来的土地上,建造成本 1.5 亿美元,每年土地租金 300 万美元,海军通过购买 6 000 万美元、利率 5% 的固定收益证券来支付租金,若关闭该基地,则需立即将土地和建筑物退给业主,该基地的年运行费用为 3 亿美元。若关闭 A 基地,海军必须将一部分人员转调到 B 基地,使其运行成本增加 1 亿美元,而关闭 B 基地却不会增加 A 基地的运行费用。

　　海军总部认为关闭 B 基地更合算,因为每年可节约 B 基地额外增加的 1 亿美元和每年 300 万美元的租金。你同意他的观点吗?请确认和解释决策中的相关成本和不相关成本。同学们,让我们在管理会计中寻找答案吧。

【学习目的和要求】

　　本章阐述了管理会计的基本理论问题。通过本章的学习,主要了解管理会计是怎样形成和发展的,它的研究对象、职能作用以及管理会计职业和职业道德是什么,明确管理会计的定义和管理会计的信息质量特征,重点掌握管理会计的基本特征。

第一节 管理会计的定义

　　现代管理会计学是一门新兴的边缘学科,它是现代管理学和现代会计学的有机融合。随着科学技术的进步,现代企业管理和现代企业会计的内涵与外延都发生了巨大变化,从而使人们对现代管理会计的认识有了新的发展。

一、国外会计学届对管理会计的定义

1958年,美国会计学会管理会计委员会对管理会计做了如下定义:管理会计就是运用适当的技术和概念,处理企业历史的和计划的经济信息,以有助于管理人员制定合理的、能够实现经营目标的计划,以及为达到各项目标所进行的决策。管理会计包含着为进行有效计划的制定、替代方案的选择、对业绩的评价以及控制等所必需的各种方法和概念。另外,管理会计研究还包括经营管理者根据特殊调查取得的信息以及与决策的日常工作有关的信息的收集、综合、分析和报告的方法。

1966年,美国会计学会在其《基本会计理论说明书》(Statement of Basic Accounting Theory)中认为:管理会计是利用适当的技术和观念,加工历史和未来的经济信息,以帮助管理人员制定合理的经济目标方案,并协助管理部门达到其经济目标制定合理的经济决策。该定义认为管理会计是一种技术和方法,包括一些理念,它强调了管理会计不仅加工历史信息,而且要加工未来信息,表明了管理会计与财务会计的重要不同之处。此外,该定义强调了管理会计主要是服务于管理人员,主要指企业内部的管理人员,帮助他们进行经济决策。这是和当时的管理已经从泰罗的科学管理发展到以西蒙为代表的决策管理阶段相适应的。因为当时经济的发展已经使人们认识到"正确地做错误的事"比"错误地做正确的事"损失更大,后果更严重。

1981年美国管理会计师协会为管理会计所下的定义为:管理会计是一个对财务信息进行确认、计量、汇总、分析、编制、解释和传递的过程,这些加工过的信息在管理中被用于内部的计划、评价和控制,并保证合理地、负责地利用企业的各种资源。该定义强调了管理会计是为服务单位的内部计划、评价和控制服务,为充分、有效地利用企业资源服务,但它只局限于对财务信息的进一步加工、传递和使用。

1982年,英国成本管理会计师协会进一步把管理会计的范围扩大到除审计以外的会计的各个组成部分。它认为管理会计是对管理当局提供所需信息的那一部分会计工作,使管理当局得以:(1)制定方针政策;(2)对企业的各项活动进行计划和控制;(3)保护财产的安全;(4)向企业外部人员(股东)反映财务状况;(5)向职工反映财务状况;(6)对各个行动备选方案作出决策。

1986年,美国全美会计师协会管理会计实务委员会对管理会计所下的定义为:管理会计是向管理当局提供用于企业内部计划、评价、控制以及确保企业资源的合理使用和经济管理责任的履行所需财务信息的确认、计量、归集、分析、编报、解释和传递的过程。管理会计还包括编制供诸如股东、债权人、规则制定机构及税务当局等非管理集团使用的财务报表。上述定义中,财务信息从广义上说,包括用于解释实际和计划的商业活动、经济环境以及资产和负债的估价的因果关系所必需的货币性和非货币性信息。这是一个管理会计(广义管理会计)概念,它实际上包括了财务会计。从会计的历史可以看出,在会计产生的时候,在所有权与经营权尚未分离时,在没有产生委托代理的情况下,会计本身一开始就是为企业内部管理服务的,只是后来,经济发展了,企业组织形式复杂化了,产生了外部的股东和内部掌握更多信息的经理层,而外部的股东,由于不如经理层了解企业经营的信息,于是要更多地依靠财务报表给他们提供企业经营的真实信息,这时,财务会计才显得重要了。其实,即使在所有权与经营权分离的环境下,从利用财务(货币)信息的深度和广度来讲,还是企业内部管理当局。

1997年,由美国著名管理会计学家罗伯特·S.卡普兰教授等四人合著的《管理会计(第2版)》中为管理会计所下的定义为:管理会计是一个为组织的员工和各级管理者提供财务和非财务信息的过程。这个过程受组织内部所有人员对信息需求的驱动,并能引导他们做出各种经营和投资决策。该定义有如下几点创新:(1)扩展了管理会计服务单位的外延。以前的定义主要讲管理会计服务于企业,而这个定义讲到管理会计服务于组织、各类组织,包括各类企业、事业单位、政府机关、学校、医院等非营利性的社会福利组织,这样就大大地扩展了管理会计的服务外延。经济、社会的发展,科技的进步,使人们认识到管理会计不仅能广泛应用于企业,帮助企业提高效率、改善效果,而且也能帮助其他组织提高效率、改善形象。(2)该定义也扩展了管理会计的具体服务对象。原来我们讲管理会计信息的使用者,好像主要是企业内部的管理人员,而且是中上层的管理者。但随着经济的发展,企业的组织结构在不断变化,企业内部组织的扁平化在加快,企业的员工素质也在提高,多技能员工越来越多,自我管理意识增强,人人都是管理者,人人都是被管理者。所以,现代管理会计的服务对象就不仅仅是企业的中上层管理者,而是各级各部门的管理人员,甚至是企业的每一位员工。(3)该定义扩展了现代管理会计对信息的收集和处理范围。过去的管理会计局限于用货币单位计量的财务信息,但该定义把管理会计对信息的收集和处理扩展到非财务信息,这是对管理会计概念的发展和创新,也是合乎管理实践要求的,是管理会计概念的与时俱进。

1997年,美国管理会计师协会(IMA)新的定义为:管理会计是提供价值增值,为企业规划设计、计量和管理财务与非财务信息系统的持续改进过程,通过此过程指导管理行动、激励行为、支持和创造达到组织战略、战术和经营目标所必需的文化价值。该定义有如下几个方面的创新:(1)对现代管理会计的目标有了更深刻的认识。以前,我们对管理会计目标的认识主要是企业利润的最大化,或者说帮助企业创造利润。该定义认为管理会计是提供价值增值。利润与价值不是一个等同的概念,利润大,价值不一定就大;利润是一个短期的目标,而价值增值则既考虑了短期的利润增加,也考虑了持续的利润增长。(2)该定义也考虑了非财务信息。(3)该定义提出了"持续改进"的概念。这应该是管理会计定义上一个重大的创新。"持续改进",也是"不断创新"的动力。一个企业或组织只有持续改进、不断创新,才能降低成本、提高质量,增强自身的核心竞争能力,永保生机和活力。(4)该定义讲到"激励行为",这实际上是认识到行为科学将对现代管理会计产生重大影响。(5)该定义认识到管理会计将为企业或组织的战略服务,从而把现代管理会计引入到一个更加广阔的新领域——战略管理会计。(6)该定义把现代管理会计上升到帮助创建先进的现代管理文化,使人们从哲学和文化的高度认识现代管理会计,从而为我们提供了更加广阔的思路。

可以看出,国外会计学界对管理会计的定义经历了狭义和广义两个阶段。20世纪70年代以前认为管理会计只是为企业内部管理者提供计划与控制所需信息的内部会计,70年代以后,管理会计的外延不断扩大,出现了广义管理会计概念。

二、国内学者对管理会计的定义

李天民教授在其1984年编著的《管理会计》一书中认为:管理会计主要是通过一系列专门方法利用财务会计提供的资料及其他有关资料进行整理、计算、对比和分析,使企业各级管理人员能据以对日常发生的一切经济活动进行规划与控制,并帮助企业领导作出各种决策的一套信息处理系统。该定义强调了:(1)现代管理会计包括利用和分析财务信息与其他资料;(2)现代管理会计要为各级管理人员服务;(3)现代管理会计是一套信息处理系统。

余绪缨教授(1999)认为管理会计是为企业内部使用者提供管理信息的会计,它为企业内部使用者提供有助于正确进行经营决策和改善经营管理的有关资料,发挥会计信息的内部管理职能。该定义强调了:(1)管理会计主要为企业内部管理服务;(2)管理会计为决策服务,决策性管理会计成为现代管理会计的主要内容;(3)现代管理会计是一个信息系统。此外,他在多篇论文中分别阐述了:非财务信息的重要性;在知识经济时代,现代管理会计更加注重对无形资产信息的处理和披露;文化方面对现代管理会计的影响。

胡玉明博士认为(2000)"21世纪的管理会计应当是为企业(组织)核心能力的诊断、分析、培植和提升特供相关信息的支持的信息系统"。该定义有如下几个创新:(1)对现代管理会计目标的新认识,即认为现代管理会计的核心目标是帮助企业创建核心竞争能力;(2)不仅企业中要运用现代管理会计,在事业单位、机关等也可以运用现代管理会计理论和方法;(3)现代管理会计仍然是一个信息系统。

孙茂竹教授认为(2006)管理会计是以提高经济效益为最终目的的会计信息处理系统。它强调:(1)从属性看,管理会计属于边缘学科,是以提高经济效益为最终目的的会计信息处理系统;(2)从范围看,管理会计既为企业管理当局的管理目标服务,同时也为股东、债权人、规章制度制定机构及税务当局,甚至国家行政机构等非管理集团服务;(3)从内容看,管理会计既要研究传统管理会计所要研究的问题,也要研究管理会计的新领域、新方法,并且应把成本管理纳入管理会计研究的领域;(5)从目的看,管理会计要运用一系列专门的方式方法,通过确认、计量、归集、分析、编制与解释、传递等一系列工作,为管理和决策提供信息,并参与企业经营管理。

国内外学者对管理会计的各种定义虽有差异,但是又有许多共同的地方,这些论述对于理解和研究管理会计是十分重要的。基于国内外有关管理会计的定义,管理会计的概念可以从广义和狭义两方面去理解:广义的管理会计是指用于概括现代会计系统中区别于传统会计,直接体现预测、决策、规划、控制和责任考核评价等会计管理职能的部分内容的一个范畴。这个概念既适用于揭示目前得到公认的微观管理会计的本质,也可以反映正在形成的宏观管理会计和国际管理会计的一般特征。狭义管理会计是指以强化企业内部经营管理,实现最佳经济效益为目的,以现代企业经济活动为对象,通过对财务信息的深加工和再利用,实现最经济过程的预测、决策、规划、控制和责任考核评价等职能的一个会计分支。它是一种侧重于在现代企业内部经营管理中直接发挥作用的会计,同时又是企业管理的重要组成部分。

第二节 管理会计的形成与发展

现代管理会计是从传统的会计系统中分化出来的,它与财务会计并列存在,成为现代会计的两大分支。管理会计的形成和发展,不仅是社会经济环境变迁的产物,也是多种方法和思想共同作用的结果。纵观两个世纪的社会经济环境变迁历程,我们不难发现:社会市场需求是引发技术创新的原动力,而技术创新为企业制度创新创造条件,又进一步引发和促进了企业组织制度的创新。同样,在企业制度创新引发管理会计实践与制度创新,管理会计在实践与制度上的创新反过来又促进了企业制度的发展。正是市场需求、技术创新、企业制度创新、管理会计实践与制度创新之间存在的这种共生性,构成了管理会计产生和发展的主体脉络,也决定了管理会计随社会经济环境的变迁而变化、发展的历史必然性。

一、管理会计的萌芽期(20世纪30年代以前)

管理会计的起源可以追溯到受产业革命影响而产生的层级式组织,如创立于19世纪初期的美国纺织工厂和钢铁公司。在此之前,美国传统的公司是单一的企业。在此种公司内一个或少数所有者在一个办事处经营其商店、工厂、银行或运输公司。通常此种类型的公司只具有一种经济职能,经营单一的产品系列,且仅在一个地区内经营,其各项经营活动由市场和价格机制来协调和控制。因而,客观上并不需要管理会计信息。层级式组织使经营和交易活动内部化,从而使内部产品缺乏相应的"市场价格",由此提出了既能满足衡量劳动效率,又能激励和评价管理者业绩的管理会计信息需求。当时的管理会计注重于加工成本,提供诸如每种加工工序及每名劳工的每小时成本,以及衡量加工工序效率的标准。同时,利用管理会计信息,激励员工实现生产力目标。

19世纪中期,铁路和电报的发明,为大批量生产和分销提供了快速、正常而可靠的运输与通信服务。同时,铁路和电讯行业的内在要求又首先在这些行业引发了组织创新,使这两个行业成为最早出现现代大型企业的领域。现代企业首先在铁路上出现,有着深刻的技术与组织原因。铁路运输的性质要求对过路车流的时间、速度等具体问题都有准确的协调与统一控制。当运输发展使车流过往量上升时,有效协调与控制就对安全运行格外重要了。正是这种铁路行业内在的技术特点,促使铁路企业的管理方式较早地从传统的个人管理转变为专业经理的系统协调。而电报的发明,则在技术上推动了铁路企业管理改革的持续进行。铁路和电报的采用很快就引起了生产与行销方式的变革。铁路提供了快速、正常以及批量运输的可能,使大规模行销与生产有了空间保证;电报、电话和邮政服务的改善,则为在更大范围内传递信息、进行协调和控制提供了技术前提。由此,使大批量生产和分销的工商企业应运而生。现代企业的特点是将许多单位置于其控制之下,这些单位经营于不同地点,通常进行不同类型的经济活动,处理不同类型的产品和服务。它们的活动和它们之间的交易因而被内部化,它们是由支薪雇员而非市场机制所控制并协调的。由此也对管理会计信息提出了新的要求:只有有效的管理会计系统,才能有效地协调运输、加工及配销等活动,并且评价各地区分部经理人员的业绩。当时各产业中都有相当的管理会计创新。例如:铁路业为监督多样且分散的营业,创造了控制现金收支的新程序,以及汇总其内部营运与业绩的考核指标。如:每吨公里成本、每位顾客公里成本、经营比率等,用以帮助管理当局评价各业务单位的获利能力和经营业绩。钢铁企业则在铁路业所创造的管理会计方法的基础上加以应用和扩展。典型的例子有重视成本管理的钢铁企业家安德鲁·卡内基。他不仅利用应付凭证制编制成本报告,而且将成本报告作为主要控制工具。卡内基十分重视成本,他不仅认为,看好成本,便不需担心利润;而且不断要求部门主管说明单位成本变动的理由。他把全部精力放在营业比率的成本面上,不仅将每个营业个体当期成本与前几个月的成本比较,而且与其他企业的成本比较。除了利用成本计算资料评价部分管理者经营业绩外,还依靠成本计算检查原材料质量及组合;同时,作为定价的依据。在大型商业企业,也自行发展出了一套衡量内部业绩的方法,如销货毛利、存货周转率等指标。

19 世纪最后 20 年和 20 世纪初,管理会计技术进一步发展,且与科学管理运动相联系。科学管理运动始于金属制造业,其发动者是一群工程师。以泰罗为代表的工程师开展此项运动的目的在于:企业内部如何通过实现各项生产和工作的标准化,来提高生产和工作效率,尽可能减少一切可能避免的浪费,从而据此达到提高企业利润的目的。他们通过详细的作业分析和对有关工作的工时和动作的研究,建立起详细、准确的原材料和劳动力的使用标准,都可以很简单地换算为人工及原材料成本的标准。最后将这些人工与原材料成本以及分摊的间接制造费用加总,计算出产品单位成本,并据以决定产品价格。

20 世纪初期,集权功能式企业体制(U 型组织结构)开始出现,为管理会计系统的进一步创新提供了机会。垂直式多元化经营的杜邦公司是一个典型。杜邦公司在合并之初,面临如何协调一个垂直整合的,融制造、销售于一体的各项活动,以及如何将资奉分配于这些不同的活动,以实现最大的利润等问题。杜邦公司设计出许多经营预算、固定资本投资预算制度,以协调各部门的经营活动,并将资源有效地在各部门之间进行分析。其中影响最深远的管理会计创新是投资报酬率(ROI)指标。投资报酬率为企业整体及各部门业绩评价提供了依据,同时也为管理当局进行资源分配提供了依据。杜邦公司的财务主管 F.D. 布朗又将这一指标进一步分解为营业利润率与资产周转率两部分。

20 世纪 20 年代,被 O. 威廉姆森(O. Williamson)称为"美国资本主义在 20 世纪最重要的一项创新"的分权式企业组织结构——事业部制(M 型组织结构)开始出现。事业部制的目的,在于克服以杜邦公司为代表的集权功能式企业体制存在的两个弱点:垂直整合公司的复杂性和经营管理人员对所有者的目标漠不关心。在多事业部门组织中,分派给高层主管的任务是规划公司的战略,而对其下属的经理人员,则指派他们对公司不同生产线,或不同行销区的经营活动进行协调与控制。为使这些各自独立的经理人员，一起向公司整体的目标努力，多事业部门组织必须靠管理会计系统归集资料，以便评价各事业部门及公司整体业绩，并制定公司未来的政策。以通用公司为代表的事业部制公司，进一步发展管理会计的技术与方法，使之更好地适应事业部制公司管理的需求。通用汽车公司的管理会计系统的主要特征，在于以分权式责任制度来执行集权式的控制。具体包括：(1)它提供了一套年度经营预测，使得各部门的经营目标可与高层主管的财务目标作一事前比较。(2)此系统提供了销售报告与弹性预算的信息，当实际结果偏离预期结果时，可立即反映出来而引起管理者的注意。(3)管理会计系统使高层主管可基于单一的业绩衡量标准，分配部门资源及管理业绩奖金。(4)使管理者与所有者利益一致化。

二、管理会计的成长期(20世纪30年代—80年代中期)

20世纪30年代以后，美国因证券市场及财务会计与注册会计师审计制度兴起，成本会计制度(管理会计的前身)与信息渐渐和管理脱节，变成财务会计的附属品，而丧失了与管理计划、控制、决策的相关性。在此情况下成本会计的主要目的不是为了成本管理，而是为了满足对外财务报告的需要。为了对外报告的需要，成本会计侧重于成本汇集、分配和产品成本的计算。特别是成本分配，通过产品分配，使得与产品相关的费用能够在产成品与产品之间区分开来，进而以此为基础，对已完工的产品成本进一步区分为本期已销售产品成本和期末存货成本。成本会计强调的，仍然是全部(完全)成本计算，以及以客观的、明确的方法对全部成本进行分配。人们所追求的仍然是"准确"的成本分配方式，试图找出一种计算特定产品实际成本的方法。与此同时，学术界凭借其微观经济学中的边际分析的基础，在管理会计决策方面开展了卓有成效的研究，并取得了相应的研究成果。

第二次世界大战后，资本主义经济得到迅速发展、日新月异的科学技术大规模应用于生产，资本进一步集中，从而使得企业规模日益扩大，生产经营日趋复杂化，企业外部的市场情况瞬息万变，竞争更为激烈。在这些新的环境和条件下，对企业管理现代化提出了新的要求，并在客观上也促进了企业管理的现代化。即一方面，强烈要求企业的内部管理更趋合理化、科学化；另一方面，更要求企业重视企业外部经济环境与客观条件的研究，重视企业与外部经济环境相互关系的研究，为企业正确地进行经营决策提供客观依据，使企业具有较高的灵活反应和适应的能力。否则，就会在激励的竞争中被淘汰。与之相对应的是，战前风靡一时的科学管理学说就为以西蒙为代表的现代管理科学所取代，人们已逐渐认识到：管理的重心在于经营，经营的关键在于决策。在此情况下，会计师们逐步认识到，既没有任何一种像"真实"成本那样可以适应一切情况的东西，也不能将产品成本视为唯一准确的数字，并以此为基础进行诸如产品定价、产品盈利能力、产品结构以及管理控制等管理决策。尽管许多决策都要利用成本数据，但成本的分配和汇集应随着决策的不同而变化。成本分配目的在于满足内部决策和控制，而不是为了对外财务报告的需要。由此使"不同的目的，不同的成本"(即相关成本)成为管理会计的核心，并因此而产生了许多以决策者需要为轴心，以相关成本为决策依据的管理会计的技术和方法。相关成本不仅确认实际成本，而且确认与特定决策相关但并无实际发生的机会成本。

20世纪50年代，除管理科学、组织理论和行为科学等对管理会计产生一定的影响外，作为现代微观经济学核心的新古典经济学，尤其是边际原理对管理会计起了主要影响，并由此使短期经营决策的经营效益分析评价的原理和方法得到进一步的丰富和发展。另外，由于数理经济学家的加入，使运筹学在50年代得到了空前发展，并对管理会计产生了影响。1960—1975年，关于运筹学在管理会计中应用的研究达到顶峰，例如，应用数学规划技巧决定产销限制下的最佳产品组合，应用概率理论和决策理论在不确定情况下作成本—产量—利润分析，借助数学规划模式分摊各种成本，利用统计方法事前估计固定和变动成本等。

19世纪60年代末期开始，由于受统计决策理论和不确定条件下的经济学研究成果的影响，西方管理会计学者开始对以新古典经济学为基础的管理会计进行重新检讨，并逐步放松了管理会计原有的基本假定，将不确定因素和信息成本概念引入管理会计，进而开始将信息经济学、代理人说和行为科学等引入管理会计的研究中来，使管理会计的研究领域进一步拓宽。信息经济学将信息视为商品，即要考虑其需求，也要考虑取得和产生信息的成本，并将信息产生的价值与取得信息的成本加以比较，据以决策。按照信息经济学的途径，信息的价值是通过正式模式的分析，来了解信息如何影响决策者的信念，决策和报酬，以及提供这项信息的成本。信息经济学引入管理会计，使人们深刻认识到，管理会计作为一个信息系统，它的设计与运作，既花代价，也会产生相应的效益，因而必须放弃传统的不考虑信息成本的新古典经济学的基本假定，而要求对管理会计信息的形式和使用，以信息经济学原理为指导，并使会计信息的效果及其经济性两方面得到统一。而代理人说则是信息经济学合乎逻辑的发展和具体化。它所要研究的是如何使委托人和代理人之间的责、权、利关系具体体现在双方商定的能最起作用的、最可行的契约中。由会计制度所产生的数据，是建立契约的基础。事实上，当企业经营日趋复杂，而必须增加分权的程度时，至少在原理上，代理人说提供了一套分析框架，从中可分析契约对管理控制程序的需求。代理人说的研究仍处于探索阶段，它试图发展一个正式的理论，用以说明不同利益主体未来建立契约关系面对信息产生的需求。只要代理人说将契约看作是一组由委托人与代理人构成的交互重叠的契约关系，它将有助于人们思考契约组织问题。

三、管理会计的反思期(20世纪80年代中期至今)

自20世纪80年代中期以来，社会经济环境发生了巨大变化。其总体特征表现为：(1)生产顾客化。进入富裕社会的消费者行为变得更具选择性，消费者需求向多样化、个性化发展。社会需求的这种变化，反映到生产组织上来，就是能对顾客多样化、个性化需求迅速作出反应的"顾客化生产"，不可避免地替代传统的大批量生产，以确保在最短的时间内生产出能满足顾客多样化需求的新产品。(2)竞争的国际化。在市场中，竞争无时无刻不存在，并且随经济的发展、新技术革命的推动，企业之间的竞争更趋剧烈，而且更具国际化特征。不仅原材料、资金、产品等生产要素在国际流动,而且人力资源这一竞争的关键要素也日趋具有全球流动的特征。现在的竞争已远远超出原有的国界而日趋国际化。(3)变化常态化。竞争的加剧,使企业经营的不稳定因素越来越多。在今天的环境中,无论是市场的增长、顾客的需求、产品生命周期、技术更新速度,还是竞争的性质,没有一个是不变的,而且往往难于预计。随着经济的发展、科学技术的进步和竞争的加剧,变化已经成为常态,它变得非常普遍而持续不断,而且变化的速度也大大提高。例如,电脑数控机床和机器人、电脑辅助设计、电脑辅助生产以及弹性制造系统等高科技成果在生产中的广泛应用,使企业生产组织和生产管理显示出许多革命性的变革,适时生产系统(just-in-time production system)、全面质量管理(TQC)等新观念、新理论和新方法相继形成,这就对作为管理的重要工具的会计提出了新的挑战。人们开始对原有管理会计的技术与方法进行了反思,逐步认识到原有的管理会计技术方法已难于继续适应新的生产组织(如扁平化组织结构)和环境及其所产生的管理上的新观念、新理论和新方法,而必须作相应的变革,才能使生产技术和生产管理的新成就所形成的效益能够顺利地实现。人们开始研究生产技术、生产组织的重大变革对管理会计的影响。作业成本计算法、作业管理、质量成本计算与管理、人力资源管理会计等新的研究领域开始得到人们的重视和研究。

第三节 管理会计的基本特征

管理会计和财务会计是现代企业会计的两大分支,两者之间存在着密切的联系。管理会计与财务会计所应用的数据大多是同源的,只是根据决策和控制的不同要求对数据的选择与整理方法有所区别;管理会计为执行控制职能而进行的预算控制和成本控制和财务会计的财务计划、成本计划与核算、分析有机地联系起来,成为一个完整的体系,而不应分为两套独立的制度;管理会计与财务会计的报表内容和种类似有合流的趋势。但是,与财务会计相比较,管理会计具有以下一些显著特征。

一、侧重于为企业内部的经营管理服务

侧重于为企业内部的经营管理服务,是现代管理会计的一个主要特点,也是管理会计区别于财务会计的一个重要标志。

有一种比较流行的说法,认为管理会计与财务会计的不同,首先表现在服务对象上。即财务会计通过定期提供财务报表,为企业外部的投资人、债权人及其他有关机构服务;而管理会计则用多样而灵活的方式提供各种有用的信息,为企业内部的各级经营管理人员服务。不能认为这种说法是有充分根据的。比较确切的说法,应该是:无论管理会计或财务会计,都同时为企业内部、外部的有关人员服务,只是侧重面不同。

从完整的意义上说,财务会计首先同时是管理会计(广义的管理会计)。它服务于企业管理,是以整个企业作为一个整体,提供集中、概括性的资料,为企业的高阶层领导服

务。因为企业的高阶层领导对企业生产经营的全局负责,而财务会计提供的关于企业财务状况与经营成果的综合性指标,正是企业生产经营各个方面工作质量和效果的集中表现,是企业高阶层领导全面评价和考核企业各方面工作的重要依据,他们对于企业高阶层领导据有全面改善生产经营管理有重要意义。所以,如果说财务会计只为企业外部的投资人、债权人等服务,不为企业内部的经营管理服务,并没有如实反映客观实际情况。

狭义的管理会计是不是只为企业内部的各级经理人员服务,不为企业外部的投资人、债权人等服务呢？也不能这样说。大家知道,企业外部的投资人、债权人所关心的,是企业的财务状况(以偿债能力为主要标志)和经营成果(以盈利能力为主要标志)。这些都是综合性的财务指标,他们的改善和提高,归根到底,是以企业内部生产经营各个方面工作质量和效果的改善和提高为其基础和条件。而企业内部生产经营各个方面工作质量和效果的改善和提高,又有赖于管理会计为他们正确地进行经营决策和有效地改善生产经营及时提供有用的信息,否则,各有关方面的工作将难以顺利地、卓有成效地进行。从这个意义上说,管理会计虽侧重于直接为企业内部的各级经理人员服务,实际上它也是同时为企业外部的投资人、债权人等服务的。所以,不能笼统地说,管理会计与财务会计各具有截然不同的服务对象,只是对内、对外各有不同的侧重面而已。

二、方式方法更为灵活多样

如前所说,财务会计统一以货币形式反映企业的经济活动,必须严格遵循"公认会计原则",从凭证、账簿到报表,对有关资料逐步进行综合,要严格按照既定的会计程序进行。具有比较严密而稳定的基本结构。这是使财务会计资料能取信于企业外部的投资人、债权人和政府机构等所必需的。

管理会计不同于财务会计,它主要是为企业内部改善经营管理提供有用资料,它在许多方面(不是所有方面)可以不受"公认会计原则"的制约,结构比较松散,领域更加广泛,方式方法也更加灵活而多样。

管理会计与财务会计的联系和区别,可通过图1-1来表现。

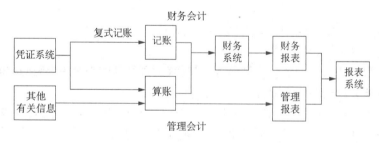

图1-1 会计信息系统

从图1-1财务会计信息看,一个企业通常只有一个基本的信息收集和加工系统,这就是以财务会计为主体的信息收集和加工系统,管理会计并不和财务会计相平行另搞一套。管理会计一方面充分利用财务会计记账、算账提供的资料；另一方面,它还从财务会计基本信息系统之外取得有关信息,根据管理上的要求进行加工计算,借以为管理上提供各种有用的资料。因此,可以说财务会计与管理会计是同源分流的。

从会计信息系统图可以看到,管理会计与财务会计基本上是同源的。它们的分流,主要是从算账这个环节开始,也就是,管理会计不同于财务会计,其工作重点,主要在算账这个环节,它一般不研究财务会计所说的记账(通常按"复式记账原理"所进行的记账)以及有关的凭证问题。而且管理会计所说的算账,是属于广义的算账,以灵活而多样的形式对财务会计的有关资料进行加工、改制和延伸,各种经营方案经济效果的分析对比,为编制预算所作的加工计算和汇总,等等,都属于算账的范围。例如,对成本按照其可变性进行重新归类、组合,把成本区分为固定成本和变动成本两大类,以此为基础,进行成本预测、变动成本计算,盈亏临界点和成本—产量—利润依存关系的分析、差别成本分析、弹性预算的编制,等等,实际上都是从一个侧面对财务会计资料所作的加工、改制和延伸(延伸到更广、更深的领域)。由于它大大丰富和发展了财务会计的内容,因而可以在企业经营管理工作中发挥更大的作用。

三、同时兼顾企业生产经营的全局与局部两个方面

这也是管理会计区别于财务会计的一个重要标志。如前所说,财务会计主要是以企业作为一个整体,提供集中、概括性的资料,来综合评价、考核企业的财务状况和经营成果。管理会计则不然,它为了更好地服务于企业的经营管理,必须同时兼顾企业生产经营的全局与局部两个方面。也就是,它既要从整个企业的全局出发来考虑、观察和处理问题,也要从企业的各个局部出发来考虑、观察和处理问题,二者不可偏废。例如,管理会计中的"决策与计划会计"首先要面向整体,从全局着眼,认真考虑各项决策和计划之间的协调配合、综合平衡,不能由各个部分各行其是,否则,就会顾此失彼,不可能实现整个企业的全面的、最大的经济效果。但仅仅做到这一点还不够,因为企业全面的计划(预算)还需进一步落实和具体化。这就要求将企业生产经营的全面预算进一步按照各个责任中心进行指标分解,形成"责任预算",使各个责任中心在完成企业总的目标、任务中,明确各自的目标和任务,借以实现整体和局部的统一。以责任会计为核心的执行会计,侧重于日常工作进程和效果的评价与控制,是从局部出发,直接按照各个责任中心来组织的,但也要同时兼顾局部与整体两个方面。也就是,正确组织和实施责任会计,各个责任中心工作成果的评价和考核,应做到既能充分调动各个方面职工群众的积极性,又能保证各个部分生产、工作的协调配合,共同为实现企业最终的目标而努力。调动和发挥各个部分的积极性,应以最大限度地提高(至少不损害)企业生产经营整体的经济效果为其基本前提,否则,就没有什么实际意义了。

四、面向未来

财务会计一般只反映实际已完成的事项,侧重于对企业的生产经营活动作历史性的描述,预期的尚未发生的事项,一般不是财务会计处理的对象。所以,描述过去,是财务会计的一个重要的特点。当然,财务会计的某些记录有时也会涉及对未来情况的估

计,如折旧计算涉及对固定资产使用年限的估计,坏账准备的计算涉及应收账款可回收率的预计。但这些情况的存在,并没有改变财务会计的基本特性是为有关方面提供企业生产经营活动的历史记录。

管理会计则不然,它为了有效地服务于企业内部的经营管理,必须面向未来。如前所说,"决策与计划会计"是现代管理会计的一个重要组成部分,而决策和计划,都必须有预见,都是以未来尚未发生的事项作为处理的对象。例如,决策就关系到从许多可能性中进行选择。管理会计为有效地帮助管理当局在决策中作出正确的判断和选择,就要依据其所掌握的丰富的资料,对生产经营各个方面可供采取的有关方案可能取得多大的经济效果,事先进行科学的预测和分析比较,以便为他们正确地选取最优方案提供客观依据。而计划(预算)又是决策的具体化。经营决策所要达到的目标,所要实现的经济效果,还要在有关计划(预算)中得到体现和落实,才能具体指导、控制企业的生产经营活动朝着决策预定的目标进行,使可能性转变为现实。所以,以决策为基础,正确地进行各项计划(预算)的编制,也是管理会计的一项重要内容。

现代管理会计为决策和计划服务,面向未来,并不意味着可以忽视过去。历史记录可以作为预测未来的一个起点。管理会计既使用历史数据,也使用各种估计数据,经过科学的加工、改制,来协助管理人员对未来的业务进行筹划,把工作做在前头。这样,就能提高预见性,减少盲目性,使它能更好地为企业改善经营管理服务。从描述过去扩展到筹划未来,这是会计着重点的重大变化,也是现代管理会计的一个重要特点。

五、数学方法的广泛应用

财务会计也要应用一些数学方法,但使用范围比较小,一般只涉及初等数学。而管理会计为了在现代化的管理中能更好地发挥其积极作用,却越来越广泛地应用许多现代数学方法。在现代管理会计中,数学方法的广泛应用,有其客观的需求和条件。因为随着科学技术的不断进步,生产经营的日趋复杂,企业规模的不断扩大,为了提高管理水平,争取实现最大的经济效果,整个企业管理正按照运筹学所确立的原理和方法,朝着定量化的方向发展。会计为适应企业管理上的这一重大转变,使它有助于解决现代化管理所面临的许多复杂问题,也要求用数学来"武装"自己,使之朝着定量化的方向发展。以数学来武装管理会计,主要就是把运筹学所提供的一些现代数学方法吸收、结合到会计中来,使它有可能把复杂的经济活动尽可能用简明而精确的数学模式表述出来,并利用数学方法对所掌握的有关数据进行科学的加工处理,以揭示有关对象之间的内在联系和最优数量关系,具体掌握有关变量联系,变化的客观规律,以便为管理人员正确地进行经营决策,选择最优方案和有效地改善生产经营,提供客观依据。例如,应用"回归分析法"进行半变动费用的分解,具体掌握成本与产量之间的依存关系和成本在一定条件下增减变动的趋势和基本规律性,应用"线性规划法"确定各有关因素之间的最优组合;应用"库存论"原理进行"经济订货量""经济生产量"的计算,应用"投入——产出分析原理"测算具有内在联系的有关数据的变化规律,等等,都有助于消除企业管理和决策上的某些直觉性和随意性,使它建立在对客观对象进行科学分析和精确计算的基础上。

一门科学的定量化,实质上也是意味着一门科学的精密化、成熟化和完善化。正如马克思所说:"一门科学只有能成功地应用数学时,才算达到了真正完善的地步。"①这是各门科学发展的共同趋势。现代管理会计的形成和发展,也从一个小的侧面对此作了具体印证。

第四节 管理会计的基本理论

会计理论是对会计目标、会计假设、会计概念、会计原则以及它们对会计实务的指导关系所作的系统说明。按学科分类,会计理论包括财务会计理论、管理会计理论和审计理论。西方经典的会计理论中并没有包括管理会计。自20世纪50年代以来,管理会计不断吸收现代管理科学的最新成果,使自己的理论和方法日臻成熟和完善。本节主要对管理会计目标、管理会计基本假设、管理会计对象、管理会计信息质量特征以及管理会计职能等基本理论问题进行阐述。

一、管理会计的目标

会计的目标是提供决策有用信息,因此会计信息的决策有用性是会计的最根本质量特征。为保证会计信息的决策有用性,会计相关性与可靠性缺一不可。会计信息的决策有用性目标不仅适用于财务会计,而且适用于管理会计。因为现代会计包括财务会计与管理会计两大分支,如果会计目标不能同时满足二者的发展要求,或者说如果其中某一会计目标不能与会计决策有用性目标相一致,势必造成会计目标与会计行为的不协调。②

1972年,美国会计学会管理会计委员会提出管理会计目标分为基本目标和辅助目标两个层次,其中基本目标是向企业管理人员提供内部经营管理信息,协助企业管理人员制定决策,辅助目标主要包括:(1)协助履行计划管理职能;(2)协助履行控制职能;(3)协助履行组织职能;(4)协助下属业务部门履行经营管理职能。1986年,全美会计师协会下属的管理会计实务委员会在《管理会计公告——管理会计的目标》中指出:管理会计应实现以下两个目标:(1)为管理和决策提供信息。管理会计应向各级管理人员提供以下经选择和加工的信息:①与计划、评价和控制企业经营活动有关的各类信息。②与维护企业资产安全、完整及资源有效利用有关的各类信息。③与股东、债权人及其他企业外部利益关系者的决策有关的信息。(2)参与企业的经营管理。

目前人们在研究会计目标或会计信息质量时存在两个误区:(1)过多强调会计信息的可靠性而忽视会计信息的相关性;(2)只强调财务会计目标或财务会计信息质量,忽

---

① 保尔·拉法格:《忆马克思》,载《回忆马克思恩格斯》,人民出版社,1973年。
② 张先治:《会计目标与管理会计报告系统创新》,《上海立信会计学院学报》,2008年第3期。

视管理会计目标或管理会计信息质量。造成重视可靠性忽视相关性这种现象的原因，一方面是虚假会计信息泛滥所致；另一方面是将相关性看成既定的，而信息使用者只能是被动接受所致。其实，由于会计可靠性不仅受会计技术本身的影响，同时受社会道德、制度与体制、文化等各方面环境的影响，因此解决会计可靠性问题不仅仅是会计本身的问题。而会计相关性问题则主要是会计本身应研究的问题，是会计应该解决而且必须解决的问题。造成重视财务会计目标而忽视管理会计目标的原因，主要是对会计目标，特别是对会计相关性目标理解的偏差。会计相关性体现在决策者需求方面所含内容十分广泛，不同的决策者所需求的会计信息可能不同。从总体看，决策者无非分为外部决策者与内部决策者。因此会计相关性一方面体现为会计信息满足外部决策者的需求；另一方面体现为会计信息满足内部决策者的需求。因此，前者成为财务会计的目标，而后者应是管理会计的目标。即在会计信息决策有用性这一目标下，会计目标既要包括会计信息可靠性与相关性，又要包括财务会计目标与管理会计目标。

  会计目标的实现需要经过会计确认、计量、记录和报告各个环节，会计报告是会计信息质量的最终体现，或者说是最直接和最全面地反映了会计目标的实现程度。因此，要保证会计目标的实现，必须建立与完善会计报告体系，使会计报告全面反映会计信息的相关性与可靠性。会计目标可分为财务会计目标和管理会计目标，那些为实现财务会计目标，即满足外部决策者需求的会计信息通常可用财务会计报告反映；那些为实现管理会计目标，即满足内部决策者需求的会计信息应当用管理会计报告反映。

  管理会计报告是反映企业经营管理过程与经营成果状况的书面文件。管理会计报告主要包括企业内部使用的、用于内部决策、控制、评价及沟通的各种会计报表及其说明。管理会计报告的使用者主要是企业内部的董事会、管理者及员工等。目前我国企业内部虽然也编制一些报表，如成本报表等，但这些报表的编制目的主要是为最终完成财务会计报告服务的，没有形成完善的管理会计报告系统。因此，对我国而言，管理会计报告不是改进的问题，而是创新问题。管理会计报告的创新离不开管理会计目标，特别是管理会计的相关性。从企业内部经营管理需求看会计相关性，就是要为管理者提供内部决策、控制、评价、沟通所需要的各种信息，特别是会计信息。这为管理会计报告体系与内容创新指明了方向。研究管理会计目标与管理会计报告的关系，应从会计相关性角度研究管理会计报告与相关报告的关系，确定管理会计报告创新原则与思路。

  管理会计报告创新的基本原则是保证管理会计报告信息与内部管理所需要的决策、控制、评价、沟通等信息保持高度相关性。这种相关性要求在管理会计报告系统建立中应处理好（或具体体现）以下几种关系。

（一）管理会计报告与财务会计报告的关系

  管理会计报告的目的是提供企业内部利益相关者决策的信息；财务会计报告的目的是提供企业外部利益相关者决策的信息。由于内部利益相关者特别是管理者与外部利益相关者特别是投资者是一种委托代理关系，管理者决策必须符合投资者的利益，因此管理会计报告信息与财务会计报告信息必然具有极大的相关性；同时管理会计报告可靠性也是财务会计报告可靠性的基础。管理会计报告与财务会计报告的这种关系要求管理会计报告系统的建立应以财务会计报告为主导，通过管理会计报告信息的相关性与可靠性保证财务会计报告信息的相关性与可靠性。

(二) 管理会计报告与预算报表的关系

管理会计报告从其服务对象及目的看,提供内部控制信息,特别是过程控制信息,是管理会计报告区别于财务会计报告的重要方面。进行内部控制的方式方法有许多,如制度控制、预算控制、激励控制等。从我国目前控制环境和管理会计报告目的看,预算控制无疑是理想的控制方式。因此,管理会计报告系统的建立应以预算控制为基础,正确处理管理会计报告与预算报表的关系,使管理会计报告起到预算控制的作用。

(三) 管理会计报告与业绩评价的关系

管理会计报告提供信息的作用之一是评价各级经营管理者及员工的经营业绩,而经营者及员工业绩评价往往可通过责任中心及责任指标进行。这就要求管理会计报告在体系上应考虑责任中心划分,在内容上考虑经营者及员工的责任指标考核。只有正确处理管理会计报告与业绩评价的关系,才能使管理会计报告系统与控制者及被控制者的利益直接相关,使其作用充分发挥。

(四) 管理会计报告与管理信息系统的关系

管理会计报告是服务于企业内部经营管理的会计信息系统,它是企业管理信息系统的重要组成部分。在管理信息系统中,由于内部会计信息的全面性、综合性,管理会计报告应占有主导与支配地位。但在建立管理会计报告系统中,应注重管理会计报告与整个企业管理信息系统的协调与沟通,保证管理会计报告系统与管理信息系统的相关性、准确性和及时性。

二、管理会计的基本假设

管理会计假设是根据客观的正常情况或趋势所做的合乎情理的判断,是构成管理会计思想基础的科学设想。管理会计假设作为管理会计理论的重要组成要素,应具有以下几方面特点:(1)客观性。管理会计假设来源于管理会计实践,是对管理会计工作规律性的反映;(2)普遍性。管理会计实践千差万别,反映出的具体假设也不一样。作为一门学科的假设应具有一定的抽象性、代表性,只有普遍意义上的管理会计假设才能推导出一系列的管理会计概念和结论;(3)一致性。一致性有两个含义:一是管理会计假设应与管理会计理论结构中的其他要素一致;二是管理会计假设体系中的各个假设之间应相互协调,互不抵触。相互矛盾的假设会得出不同的管理会计结论,从而将影响管理会计理论的严密性和科学性;(4)相互独立性。管理会计假设在内涵和外延上应保持相互独立,不能互相涵盖;(5)动态性。管理会计假设不是固定不变的,而是发展变化的。若经济环境发生变化,致使某项假设不能适应实践的需要,就需要对其加以改进。

西方会计界没有专门研究管理会计假设问题,我国会计界虽有专门研究,认识也不统一,但一般认为管理会计应建立如下假设。

(一) 会计主体分层假设

管理会计的主体假设是对管理会计对象运行空间范围的限定。由于管理会计主要是向内部管理者提供有用决策信息的内部会计,无须遵循公认的会计准则,因而,管理会计的主体能够具有层次性,根据企业内部不同的管理需要,管理会计的主体可以是整个企业,也可以是企业内部各个责任层次的责任单位。正是因为管理会计主体假设区别于财务会计学的会计主体假设,才使得管理会计的管理活动得以深入到责任单位,深入到作业层面。

(二) 持续经营假设

企业或各级责任单位的生产经营和筹资、投资活动将无限制地延续下去,以保证管理会计的计划、控制、决策与业绩评价等各项工作所使用的专门方法保持稳定、有效。虽然从目前及长远的发展情况来看,经济活动日趋复杂,金融创新工具不断涌现,企业风险不可避免,随时都有破产或被兼并的可能。但是在进行管理会计理论研究时,仍有必要回避企业所面临的各种生存风险,为企业设定一个无限期的运行方式,作为管理会计运行的必要前提。唯有如此,才能确保管理会计的一系列原则和专门方法稳定而有效地得到运用。

(三) 灵活分期假设

在会计分期假设上,管理会计不同于财务会计,不能将一个企业的全部经营期间人为地加以划分为一段相等的期间,因为这不符合企业管理目标。但是,如果管理会计不进行会计分期,显然也有它的弊端,也就是说根本无法衡量一个企业管理会计的运用效果和经济效益。灵活分期假设是对管理会计活动时间范围的限定,即把企业持续不断的经营活动和筹资、投资活动划分为一定的期间,以便及时提供有用的信息。管理会计的分期根据企业经营管理的实际需要具有很大的灵活性,可以短到一天、一周或一季,可以长到十年、二十年,而不受财务会计的月、季、年分期的局限。

(四) 货币与非货币计量假设

管理会计在进行规划、控制、决策与业绩评价活动时,其计量方法除利用货币计量之外,还可利用其他非货币计量方法,如以实物量、时间量、相对数等为单位进行计量。尤其是现在,大量非货币信息充斥于社会经济活动中,要求管理会计主体不仅应充分利用货币计量的信息,还应充分利用非货币计量的信息如产品质量、市场占有率、客户满意程度等,以满足其各方面的管理需要。

(五) 经济利润最大化假设

企业日常经营管理以经济利润最大化为所有工作的出发点与目的。虽然关于企业目标有各种提法,但在实务中,企业追求最多的仍然是利润最大化或市场占有率最大化。很明显,市场占有率最大化目标是完全不适用管理会计技术方法的,它不会去关注成本,只考虑收入。只有利润最大化目标才可能导致成本性态、边际贡献等概念与方法的产生。当然,企业管理追求的利润不是会计利润,而是经济利润。经济利润区别于会计利润就在于它考虑了机会成本,会计利润反映企业的过去,经济利润反映企业的未来,只有经济利润才是决策、控制与评价等管理工作的基础。至于股东财富最大化、企业价值最大化等企业目标,由于其可操作性差,使用范围有限,而管理会计又是实践性很强的一门学科,我们始终认为这些长远目标与管理会计传统的技术方法和内容格格不入。实际上,管理会计传统的技术方法和内容只针对短期的决策与控制,至于长期方面的,完全可以由其他学科去加以解决,管理会计没必要"大而全"。

三、管理会计的对象

会计对象是指会计所反映和监督的内容,即会计客体。长期以来对会计对象的探讨主要是针对财务会计而言的,并已取得了基本一致的看法,即会计的对象是社会在生产过程中以货币表现的经济活动(资金运动)。围绕什么是管理会计的对象,国内理论界基本形成三种不同的观点。

（一）现金流动论

持该观点的学者认为管理会计的对象是企业的现金流动,其主要理由是:

（1）作为一门学科研究的对象,应该贯穿于该学科的始终,因为它是该学科有关内容的集中和概括。从内容上看,现金流动贯穿于管理会计的始终,表现在预测、决策、预算、控制、考核、评价等各个环节。

（2）通过现金流动,可以把企业生产经营中的资金、成本、利润等几方面联系起来,进行统一评价,为改善生产经营、提高经济效益提供重要的、综合性的信息。现金流动表现为现金流入和现金流出两个方面,这两方面在数量上和时间上的差别,最终会影响企业的经济效益。①收入减去成本等于利润,虽然一定期间内收入的现金与支出的现金不等于该期间的收入和成本,但从根本上讲,企业是否盈利受现金流入量与现金流出量的制约。②现金流入与现金流出时间上的差别,制约着企业资金占用水平。一项现金支出表现为现金流出,如果它能够很快收回,形成现金流入,则生产经营中占用的资金就少。③通过货币时间价值的换算,把现金流动时间上的差别表现为数量上的差别,从而可以对生产经营中的成本耗费水平、资金占用水平和盈利水平进行综合、统一的评价。

（3）现金流动具有最大的综合性和敏感性,可以在预测、决策、预算、控制、考核、评价等各个环节发挥积极能动作用。

（二）价值差量论

持该观点的学者认为管理会计的对象是价值差量,其主要理由是:

（1）一般说来,现代管理会计的基本内容,包括成本性态与变动成本计算、盈亏分界点与本量利分析、经营决策的分析与评价、资本支出决策的分析与评价、标准成本系统、责任会计等方面,而价值差量是对每一项内容进行研究的基本方法。

（2）价值差量具有很大的综合性,管理会计研究的差量问题,既有价值差量,又包括实物差量和劳动差量,后者是前者的基础,前者是后者的综合表现。

（3）现金流动不能作为管理会计的对象,因为现金流动仅在经营决策和资本支出决策的分析和评价中涉及,其他内容均不直接涉及现金流动,因此现金流动并不能在现代管理会计中贯穿始终。现金流动恰是企业财务管理学所要研究的对象。

（三）资金总运动论

持该观点的学者认为管理会计的对象是以企业及所属各级过去、现在和将来的资金总运动,主要理由是:

017

（1）管理会计与财务会计是并列的分支，两者同属于会计这一范畴之下，因而管理会计与财务会计有共同的对象——资金运动。运动的基本形式是空间和时间。就资金运动而言，从空间方面看，可分为企业一级和企业所属各级、各分支机构中的多层次运动；从时间方面看，又是由过去、现在和将来的资金运动所形成的一个不断的流。时空交错，便构成一个网络结构的资金运动系统。在这一资金运动系统中，管理会计的对象涵盖了所有时空的资金运动，而财务会计仅以过去的资金运动为对象。

（2）把资金总运动作为管理会计的对象，与管理会计的实践及历史发展相吻合。

上述观点从不同角度对管理会计的对象进行了阐述，各有各的道理。我们认为，管理会计对象的构建应从以下几个方面考虑：①立足于管理会计的本质。会计本质上是一个信息系统，是一种管理活动。管理会计的本质有着显著的个性，管理会计的根是"成本"，它是采用一系列的专门方法，通过对成本等信息的深加工和再利用，为管理者进行有效的决策提供信息；②适应环境的要求。自20世纪末以来，管理会计环境发生了巨大变化，其总体特征表现为：社会信息化，生产顾客化，竞争国际化；③高度抽象性和可操作性的统一。适应管理会计环境的要求，管理会计研究的领域和范围正不断扩大，新内容层出不穷，因而其对象的表述应该高度抽象化，以便为各种领域所接受，覆盖管理会计的全部。根据上述分析，管理会计的对象就是成本—效益，即建立在广义成本基础之上的，旨在提高企业经济效益的成本管理。

四、管理会计的信息质量特征

管理会计信息质量特征，是管理会计报告目标具体化，而管理会计的目标则是决定管理会计信息质量特征的基础。国外对管理会计信息的质量特征的讨论是基于"为内部管理人员服务的信息"而展开的，美国会计学会、美国财务会计准则委员会、国际会计师联合会都对管理会计信息质量特征进行了深入研究。综合各家论述，管理会计所提供的信息必须具有以下质量特征：

（一）相关性

相关性是指管理会计所提供的信息与管理当局的决策相联系、有助于提高人们决策能力的特性。无论是进行短期决策还是进行长期投资决策，都需在备选方案中寻找最佳方案并作出判断和决策。只要存在着可供选择的不同方案，就表明决策中存在"差别"，需要我们分析、比较和评价，以便从"差别"中选出理想的方案，作为未来行动的依据。因此，会计信息的相关性，就是指帮助信息使用者提高决策能力所需要的那种发现"差别"，分析和解释"差别"，从而能从"差别"中作出选择和判断的特性。故相关的会计信息必须具备两个条件：(1)通过预测获得的未来信息。(2)在各可供选择的方案之间发生的各种用货币计量的"差别"。为此，会计人员必须熟悉企业的经营活动，并了解管理当局的信息需求，以便从大量的数据中选择对管理当局决策有用的重要信息。特别是在当今的信息爆炸时代，这一选择过程将更为困难。要完成这一任务，会计人员首先必须确定管理当局决策对信息的需要情况，然后对各种可取得的数据加工分析，并从中选择对管理当局决策有用的信息。

必须注意的是,相关性是就特定目的而言的。对某一决策目的是相关的信息,对另一决策目的就不一定是相关的了。

（二）及时性

及时性是指管理会计必须为管理当局的决策提供最为及时、迅速的信息。只有及时的信息,才有助于管理当局作出正确的决策；反之,过时的信息将会导致决策的失误。强调信息的及时性,必须明确及时性与精确性的关系。在需要信息时,速度往往高于精确。信息获得的速度越快,则经理人员越能迅速解决问题。经理人员往往宁愿以牺牲部分精确性,来换取信息的立即可用。因此,在管理会计上,估计值或近似值可能比精确的信息更为有用。及时性本身不能增加相关性,但不及时的相关信息将使相关性完全消失。

在某些情况下,管理会计信息的及时性,要求会计人员定期如每日、每周或每月提供计划性信息。例如,每日的现金收支报告将有助于管理当局有效地管理日常现金使用安排。而每周的产品成本报告,则有助于管理当局对产品成本的有效控制。在另一些情况下,管理会计信息的及时性,则要求管理会计师以不定期为基础或只在需要时编制管理会计报告,为管理当局提供决策信息。

（三）准确性

准确性是指管理会计所提供的信息在有效使用范围之内必须是正确的。不正确的信息会导致管理当局的决策失误。例如,如果将一份不准确的有关客户过去的付款情况的报告提交给管理当局,就将使管理当局作出给客户提供信用的不明智决策。

强调信息的正确性,必须明确信息的正确性和精确性两个不同的概念。要求提供正确的信息,并不意味着要求提供的信息越精确越好。在许多情况下,采用近似的方法,以线性关系代替非线性关系,以基于确定性的分析方法代替基于不确定性的分析方法,反而可以取得较好的实践效果。例如,在制订生产计划时,有关未来销售的预测（估计）数据,比来自过去销售的精确数据更为有用。

（四）简明性

会计信息的价值在于对决策有用。而简明性是指管理会计所提供的信息,不论在内容还是在形式上,都应简单明确,易于理解。使信息使用者理解它的含义和用途,并懂得如何加以使用。明确而易于理解的信息,有助于管理人员将注意力集中于计划与控制活动中的重大因素上。例如,在为管理当局提供有关成本控制的信息时,揭示成本差异的信息将有助于管理当局重视差异,并采取有效措施,消除不利差异,保持有利差异,从而促进企业的健康发展。

信息的简明性又是相对的,它取决于企业内部各个组织对信息的具体要求。企业内部处于不同阶层的组织,在信息的综合程度方面具有不同的要求,越是接近基层的单位,越要求提供较为直接、具体而明确的信息；而越是接近高阶层的单位,则越要求提供较为综合的信息,才能较好地分别适应其管理上的需要。

（五）成本—效益平衡性

以上各项管理会计的信息质量特征可以看作是为适应管理当局的各种需要提供信息的通用指南。在运用这些指南时,必须同时考虑各管理人员的各种特定需要,并根据其需要提供管理会计信息。但取得这些信息要花费一定的代价,因此,必须将形成、使用一种信息所花费的代价与其在决策和控制上所取得的效果进行具体对比分析,借以确定在信息的形成、使用上怎样以较小的代价取得较大的效果。不论信息有多重要,只要其成本超过其所得,就不应形成、使用这一信息。因此,信息的成本—效益平衡性,可以看作是管理会计信息的一个约束条件。

五、管理会计的职能

管理会计的职能是指管理会计所固有的功能。为了实现管理会计的目标,管理会计应具有以下基本职能:

(一) 参与企业的经营管理决策

经营管理决策根据其性质可以分为长期决策和短期决策两类。长期决策亦称能量决策,它是以改变企业生产能力为内容的决策,即在新建、扩建或改建一个企业或生产车间时,通过技术经济分析,以选择一个最为有利的方案。短期决策,是在现有资源条件下,以满足社会需要为前提,对销售、生产、存货等作最有利的抉择。

对各种决策方案进行正确的分析与评价是管理会计的一项重要职能。企业管理的各个部门(销售部门、供应部门、生产部门等)和各个环节(各个基本生产车间、辅助生产车间、附属生产车间等)都有各自的管理目标,如何使这些分散的目标在企业总的管理目标之下采取综合的方式协调一致起来,就必须借助于会计数据对各个方案加以综合分析比较并进行正确的评价,从而确定一个最优方案,这个最优方案必须是在满足某些社会要求的前提下获得盈利水平最高的方案,任何一项提供决策的方案,在各自不同的职责范围内有各自的责、权、利,销售部门以某种畅销产品作为销售额的预测,而生产部门则仅限于对原有生产能力需要添置新设备,与销售部门的预测方案不同,但传统产品可能是市场滞销的商品。究竟应该采取销售部门的方案还是采取生产部门的方案,应该借助于各种因素的综合计算、分析、比较,才能作出正确的评价。管理会计不仅应从经济效益方面为经营管理决策提供必要的数据,而且是直接参与企业的经营管理决策。企业的一切决策要由企业的参谋部门提出,由最高权力机构来决定,而有关决策的分析评价与技术方法上的问题,总是由相应的职能部门来完成。

(二) 为经营管理决策提供可靠的数据

管理会计的另一重要职能就是为经营管理决策提供可靠的数据。包括会计凭证、账簿和报表的有关数据以及其他非货币指标,它和传统的会计不同在于对这些数据的整理与分类,要根据管理目标采取一些特定的方法,比如为了进行生产决策,需要对产品成本构成按其与产量的关系进行收集与分类,把成本分解为固定费用和变动费用。为了建立责任成本制,需要按成本中心收集成本资料并进行业务成果的考核。为进行投资效果的预测必须估算未来收益所应收集的数据。并对这种未来收益按货币的时间价值进行估算。为了预测销售收入所必需收集的与销售额相关的某些资料,如市场总需求量和企业产量在市场商品总量中所占比重以及其他需求发展趋势等。这些数据除了要根据传统的会计资料作进一步的整理与分类之外,还要根据管理决策的特定要求进行专门的收集整理与分类。

(三) 为执行决策进行控制与考核

既经决定的决策,必须付诸实行。为了保证管理目标的实现,应该制定相应的计划、控制与考核制度。计划是推动组织达到管理目标所采取的各项步骤,以使组织内部都能了解总体目标和自身的任务,协调组织内各个部门的力量趋向一致,而不致背道而驰。控制是指对组织内各部门和各个环节在执行其职能中所进行的监督,以保证组织有效地发挥其功能,取得最大的经济效果。控制过程包括各部门之间争执的裁断、疑问的解答、困难的解决,特别是取得有效的信息反馈,以便了解组织迈向其既定目标的好坏程度,从而考虑有没有必要制订再计划、新策略、调整组织结构等方面的问题。任何一个企业的有效管理,控制是一个关键性的环节。考核是衡量各部门业务成果的会计技术,衡量任何部门的业务成果都要归结为经济效益的指标,比如投资的、营业的、成本的、资金的效果等,会计技术利用收集实际资料,与计划进行比较分析实际执行结果,指出哪个部门、哪个环节的工作缺乏效率,哪些地方还要予以改进,并为此而建立良好的报表制度等,都是管理会计的重要职能。

第五节　管理会计职业和职业道德

一、注册管理会计会计师

1919 年美国纽约州成立全国成本会计师协会(National Association of Cost Accountants,NACA),当时以专门研究成本会计问题为宗旨。后来,随着协会研究范围的不断扩大,以至包括了整个管理会计领域,遂于 1957 年改名为美国全国会计师协会(National Association of Accountants,NAA),1991 年 7 月 1 日正式更名为美国管理会计师协会(Institute of management Accountants,IMA)。在目前美国各种会计专业组织中,美国管理会计师协会与美国注册会计师协会、美国会计学会鼎足而立,为美国三大会计学术研究组织。美国全国会计师协会作为一个重要的会计专业组织,不仅在美国,而且在世界上均有重要的影响,该协会的管理会计实务委员会(Management Accounting Practice Committee)已陆续颁布了一系列的"管理会计实务公告"(Statements on Management Accounting Practice),同时编辑出版《管理会计》(Management Accounting)月刊,探讨当前的实务,已成为管理会计人员的重要读物。

管理会计资格证书(Certificate in Management Accounting,CMA)是美国全国会计师协会 1972 年开始设立的项目,要求所有申请取得注册管理会计师的人员必须参加全国统一考试。协会实施这一制度的目的在于管理会计为一种公认的专门职业,提高管理会计的教育水准,同时,确定一个客观的尺度,借以衡量有关人员在管理会计方面所具有的知识和技能。CMA 考试其目的是开发和考核思维能力与决策制定技能,目前考试一共设置两个科目,考试内容包括:

表 1-1　管理会计证书资格考试内容

第一部分　财务报告、规划、绩效与控制	第二部分　战略财务管理
A. 外部财务报告决策(15%) 　1. 财务报告 　2. 确认、计量、评估与披露	A. 财务报告分析(20%) 　1. 基本财务报告分析 　2. 财务比率 　3. 盈利能力分析 　4. 特殊问题
B. 规划、预算与预测(20%) 　1. 战略规划 　2. 预算概念 　3. 预测技术 　4. 预算方法论 　5. 年度利润计划与明细附表 　6. 顶层规划与分析	B. 公司财务(20%) 　1. 风险与回报 　2. 长期财务管理 　3. 筹资 　4. 营运资本管理 　5. 公司重组 　6. 国际财务
C. 绩效管理(20%) 　1. 成本与差异计量 　2. 责任中心与报告分部 　3. 绩效计量	C. 决策分析(25%) 　1. 本量利分析 　2. 边际分析 　3. 定价
D. 成本管理(15%) 　1. 计量概念 　2. 成本系统 　3. 间接费用 　4. 供应链管理 　5. 业务流程改进	D. 风险管理(10%) 　1. 企业风险
E. 内部控制(15%) 　1. 治理、风险与合规 　2. 内部审计 　3. 系统控制与安全措施	E. 投资决策(10%) 　1. 资本预算流程 　2. 贴现现金流分析 　3. 回收期与贴现回收期 　4. 资本投资中的风险分析
F. 技术与分析(15%) 　1. 信息系统 　2. 数据管理 　3. 技术支持的财务转型 　4. 数据分析 　5. 理解 R square,时间序列回归分析等模型	F. 职业道德(15%) 　1. 管理会计与财务管理专业人士的道德考量 　2. 组织的道德考量

　　CMA 考试在中国由中国教育部考试中心组织,考试形式可选择中文或英文,中文考试标准同英文标准一样,只不过语言类型不一样。英文 CMA 每年 3 个考试窗口,每个考试窗口的时间为 2 个月,分别是:1 月、2 月,5、6 月,9、10 月;中文 CMA 每年三个考试日期,分别选取 4 月、8 月、11 月的某一个周末。在北京、上海、苏州、成都、西安、青岛、武汉、广州、大连、南京、昆明、济南、深圳、郑州、杭州、天津、合肥、重庆、长沙、南昌、兰州、太原、沈阳、厦门、哈尔滨、海口、乌鲁木齐和徐州 28 个城市设有考点。考生可依

据自身的学习情况自己预约考试时间、考试地点,在同一个考试期间,可以选择一科或全科参加考试,科目的考试顺序可以自由选择。在 CMA 考试中,每科考试包括 100 道单选题和 2 道简答题,单选题时间为 3 个小时,简答题时间为 1 个小时。单选题部分完成后,考生将不能返回。单选题部分正确率在 50% 以上的考生,才有资格进行问答题部分的考试。CMA 考试单科成绩满分 500 分,360 分为及格通过。

报名 CMA 考试时并不需要提供任何学历,但是在通过两科考试后,在申请证书的时候,需要满足以下条件之一:

(1) 研究生及以上(经过教育部认可的硕士或博士学历均可以接受);
(2) 本科(只接受经过教育部认可的本科学位,只有学历证书将不予接受);
(3) 专科(只经教育部认证的全日制 3 年大专学历,其他大专学历将不予接受);
(4) 中级/高级职称证书、CPA 证书的持证人(仅考试通过,未获得证书者不予接受);
(5) ACCA 持证人(仅考试通过,未获得证书者不予接受)。

2013 年 1 月 IMA 与 ACCA 结成全球战略合作伙伴并签署了合作协议。ACCA 会员在报考 CMA 认证考试上有优惠措施:ACCA 会员报考 CMA 不再受学历要求限制。具体要求为:该 ACCA 会员必须为会员状态,并且 ACCA 持证者必须提供官方证明信(说明 ACCA 全部通过或 ACCA 证书的公证书加成绩单原件)。

通过 CMA 考试后,需要 2 年的财务相关工作经验认证才能获得 CMA 认证(2 年的工作经验可在通过考试后 7 年完成)。

管理会计师资格证书项目自 1972 年设立以来,已取得巨大成就,职业管理会计师(CMA)已和注册会计师(CPA)一样得到社会的公认。近年来,报考 CMA 的人数已有超过报考 CPA 之势。在美国,已有越来越多的人同时具有 CMA 和 CPA 证书,许多大学把 CMA 和 CPA 列为大学教师的必备条件。申请者一旦取得管理会计证书,即被承认已有较高的专业水平和能力,即可收到许多大公司的青睐,并为社会所尊重。

二、管理会计师的职业道德

管理会计人员在对其服务机构——专业团体、公众及其本身履行职责时,必须遵循职业道德标准。为使这一义务得到公认,全美会计师协会颁布了管理会计师职业道德标准(SMA IC Standards of Ethical Conduct for management Accountants)。[①] 这一道德标准由技能、保密、廉正、客观性四个部分组成。管理会计师必须遵循这一标准,不得从事违反这些标准的行为,也不得听任其他人员违反这些规则。

(一) 技能

该标准要求管理会计人员必须做到:

(1) 通过不断提高自身的知识和技能,保持适当的专业技术水平。

---

① National Association of Accountants:Statements on Mangement Accounting:objectives of Management Accounting No.1B,New York,N.Y.June 17,1982。

(2) 按照各有关法律、规章和技术标准，履行其职业任务。

(3) 在对相关和可靠的信息进行适当分析的基础上，编制完整而清晰的报告，并提出建议。

（二）保密

该标准要求管理会计人员必须做到：

(1) 除法律规定外，未经批准，不得泄露工作过程中获得的机密信息。

(2) 告诉下属要适当注意工作中所得信息的机密性并监督其行为，以确保严守机密。

(3) 禁止将工作中所获得的机密信息，经由个人或第三者用于获取不道德或非法利益。

（三）廉正

该标准要求管理会计人员必须做到：

(1) 避免介入实际的或明显的利害冲突并向任何可能利害冲突各方提出忠告。

(2) 不得从事道德上有害于其履行职责的活动。

(3) 拒绝收受影响其行动的任何馈赠、赠品或宴请。

(4) 企业组织的合法和道德目标的实现。严禁主动或被动地破坏。

(5) 了解并沟通不利于作出认真负责的判断或顺利完成工作的某些专业性限制或其他约束条件。

(6) 沟通不利及有利的信息以及职业判断或意见。

(7) 禁止从事或支持任何有害于职业团体的活动。

（四）客观性

该标准要求管理会计人员必须做到：

(1) 公允而客观地沟通信息。

(2) 充分反映信息，帮助使用者对各项报告、评论和建议获得正确的理解。

（五）道德缺失的解决

应用各项道德行为准则时，管理会计师会遇到怎样确认非道德行为，或者怎样解决违法道德的问题，如遇到严重的职业道德问题，管理会计师应遵循组织制定的有关这种问题的各项政策。如果这些政策不能解决职业道德问题，管理会计师应采取下列行动：

(1) 除涉及有关上级者外，与直接上级协商这些问题。在此种情况下，应在一开始就把问题提交高一层主管。如果问题得不到解决，上述问题应提交更高一层的主管人员。

(2) 如果直接上级是总经理或相当于总经理，那么可取的复议当局可能是审计委员会、执行委员会、董事会、理事会或业主。假定上级与问题无关，应在上级知情下，越级上告。

(3) 与客观的顾问进行机要性讨论，澄清相关概念，以明确可能的行动方案。

(4) 如果通过各层级内部的彻底检查，依然存在不符合道德准则问题，管理会计师对此重要问题无法解决，只得向组织提出辞职，并向组织的适当代表提交其信息备忘录。

除法律另有规定外，把这些问题告知当局或非服务于组织的个人，一般认为是不合适的。

本 章 小 结

管理会计的概念可以从广义和狭义两方面去理解:广义的管理会计是指用于概括现代会计系统中区别于传统会计,直接体现预测、决策、规划、控制和责任考核评价等会计管理职能的部分内容的一个范畴;狭义管理会计是指以强化企业内部经营管理,实现最佳经济效益为目的,以现代企业经济活动为对象,通过对财务信息的深加工和再利用,实现最经济过程的预测、决策、规划、控制和责任考核评价等职能的一个会计分支。

管理会计的形成和发展,不仅是社会经济环境变迁的产物,同时也是多种方法和思想共同作用的结果。管理会计从产生到现在经历了萌芽期(20世纪30年代以前)、成长期(20世纪30年代—80年代中期)和反思期(20世纪80年代中期至今)三个阶段。

与财务会计相比较,管理会计具有侧重于为企业内部的经营管理服务、方式方法更为灵活多样、同时兼顾企业生产经营的全局与局部两个方面、面向未来、数学方法的广泛应用等显著特征。

会计的目标是提供决策有用信息,管理会计的目标是满足内部决策者需求的会计信息,要保证会计目标的实现,必须建立与完善管理会计报告体系。管理会计假设是根据客观的正常情况或趋势所做的合乎事理的判断,它具有以下几方面:客观性、普遍性、一致性、相互独立性和动态性等特点,一般认为管理会计应建立如下假设:会计主体分层假设、持续经营假设、灵活分期假设、货币与非货币计量假设、经济利润最大化假设。管理会计的对象是指管理会计所核算和监督的内容,围绕什么是管理会计的对象,国内理论界基本形成现金流动论、价值差量论、资金总运动论等三种不同的观点。管理会计信息质量特征,是管理会计报告目标具体化,管理会计所提供的信息必须具有以下质量特征:相关性、及时性、准确性、简明性、成本—效益平衡性。管理会计的职能是指管理会计所固有的功能。为了实现管理会计的目标,管理会计应具有以下基本职能:参与企业的经营管理决策、为经营管理决策提供可靠的数据、为执行决策进行控制与考核。

职业管理会计师(CMA)已和注册会计师(CPA)一样得到社会的公认。管理会计人员在对其服务机构——专业团体、公众及其本身履行职责时,必须遵循职业道德标准。这一道德标准由技能、保密、廉正、客观性四个部分组成。管理会计师必须遵循这一标准,不得从事违反这些标准的行为,也不得听任其他人员违反这些规则。

复习思考题

1. 从管理会计定义的历史研究中你有哪些思考和想法?
2. 管理会计的目标是什么?为了实现管理会计目标,在管理会计报告系统建立中应处理好哪些关系?
3. 管理会计是怎样形成和发展的?怎样认识它同现代管理科学的关系?
4. 同财务会计对比,管理会计有哪些主要特征?
5. 管理会计的基本假设有哪些?
6. 现代管理会计的对象是什么?为什么?

7. 现代管理会计的职能作用是什么？
8. 管理会计信息必须具备哪些信息质量特征？
9. 管理会计师的职业道德在实际工作中有什么现实意义？

案 例 分 析

1. HD公司是一家出版商业杂志的公司。公司的股东正在等待于12月31日结束的会计年度的盈余公告。市场分析师预测每股盈余大约为1.34美元。公司的CEO预计每股盈余仅为1.20美元，他知道这会引起股票价格下跌。CEO向各位经理提议使用下列方法增加年末报告的盈余。(1)将12月取消的订阅推迟记入次年的1月份；(2)等到新的会计年度再升级办公电脑软件；(3)将未赚取的订阅收入(提前收到的杂志订阅现金，杂志在以后送出)确认为当月收入(正好在年度结束前)，而不是将其记作一项负债；(4)将办公用品的采购记录推迟至年度结束后；(5)将次年1月的广告收入计入12月；(6)等到会计年度结束后再做建筑物维修；(7)从余额递减法转为直线折旧法以减少当年的折旧费。

请分析：

(1) 为什么HD公司的CEO想管理盈余？

(2) 从管理会计和财务管理从业人员职业道德的观点来看，上面(1)—(7)项中哪些是可以接受的，哪些是不可以接受的？

(3) 主计长应对首席执行官的建议作何反映？如果CEO拒绝接受他的建议，主计长应该怎么办？

2. Broadway公司是一家纸制品生产公司，主要生产各种复印纸、包装纸等。每一类纸张又有许多规格，如复印纸又区分为A4、B5等，包装纸又区分为普通包装纸、专业包装纸等。以前，由于竞争不激烈，公司的成本会计系统只按大类计算成本，业绩报告分别反映复印纸和包装纸的业绩。自从去年开始，当地又开设了一家新的包装纸生产公司，生产Broadway公司所生产的包装纸中的普通纸系列产品。由于其报价低于Broadway公司，所以Broadway公司的普通包装纸业务开始流失。面对这种情况，Broadway公司的领导层要求会计人员立即提供详细的业绩分析报告。会计人员经过一番努力，调整了包装纸的成本计算系统，终于拿出了反映各种规格包装纸利润率的业绩报告，原来的业绩报告表明包装纸平均利润率达到了40%，重新分析后却发现其中普通包装纸的利润率达到了50%，而专用包装纸几乎不赚钱。于是，Broadway公司决定将包装纸生产部门划分为两个责任中心：普通包装纸转让中心和专用包装纸转让中心。对于普通包装纸采取了降价措施，同时要求管理会计人员密切关注竞争对手的业绩信息，每周提供一次报告，以便及时根据该公司的财务业绩、定价策略和市场渗透情况作出反馈；而对于专用包装纸，则要求管理会计人员提供相应的建议以便帮助监督和控制成本，以提高该部分生产的利润率。会计人员明显感到在新的竞争环境下的责任重了，迫切需要掌握新的管理会计技能来适应管理者的新需求。

结合案例思考：(1)和财务会计相比较，管理会计的信息质量特征怎样？(2)你认为管理会计人员应该具备哪些素质？

第二章　成本性态分析与变动成本法

【引导案例】

小明是一家医疗中心的一名会计，现正在对该中心各部门发生的成本进行成本性态分析。小明通过调查得知，设备维护部门的成本主要是员工工资、清洁物料费与维修材料费，且其成本总额与服务的病人日总数线性相关。他已取得了该部门在过去的一年中每月的总成本及每月服务的病人日总数的有关资料。小明首先计算了相关系数，计算结果为 $r=0.98$，表明成本总数与病人日总数之间存在着基本的正相关关系。在此基础上，利用一元回归法计算得出成本总额中的固定成本为 9 329 元，单位变动成本为每个病人每日 6.95 元。所以，小明得出并向医疗中心的 CFO 报告分析结论，维修部的成本函数为 $y=9\,329+6.95x$。小明为维修部门建立的设备维修成本函数，你能受到哪些启发？让我们开始本章内容的学习吧。

【学习目的和要求】

本章主要介绍了成本性态分析和变动成本法的一些基本问题。通过对本章的学习，应掌握成本按成本性态的分类、成本按成本性态分类在管理会计中的重要作用、混合成本的分解方法、变动成本法及其与完全成本法的区别、变动成本法的优缺点等重要内容。

第一节　成本性态分析

一、成本性态的意义

(一) 成本性态的含义

成本性态是指成本总额与特定业务量之间在数量方面的依存关系，又称为成本习性。

这里的业务量(以下用 X 表示)是指企业在一定的生产经营期内投入或完成的经营工作量的统称，也可理解为相关范围。业务量可以使用多种计量单位表现，包括绝对量和相对量两类。其中,绝对量又可以具体分为实物量、价值量和时间量三种形式;相对量可以用百分比或比率等形式反映。在最简单的条件下,业务量通常是指生产量或销售量。

这里的成本总额主要是指为取得营业收入而发生的营业成本费用,包括全部生产成本和销售费用、管理费用及财务费用等非生产成本。

全部成本按其性态分类可分为固定成本、变动成本和混合成本三大类。下面分别讨论这些成本。

（二）成本性态的意义

在管理会计中,研究成本对产量的依存关系,不仅可以从数量上具体掌握成本与产量之间的规律性的联系,而且成本性态分析为管理会计中各种分析方法的实际运用奠定了基础,因而隐性成本性态分析,在企业经营管理中具有十分广泛和重要的意义。

（1）成本性态分析是采用变动成本计算法的前提条件。进行变动成本计算的首要条件就是将企业一定时期发生的所有成本划分为固定成本和变动成本两大类。在此基础上再将与产量变动成正比例变动的生产成本作为产品成本,并据以确定已销产品的单位成本以及作为期末存货的基础;而将与产量变动无关的所有固定成本作为期间成本处理,全额从当期的销售收入中扣除,并与此计算企业各期间的损益。可见进行成本性态分析,正确区分变动成本与固定成本,是进行变动成本计算的基础。

（2）成本性态分析为成本—产量—利润之间相互依存关系的分析提供了方便。成本—产量—利润之间相互依存关系的分析（具体将在下一章介绍）,历来被认为是管理会计的基础分析方法而被广泛应用。在分析中使用的成本函数（即反映成本性态的方程式）,就需要对过去的数据进行分析研究,并在此基础上相对准确地将成本分解为固定成本和变动成本两大类。若不经过这一程序,就不可能确定反映成本性态的成本函数,也就无法进行本—量—利的分析。

（3）成本性态分析是正确制定经营决策的基础。短期经营决策为了区分相关成本和非相关成本,首先需要将成本按其性态划分为固定成本和变动成本。固定成本不随产量的变动而变动,在短期经营决策中大多是属于非相关成本;而变动成本在大多数情况下是属于相关成本。理解这一概念,是正确进行短期经营的关键。此外,在经营决策中,还必须应用许多特殊的成本概念,而这些成本概念有许多是建立在成本按其性态分类的基础之上的。

二、成本按其性态分类

全部成本按其性态分类可分为固定成本、变动成本和混合成本三大类。

（一）固定成本

固定成本是指在一定条件下,其总额不随业务量发生任何数额变化的那部分成本。如:房屋设备租赁费、保险费、广告费、不动产税费、按直线法计提的固定资产折旧费、管理人员薪金等。它具有以下两个特点:

（1）固定成本总额（用 a 表示）的不变性。在相关范围内,成本总额不受业务量增减变动的影响。在平面直角坐标坐标图上,固定成本线就是一条平行于 X 轴的直线,总成本模型为 $y=a$(如图 2-1)。

(2) 单位固定成本的反比例变动性。由于固定成本总额不受业务量增减变动的影响,单位产品负担的固定成本必然随业务量的变动成反比例变动,其单位成本模型为 $y=a/x$,反映在坐标图上是一条反比例曲线(如图 2-2)。

例 2-1

某企业只生产一种产品,生产设备是向外租用的,月租金 4 000 元,该设备的最大生产能力为 500 件,租期两年。某年上半年各月产量与租金费用资料如表 2-1 所示。

表 2-1　1—6 月产量与租金费用

月份	产量(件)	租金(元)	单位产品负担的租金(元)
1	100	4 000	40
2	150	4 000	26.66
3	200	4 000	20
4	250	4 000	16
5	300	4 000	13.34
6	400	4 000	10

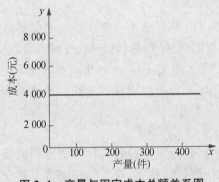

图 2-1　产量与固定成本总额关系图

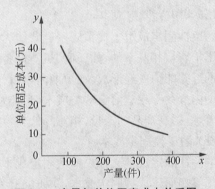

图 2-2　产量与单位固定成本关系图

根据上述资料,可将其租金总额、单位租金及各月产量的关系分别用图 2-1 和图 2-2 表示。由此可见,该企业每月发生的租金费用总额与完成的产量多少没有关系,但其单位产品分摊的租金费用则随产量的增加而减少。

需要注意的是,固定成本总额不受产量增减变动的影响,是有一定相关范围的。正如前例中所述,租用生产设备每月发生的租金 4 000 元是固定成本。它是以 0—500 件的业务量变动范围和两年的租期为相关范围。只有在此前提下,月租金才保持不变。如果发生以下情况之一,突破了相关范围,租金就可能不再是固定成本了。

(1) 如果该企业租期内要使月产量达到 1 000 件,就必须增租设备,租金支出就要相应增加。

(2) 如果两年租期期满后，企业需要续租这种设备，届时可能由于通货膨胀(或技术进步)的原因，使租金变得更贵(或更便宜)。

这些情况可通过图2-3进行反映。

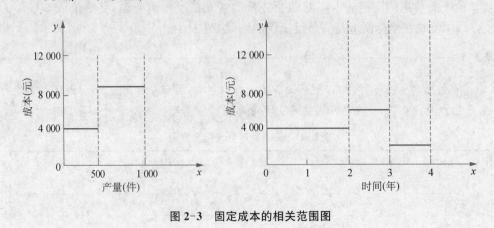

图 2-3 固定成本的相关范围图

固定成本按其是否受管理当局短期决策行为的影响，又可进一步细分为约束性固定成本和酌量性固定成本两类。区分为这两类成本的意义在于寻求降低固定成本的正确途径。

(1) 约束性固定成本。

约束性固定成本主要是属于经营能力成本，它是和整个企业经营能力的形成及其正常维护直接相联系的，如厂房、机器设备的折旧费、保险费、财产税、管理人员薪金等。企业的经营能力一经形成，在短期内难以作出重大改变，因而与此相联系的成本也将在较长期内继续存在。对于这类成本，只能从合理充分地利用其创造的生产经营能力的角度着手，提高产品的产量，相对降低其单位成本。

(2) 酌量性固定成本。

酌量性固定成本又称抉择性固定成本，是指企业根据经营方针由管理当局确定期间的预算额而形成的固定成本，如研究开发费、广告宣传费、职工培训费等。对于这类固定成本可以从降低绝对额的角度予以考虑，即在预算时认真决策，精打细算，在执行中厉行节约，在保证不影响生产经营的前提下尽量减少它们的支出总额。

(二) 变动成本

变动成本是指在一定条件下，其总额随业务量成正比例变化的那部分成本。如：直接材料、直接人工、按销售量支付的销售佣金等。它具有以下两个特点：

(1) 变动成本总额(用 $b \cdot x$ 表示)的正比例变动性。将其反映在平面直角坐标图上，变动成本是一条以单位变动成本为斜率的直线。其总成本模型为：$y=bx$，如图2-4所示。

(2) 单位变动成本(用 b 表示)的不变性。将其反映在坐标图上，单位变动成本是一条平行于横轴的直线。单位变动成本的模型为：$y=b$，如图2-5所示。

例 2-2

某企业生产一种产品,单位产品的变动成本为 16 元。产量在一定范围内变动对成本的影响如表 2-2 所示。

表 2-2　1—6 月产量与成本变动关系

月份	产量(件)	总成本(元)	单位成本
1	200	3 200	16
2	300	4 800	16
3	400	6 400	16
4	500	8 000	16
5	600	9 600	16
6	700	11 200	16

根据上表资料,产量与变动成本总额和单位变动成本的关系如图 2-4 和图 2-5。

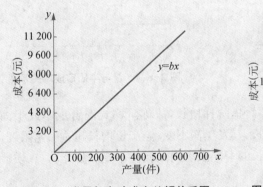

图 2-4　产量与变动成本总额关系图

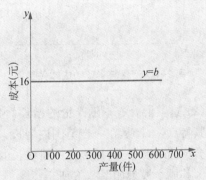

图 2-5　产量与单位变动成本关系图

变动成本同样也存在相关范围的问题。超过相关范围,变动成本也不再表现为完全的线性关系,而是非线性关系。这些情况可通过图 2-6 进行反映。

变动成本可根据其发生的原因进一步分为技术性变动成本和酌量性变动成本。

(1) 技术性变动成本。是指其单位成本受客观因素决定、消耗量由技术因素决定的那部分变动成本。例如,生产一套家具需消耗 0.2 立方米的木材,是由设计技术决定的,生产家具的木材成本就是技术性变动成本。要想降低这类成本,应通过改进设计、改进工艺技术、提高材料综合利用率以及避免浪费,降低单位损耗来实现。

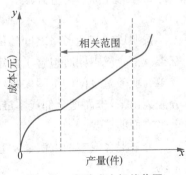

图 2-6　变动成本相关范围

（2）酌量性变动成本。是指其单位成本主要受企业管理当局决策影响的那部分变动成本。例如，计件工资的计件单价受管理当局决策的制约，其工资成本是一种酌量性变动成本。

（三）混合成本

混合成本是指成本总额受业务量变动的影响，但其变动幅度又不成正比例的那部分成本。这类成本同时包括固定成本和变动成本两种因素。它通常有两种表现形式：

（1）它有一个初始量，这类似固定成本，在此基础上，产量增加，成本也会增加，又类似变动成本。如设备的维护保养费、销售人员的薪金等。其成本模型为：$y=a+bx$，反映在坐标图上如图2-7所示。这类混合成本由明显的固定成本和变动成本两部分成本合成的，又称半变动成本。

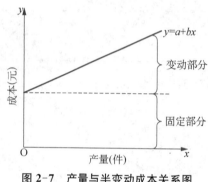

图 2-7　产量与半变动成本关系图

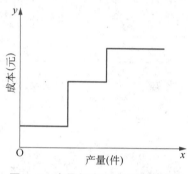

图 2-8　产量与半固定成本关系图

（2）这类混合成本随产量的增长而呈阶梯增长，故称阶梯式混合成本或半固定成本。其特点是，产量在一定范围内增长，其发生额不变；当产量增长超过一定限度，其发生额会突然跳跃上升，然后在产量增长的一定限度内又保持不变。如化验员、质检员的工资。其成本模型如图2-8所示。

三、混合成本的分解

按照成本与业务量之间的依据关系，可将成本分为固定成本、变动成本和混合成本三类。混合成本同时包含了固定成本和变动成本两种因素。在实际工作中，为了掌握成本与业务量之间的依存关系，还要对混合成本进行分解，将其中的变动部分和固定部分分离出来，进而把全部成本最终分为固定成本和变动成本两大类，以便满足经营管理上多方面的需要。

分解混合成本的方法通常有：历史成本分析法、工程研究法、账户分类法和合同认定法。

（一）历史成本分析法

只要企业生产流程不发生重大变化，根据过去的生产经验，就可以较准确地预计未来成本随产量变化而变化的情况。历史成本分析法正是根据这一原理，通过对历史成本数据的分析,依据以前各期实际成本与产量间的依存关系,来推算一定期间固定成本和单位变动成本的平均值,并以此来确定所估算的未来成本。至于历史成本分析法的准确程度,则取决于用以分析的历史数据的恰当程度。为了保证成本分解的可靠性,必须特别注意以下几点:第一,所收集的数据是否因为会计政策的变化而产生较大的偏差,因为期间的成本性态是与该期限较长带来的不稳定状态的影响,又能使所选择的期间可保证获得较为精确可靠的成本数据。第二,要选择适宜的业务量的计量单位。选择时应遵循的原则是:选定的变量必须与被估计的成本存在某种密切的关系,而且能对观测产生重要影响。使用最广泛的变量是实物单位的产量、直接人工小时以及机器小时等。

历史成本分析法又可具体分为高低点法、散布图法和回归分析法三种。

① 高低点法。

高低点法是指以某一时期内的最高点产量的混合成本与最低点产量的混合成本之差,除以最高点产量与最低点产量之差,首先计算出单位变动成本的值,然后再据以把混合成本中的变动部分和固定部分解出来的一种方法。

设 y 为混合成本总额,a 为固定成本总额,b 为单位变动成本,x 为产量,混合成本的数学模型可用直线方程来表示:

$$y = a + bx$$

在 $y=a+bx$ 这个方程中,根据成本的性态,a 在相关范围内是固定不变的,高低点产量发生变动对它没有影响,可以不考虑。如果 b 在相关范围内是个常数,则变动成本总额随着高低点产量的变化而变动。因此,上述方程式可以改写为:

$$\Delta y = b \times \Delta x$$

式中:Δx——高低点产量之差;

Δy——高低点混合成本之差。

则:

$$b = \frac{\Delta y}{\Delta x}$$

把上式求得的 b 值代入上述直线方程 $y=a+bx$,即可求得:

a = 最高点产量的混合成本总额 $-b \times$ 最高点产量
 = 最低点产量的混合成本总额 $-b \times$ 最低点产量

例 2-3

某企业某年 1—6 月份实际发生的机器工作小时和维修成本如下表 2-3 所示,现用高低点法对其维修成本进行分解。

表 2-3 机器工作时间与维修成本关系

月 份	机器工作小时 x(小时)	维修成本 y(元)
1	5	60
2	15	85

(续表)

月 份	机器工作小时 x（小时）	维修成本 y（元）
3	10	75
4	20	85
5	30	115
6	25	95
合计	105	510

根据上述资料找出最高点业务量与最低点业务量及相应的维修成本如下：

	业务量	维修成本
高点	30	115
低点	5	60
差额	25	55

则 $b = \dfrac{115-60}{30-5} = 2.2$（元/小时），

$a = 115 - 2.2 \times 30 = 49$ 或 $a = 60 - 2.2 \times 5 = 49$。

维修成本的性态模型为：$y = 49 + 2.2x$。

高低点法的优点在于简便易行，便于理解。其缺点是由于它只选择了诸多历史资料中的两组数据作为计算依据，使得建立起来的成本性态模型很可能不具有代表性，导致较大的计算误差。这种方法只适用于成本变化趋势比较稳定的企业使用。

② 散布图法。

散布图法是指将所观察的历史数据，在坐标纸上作图，据以确定混合成本中的固定成本和变动成本占多少的一种方法。

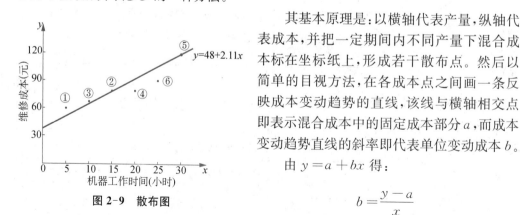

图 2-9 散布图

其基本原理是：以横轴代表产量，纵轴代表成本，并把一定期间内不同产量下混合成本标在坐标纸上，形成若干散布点。然后以简单的目视方法，在各成本点之间画一条反映成本变动趋势的直线，该线与横轴相交点即表示混合成本中的固定成本部分 a，而成本变动趋势直线的斜率即代表单位变动成本 b。

由 $y = a + bx$ 得：

$$b = \dfrac{y-a}{x}$$

现举例说明散布图法的应用原理。

例 2-4

仍以[例2-3]所示的表2-3资料为例,用散布图法对其维修成本进行分解。

将六期的成本分别标在坐标纸上,形成散布图,如图2-9所示。该直线的截距 $a=48$;在直线上任取一点 A,测出它的坐标为 $(17.5, 85)$,则单位变动成本:

$$b = \frac{85-48}{17.5} = 2.11$$

根据 a、b 的数值,可以把混合成本变动趋势的直线方程写成:

$$y = a + bx = 48 + 2.11x$$

散布图法考虑了所提供的全部历史资料,其图像可反映成本的变动趋势,比较形象直观,易于理解,较高低点法更为科学。但由于靠目测决定直线,因此容易造成人为的误差,不同的人会得出不同的结论,从而影响计算的客观性。

③ 回归直线法。

回归直线法亦称最小二乘法,它是根据若干期产量和成本的历史资料,运用最小二乘法公式,将某项混合成本分解为变动成本和固定成本的方法。

回归直线法的基本原理是:设以 y 代表某项混合成本,x 代表产量(业务量),a 代表混合成本中的固定部分,b 代表混合成本中的单位变动成本。它们之间的关系为:

$$y = a + bx$$

我们可以用简算法来确定直线方程中 a、b 值。首先以总和的形式表示直线方程 $y = a + bx$ 中的每一项,即:

$$\sum y = na + b\sum x \tag{1}$$

再将上列方程式的左右两边用产量(x)进行加权,即得:

$$\sum xy = a\sum x + b\sum x^2 \tag{2}$$

从(1)可得:

$$a = \frac{\sum y - b\sum x}{n} \tag{3}$$

从(3)代入(2),得:

$$b = \frac{n\sum xy - \sum x \sum y}{n\sum x^2 - (\sum x)^2} \tag{4}$$

再以(4)代入(3)得:

$$a = \frac{\sum x^2 \sum y - \sum x \sum xy}{n \sum x^2 - (\sum x)^2} \tag{5}$$

根据(5)与(4),即可求出 a、b 的值,然后建立混合成本的直线方程式。

只有 x 与 y 之间基本上保持线性联系,通过回归方程来描述成本变动趋势才有意义。由此,在采用这种方法之前,需要先计算混合成本(y)与产量(x)之间的相关系数(r),用以反映它们之间相互依存关系的密切程度。其计算公式如下:

$$r = \frac{n \sum xy - \sum x \times \sum y}{\sqrt{\left[n \sum x^2 - (\sum x)^2\right]\left[n \sum y^2 - (\sum y)^2\right]}}$$

相关系数 r 的取值范围一般在 0 与 ±1 之间,当 $r=0$,说明 x 与 y 之间不存在任何联系,为零相关,即 $y \neq a+bx$;当 $r=+1$,说明 x 与 y 之间完全正相关,即 $y=a+bx$;当 $r=-1$,说明 x 与 y 之间完全负相关;当 $r \to +1$,说明 x 与 y 之间基本正相关,可近似地写成 $y=a+bx$ 的形成。

例 2-5

仍以[例 2-3]所示的表 2-3 资料为例,运用回归线法对其维修成本进行分解。

(1)根据该企业过去 6 个月的维修成本资料进行加工延伸,编制表 2-4。

表 2-4　资料计算汇总表

月份	机器小时 x	维修费 y	xy	x^2	y^2
1	5	60	300	25	3 600
2	15	85	1 275	225	7 225
3	10	70	700	100	4 900
4	20	85	1 700	400	7 225
5	30	115	3 450	900	13 225
6	25	95	2 375	625	9 025
$\sum$	105	510	9 800	2 275	37 550

(2)计算相关系数 r

$$r = \frac{6 \times 9\ 800 - 105 \times 510}{\sqrt{(6 \times 2\ 275 - 105^2)(6 \times 37\ 550 - 510^2)}} = 0.972\ 6$$

由于 r 的值接近于 1,说明 x 与 y 之间有密切的相关性,基本上存在着线性关系,可用直线 $y=a+bx$ 描述其变动趋势。

(3)计算 a、b 的值

$$b = \frac{6 \times 9\ 800 - 105 \times 510}{6 \times 2\ 275 - 105^2} = 2(元)$$

$$a = \frac{510 - 2 \times 105}{6} = 50(元)$$

据此，可以求得反映维修成本变动趋势的直线方程：

$$y = 50 + 2x$$

回归直线法利用了数学微分极值原理，因此计算结果比前两种方法更为准确，但计算工作量较大，比较麻烦。如果能使用计算机计算，这种方法将会得到更广泛的应用。

（二）工程研究法

工程研究法，又称技术测定法，它是由工程技术人员通过某种技术方法测定正常生产流程中投入—产出之间的规律性的联系，以便逐项研究决定成本高低的每个因素，并在此基础上直接估算出固定成本和单位变动成本的一种方法。

采用该方法的关键之处，在于准确测定反映在一定生产技术和管理水平条件下，投入的成本与产出的数量之间有规律性联系的各种消耗量标准。如生产一定数量产品所需耗用的各种原材料、燃料的重量、机器小时、特定技术等级的人工小时等，将这些数量标准乘上相应的单位价格，便可得到各项标准成本。例如企业详细的工程设计说明书，一般都包括制造某种产品所需的各种原材料及标准耗用量，只要将其乘上原材料价格，即可高度准确地测定原材料的成本是多少。根据工程设计说明书与时间动作研究，就可以准确地测定生产流程中每一步骤所耗费的时间（即人工小时），再将其乘以小时工资率，便可得到单位产品的标准的人工成本。

很显然，工程研究法适用于任何从客观立场进行观察的投入产出过程。除了上述提到的直接材料、直接人工外，也可用于办公室、装运、仓库等非制造成本的测定。

工程研究法不仅可以对现有的生产程序进行测定，而且还可以将所有生产活动和辅助生产活动进行详细的分析，以寻求改进工作的途径，找出最经济、最有效的程序和方法，使产品制造、工作效率和资源利用达到最优的效果。而这才正是工程研究法的核心内容。正因为工程研究法的主要优点在于确定理想的投入产出关系，所以企业在建立标准成本和制定预算时，使用工程研究法就具有较佳的科学性和先进性。同时，它既是在缺乏历史成本数据条件下可用的、最有效的方法，也是用于检验历史成本分析结论的最佳方法。当然，在建立标准成本和制定预算以后再使用该法，由于已有现成的消耗定额可以利用，就将更为方便。

然而，工程研究法仍有一些不足之处，具体表现在：

（1）工程研究所花代价太高。因为进行技术测定分析，通常要耗用较多的人力、物力。

（2）由于其所依赖的投入—产出关系只存在于生产过程中的直接消耗部分，因而对于不能直接把成本归属于特定的投入—产出的，或者不能单独进行观察的联合过程，如各种间接成本，就不能使用这种方法。

以下举一简例说明工程研究法在实际中的应用。

例 2-6

假设某企业铸造车间的燃料用于铸造工段的熔炉,分别在点炉和熔化铁水这两项程序中使用。按照最佳的操作方法,每次点炉要用木柴 0.08 吨,焦炭 1.2 吨,熔化 1 吨铁水要使用焦炭 0.12 吨;每个工作日点炉一次,全月工作日 24 天。木材每吨价格为 250 元焦炭每吨价格 400 元。

解题步骤:
(1) 选择需要研究的成本项目——燃料成本;
(2) 对整个过程进行技术测定,确定最佳操作方法,并将其作为标准方法使用;
(3) 测定标准方法的每项投入成本,并按成本性态划分固定成本和变动成本。

在本例中,点炉燃料(木柴、焦炭)属固定成本,熔化铁水所用燃料与产量相联系,属变动成本。

设每日燃料总成本为 y,产量为 x 吨铸件,每日固定成本为 a,单位变动成本为 b,则:

$$每月固定成本 = (0.08 \times 250 + 1.2 \times 400) \times 24$$
$$= 12\,000(元)$$
$$每吨铸件变动成本 = 0.12 \times 400 = 48(元)$$

因此,$y = 12\,000 + 48x$。

(三) 账户分类法

账户分类法是根据各有关成本账户(包括明细账)的内容,结合其与产量的依存关系,判断其比较接近哪一类成本,就视其为哪一类成本。例如大部分管理费用项目在正常产量范围内与产量变动的关系不明显,就可按固定成本处理。而企业的间接材料费(如燃料费等),虽然不与产量成正比例变动,但费用的发生与产量的关系比较大,就可视其为变动成本。

下面举一简例说明账户分类法的应用。

例 2-7

某企业某车间的月成本如表 2-5 所示。采用账户分类法对成本进行分解:

表 2-5 5 000 件时成本分解

产量为 5 000 件时的成本	
账　户	总成本
原材料	10 000
直接人工	12 000
燃料、动力	4 000

(续表)

账　户	总成本
维修费	2 000
间接人工	2 000
折旧	8 000
行政管理费	2 000
合　计	40 000

在表 2-5 中，原材料和直接人工通常为变动成本，燃料、动力费、维修费、间接人工等虽然都会随产量变动而呈不成比例的变动，但由于我们不了解其他产量水平下的实际成本，无法对其进行成本性态分析，而只能将其先视为变动成本。行政管理费又具体包括许多杂项支出，其中大部分与产量没有明显的关系，但也可能会有变动的因素。基于上述同样的原因，我们仍可将其视为固定成本。

表 2-6　账户分类法成本分解

项目＼账户	产量为 5 000 件时的成本		
	总成本	固定成本	变动成本
原材料	10 000		10 000
直接人工	12 000		12 000
燃料、动力费	4 000		4 000
维修费	2 000		2 000
间接人工	2 000		2 000
折旧	8 000	8 000	
行政管理费	2 000	2 000	
合　计	40 000	10 000	30 000

根据表 2-6，可将该车间的总成本分解为"固定"和"变动"两个部分，并以直线方程 $y=a+bx$ 表示：

其中 $a=10\,000$，$b=\dfrac{30\,000}{5\,000}=6$，

即 $y=10\,000+6x$。

此简例说明，该方法具有简便易行的显著优点，而且其计算结果也不像其他方法那样抽象，它可以具体了解固定成本、变动成本包括的项目有哪些。如果实际总成本发生超支，还可据此进一步查明原因。因此，这种方法在实际工作中得到广泛的运用。但由于使用这一方法，需要分析人员作出一定的主观判断，因而它不可避免地带有以下几个方面的局限性：

(1) 该方法在确定成本性态时,仅仅依赖于某一产量水平下的一次观测值,无法反映成本随着产量变动的波动情况。因而据以进行的成本分解不一定能符合客观实际情况。

(2) 该方法在很大程度上取决于我们对某一账户成本性态的主观判断。上例中,如果间接人工费用实际上大部分为固定费用,将使分解后得到的直线方程有较大的误差。

克服上述弊端的最好方法就是联系多种产量水平进行成本性态分析。因为通过了解不同产量水平下的成本波动情况,可以更好地了解各类账户成本的特性。

（四）合同认定法

该方法不同于上述几种方法之处,在于它是根据企业与供应单位签订的各种合同、契约以及企业内部既定的各种管理和核算制度中所明确规定的计费方法,分别确定哪些费用属于固定成本,哪些费用属于变动成本。所以这种方法特别适用于有明确计算方法的各种初始量变动成本,如电费、水费、煤气费、电话费等各项公用事业费。其账单上的基数即为固定成本,而按耗用量多少计价部分则属于变动成本。该方法也是在没有历史成本数据下可应用的一种。

上述各种成本分解方法,虽然各有其优缺点及适应性,但它们并非孤立存在的,在实际应用中常常互相补充和印证。

四、成本性态分析存在的问题

(1) "相关范围"的限定有局限性。

如前所述,固定和变动的成本性态,只是在一段有限的期间和一个有限的产量范围之内,才是正确的。这一限定本身,就使成本性态的分析研究,不可避免地带有一定的假定性。

(2) "成本与产量之间完全线性联系"的假定,不可能完全切合实际。

我们进行成本性态分析是假设在相关范围内,成本的变动率是线性的,因而用直线方程式 $y=a+bx$ 来反映成本性态。但在许多情况下,成本与产量之间的联系是非线性的。若要准确地描述其实际成本性态,就需要用非线性函数来反映。这样得出的方程式可能相当复杂。例如,曲线成本要使用二次方程或高次方程来描述,当引起成本变动的变量不止一个时（如成本变动同时依存于人工小时和机器工作小时这两个变量）,就要使用多元线性方程来描述。建立和计算这些方程式,往往要花费很多时间和精力。因此为了得到这些信息,其付出的代价还需与得到和利用它们可能带来的好处进行权衡、比较,才能确定取舍。不能简单地认为,只要将分析的计算复杂化便可能给企业带来良好的效果,有时甚至可能是"得不偿失"。

此外,上节介绍的各种成本分解方法均含有估计的成分,带有一定程度的假定性,故其分解的结果只能求得其近似值。

第二节 变动成本法

变动成本法是指在组织常规的产品成本计算过程中,以成本性态分析为前提,只将变动生产成本作为产品成本的构成内容,而将固定生产成本及非生产成本作为期间成本,按贡献式损益确定程序计算损益的一种成本计算模式。它是管理会计中广泛应用的一种成本计算方法。由于变动成本法的产生,为了加以区别,人们就把传统的成本计算方法统称为全部(完全)成本法。从目前来看,美国会计界的一些权威机构,如美国执业会计师协会、美国证券交易委员会、美国国内税务局,还是主张采用完全成本法计算产品的单位成本,确定存货和利润,企业采用的对外报表,现在还是采用完全成本计算法。所以,从目前来看,这两种方法并不能相互取代,而是同时使用,因此,我们在介绍变动成本法时有必要将其与完全成本法进行比较。

一、变动成本与完全成本法的区别

变动成本法与完全成本法比较主要有三个方面的区别:

(一)产品成本组成不同

两种成本计算法,在产品成本组成项目上的不同,可用图 2-10 表示:

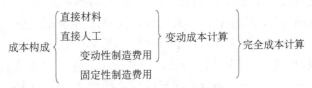

图 2-10 完全成本法变动成本法的区别

可见,按完全成本计算,产品成本包括了直接材料、直接人工、变动性制造费用和固定性制造费用;而按变动成本计算,其产品成本只包括直接材料、直接人工和变动性制造费用。对固定性制造费用不计入产品成本,而是作为期间成本,全额列入损益表,从当期的销售收入中直接扣减。由此可见,完全成本法与变动成本法在产品成本组成上的差别在于对固定成本的处理不同。前者把本期已销售产品中的固定性制造费用转作本期销售成本,未销售部分应负担的固定性制造费用则递延到下期。后者则把本期发生的固定性制造费用全额作为期间成本,列入损益表,从当期的销售收入直接扣减。

现举例分别按完全成本法和变动成本法列示其产品的单位成本。

例 2-8

假设某厂生产甲产品,当月生产 8 000 件,每件产品直接材料 15 元,直接人工 12 元,变动性制造费用 10 元,全月发生的固定性制造费用 80 000 元。在两种成本法下单位产品成本如下表所示：

表 2-7　单位产品成本表

成本项目	完全成本计算	变动成本计算
直接材料	15	15
直接人工	12	12
变动性制造费用	10	10
固定性制造费用	10	/
产品单位成本	47	37

可见，如果该厂是采用完全成本计算，所有的生产成本（变动和固定）均计入当期的产品成本之中。假如该厂每出售一件甲产品，则应在损益表上扣除销售成本47元。同样，任何未出售的产品将以每单位47元的成本列在资产负债表的存货项下；若该厂采用变动成本法，只有变动生产成本加入当期的制造成本中，每出售一件产品，只需在损益表上扣减销售成本37元，对未出售的产品仅以每单位37元的成本列在资产负债表的存货项下。

两种成本计算方法，在产品成本组成上存在着上述差别，其理论依据是什么呢？

变动成本法之所以在计算产品成本和存货成本时，只包括产品在生产过程中所消耗的直接材料、直接人工和变动制造费用，而将固定性制造费用作为期间成本，全额列入损益表，从当期的销售收入中扣除。其理由是：产品成本和期间成本是两个不同的概念，应正确区分。产品成本是指在产品生产过程中发生的，随产量而变动。根据这一原理，只有直接材料、直接人工、变动性制造费用是在产品生产过程中发生的，随产量变动，所以产品成本只包括这三大部分。固定性制造费用主要是为企业提供一定的生产经营条件而发生的，这些生产经营条件一经形成，不管其实际利用程度如何，有关费用照样发生，同产品的实际生产没有直接联系，并不随产量的增减而增减，也就是说，这部分费用所联系的是会计期间，而不是产品，它只随着时间的推移而逐渐消逝，效益不应递延到下一会计期间，而应在费用发生的当期全额列作期间成本，从本期的销售收入中直接扣除。

完全成本计算的理论根据是，凡是同产品生产有关的耗费都应计入产品成本。固定性制造费用是保持一定的经营条件而发生的，也就是同形成企业生产能力正常维护相联系，他们认为产品在生产过程中不仅要消耗一定的直接材料、直接人工、变动性制造费用，同时也要消耗一定的生产能力，如果没有基本组织机构，不开动机器设备，产品就生产不出来。所以为提供生产能力所发生的固定性的制造费用也应同直接材料、直接人工、变动性制造费用一样都是产品成本的组成部分，随产品而流动。也就是说，如果产品销售出去，汇集于产品上的成本也应转为本期的销售成本，以确定本期损益；假如产品没有销售出去，构成期末存货，那么汇集于产品上的成本也应结转于下期，等到下期销售后，才结转到销售成本。

综上所述,变动成本法与完全成本法由于对什么是产品成本这一概念的认识理解不同,所以在具体计算中,对固定性制造费用的处理方法也就不同。

(二) 在"产成品"与"在产品"存货估价方面的区别

采用完全成本法时,由于它将全部的生产成本(包括变动的和固定的生产成本)在已销产品、库存产成品和在产品之间分摊,所以期末产成品和在产品存货中不仅包含了变动的生产成本,而且还需要包含了一部分的固定成本。

采用变动成本法时,由于只将变动生产成本在已销产品、库存产品和在产品之间进行分配,固定成本没有结转至下期,全额直接从当期销售中扣除,所以期末产成品和在产品存货并没有负担固定成本,其金额必然低于完全成本法时的估价。

例 2-9

沿用上例,假设某厂生产甲产品,当月生产 8 000 件,销售 7 500 件,期末产成品存货 500 件(假定期末没有在产品存货)。甲产品按完全成本法和变动成本法计算的单位成本分别为 47 元和 37 元。根据所提供的资料,可以确定产成品期末存货的成本如表 2-8 所示。

表 2-8 期末存货成本

项　目	完全成本法	变动成本法
单位产品成本	47	37
产成品期末存货数量(件)	500	500
产成品期末存货余额(元)	23 500	18 500

可见,产成品期末存货采用完全成本法计算为 23 500 元,采用变动成本法计算为 18 500 元,两者计算的差额为 5 000 元(23 500－18 500)正是由于完全成本中包括了固定性制造费用 5 000 元(500×10)所造成的。

(三) 在盈亏计算方面的区别

如前所述,由于两种成本计算方法对固定成本的处理不同,所以对期间损益的影响也就不同。现分别说明如下:

(1) 产销平衡的情况。在产销平衡的情况下,两种成本计算方式所确定的期间损益是相同的。即:当本期生产量等于销售量时,

$$按完全成本法确定的净收益 = 按变动成本法所确定的净收益$$

这是因为:按变动成本法计算,本期所发生的固定性制造费用是全额从本期销售收入中扣除;按完全成本法计算,本期发生的固定性制造费用先计入本期所生产的产品成本中,在产销平衡的情况下,本期所生产的产品又在本期全部销售出去,产成品的期末存货没有变动,所以,两种成本计算法,在销售收入一样,扣减数也一样的情况下,当然所得的净利会相等。

（2）本期生产量大于销售量的情况。当本期生产量大于销售量时，按完全成本法所确定的净收益＞按变动成本法所确定的净收益。

这是因为：按变动成本法计算，本期所发生的固定性制造费用全额从本期销售收入中扣除；而采用完全成本法计算，在生产量大于销售量时，意味着本期生产的产品没有全部销售出去，产成品的期末存货增加，它会带走一部分本期发生的固定性制造费用，也就是说，本期发生的固定性制造费用中有一部分由销售成本吸收，从本期的销售收入中扣减，其余部分则以期末存货形式转到下期。可见，从本期销售收入中扣减的固定性制造费用就不是全额了。所以，在销售收入一样的情况下，采用变动成本法扣除了全部的固定性制造费用，而采用完全成本法仅扣除了部分的固定性制造费用，当然由此所确定的净收益前者会小于后者。

（3）本期生产量小于售量的情况。当本期的生产量小于销售量时，按完全成本法所确定的净收益＜按变动成本法所确定的净收益。

这是因为：按变动成本法计算，本期发生的固定性制造费用要全额从本期销售收入中扣减；但按完全成本法计算，在本期生产量小于销售量的情况下，则意味着期末产成品盘存减少，本期销售的产品中不仅包括了本期生产的产品，而且包括了上期结转下来的产成品。可见，本期产品销售成本中不仅包括本期发生的全部固定性制造费用，同时还需要包括了上期产成品所结转下来的固定性制造费用。正因为这样，所以在销售收入一样的情况下，前者扣除的成本少，后者扣除的成本多，当然由此所确定的收益，前者会大于后者。

例 2-10

某公司三个会计年度的资料如表 2-9 所示，并假设各年均无期初、期末在产品。现分别采用变动成本法与完全成本法确定各年的净收益如表 2-10 和表 2-11 所示。

表 2-9　会计年度资料

项　目	第一年	第二年	第三年
期初存货（件）	—	—	500
生产量（件）	2 500	2 500	2 500
销售量（件）	2 500	2 000	3 000
期末存货（件）	—	500	—
单位产品售价（元）	20	20	20
单位产品变动成本（元）	11	11	11
固定性制造费用（元）	15 000	15 000	15 000
固定的销售与管理费用（元）	3 000	3 000	3 000

表 2-10　按变动成本法计算　　　　　　　　　　　　　　　　　　　单位：元

项　目	第一年	第二年	第三年
产品销售收入	50 000	4 000	6 000
产品变动成本	27 500	22 000	33 000
贡献毛益	22 500	18 000	27 000
减：固定费用			
制造费用	15 000	15 000	15 000
销售与管理费用	3 000	3 000	3 000
固定费用合计	18 000	18 000	18 000
净收益	4 500	0	9 000

表 2-11　按完全成本计算　　　　　　　　　　　　　　　　　　　　单位：元

项　目	第一年	第二年	第三年
销售收入	50 000	400 000	600 000
销售成本：			
期初存货	—	—	8 500
本期变动生产成本	27 500	27 500	27 500
固定性制造费用	15 000	15 000	15 000
可供销售的产品成本	42 500	42 500	51 000
减：期末存货	—	8 500	—
销售成本合计	42 500	34 000	51 000
销售毛利	7 500	6 000	9 000
减：销售与管理费用（固定）	3 000	3 000	3 000
净收益	4 500	3 000	6 000

表中：

① 第一年：销售 $2\,500 \times 11 = 27\,500$ 元

　第二年：销售 $2\,000 \times 11 = 22\,000$ 元

　第三年：销售 $3\,000 \times 11 = 33\,000$ 元

② 第一年：$2\,500 \times 11 = 27\,500$ 元

　第二年：$2\,500 \times 11 = 27\,500$ 元

　第三年：$2\,500 \times 11 = 27\,500$ 元

③ 第二年：$500 \times 17 = 8\,500$

以上计算结果表明：

（1）当本期生产量和销售量相等时，不管采用变动成本或全部成本法，其确定的分期损益是相同的。见表 2-10 和 2-11 中第一年：

当生产量(2 500 件)＝销售量(2 500 件)时，
变动成本法确定的净收益(4 500 元)＝完全成本法确定的净收益(4 500 元)

其理由是，当生产量等于销售量时，在完全成本法下，没有机会以存货方式结转固定性制造费用或从存货项下减除固定性制造费用。

(2) 当期生产量大于销售量时，完全成本法所确定的净收益一般大于变动成本所确定的净收益。见表 2-10 和 2-11 中第二年。

当生产量(2 500 件)＞销售量(2 000 件)时，
完全成本法确定的净收益(3 000 元)＞变动成本法确定的净收益(0)

其理由是：当生产量大于销售量时，如前所说，在完全成本法下，本期发生的 15 000 元固定性制造费用中有部分由销售成本吸收，从本期的销售收入中扣减，其余部分 $\left(3\,000 = 500 \times \dfrac{15\,000}{2\,500}\right)$ 以期末存货形式结转到第三年。然而，在变动成本法，本期发生的固定性制造费用全额从本期销售收入中扣除。

(3) 当本期生产量小于销售量时，按完全成本法所确定的净收益小于按变动成本法所确定的净收益。见表 2-10 和 2-11 中的第三年。

当生产量(2 500 件)＜销售量(3 000 件)时，
完全成本法确定的净收益(6 000 元)＜变动成本法确定的净收益(9 000 元)

其理由是：如前所述，在这种情况下，两者之差正是由于按完全成本法计算，本期销售的产品成本中不仅包括了本期发生的全部固定性制造费用 15 000 元，同时还包括了上期产成品(500 件)所结转下来的固定性制造费用 3 000 元(500 件× 6 元/件)；在变动成本法下，本期销售的产品成本中仅仅包括了当年(第三年)发生的全部固定性制造费用。

二、对变动成本法与完全成本法的评价

(一) 对完全成本法的评价

采用完全成本法的优点，可以鼓励企业提高产品生产的积极性。因为产量越大，单位产品分摊的固定成本会越少，从而单位产品成本随之降低。

但是这种成本计算法的最大缺陷是：按照这种方法为基础所计算的分期损益难于被管理部门所理解。这是因为在产品售价、成本不变的情况下，利润的多少理应和销售量的增减相一致，也就是销售量增加，利润也增加；反之，销售量减少，利润也应减少。可是，按完全成本计算，由于其中掺杂了人为的计算上的因素，使得利润的多少和销售量的增减不能保持相应的比例，因而不易被管理部门所理解，不便于为决策、控制和分析直接提供有关的资料。现举例说明如下：

(1) 每年销售量都是相同，销售单价、单位变动成本和固定成本的总额均无变动，但是以完全成本计算为基础所确定的净收益却表现出较大的差别。

例 2-11

某公司三个会计年度的资料,如表 2-12 所示。

表 2-12

项 目	第一年	第二年	第三年
生产量(件)	3 000	4 000	2 000
销售量(件)	3 000	3 000	3 000
单位产品售价(元)	10	10	10
单位产品变动成本(元)	4	4	4
固定性制造费用	12 000	12 000	12 000
固定性销售与行政管理费	2 500	2 500	2 500

根据上述资料,采用完全成本法确定的净利益,如表 2-13 所示。

表 2-13 完全成本法净利益

项 目	第一年	第二年	第三年
销售收入	30 000	30 000	30 000
销售产品的制造成本:			
期初存货	—	—	7 000
本期变动生产成本	12 000	16 000	8 000
固定性制造费用	12 000	12 000	12 000
可供销售的产品成本	24 000	28 000	27 000
减:期末存货	—	7 000	—
销售毛利	6 000	9 000	3 000
减:销售与管理费用(固定)	2 500	2 500	2 500
净收益	3 500	6 500	500

上述资料说明了第一年、第二年和第三年的销售量是相同的,但是以完全成本计算为基础所确定的净收益却不同,(第一年 3 500 元,第二年 6 500 元,第三年 500 元),这是难于为人们所理解的。

(2) 销售量增加,在产品的售价、成本不变的情况下,利润反而减少。

例 2-12

某公司生产一种甲产品,第一年和第二年度的有关资料,如表 2-14 所示:

表 2-14 两个年度成本销售资料

项　目	第一年	第二年
生产量(件)	2 500	2 250
销售量(件)	2 250	2 500
单位产品售价(元)	80	80
单位产品变动成本(元)	15	15
固定性制造费用(元)	100 000	100 000
固定性销售与行政管理费(元)	25 000	25 000

根据上述资料,采用完全成本法确定的净收益如表 2-15 所示。

表 2-15

项　目	第一年	第二年
销售收入	180 000	200 000
销售产品制造成本		
期初存货	—	13 750
本期变动生产成本	37 500	33 750
固定性制造费用	100 000	100 000
可供销售的产品成本	137 500	147 500
减：期末存货	13 750	
销售产品制造成本	123 750	147 500
销售毛利	56 250	52 500
减：销售与管理费用(固定)	25 000	25 000
净收益	31 250	27 500

上表计算表明,在售价、成本不变的情况下,尽管产品的销售量增加了 250 件。但是,以完全成本计算为基础所确定的净收益第二年比第一年反而减少了 3 750 元(即 27 500－31 250)。可见,这种成本计算方法难于被管理人员所理解。为什么会出现这种反常的现象？可通过下述的计算作具体的说明。

第二年比第一年增加销售收入(250×80)	20 000
增加可变成本(250×15)	3 750
增加贡献毛益	16 250
增加固定成本	
上年结转(250×40)	10 000
加本年发生	100 000
减上年实际负担(100 000－10 000)	90 000
本年多负担	20 000
第二年比第一年净收益减少	3 750

上述计算分析，我们可以清楚地看出，虽然第二年比第一年产品销售收入增加，贡献毛益也增加了 16 250 元，但由于第二年固定成本比第一年多负担 20 000 元，所以增加的贡献毛益还不足以补偿所增加负担 20 000 元，从而造成最终的净收益反而有所减少。

（3）在销售单价、成本不变的情况下，产成品期末存货增加企业利润也会增加。现举例说明如下。

例 2-13

假设某公司 20×0 年和 20×1 年的有关资料如表 2-16 所示。

表 2-16

项 目	20×0 年	20×1 年
本年生产量（件）	80 000	100 000
本年销售量（件）	80 000	60 000
期末存货量（件）	—	40 000
单位产品售价（元）	80	80
单位产品变动成本（元）	15	15
固定性制造费用（元）	4 000 000	4 000 000
固定性销售与行政管理费（元）	1 000 000	1 000 000

根据以上资料，采用完全成本法确定的净收益如表 2-17 所示。

表 2-17

项 目	20×0 年	20×1 年
销售收入	6 400 000	4 800 000
销售产品制造成本		
期初存货	—	—
本期变动生产成本	1 200 000	1 500 000
固定性制造费用	4 000 000	4 000 000
可供销售的产品成本	5 200 000	5 500 000
减期末存货	—	2 200 000
	5 200 000	3 300 000
销售毛利	1 200 000	1 500 000
减：销售与行政管理费（固定）	1 000 000	1 000 000
净收益	200 000	500 000

从上述计算可见，尽管 20×1 年的期末存货增加 40 000 件，销售量减少，销售单价和单位成本不变，可是净收益增加了 300 000 元，这是令人难于理解的。

综上所述可见,完全成本法所确定的净收益,不能真实反映销售量—成本—利润之间的正常关系,往往会出现假象。正如上面所述的,在销售单价、成本不变的情况下,销售量相同,净收益不同;销售量增加,净收益反而减少;期末存货增加,销售量减少,净收益增加。这样所提供的分期损益资料,很难为管理当局所理解。

（二）对变动成法的评价

采用变动成本法的优点是:

(1) 所提供的成本资料能较好地符合企业生产经营的实际情况,易于为管理部门所理解和掌握。

(2) 能提供每种产品盈利能力的资料,有利于管理人员的决策分析。因为管理人员作计划,进行经营决策时,都要以各种产品盈利能力作为依据。怎样表现各种产品的盈利能力,当然用贡献毛益来反映每种产品本身盈利能力还是比较适合的,而贡献毛益的计算（销售收入－变动成本＝贡献毛益）正是需要依据变动成本法所提供的资料。对管理人员来说,了解掌握了各种产品盈利能力的资料很重要,可以进行盈亏临界点分析,以及进行本—量—利依存关系的分析和经营决策的分析评价。

(3) 便于分清各部门的经济责任,有利于进行成本控制与业绩评价。因为一般来说,变动成本是生产车间和供应部门的可控成本,可以通过制定标准成本和建立弹性预算进行日常控制。固定成本则往往是管理部门的可控成本,可以通过制订费用预算的办法进行控制。

(4) 简化了产品成本计算。因为采用变动成本法,其固定成本全额从当期的销售收入中扣除,不计入产品成本。这样,可使得产品成本计算中的费用分配大为简化,并且可以避免间接费用分摊中的主观随意性。

但是这种成本计算法也存在某些局限性,具体表现在:

(1) 变动成本计算不符合传统的成本概念的要求。因为按照传统的观念,产品成本应该包括变动成本和固定成本。

(2) 所确定的成本数据不符合通用会计报表编制的要求。

(3) 所提供的成本资料较难适应长期决策的需要。因为长期决策要解决是生产能力的增加或减少和经营规模的扩大或缩小问题。从长期来看,固定成本不可能不发生变动,超过了相关范围就要发生变化,因此,变动成本法提供的资料不能适应长期决策的需要,只能为短期决策提供选择最优方案的有关资料。

（三）两种成本计算方法的结合使用

应用变动成本法可以满足企业内部管理的需要,但是,对企业外部那些与企业有经济利益关系的集团和个人来讲,只有完成成本法下的会计报告才能满足其需要。为了既能满足企业内部管理的需要,又满足对外部提供会计报告的需要,企业可以根据自身特点做如下三种选择:

(1) 完全成本法与变动成本法同时采用。企业在保存传统的完全成本法的计算程序同时,另外增设一套专门为企业内部管理提供会计信息的变动成本法计算程序,使两种成本计算方法在企业中并存。这种做法不必触动现有成本法计算程序,免去了更改现有成本计算程序会带来的争议与社会认同问题,也省去了更改时会遇到的大量技术性问题。但是，两种方法并存无疑加大了会计人员的工作量。另有一点不能回避的是，两套成本设计程序并存很有可能产生内外报告不一致的弊端，进而有可能使某些经理人员，有意识地利用这一弊端达到隐瞒真实会计报告的不良企图。

（2）以完全成本法为基础，从中取得变动成本法所需资料程序。当企业内部进行预测、决策、计划和控制活动，需要有关会计资料时，利用现有的完全成本法的会计资料，将全部成本分解为变动成本和固定成本，运用变动成本法原理计算企业内部管理所需要的各种指标、数据。这种做法保留了传统的全部成本法计算程序，以它为基础，从中取得运用变动成本法时所需会计资料，对现有成本计算程序不做变更，避免了变更成本法计算程序带来的麻烦，同时不增加日常的会计核算工作量。但是，由于完全成本法下成本并未区分为变动成本和固定成本，因此应用变动成本法原理为企业内部管理服务时，将全部成本分解为变动成本和固定成本的工作有较多困难，需要投入一定的工作量。特别是分解时往往带有主观随意性，使分解的结果与实际成本形态有一定差距，从而影响变动成本法计算结果的客观性和准确性。

（3）以变动成本法为基础，经调整后取得完全成本法所须资料。企业改变传统的成本计算程序，在平时只采用变动成本法，到了期末，根据变动成本法计算的营业利润进行调整，求出按全部成本计算出的营业利润。这是因为，企业内部管理需要的是经常的、大量的资料，而对外正式编制财务报表只在期末进行，因此可以采用变动成本法作为基础，同时对它做适当的调整，以适应对外编制财务报表的需要。营业利润调整公示如下：

$$\begin{matrix}完全成本法\\下营业利润\end{matrix} = \begin{matrix}变动成本法\\下营业利润\end{matrix} + \begin{matrix}本期固定制造费用\\摊入期末存货数额\end{matrix} - \begin{matrix}上期固定制造费用\\摊入期初存货数额\end{matrix}$$

对于调整结果，还应进行调整后的财务处理，并计入有关账簿，然后根据调整的结果编制完成成本法下的利润表。

这种做法是变动成本法取代完全成本法，成为企业正规的成本计算程序，使成本核算工作与满足企业内部管理所需求的预算、决策、计划和控制工作结合起来，使日常会计核算资料的记录、计算、整理满足对内部报告的需要，而对外报告则以变动成本法下提供的会计资料为基础，经调整后取得完全成本法下做需对外报告的数据。但是，这种做法完全变更了现有成本计算程序，需要取得会计管理的权威机构和社会的认同。

本 章 小 结

在管理会计中，成本是为实现一定目的而牺牲或放弃的能以货币计量的经济资源。成本按性态可以划分为变动成本和固定成本。变动成本总额随相关业务量成正比例变动，单位变动成本不变；固定成本不随相关业务量变动，其成本总额固定不变，单位固定成本随相关业务量成反比例变动。变动成本和固定成本都在相关范围内保持其性态。

现实中存在混合成本，它是兼有固定成本性态和变动成本性态的成本。为了便于成本管理，要将混合成本分解为变动成本和固定成本，分解的方法主要包括高低点法、散布图法和回归分析法。

变动成本法是指企业在一定时期内计算产品成本或存货成本过程中，以成本性态分析为前提,只将产品生产过程中直接发生的变动生产成本(包括直接材料、直接人工和变动制造费用)作为产品成本的内容,而将固定制造费用及非生产成本均作为期间成本处理的一种成本计算方法。

变动成本法与完全成本法在运用的前提条件、成本构成的内容、损益计算模式和提供信息用途等方面存在区别。

变动成本法把固定成本列作期间成本,省去了大量间接费用的分配工作,不仅简化了产品成本计算,也避免了费用分配中的主观随意性,提高了成本报表编制的及时性与准确性。

变动成本法能客观地反映企业通过销售环节实现生产经营成果的过程,较好地体现企业必须提供产品满足社会需要这一基本原则,因而较完全成本法更为合理和适用。

复习思考题

1. 什么是成本性态?为什么管理会计中要将成本按性态分类?
2. 成本按性态可以分成哪几类?简要说明各类成本的特点。
3. 简要说明高低点法、散布图法、回归直线法的基本原理及优缺点。
4. 变动成本法与完全成本法在产品成本组成上的主要区别有哪些?它们的理论依据分别是什么?
5. 试举例说明为什么当本期生产量等于销售量时,按完全成本法所确定的利润和按变动成本法所确定的利润相等。
6. 试举例说明为什么当本期生产量大于销售量时,按完全成本法所确定的利润会大于按变动成本法所确定的利润。
7. 试举例说明为什么当本期生产量小于销售量时,按完全成本法所确定的利润会小于按变动成本法所确定的利润。
8. 采用完全成本法与变动成本法各有哪些优点、缺点?

案例分析

利凯工艺制品有限公司是一家从事工艺品加工销售的企业,自2016年成立以来一直以"重质量、守信用"在同行中较好的经营管理。近期,公司决定实行全员责任制,以寻求更佳的效益。企业根据3年来实际成本资料,制定了较为详尽的费用开支方法。2019年宣告业绩考核报告后,二车间负责人李杰情绪低落。原来,二车间主任李杰任职以来积极开展降低成本活动,严格监控成本支出,考核却没有完成责任任务,严重挫伤了工作积极性。财务负责人了解情况后,召集成本核算人员,寻找原因,看看问题到底出在哪里。

该车间材料消耗实行定额管理,产品耗用优质木材,单件定额6元,工人工资实行计件工资,计件单价3元,在制作过程中需用专用刻刀,每件工艺品限领1把,单价1.3元,劳保手套每生产10件工艺品领1副,单价1元,当月固定资产折旧费8 200元,摊销办公费800元,保险费500元,租赁仓库费500元,当期计划产量5 000件。

车间实际组织生产时,根据当月订单组织生产2 500件,车间负责人李杰充分调动生产人员工作积极性,改善加工工艺,严把质量关,杜绝了废品,最终使材料消耗由定额的每件6元降低到每件4.5元,领用专用工具刻刀2 400把3 120元。但是在业绩考核中,却没有完成任务,出现了令人困惑的结果。

根据以上资料,(1)分别采用完全成本法和变动成本法计算二车间责任成本的完成情况;(2)根据计算结果对如何完善部门业绩考核制度提出建议。

第三章 本量利分析

【引导案例】

某上市公司生产通信设备,已连续两年亏损,去年亏损60万元,若今年不能扭亏其股票就会暂停交易。该公司生产的通信设备售价为2 500元/台,变动成本为1 000元/台,全年固定制造费用200万元,观点销售及管理费用25万元。去年生产与销售500台,生产能力只利用了50%。财务经理建议满负荷生产以降低单位产品的固定成本,即使不扩大销售量、不提价也可以通过变通成本计算法将部分固定成本以存货方式结转下期,以实现扭亏为盈,以避免因三年连续亏损而暂停交易的风险。然后再追加5万元的广告宣传费和10万元的销售奖励金以扩大销售,做到真正扭亏为盈。该财务经理的建议如何?通过增加产量形成期末存货为什么能够吸收固定成本?虚亏与实亏有何不同?就让我们学习本章的内容吧。

【学习目的和要求】

本章主要介绍本量利分析法的基本原理。通过对本章的学习,应掌握贡献毛益、盈亏临界点的含义及其计算方法以及本量利依存关系在经营决策中的具体运用等重要问题。

本量利依存关系分析,是指对成本、业务量(产量、销售量)、利润相互间的内在联系所进行的分析。它是以成本性态分析为基础,确定企业的盈亏临界点,进而分析有关因素变动对企业盈亏的影响。它可以为企业改善经营管理和正确地进行经营决策提供有用的资料。

第一节 盈亏临界点分析

▶一、本量利分析中的基本概念

(一)贡献毛益

贡献毛益是指产品的销售收入扣除变动成本后的余额。它首先应该用于补偿固定成本,补偿固定成本之后还有余额,才能为企业提供利润。如果贡献毛益不足以补偿固定成本,企业将出现亏损。贡献毛益有两种表现形式,一是单位贡献毛益,也就是每种产品的销售单价减去各该产品的单位变动成本;二是贡献毛益总额,也就是各种产品的销售收入总额减去各种产品的变动成本总额。贡献毛益是反映各种产品盈利能力的一个重要指标,是管理人员进行决策分析的一项重要信息。

以单位贡献毛益除以单位售价或者以贡献毛益总额除以销售收入总额,就是贡献毛益率。其计算公式为:

$$贡献毛益率 = \frac{单位贡献毛益}{单价} \times 100\% = \frac{贡献毛益总额}{销售收入} \times 100\%$$

例 3-1

设某产品单价 200 元,单位变动成本 120 元,有关固定成本 80 000 元,某月销售该产品 2 000 件,则:

单位贡献毛益 = 200 - 120 = 80(元)

贡献毛益总额 = 2 000 × 200 - 2 000 × 120 = 160 000(元)
　　　　　　 = 80 × 2 000 = 160 000(元)

$$贡献毛益率 = \frac{80}{200} \times 100\% = \frac{160\ 000}{2\ 000 \times 200} \times 100\% = 40\%$$

(二) 盈亏临界点

盈亏临界点,也称损益平衡点或保本点,是指在一定销售量下,企业的销售收入和销售成本相等,不盈也不亏。当销售量低于盈亏临界点销售量时,将发生亏损;反之,当销售量高于盈亏临界点销售量时,则会获得利润。可见,盈亏临界点是个很重要的数量指标,因为保本是获利的基础。企业要预测利润,从而把目标利润确定下来,首先要预测盈亏临界点,超过临界点再扩大销售量才谈得上获得利润。

盈亏临界点有两种形式:一是用实物量表示,称为盈亏临界点销售量;另一种是用货币金额表示,称为盈亏临界点销售额。

(1) 用实物量表示

由于:

$$利润 = 销售收入 - 变动成本 - 固定成本$$

而盈亏临界点是利润等于零时的销售量,即:

$$盈亏临界点销售量(单价 - 单位变动成本) = 固定成本$$

$$盈亏临界点销售量 = \frac{固定成本}{单价 - 单位变动成本}$$

$$= \frac{固定成本}{单位贡献毛益}$$

(2) 用金额表示

$$盈亏临界点销售额 = 盈亏临界销售量 \times 单价$$

$$= \frac{固定成本}{单位贡献毛益} \times 单价$$

$$= \frac{固定成本}{贡献毛益率}$$

例 3-2

沿用[例 3-1]资料，则：

$$盈亏临界点销售量 = \frac{80\,000}{200-120} = 1\,000(件)$$

$$盈亏临界点销售额 = \frac{80\,000}{\frac{200-120}{200}} = 200\,000(元)$$

或 $= 1\,000 \times 200 = 200\,000(元)$

即该产品销售量达到 1 000 件时，才不至于亏损，超过 1 000 件时，才有盈利。

如果企业生产经营多种产品，由于每种产品的贡献毛益不同，盈亏临界点的计算只能用金额表示。计算盈亏临界点的销售额有以下两种方法。

1. 加权平均法

由于企业生产的各种产品的盈利能力不同，贡献毛益各有不同，因此，在计算盈亏临界点的公式中的贡献毛益率应是各种产品的贡献毛益率的加权平均数，权数可采用各产品的销售比重。具体计算步骤如下：

第一步，计算全部产品的销售总额。

$$销售总额 = \sum(各种产品的单价 \times 销售量)$$

第二步，计算各种产品的销售比重。

$$某产品的销售比重 = \frac{该产品的销售额}{销售总额}$$

第三步，计算各种产品加权平均贡献毛益率。

$$加权平均贡献毛益率 = \sum(各种产品的贡献毛益率 \times 各种产品的销售比重)$$

第四步，计算整个企业综合的盈亏临界点销售额。

$$综合的盈亏临界点销售额 = \frac{固定成本总额}{加权平均贡献毛益率}$$

第五步，计算各种产品的盈亏临界点销售额及销售量。

$$某产品的盈亏临界点销售额 = 综合的盈亏临界点销售额 \times 该产品的销售比重$$

$$某产品的盈亏临界点销售量 = \frac{该产品盈亏临界点销售额}{该产品单价}$$

例 3-3

设某企业的年固定成本为 42 000 元，生产甲、乙、丙三种产品，有关资料如表 3-1 所示。

表 3-1

产品	销售量(件)	单价(元)	单位变动成本(元)	单位贡献毛益(元)	贡献毛益率
甲	2 500	40	20	20	50%
乙	3 000	20	12	8	40%
丙	1 250	32	24	8	25%

根据上述资料计算如下：

(1) 计算全部产品的销售总额。

销售总额 = 2 500 × 40 + 3 000 × 20 + 1 250 × 32 = 200 000(元)

(2) 计算各种产品销售比重。

$$甲产品的销售比重 = \frac{2\,500 \times 40}{200\,000} = 50\%$$

$$乙产品的销售比重 = \frac{3\,000 \times 20}{200\,000} = 30\%$$

$$丙产品的销售比重 = \frac{1\,250 \times 32}{200\,000} = 20\%$$

(3) 计算各种产品的加权平均贡献毛益率。

加权平均贡献毛益率 = 50% × 50% + 40% × 30% + 25% × 20% = 42%

(4) 计算综合盈亏临界点的销售额。

$$综合的盈亏临界点销售额 = \frac{42\,000}{42\%} = 100\,000(元)$$

(5) 计算各种盈亏临界点销售额和销售量。

甲产品的销售额 = 100 000 × 50% = 50 000(元)
甲产品的销售量 = 50 000 ÷ 40 = 1 250(件)
乙产品的销售额 = 100 000 × 30% = 30 000(元)
乙产品的销售量 = 30 000 ÷ 20 = 1 500(件)
丙产品的销售额 = 100 000 × 20% = 20 000(元)
丙产品的销售量 = 20 000 ÷ 32 = 625(件)

2. 联合单位法

生产多种产品的企业，也可使用联合单位作为计算盈亏临界点销售量的计算单位。一个联合单位是指多种产品销售量比的组合，如[例3-3]中，一个联合单位包括甲产品 2 个单位，乙产品 2.4 个单位，丙产品 1 个单位。

例3-4

沿用[例3-3]资料。一个联合单位的贡献毛益计算如表3-2所示。

表3-2 贡献毛益表

产品	销售比	单位贡献毛益(元)	一个联合单位的贡献毛益
甲	2	20	40
乙	2.4	8	19.2
丙	1	8	8
一个联合单位的贡献毛益			67.2

$$\text{达到盈亏临界点的联合单位} = \frac{\text{固定成本总额}}{\text{一个联合单位的贡献毛益}}$$
$$= \frac{42\,000}{67.2} = 625(\text{个联合单位})$$

即达到盈亏临界点的销售量是625个联合单位,也即:

甲产品应销售 $625 \times 2 = 1\,250$(件)
乙产品应销售 $625 \times 2.4 = 1\,500$(件)
丙产品应销售 $625 \times 1 = 625$(件)

计算结果与加权平均法的相同。

(三) 同盈亏临界点有关的指标

同盈亏临界点有关的指标有:达到盈亏临界点的作业率、安全边际、安全边际率和销售利润率等。

1. 达到盈亏临界点的作业率

达到盈亏临界点的作业率,也称保本开工率,是指盈亏临界点的销售量占企业正常开工完成的销量。计算公式如下:

$$\text{达到盈亏临界点的作业率} = \frac{\text{盈亏临界点的销售量}}{\text{正常开工的销售量}}$$

这个指标表明企业对某产品的开工率要达到什么程度才能保本,企业要获得利润,开工率必须达到保本开工率以上,否则就会亏损。

例3-5

沿用例3-1资料,并假设该企业的正常开工可以完成的销售量为1 600件。则:

$$\text{盈亏临界点作业率} = \frac{1\,000}{1\,600} = 62.5\%$$

即该企业作业率必须达到62.5%以上才能获利,否则就会发生亏损。

2. 安全边际与安全边际率

企业处于不盈不亏状态意味着当期的贡献毛益被固定成本抵消,只有当销售量超过盈亏临界点时,其超过部分提供的贡献毛益才形成企业的利润。显然,销售量超出盈亏临界点越多,说明企业盈利越多,换句话说,发生亏损的可能性就越小,企业的经营就越安全。

所谓安全边际,是指现有(或正常)销售量超过临界点销售量的差额,这个差额标志着企业销售下降多少,企业才会发生亏损。

安全边际有绝对数与相对数两种表现形式:

$$安全边际 = 现有销售量 - 盈亏临界点销售量$$

$$安全边际率 = \frac{安全边际}{现有销售量} = 1 - \frac{盈亏临界点销售量}{现有销售量}$$

显然,

$$安全边际率 = 1 - 盈亏临界点作业率$$

安全边际和安全边际率的数值越大,企业发生亏损的可能性越小,企业就越安全。

例 3-6

沿用例 3-1 的资料,并假设该企业预计的销售量为 1 600 件。则:

$$安全边际 = 1\,600 - 1\,000 = 600(件)$$

或

$$= 600 \times 200 = 120\,000(元)$$

$$安全边际率 = \frac{600}{1\,600} = 37.5\%$$

或

$$= \frac{120\,000}{1\,600 \times 200} = 37.5\%$$

3. 销售利润与销售利润率

由于只有安全边际部分的销售量(额)才能为企业提供利润,所以销售利润及销售利润率可用下列公式计算:

$$销售利润 = 安全边际 \times 单位产品的贡献毛益$$

$$销售利润率 = 安全边际率 \times 贡献毛益率$$

例 3-7

沿用[例 3-6]的资料。

$$销售利润 = 600 \times 80 = 48\,000(元)$$

$$销售利润率 = 37.5\% \times 40\% = 15\%$$

验证:

$$\text{销售利润} = \text{销售收入} - \text{变动成本} - \text{固定成本}$$
$$= 1\,600 \times 200 - 1\,600 \times 120 - 80\,000 = 48\,000(\text{元})$$
$$\text{销售利润率} = \frac{\text{销售利润}}{\text{销售收入}} = \frac{48\,000}{1\,600 \times 200} = 15\%$$

二、盈亏临界图

（一）盈亏临界图的绘制

盈亏临界图是围绕盈亏临界点，将影响企业利润的有关因素及相互关系，集中在一张图上形象而具体地表现出来。利用它可以清楚地看到有关因素变动对利润的影响，从而有助于决策者在经营管理中提高预见性和主动性。该图具有简明、直观的优点，但由于它是依靠目测绘制而成，所以不可能十分准确，通常应结合其他方法一并使用。

盈亏临界图通常有：基本式、贡献毛益式和量利式三种。

1. 基本式

基本式的盈亏临界图绘制程序如下：

（1）在直角坐标系中，以横轴表示销售量，以纵轴表示成本和销售收入。

（2）在纵轴上确定固定成本的数值，并以此为起点，绘制一条平行于横轴的直线，即为固定成本线。

（3）以坐标原点为起点并在横轴上取一整数销售量，计算其销售收入，在坐标上找出与之相对的纵轴交叉点，连接这两点而可划出销售收入线。

（4）在横轴上取一销售量并计算其总成本，在坐标上找出该点，然后将纵轴上的固定成本点与该点连接便成为总成本线。

（5）销售收入线与销售总成本线的交点而为盈亏临界点。

图 3-1 即为根据例 3-1 有关资料绘制而成的盈亏临界图。

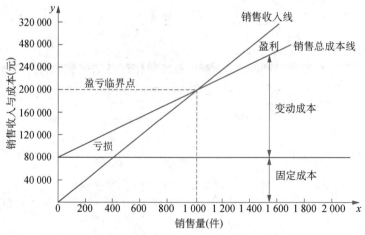

图 3-1　盈亏临界图

从图 3-1 可以看出,销售量、成本与利润之间的相互关系,如下:

(1) 盈亏临界点不变,销售量越大,能实现的利润越多,或亏损越少;销售量越小,能实现的利润也越小,或亏损越多。

(2) 销售量不变,盈亏临界点越低,能实现的利润就越多或亏损越少,反之,盈亏临界点越高,能实现的利润就越少,或亏损越多。

(3) 在销售总成本既定的条件下,盈亏临界点受单位售价变动的影响。单价越高,表现为销售收入线的斜率越大,盈亏临界点就越低;反之,盈亏临界点就越高。

(4) 在销售收入既定的情况下,盈亏临界点的高低取决于固定成本和单位变动成本的多少。固定成本越多,或单位变动成本越多,盈亏临界点就越高;反之,盈亏临界点就越低。

2. 贡献毛益式

贡献毛益式盈亏临界图的绘制方法是确定销售收入线和变动成本线,在纵轴上确定固定成本的数值并以此为起点画一条与变动成本线平行的直线,即为总成本线,它与销售收入线的交点即为盈亏临界点。图 3-2 是根据例 3-1 的有关资料绘制而成的贡献毛益式的盈亏平衡图。

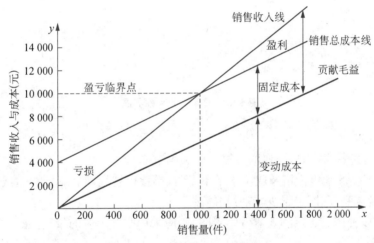

图 3-2　贡献毛益式盈亏临界图

贡献毛益式与基本式的主要区别在于:前者将固定成本置于变动成本之上,形象地反映出贡献毛益的形成过程和构成,即产品的销售收入减去变动成本以后就是贡献毛益;贡献毛益再减去固定成本便是利润。而后者则将固定成本线置于变动成本线之下,以便表明成本在相关范围内稳定不变的特征。

3. 量利式

由于量利式盈亏临界图仅仅反映销售量与利润之间的依存关系,所以说是一种简化的盈亏临界图,但却受到企业高层经理人员的欢迎,因为它简明扼要,易于理解。

量利式的盈亏临界图的绘制方法如下:

（1）在直角坐标系中，横轴表示销售量或销售额，纵轴表示利润和亏损。
（2）在纵轴利润为零的点上画一条水平线，代表损益两平线。
（3）在纵轴上标出固定成本点，该点即为销售量为零时的亏损额。
（4）在纵轴上取任一整数销售量，并计算在该销售量下的损益数，并依此在坐标图中再确定一点，连接该点与固定成本点，便可画出利润线。
（5）利润线与损益两平线的交点即为盈亏临界点。

图 3-3 是根据例 3-1 的有关资料绘制而成的量利式盈亏临界图。

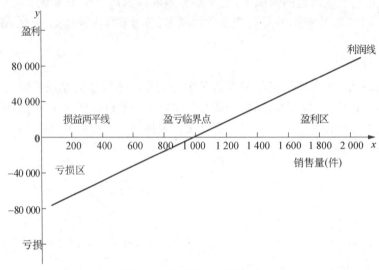

图 3-3　量利式盈亏临界图

上图表明：
（1）当销售量为零时，企业的亏损额即为固定成本。
（2）当产品的销售价格及成本水平不变时，销售量越大，利润就越多，或亏损越少；反之，销售量越小，利润也越少，或亏损越多。

若要作多种产品的量利式盈亏临界图，则应采用联合单位的量利图。

三、盈亏临界点的分析

以上有关保本点的计算、分析，都假定销售单价、单位变动成本、固定成本等因素保持不变，这些假定在规划企业目标利润时是必要的。但任何假定都存在有效适应范围，在实际工作中必然会超越假定条件。因此，必须根据实际情况，对保本点的分析结果进行修正。

从盈亏临界点的计算模型中可以看到，产品销售价格、固定成本、变动成本以及品种结构等因素的变动都将对盈亏临界点产生影响。因此若能事先了解有关因素对盈亏临界点的影响，就能及时采取措施降低盈亏临界点，以避免亏损或减少亏损。

为便于说明,下面将通过简例来分别说明有关因素的变动对盈亏临界点的影响。

例 3-8

设某产品单位售价为 36 元,单位变动成本为 24 元,全期固定成本为 240 000 元。据此,按实物单位计算的盈亏临界点销售量是:

$$盈亏临界点的销售量(实物单位)=\frac{240\ 000}{36-24}=20\ 000(件)$$

1. 销售价格变动对盈亏临界点的影响

单位产品销售价格(下简称单价)的变动是影响盈亏临界点的一个重要因素。在盈亏临界图上,基于一定的成本水平,单价越高,表现为"销售总收入线"的斜率越大,盈亏临界点就越低,这样,同样的销售量实现的利润就越多,或亏损越少。设例 8 中产品的单价由原来的 36 元提高到 40 元,则按实物单位计量的盈亏临界点的销售量 20 000 件(图 3-4 中的 Q_0)变成 15 000 件(图 3-4 中的 Q_1),即:

$$盈亏临界点的销售量(实物单位)=\frac{240\ 000}{40-24}=15\ 000(件)$$

这一变动可用图 3-4 进行具体描述。

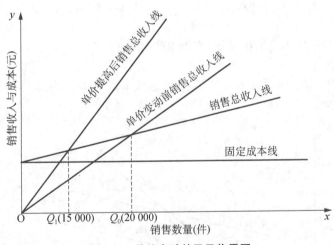

图 3-4 单位变动的盈亏临界图

2. 变动成本的变动对盈亏临界点的影响

[例 3-8]中,如其他因素不变,但单位变动成本由原来的 24 元提高到 26 元,则按实物单位计量的盈亏临界点的销售量由原来的 20 000 件(图 3-5 中的 Q_0)变为 24 000 件(图 3-5 中的 Q_1),即盈亏临界点的销售量(实物单位)$=\frac{240\ 000}{36-26}=24\ 000(件)$

这一变动可用图 3-5 来具体描述。由于新的变动成本线的斜率大于原来的变动成本线的斜率,使盈亏临界点有所提高,盈利相应减少。

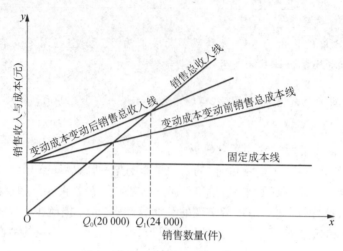

图 3-5　变动成本变动的盈亏临界图

3. 固定成本变动的影响

[例 3-8]中,如其他因素不变,只固定成本由原来的 240 000 元增加到 300 000 元,则按实物单位计量的盈亏临界点销售量由原来的 20 000 件(图 3-6 中的 Q_0)变成 25 000 件(图 3-6 中的 Q_1),即:

$$盈亏临界点的销售量(实物单位) = \frac{300\ 000}{36-24} = 25\ 000(件)$$

图 3-6 表明,由于固定成本的增加,销售总成本线上移了,使盈亏临界点有所提高,盈利也相应减少了。

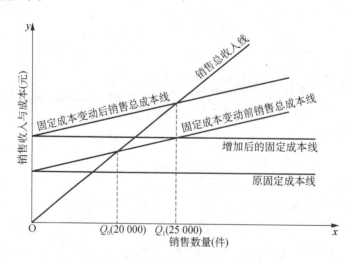

图 3-6　固定成本变动的盈亏临界图

4. 品种结构变动对盈亏临界点的影响

当企业同时生产多种产品时,由于不同产品的盈利能力也各不相同,因此品种结构的变动必然要对整个企业的盈亏临界点发生一定的影响,以下举例说明。

例 3-9

设某企业固定成本为 3 135 000 元,同时生产甲、乙、丙三种产品。每种产品的产量分别是 45 000、45 000 和 30 000 件(假定产销),单位产品的有关资料如表 3-3 所示。

各产品的销售收入在销售总收入中所占的比重,可通过表 3-4 进行计算。

根据这个品种构成,其加权平均的贡献毛益率可通过表 3-5 进行计算。

表 3-3　产品贡献毛益表

产品 项目	甲	乙	丙
单价(元)	10	5	2.5
单位变动成本(元)	7.5	3	1
单位贡献毛益(元)	2.5	2	1.5
贡献毛益率(%)	25	40	60

表 3-4　甲乙丙销售情况

项目 产品	销售量(件)	销售收入(元)	占销售收入总数的%
甲	45 000	450 000	60
乙	45 000	225 000	30
丙	30 000	75 000	10
合计	120 000	750 000	100

表 3-5　甲乙丙贡献毛益情况

项目 产品	销售收入(元)	贡献毛益额(元)	贡献毛益率(%)
甲	450 000	112 500	25
乙	225 000	90 000	40
丙	75 000	45 000	60
合计	750 000	247 500	33

据此可得出全部产品盈亏临界点的销售量(用金额表示)为:

$$\text{盈亏临界点的销售量(用金额表现)} = \frac{313\,500}{0.33} = 950\,000(元)$$

改变品种结构将会改变企业加权平均的贡献毛益率,从而使企业的盈亏临界点发生相应的变动。假如品种结果由原来的60∶30∶10改变为40∶40∶20,则加权平均的贡献毛益率可通过表3-6进行计算。

表3-6 加权平均毛益率

产品 \ 项目	销售收入(元)	贡献毛益额(元)	贡献毛益率(%)
甲	300 000	75 000	25
乙	300 000	120 000	40
丙	150 000	90 000	60
合计	750 000	285 000	38

$$\text{盈亏临界点的销售量(用金额表现)} = \frac{313\,500}{0.38} = 825\,000(元)$$

这是因为,品种结构的变动是由贡献毛益率较高的乙、丙两种产品的比重有所下降所致,因而使加权平均的贡献毛益率有所提高,也是盈亏临界点相应下降了,盈利增加了,由此可见,对一个生产多品种的企业来说,为了提高生产经营的盈利水平,必须综合考虑产、供、销、等各方面的有关因素,及时调整品种结构,适当地增大毛益率较高的产品的比重。

5. 产、销不平衡对盈亏临界点的影响

在计算盈亏临界点时,有一个基本假定即产销相等,产成品库存量没有变化。但实际上产销常常是不等的。那么,产、销不平衡会不会影响盈亏临界点的计算?

如果企业的损益表是以表示成本计算法为基础编制的,产、销是否平衡对盈亏临界点的计算都没有影响,因为每期盈亏临界点的销售量都可能按下列公式计算:

$$\text{盈亏临界点的销售量(用金额表现)} = \frac{\text{当期发生的全部固定成本}}{\text{当期销售产品的贡献毛益率}}$$

因此而确定的盈亏临界点的销售量和利润表上的有关数字是相互匹配的。

但是,由于企业对外提供的损益表要以完全成本计算法为基础进行编制,当期发生的固定成本并不全部计入当期的产品销售成本,期末产品库存还要分摊当期固定成本的一定份额,所以产销是否平衡对盈亏临界点的计算产生一定的影响。以下举例说明:

例3-10

设某企业只生产和销售一种产品,以完全成本计算法为基础编制的利润表,如表3-7所示。

表 3-7 利润表　　　　　　　　　　　　　　　　　　　　　　单位:元

项目	金额
销售收入(90 000件×单价4元)	360 000
销售成本:	
生产成本(100 000件)	
变动成本(每件1.2元)	120 000
固定成本	160 000
小　　计	280 000
减:期末产成品增加(10 000件)	
变动成本(10 000×1.2元)	12 000
固定成本(160 000×10 000/100 000)	16 000
销售成本合计	252 000
毛利	108 000
减:销售与行政管理费	
固定成本	20 000
变动成本(每件0.20元)	18 000
净利润	70 000

根据表 3-7 提供的数据,如何计算盈亏临界点的销售量?

有两种方法均可求出:

第一种:按当期发生的全部固定成本计算

$$盈亏临界点的销售量(用金额表现)=\frac{160\,000+20\,000}{\left(1-\dfrac{120\,000+18\,000-12\,000}{360\,000}\right)}$$

$$=\frac{180\,000}{65\%}=276\,923(元)$$

$$盈亏临界点的销售量(实物单位)=\frac{276\,923}{4}=69\,231(件)$$

这一方法初看似乎简便易行,但由此而确定的盈亏临界点的销售量和损益表上的有关数字是脱节的,如前所述,在销售利润率、安全边际率和贡献毛益率之间存在着如下关系:

$$销售利润率=安全边际率\times贡献毛益率$$

根据上述资料计算:

$$销售利润率=\frac{70\,000}{360\,000}=19.444\,4\%$$

$$安全边际率=\frac{360\,000-276\,923}{360\,000}=23.076\,9\%$$

$$贡献毛益率=\left(1-\frac{120\,000+18\,000-12\,000}{360\,000}\right)=65\%$$

但 19.444 4% ≠ 23.076 9 × 65%（等于 14.999 9%）

可见采用这一方法所确定的盈亏临界点的销售量不可能同损益表上的有关数字相协调。

第二种：按当期由销售产品补偿的固定成本计算

$$\text{盈亏临界点的销售量（用金额表现）} = \frac{160\,000 + 20\,000 - 16\,000}{\left(1 - \dfrac{120\,000 + 18\,000 - 12\,000}{360\,000}\right)}$$

$$= \frac{164\,000}{0.65} = 252\,308（元）$$

$$\text{盈亏临界点的销售量（实物单位）} = \frac{252\,308}{4} = 63\,077（元）$$

如本期销售的产品不是 90 000 件，而是 110 000 件，也就是除本期生产的 100 000 件外，还包括了上期结存的 10 000 件（假定这部分的产品的计价，每件包括变动成本 1.2 元，共分摊上期的固定成本 16 000 元），其盈亏临界点的销售量应按下式计算：

$$\text{盈亏临界点的销售量（用金额表现）} = \frac{160\,000 + 20\,000 + 16\,000}{\left(1 - \dfrac{120\,000 + 22\,000 + 12\,000}{440\,000}\right)}$$

$$= \frac{196\,000}{0.65} = 301\,538（元）$$

采用这一计算方法，所确定的盈亏临界点的销售量可以和损益表上的有关数字相协调，不会出现第一种方法所产生的二者之间相互脱节的情况。

第二节　实现目标利润分析

本—量—利分析的基本原理，就是通过盈亏临界点的分析，确定企业销售多少产品，才能做到不盈不亏，进而预测企业的目标利润，并测算有关因素变动对实现目标利润的影响。

$$\text{计划期目标利润} = \text{预计销量} \times \left(\text{预计单价} - \text{预计单位变动成本}\right) - \text{预计固定成本总额}$$

为方便说明，举一简例分析如下：

例 3-11

设某企业产销甲产品（产销平衡），有关资料如下：

预计年销售量 27 000 件，每件售价 4 元，单位变动成本 3 元，计划期固定成本

20 000元。据此,可确定:

$$保本点销售量 = \frac{20\,000}{4-3} = 20\,000(件)$$

$$销售利润 = 27\,000 \times (4-3) - 20\,000 = 7\,000 元$$

或 $$销售利润 = (27\,000 - 20\,000) \times (4-3) = 7\,000 元$$

下面,我们可依据上述基本数据,计算有关因素变动对实现目标利润的影响。

1. 单位售价变动的影响

设[例3-11]中,如其他因素不变,仅产品单价由原来的4元提高到5元,则:

(1) 盈亏临界点的销售量由原来的20 000件降低到:

$$\frac{20\,000}{5-3} = 10\,000(件)$$

(2) 实现目标利润的销售量由原来的27 000件降低到:

$$\frac{20\,000 + 7\,000}{5-3} = 13\,500(件)$$

(3) 如预计销售27 000件的计划仍可完成,则可比原定目标利润到多实现利润:

$$(27\,000 - 13\,500) \times (5-3) = 27\,000(元)$$

2. 单位变动成本变动的影响

设[例3-11]中,如其他因素不变,仅单位变动成本由原来的3元降低到2.4元,则:

(1) 盈亏临界点销售量由原来的20 000件降低到

$$\frac{20\,000}{4-2.4} = 12\,500(件)$$

(2) 实现目标利润的销售量由原来的27 000件降低到:

$$\frac{20\,000 + 7\,000}{4-2.4} = 16\,875(件)$$

(3) 如预计销售量27 000件的计划仍可完成,则可比原定目标利润多实现利润:

$$(27\,000 - 16\,875) \times (4-2.4) = 16\,200(元)$$

3. 固定成本变动的影响。

设[例3-11]中,如其他因素不变,仅固定成本由原来的20 000元提高到24 000元,则:

(1) 盈亏临界点的销售量由原来的20 000件提高到:

$$\frac{24\,000}{4-3} = 24\,000(件)$$

(2) 实现目标利润的销售量由原来的27 000件提高到:

$$\frac{24\,000 + 7\,000}{4 - 3} = 31\,000(件)$$

（3）如预计销售量 27 000 件的计划无法超额完成，将比原定目标利润少实现利润：

$$(27\,000 - 31\,000) \times (4 - 3) = -4\,000(元)$$

4. 多因素同时变动的影响

在现实经济生活中，以上各个引述往往不是孤立存在，而是相互影响的。为如实反映客观实际情况，需要综合计量各有关因素同时变动的影响。

（1）提高单价，同时增加固定成本（广告费）。

设[例 3-11]中，单价有原来的 4 元提高到 5 元，但为了使产品预期的销售量能顺利地销售出去，全期需增加广告费支出 4 000 元，则：

① 盈亏临界点的销售量由原来的 20 000 件降低到：

$$\frac{24\,000}{5 - 3} = 12\,000(件)$$

② 实现目标利润的销售量由原来的 27 000 件降低到：

$$\frac{24\,000 + 7\,000}{5 - 3} = 15\,500(件)$$

③ 完成预计销售量 27 000 件，可比原定目标多实现利润：

$$(27\,000 - 15\,500) \times (5 - 3) = 23\,000(元)$$

（2）降低售价，同时增加销售量。

设[例 3-11]中，企业的生产能力还有剩余，能增加产量，可采取薄利多销的措施。经研究确定：单价降低 5%，即由原来的 4 元降低到 3.8 元，可使销售量增加 12.5%，即由原来的 27 000 件增加到 30 375 件，则：

① 盈亏临界点的销售量由原来的 20 000 件提高到：

$$\frac{20\,000}{3.8 - 3} = 25\,000(件)$$

上式中的(3.8-3)为降价后的单位产品贡献毛益；如计算按金额表现的盈亏临界点的销售量，则以"降价后的贡献毛益率"取代它，"降价后的贡献毛益率"的公式是：

$$降价后的贡献毛益率 = 1 - \left[\frac{(1 - 原来的贡献毛益率)}{(1 - 售价降低率)}\right]$$

上例中，"原来的贡献毛益率"为：$\frac{4 - 3}{4} = 25\%$

售价降低率为 5%，降价后的贡献毛益率为：$1 - \left[\frac{(1 - 25\%)}{(1 - 5\%)}\right] = 21.0526\%$

用金额表现的盈亏临界点的销售量是:$\frac{20\,000}{21.052\,6\%}=95\,000$(元)

即 $25\,000\times3.8=95\,000$(元)。

② 实现目标利润的销售量由原来的 27 000 件提高到:$\frac{20\,000+7\,000}{3.8-3}=33\,750$(件)

③ 完成降价后的预计销售量 30 375 件,可比原定目标利润少了:

$$(30\,375-33\,750)\times(3.8-3)=-2\,700(元)$$

可见,上述措施由于销量增进的幅度过小,仍使企业因降低单价而蒙受 2 700 元的损失。

第三节 利润预测中的敏感分析

一、敏感性分析在利润预测中的意义

敏感分析是一种"如果……会怎样"的分析方法,它是确定性模型中最常使用的方法。它要研究的是,当决策模型中输入的重要因素的数据发生变化时,目标值会发生怎样的变化。在求得模型的最优解后,模型中的一个或几个参数允许发生多大的变化,仍然使原来的最优解不变。

在本量利关系中,敏感分析的主要目的是,研究与提供能引起目标发生质变,如由盈利转为亏损时的各种因素变化的界限;各个因素变化对利润变化影响的敏感程度;当个别因素变化时,如何保证原定目标利润的实现。

这种对确定性模型的敏感分析可以为经理人员提供一种简便、经济、直接的财务测度分析方法,以判定可能发生的预测误差的后果怎样,哪些因素最为敏感?以便作出相应的决策。

二、确定影响利润各变量的临界值

影响利润的主要因素有:单价、单位变动成本、销售量和固定成本,这些变量变化到什么程度时,会使企业由盈利转为亏损?实际上,销售量与单价的最小允许值和单位变动成本与固定成本的最大允许值,就是盈亏临界值。

根据本量利关系的基本公式:

$$利润=销售量\times(单价-单位变动成本)-固定成本$$

当利润=0 时,而可求得各变量的临界值:

(1) 销售量的最小允许值 $=\frac{固定成本}{单价-单位变动成本}$;

(2) 单位售价的最小允许值 $=\frac{单位变动成本\times销售量+固定成本}{销售量}$;

(3) 单位变动成本的最大允许值 = $\dfrac{\text{单价} \times \text{销售量} - \text{固定成本}}{\text{销售量}}$；

(4) 固定成本的最大允许值 = (单价 − 单位变动成本) × 销售量。

例 3-12

设某企业生产一种产品，单价 4 元，单位变动成本 2.4 元，全年固定成本预计 80 000 元，销售量计划 100 000 件。全年利润为：

$$\text{利润} = 100\,000 \times (4 - 2.4) - 80\,000 = 80\,000(\text{元})$$

(1) 销售量的最小允许值 = $\dfrac{80\,000}{4 - 2.4}$ = 50 000（件）

即 50 000 件是销售量的最小允许值，小于 50 000 件就会发生亏损，或者说，销售量完成计划的 50%，企业就可以保本。

(2) 单位售价的最小允许值 = $\dfrac{100\,000 \times 2.4 + 80\,000}{100\,000}$ = 3.2（元）

即单价不能低于 3.2 元，或者说，单价的下降幅度不能超过 20%，否则会发生亏损。

(3) 单位变动成本的最大允许值 = $\dfrac{100\,000 \times 4 - 80\,000}{100\,000}$ = 3.2 元

即当单位变动成本由 2.4 元上升到 3.2 元时，企业由盈利 80 000 元转为不盈不亏，若单位成本上升超出这个临界值，就转为亏损。

即单位成本只能增加：(3.2 − 2.4)/2.4 = 33%

(4) 固定成本的最大允许值 = 100 000 × (4 − 2.4) = 160 000（元）

即固定成本最高只能为 160 000 元，超过了就会发生亏损。此时固定成本增加 100%。

除以上四个因素外，产品结构也是影响利润的一个因素，因此企业应及时调整产品结构，尽量生产贡献毛益率大的产品。

三、敏感系数与敏感分析

单价、单位变动成本、销售量和固定成本这些因素的变化，都会对利润产生影响，但它们的敏感程度不同。有的因素只要有较小的变动就会引起利润较大的变动，这种因素称为强敏感因素；有的因素虽有较大的变动，但对利润的影响不大，称之为弱敏感因素。

测定各因素敏感程度的指标称为敏感系数，其计算公式为：

$$\text{某因素敏感系数} = \dfrac{\text{目标值变动百分比}}{\text{因素值变动百分比}}$$

通过计算敏感系数,经理人员可以了解在影响利润的诸因素中,哪个因素敏感程度强,哪个因素弱,以便分清主次,及时采取调整措施,确保目标利润的完成。

例 3-13

沿用[例 3-12]的资料,假设在原定的单价、单位变动成本、销售量和固定成本的基础上各增加 20%。则各因素的敏感程度分别为:

(1) 单价的敏感系数

当单价增加 20% 时,单价 = 4×(1+20%) = 4.8(元)

此时,利润 = 100 000×(4.8−2.4)−80 000 = 160 000(元)

目标值变动百分比 = $\frac{160\,000 - 80\,000}{80\,000} \times 100\% = 100\%$

单价的敏感系数 = $\frac{100\%}{20\%} = 5$

这就是说,单价对利润的影响很大,单价变动 1%,利润就会变动 5%,可见,提价是提高盈利的最佳手段。然而,降价也是企业的最大威胁。

(2) 单位变动成本的敏感系数

当单位变动成本增加 20% 时,单位变动成本 = 2.4×(1+20%) = 2.88(元)

此时,利润 = 100 000×(4−2.88)−80 000 = 32 000(元)

目标值变动百分比 = $\frac{32\,000 - 80\,000}{80\,000} \times 100\% = -60\%$

单位变动成本的敏感系数 = $\frac{-60\%}{20\%} = -3$

可见,单位变动成本对利润的影响比单价要小,但利润仍以 3 倍的速率随单位变动成本而变化,说明单位变动成本仍属于强敏感因素。

(3) 销售量的敏感系数(也称经营杠杆系数)

当销售量增加 20% 时,销售量 = 100 000×(1+20%) = 120 000(件)

此时,利润 = 120 000×(4−2.4)−80 000 = 112 000(元)

目标值变动百分比 = $\frac{112\,000 - 80\,000}{80\,000} \times 100\% = 40\%$

销售量的敏感系数 = $\frac{40\%}{20\%} = 2$

(4) 固定成本的敏感系数

当固定成本增加 20% 时,固定成本 = 80 000×(1+20%) = 96 000(元)

此时,利润 = 100 000×(4−2.4)−96 000 = 64 000(元)

目标值变动百分比 = $\frac{64\,000 - 80\,000}{80\,000} = -20\%$

固定成本的敏感系数 = $\frac{-20\%}{20\%} = -1$

将上述4个因素按其敏感系数大小排列,其顺序依次是:单价(5)、单位变动成本(-3)、销售量(2)和固定成本(-1),即影响利润最大的是单价和单位变动成本,其次才是销售量和固定成本。其中敏感系数为正(负),表明它与利润同(反)向变动。

若在例3-12中,各因素均降低20%时,它们的敏感系数排列顺序仍是单价、单位变动成本、销售量和固定成本,只是正负号相反。由以上敏感分析可知,单价和单位变动成本是利润的最敏感因素,是经理人员要注重的两个重要环节。但也不能拘泥于敏感系数的高低,而忽视了销售量的影响。在销路看好,生产又有保障的情况下,可以大幅度增加销售量,而单价增幅可能很小甚至不变。尤其是在市场供大于求,销路欠佳,销量大幅下降时,宁可降低售价以打开(保证)销路。

第四节　本量利分析的基本假设

人们为了构建本量利依存关系的理论体系,提出了一些基本假设。以下对这些基本假设作些分析,就是要严格限定它的适用范围,同时指出不足之处,引导人们思考如何从这些基本假设扩展开去。

一、销售收入与销售量呈完全线性关系的假设

在本量利依存关系的分析中,通常假设销售单价是个常数,销售收入与销量成正比,二者存在一种线性关系。即:销售收入＝销售量×单价。但这个假设只有在以下条件时才能成立,产品基本上处于成熟期,其售价比较稳定,通货膨胀率极低。但在市场经济条件下,物价受多种因素的影响而上下波动,是不可避免的。因而产品售价就不会表现为假设中的一个常数,如遇到这样的情况,就会使原来计划的销售收入与实际的销售收入之间形成较大的差距。

二、变动成本与产量呈完全线性联系的假设

在本量利依存关系的分析中,变动成本与业务量(产量)成正比例关系,也是一个重要的假设。但这个假设只有在一定的产量范围内才能成立。如果产量过低或超负荷生产时,都会增加变动成本。

三、固定成本保持不变的假设

本量利依存关系分析的线性关系假设,首先是指以固定成本与产量无关,能够保持稳定。但这个假设也只有一定的相关范围内才能成立。一般来说,在生产能力利用的一定范围内,固定成本是稳定的,是一条平行于横轴的直线。但在超出这个范围之后,由于

新增设备或加开班次等原因,固定成本会突然增加,并不是可以无条件地保持不变。

四、品种结构不变的假设

这一假设是销售多种产品的企业,在销售中,各种产品的比例关系不会发生变化。但在实际经济生活中,不可能始终按同一固定的品种结构模式生产销售产品,一旦品种结构变化很大,而各种产品的盈利水平又不一致,则计划利润与实际利润就必然会有较大的出入。

五、产销平衡的假设

产量变动影响成本的高低,销量变动则影响到收入的多少。本量利依存关系分析中,假设产销一致,此时只考虑销量而不考虑产量。当产销量差距较大时,就会影响到本期利润。

六、会计数据可靠性假设

这一假设的含义是在进行本量利依存关系分析时,所使用的会计数据是真实可靠的,而且根据这些数据所确定的固定成本和变动成本也是真实可靠的。但实际情况并非完全如此,如折旧方法的选用会影响到固定成本的真实性,直接人工只有在实行计件工资制时才是完全随产量变动而变动的,会计人员的主观随意性也会影响成本性态的判别和混合成本的分解等等。这些因素都影响这一假设的成立与否。可见,假设是有条件的是相对的。

第五节 本量利依存关系分析的扩展

一、不确定情况下本量利分析

利润受到销售数量、销售价格、变动成本和固定成本的影响。其中每一个因素的变动都将引起利润的变动。这些因素预期的变动,如果能够确定将达到某一肯定的数值,比如产品的单价将由目前的多少元提高到或降低到多少元,销售量由目前的多少件增加或减少到多少件,等等,那么利润也将由此而增加或降低到多少也是一个定值。但在实际的经济活动中,由于产品的售价、变动成本和固定成本都受到多种因素变动的影响,所以对于它们预期的变动,往往难于在事前掌握得十分准确,而只能作概略的估计,即估计它们将在什么样的范围内变动,有关数值在这个范围内可能出现的概率是多少。在这种情况下,利润将相应地增加或降低到多少,就有多种可能,而不可能通过一次简单的计算便得一个定值。为此,需要对其预期的变动进行概率分析,然后可以综合考虑,才得以最终确定一个可能达到的数值。

（一）不确定情况下盈亏临界点的分析

例 3-14

设某厂通过对影响售价、变动成本和固定成本的各个因素进行综合考虑，经确定，售价、变动成本和固定成本的预期值及相应的概率如表3-5所示。

表3-8表明，当产品价为10元，单位变动成本为6元，固定成本为50 000元时，盈亏临界的销售量为：

$$\frac{50\,000}{10-6}=12\,500(件)$$

而这种情况可能出现的概率（联合概率）为：

$$0.9\times0.8\times0.7=0.504$$

由此得到：$12\,500\times0.504=6\,300$（件）

用同样的方法可得到其他组合的期望盈亏临界点，然后进行汇总，最终得到预期的盈亏临界点销售量。

这一方法计算结果比较准确，但工作量较大。

表3-8 例题资料及计算结果

单价	单位变动成本	固定成本	组合	盈亏临界点	联合概率	期望盈亏临界点
(1)	(2)	(3)	(4)	(5)	(6)	(7)=(5)×(6)
10 $p=0.9$	6 $p=0.8$	50 000 $p=0.7$	1	12 500	0.504	6 300
		40 000 $p=0.3$	2	10 000	0.216	2 160
	7 $p=0.1$	50 000 $p=0.7$	3	16 667	0.063	1 050
		40 000 $p=0.3$	4	13 333	0.027	360
	8 $p=0.1$	50 000 $p=0.7$	5	25 000	0.063	1 575
		40 000 $p=0.3$	6	20 000	0.027	540
9 $p=0.1$	6 $p=0.8$	50 000 $p=0.7$	7	16 667	0.056	933
		40 000 $p=0.3$	8	13 333	0.024	320
	7 $p=0.1$	50 000 $p=0.7$	9	25 000	0.007	175
		40 000 $p=0.3$	10	20 000	0.003	60
	8 $p=0.1$	50 000 $p=0.7$	11	50 000	0.007	350
		40 000 $p=0.3$	12	40 000	0.003	120
						13 943

（二）不确定情况下的利润分析

在例 3-13 中，假设销售量的预计值为 30 000 件，其概率为 100％，则预期的利润为 61 000 元，其计算过程见表 3-9。

表 3-9　例题计算结果

销售量	单价	销售收入	单位变动成本	变动成本	固定成本	组合	利润	联合概率	期望值
(1)	(2)	(3)	(4)	(5)	(6)	(7)	(8)	(9)	(10)=(8)×(9)
30 000 p=1.00	10 300 000 p=0.9		6 180 000 p=0.8		50 000 p=0.7	1	70 000	0.504	35 280
					40 000 p=0.3	2	80 000	0.216	17 280
			7 210 000 p=0.1		50 000 p=0.7	3	40 000	0.063	2 520
					40 000 p=0.3	4	50 000	0.027	1 350
			8 240 000 p=0.1		50 000 p=0.7	5	10 000	0.063	630
					40 000 p=0.3	6	20 000	0.027	540
	9 270 000 p=0.1		6 180 000 p=0.8		50 000 p=0.7	7	40 000	0.056	2 246
					40 000 p=0.3	8	50 000	0.024	1 200
			7 210 000 p=0.1		50 000 p=0.7	9	10 000	0.007	70
					40 000 p=0.3	10	20 000	0.003	60
			8 240 000 p=0.1		50 000 p=0.7	11	(20 000)	0.007	(140)
					40 000 p=0.3	12	(10 000)	0.003	(30)
预期利润									61 000

二、非线性条件下的本量利分析

线性方程只是描述成本、收入与产量之间依存关系的一种简化形成，在现实经济生活中，用非线方程来描述本量之间的关系，可能更符合客观实际。

（一）非线性函数表达式的确定

通常销售收入曲线用 $TR = a + bx + cx^2$ 表示，其方程系数可采用非线性回归法确定。总成本曲线则以 $TC = a + bx + cx^2$ 表示，其方程系数可采用一种简易的方法确定。下面举例说明。

例 3-14

设某企业的成本与产量依存关系,如表 3-10 所示。将这些数据在坐标纸上画图,可得一条成本曲线,如图 3-7 所示。

表 3-10 成本与产量依存关系

产量(件)	固定成本(元)	总成本(元)
0	50	50.00
1	50	53.98
2	50	57.92
3	50	61.82
4	50	65.68
5	50	69.50

其成本函数可用下列二次方程描述:

$$TC(x)=a+bx+cx^2$$

将上述数据代入上述方程式,可得:

$53.98=a+b+c$　　($x=1$ 时)
$61.82=a+3b+9c$　　($x=3$ 时)
$69.50=a+5b+25c$　　($x=5$ 时)

解上述联立方程,得 $a=50$,$b=4$,$c=-0.02$

所以　$TC(x)=50+4x+0.02x^2$

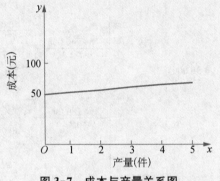

图 3-7 成本与产量关系图

(二)非线性的本量利分析

当销售收入线、成本线均为曲线,需分别确定其各自的函表达式,然后建立利润的函数,并据以进行本量利分析。

例 3-15

设某企业成本、收入与产销量(假定产销平衡)之间的关系,是用下列非线性函数式来表示:

$$TR=3x-0.04x^2 \qquad (1)$$

$$TC=10+0.2x+0.04x^2 \qquad (2)$$

上式中,x 代表产销量。

(1) 计算盈亏临界点

如以 m 代表利润,则

$$m = TR - TC$$
$$= (3x - 0.04x^2) - (10 + 0.2x + 0.04x^2)$$
$$= -10 + 2.8x - 0.08x^2 \qquad (3)$$

令 $m = 0$,则有 $-10 + 2.8x - 0.08x^2 = 0$

可解得:$x_1 \approx 4.037$(万件),$x_2 \approx 30.963$(万件)。

这说明上述非线的销售总成本线与销售总收入线有两个交点,它们分别相交于销售量为 4.037 万件和 30.963 万件处,它们共同构成企业的盈亏临界点。如图 3-8 所示。

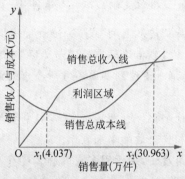

图 3-8 盈亏临界分析

(2) 计算最大利润的销售量

使 m 达到最大值的条件是:$\dfrac{\mathrm{d}m}{\mathrm{d}x} = 0$,$\dfrac{\mathrm{d}^2 m}{\mathrm{d}x^2} < 0$,同时,$x \geqslant 0$

根据(3)式得:

$$\frac{\mathrm{d}m}{\mathrm{d}x} = 2.8 - 0.16x = 0 \qquad (4)$$

解得 $x = 17.5$(万件)

根据(4)式得:

$$\frac{\mathrm{d}^2 m}{\mathrm{d}x^2} = -0.16 < 0$$

这说明当产销量为 17.5 万件时,可使企业实现的利润达到最大。

(3) 计算利润的最大值:

$$m = -10 + 2.8x - 0.08x^2 = -10 + 2.8 \times 17.5 - 0.08 \times 17.5^2 = 14.5(万元)$$

(4) 计算最优售价

将 $x = 17.5$(万件)代入(1)式,则:

预计销售收入 $TR = 3x - 0.04x^2 = 3 \times 17.5 - 0.04 \times 17.5^2 = 40.25$(万元)

此时,最优售价 $SP = \dfrac{TR}{x} = \dfrac{40.25}{17.5} = 2.3$(元)。

本章小结

本量利分析:成本、销售量、利润之间关系的分析,简称为"本、量、利分析"。主要包括保本分析和利量分析两项内容。

本量利分析的基本模型:

营业利润＝销售收入－总成本
　　　　＝销售收入－变动成本－固定成本
　　　　＝单价×销售量－单位变动成本×销售量－固定成本
　　　　＝(单价－单位变动成本)×销售量－固定成本

边际贡献又称"贡献毛益""边际毛利"或"创利额",是指企业一定时期内的销售收入扣除相应变动成本后的余额,包括边际贡献额与边际贡献率。

保本点是指企业为了保证或者达到不盈不亏所要求的最低销售水平。包括保本销售量和保本销售额。

安全边际是指实际(预计)销售量(额)超过保本销售量(额)的差额。安全边际可以用安全边际量、安全边际额和安全边际率来表示。

经营杠杆:从企业经营角度讲,由于固定成本的客观存在而致使利润变动率大于业务量变动率的现象,称为"经营杠杆"。

所谓本量利分析图是指在平面直角坐标系上使用解析几何模型来反映本量利关系的图像。有三种形式:传统式本量利分析图、贡献式本量利分析图和利量式本量利分析图。

敏感性分析是一种"如果……会怎样"的分析方法,它是确定性模型中最常用的方法。

敏感系数:单价、单位变动成本、销售量和固定成本这些因素的变化,都会对利润产生影响,但它们的影响程度不同,可按敏感系数大小排列。

某因素敏感系数＝目标值变动百分比/因素值变动百分比。

本量利依存关系的假设:销售收入与销售量呈完全线性关系假设,变动成本与产量呈完全线性关系假设,固定成本保持不变假设,品种结构不变假设,产销平衡假设,会计数据可靠性假设。

复习思考题

1. 什么是贡献毛益？它与利润有何区别？该指标有何作用？
2. 如何计算盈亏临界点？影响盈亏临界点的因素有哪些？
3. 当企业生产和销售多种产品时,其盈亏临界点如何确定？
4. 什么是安全边际？该指标有何意义？
5. 盈亏临界点以上的贡献毛益是否就是利润？为什么？
6. 影响目标利润的因素有哪些？它们如何影响目标利润？
7. 如何进行本量利分析中的敏感分析？

8. 本量利分析中有哪些假设?
9. 如何进行非线性的本量利分析和不确定情况下的本量利分析?

案 例 分 析

某旅游城市的一酒店拥有一个客房部、一个商务中心、一个餐厅和一个健身房,酒店拥有60个单人房和80个双人房,双人房的收费为单人房的1.2倍。酒店营业旺季历时30周,其中高峰期为12周,财务部编制了一份详细的营业旺季的预算:

(1) 客房部。单人房每日变动成本为60元,双人房每日变动成本为100元,客房部固定成本为1 560 000元。

(2) 健身房。度假村住客每人每天收费12元,零星散客消费者每人每天收费20元。健身房的固定成本为112 000元,日变动成本忽略不计,30%住客参与消费。

(3) 餐厅。平均每个客人每天给餐厅带来16元的贡献毛益,固定成本为146 000元。

(4) 商务中心。商务中心承包给他人经营,每个营业旺季可增加度假村贡献毛益100 000元。

(5) 预订情况。营业高峰期客房部所有客房都已被预订,在其余18周,单人房出租率为70%,双人房出租率为60%,零星散客每天为50人(80%选择双人房)。

假设所有的住客和零星散客都使用健身设施和在餐厅用餐,双人房每次同时住两人。

根据以上资料,请分析:(1)客房部确定的营业旺季目标利润为2 000 000元,那么每间单人房和双人房的收费各应为多少?(2)客房部达到盈亏临界点时,单人房和双人房的最低收费各应为多少?(3)如果客房部利润为2 000 000元,那么度假村营业旺季总利润可达到多少?(4)对客房部进行利润的敏感分析。

第四章 经营预测

【引导案例】

作为 H 集团的中国子公司,L 公司注册资金为 19 711 万元,在职员工 1 000 人,目前公司有 2 家工厂,分别位于成都和嘉兴,上海是对全国进行管理的总部。L 公司属于 H 集团在中国三大业务之一,财务预算按照 H 集团总部要求,需要提交三部分预算:未来 5 年战略计划、下一年度财务预算、月度滚动财务预测。

L 公司通过编制未来 5 年战略计划来展望公司在未来的短期和长期发展计划。根据销售渠道扩增和销量增加的同时,规划公司内部其他资源进行合理配置,如人员的配备、设备的投产、产品的研发、效率的提高、市场费用的投入等一系列配套资源都致力于服务前线销售业务的发展。

L 公司通过编制下一年度财务预算,能更清晰地制定出短期内发展方向。如新产品上市、生产设备更替、人才引进、渠道扩张和渗透、渠道费用高效利用等。同时,对公司的现金流进行预估,确保公司的应收、应付、预提和固定资产配置与公司具体的发展方向相一致。

L 公司通过编制滚动月度预测,根据市场变化每月更新公司的利润预测,以便及时调整公司策略,应对同行的激烈竞争,如竞争品牌新产品上市、竞争品牌促销、生产过程预测等在编制预算时可能预见不到的情况。

从该集团总部的要求可以看出,财务预测在管理中占据着重要的地位,为此企业管理必须做好财务预测。

【学习目的和要求】

通过对本章的学习,应该了解企业在对其产品销售、生产成本、销售利润和资金运用方面进行预测时所使用的一般理论和基本方法,并认识各种方法的优点和缺点,学会按不同的环境选择适当的方法进行预测和分析。重点了解销售预测中的定性和定量两类预测分析方法,熟练掌握各种定量的销售预测方法的特点及其应用;熟悉目标利润的预测分析方法,理解经营杠杆系数在利润预测中的作用;一般了解成本预测的基本方法。

第一节 经营预测概述

一、经营预测的定义

企业要想在市场竞争中立于不败之地,不仅要了解市场的过去和现在,更为重要的是企业必须面向未来,对未来发展趋势做出科学的预计和推测。因此,预测是一门实用学科,是对未来发展趋势的预算与推测。它是从对历史及现状的了解出发,对社会某种现象进行分析研究,运用一定的科学手段和方法,预计和推测事物未来发展趋势。其特点是根据过去和现在预计未来,根据已知推测未知。预测是决策的基础,它为决策提供有关未来的信息,从而为决策提供科学依据。

经营预测是各种预测的组成部分,它是对企业经营活动密切相关的经济现象或经济变量未来发展趋势的预计和推测。由于建筑企业的经营活动处于不断变化之中,只有科学的预测,才会有正确的决策。

二、经营预测的作用

(一) 经营预测是企业制订发展规划和进行经营决策的依据

在市场经济条件下,企业的生存发展与市场息息相关,而市场又是瞬息万变的,如果不了解建筑市场的动态和发展趋势,企业经营将缺乏根据,出现盲目经营,导致给企业带来经济损失。只有通过预测,掌握大量的第一手市场动态和发展的数据资料才能情况明、方向准,做出正确的经营决策,不断改善经营管理,取得最佳经济效益。

(二) 经营预测能增加企业的管理储备,增加企业的弹性

也就是通过预测能使企业领导等有关人员把情况看深、看透、看实,从而根据不同情况做好多手准备,增强应变能力,适应市场的变化。

(三) 经营预测有利于提高企业的竞争能力

在实行招标投标制的情况下,建筑企业的竞争能力,主要表现为中标率的高低。企业依靠科学的预测,充分了解竞争的形势和竞争对手的情况,采取合理的投标策略,在竞争中争取主动,从而提高竞争的能力。所以经营预测是正确决策的前提和必要条件,是科学管理的基础。

三、经营预测的分类

(一) 经营预测按范围划分,可分为宏观预测和微观预测

宏观预测是对整个国民经济或部门经济趋势的推断,如固定资产投资方向,建筑产品的需求及构成比例预测,竞争形势预测等。微观预测是对企业经济活动状态的估计,如资源需求预测、企业生产能力预测、利润、成本预测等。

(二)经营预测按方法划分,可分为定性预测和定量预测两种

定性预测是利用直观材料,依靠人们主观判断分析的能力,对未来状况的预计。定量预测是根据历史数据应用数理统计方法来推测事物的发展状况,或者是利用事物内部因果联系来推测未来。

(三)经营预测按时间划分,可分为长期预测、中期预测和短期预测3种

长期预测期限一般在五年以上,它是有关生产能力、产品系列、服务构成变化等远景规划的基础;中期预测的期限为三年左右,其目的在于制订较为切实的企业发展计划;短期预测的期限在一年或一年以内,它为当前生产经营计划或实施具体计划提供依据。

四、经营预测的基本方法

经营预测的方法多种多样,根据采取的手段和资料的不同,现在所采用的方法大体可以归纳为定量分析法和定性分析法两类。

(一)定量分析法

定量分析法又称为数量分析法,是运用现代数学方法和电子计算机等各种计算工具对预测的各种经济信息进行科学的加工处理,并建立相应的经济预测的数学模型,充分揭示各有关变量间的变化规律,最后对计算结果做出分析说明。根据分析的目的不同,它又可以分为趋势分析法和因果分析法。

1. 趋势分析法

趋势分析法,又称时间序列预测法,是指根据某项指标过去的按时间顺序排列的数据,运用一定数学方法进行加工和计算,借以预测未来的发展趋势的分析方法。它就是依据事物发展的连续性原理,用数理统计的方法来预测事物的发展趋势。趋势预测法的一般步骤是:(1)确定时间序列趋势的变动类型,如长期性、季节性或周期性的变化趋势;(2)根据时间序列的趋势变动类型和特点,选择恰当的时间序列加工方法来进行加工;(3)将加工处理的结果与实际相比较,确定未来一定时期的预测值。通常采用的方法有简单移动平均法、加权平均法,趋势平均法和指数平滑法等。具体方法见以下章节。

2. 因果分析法

因果分析法,是根据过去的某项与其他有关指标之间的相互依存、相互制约的规律性联系,来建立数学模型进行预测分析的方法。它是利用事物发展的因果关系来推导事物发展的趋势。常用的方法有回归分析法和本—量—利分析法。

定量分析的优点是:偏重于数量方面的分析,重视分析对象的变化程度,能作出变化程度在数量上的准确描述;它主要把历史统计数据和客观实际资料作为分析的依据,运用数学方法进行处理分析,受主观因素的影响较少;它可以利用现代化的计算方法,来进行大量的计算工作和数据处理,求出适应工程进展的最佳数据曲线。缺点是比较机械,不易灵活掌握,对信息资料质量要求较高。进行定量分析,通常需要积累和掌握历史统计数据。如果把某种统计指标的数值,按时间先后顺序排列起来,以便于研究其

发展变化的水平和速度。这种分析就是对时间序列进行加工整理和分析,利用数列所反映出来的客观变动过程、发展趋势和发展速度,进行外推和延伸,借以分析今后可能达到的水平。

(二) 定性分析法

定性分析法又称为非数量分析法,是主要依靠预测者的主观判断和分析能力来推断事物的性质和发展趋势的一种分析方法。一般在企业缺乏完整、准确历史资料的情况下,便邀请熟悉该企业经济业务和市场情况的专家,发挥专家的知识和经验优势,对确定的对象进行分析和预测。这种方法的优点是速度快、费用低,缺点是预测的结果受主观因素影响大。定性预测常用的方法有判断分析法和调查分析法等。

1. 判断分析法

就是聘请具有丰富实践经验的经济专家、教授、推销商或本企业的经理人员、推销人员等,对计划期商品的销售情况进行分析研究,并作出推测和判断的方法。一般适用于不具备完整可靠的历史资料、无法进行定量分析的情况,如对新产品的销售预测。判断分析法按具体进行的方式,可以分为推销人员意见综合判断法、经理人员意见综合判断法、专家判断法三种。

(1) 推销人员意见综合判断法:它是征求本企业推销人员和商业部门人员的意见,然后综合汇总做出销售预测。

(2) 经理人员意见综合判断法:它是由企业经理人员、推销主管人员、各地区销售经理,根据实践经验和智慧,广泛交换意见,集思广益进行销售预测。

(3) 专家判断法:它是指聘请见识广博、学有专长的经济专家,根据他们的实践经验、知识和能力做销售预测。这里的"专家"一般包括本企业或同行企业的高级领导人,商业部门、经销商、咨询机构、预测机构及其他方面的专家。吸收专家意见的方式可多种多样,主要有以下三种:①个人意见综合判断法,先向各位专家征求意见,要求他们对本企业产品的销售的当前状况和未来趋势作出个人判断,然后把各种不同意见加以综合归纳,形成一个销售预测。②专家会议综合判断法,将各位专家分成若干小组,分别召开各种形式的会议或座谈会,共同商讨,最后综合各种意见,形成一个销售预测。③特尔菲法,采用函询调查方式,并经多次匿名反馈,最后综合各种意见,形成一个销售预测。

2. 调查分析法

通过对有代表性顾客的消费意向的调查,了解市场需求的变化趋势,进行销售预测的一种方法。首先,选择的调查对象要具有普遍性和代表性,调查对象应能反映市场中不同阶层或行业的需要及购买需要;其次,调查的方法一定要简便易行,使被调查对象乐于接受调查;此外,对调查所取得的数据与资料要科学地分析,特别要注意去伪存真、去粗取精。

在现实生活中,定量分析和定性分析并不是相互排斥的,相反,它们是相辅相成的。定性分析主观性强,而定量分析也难以考虑千变万化的因素,难以保证预测结果的绝对可靠。因此,在进行经营预测分析时,往往将定量分析与定性分析相结合,相互补充和相互印证,使经营预测的结果尽可能符合客观实际。

五、经营预测的步骤

经营预测一般可分为以下 5 个基本步骤：

(1) 确定预测目标和要求。

这是预测工作的基本前提。包括预测的项目、范围、性质、数量、时间、重点和目的，做到有的放矢，正确预测。

(2) 调查、收集、整理资料。

通过对市场调查或通过企业的会计资料所取得的历史信息，进行加工整理，去粗取精，去伪存真，得出有用的真实可靠的数据资料，并找出各因素之间的相互联系。

(3) 选择预测方法，确定预测模型，进行科学预测。

根据不同的预测时间、不同的数据资料、不同的预测精度要求，并考虑预测所需的费用和预测方法的实用性，建立数学模型，并对某些预测因子和建模条件进行假设，合理选择预测方法预测。

(4) 分析和评价预测结果。

对预测结果进行分析，检查是否达到预期目标，预测结果是否合理等。如果得出否定结论，则需重新确定预测目标或选择其他预测方法，再次进行预测，并评价预测的结果。

(5) 追踪与反馈。

对预测结果进行追踪检查，了解预测的结论和建议被采纳的程度、实际的效果以及预测结论与实际情况是否一致等，如有差错，找出误差的原因，并根据实际情况对预测结果和模型进行修正。随时对追踪的结果进行反馈，以便在今后预测时改进方法，纠正偏差。

第二节 销 售 预 测

一、销售预测

销售预测是在对市场进行充分调查的基础上，通过对有关因素的分析研究，预计和测算特定产品在未来一定时期内的市场销售水平及变化趋势，进而预测该项产品在计划期间的销售量或销售额的过程。销售预测是企业进行生产经营活动的起点，在市场经济条件下，企业的产品生产必须以市场为导向，按市场情况组织企业的生产经营，实行以销定产。通过销售预测，企业可以全面地掌握产品市场需求的基本动态和产品销售变化的一般规律，从而正确地组织未来时期的生产经营，合理安排有关产品生产的数量与品种结构，做到以销定产，产销平衡。销售预测是企业开展其他预测的前提条件，无论是利润预测、成本预测还是资金预测，都与销售预测的内容直接或间接相关，因此搞好销售预测是企业开展其他预测的关键。

二、影响销售变动的因素

由于企业产品的销售数量、销售状态等受到社会经济发展规模和速度、社会购买力水平、价格和竞争等多种因素的综合影响,为保证销售预测结论的正确性,进行销售预测时必须考虑到内外环境各种因素,其主要因素有:

(一) 外界因素

1. 需求动向

需求是外界因素之中最重要的一项,如流行趋势、爱好变化、生活形态变化、人口流动等,均可成为产品(或服务)需求的质与量方面的影响因素,因此,必须尽量收集有关对象市场资料、市场调查机构资料、购买动机调查等统计资料,以掌握市场的需求动向加以分析与预测。

2. 经济变动

经济因素是影响产品销售的重要因素,为了提高销售预测的准确性,应特别关注市场中的供求情况。尤其近几年来科技、信息快速发展,更带来无法预测的影响因素,导致企业销售收入波动。因此,为了正确预测,需特别注意资源问题的未来发展、政府及财经界对经济政策的见解以及基础工业、加工业生产、经济增长率等指标变动情况。尤其要关注突发事件对经济的影响。

3. 行业内竞争动向

销售额的高低深受竞争者的影响,必须掌握对手在市场的所有活动。例如,竞争对手的目标市场在哪里,产品价格高低,促销与服务措施等等。

4. 政府、消费者团体的动向

考虑政府的各种经济政策、方案措施以及消费者团体所提出的各种要求等。

(二) 内部因素

1. 营销策略

市场定位、产品政策、价格政策、渠道政策、广告及促销政策等变更对销售额所产生的影响。

2. 销售政策

考虑变更管理内容、交易条件或付款条件,销售方法等对销售额所产生的影响。

3. 销售人员

销售活动是一种以人为核心的活动,所以人为因素对于销售额的实现具有相当深远的影响力,这是我们不能忽略的。

4. 生产状况

货源是否充足,能否保证销售需要,是否能与销售收入配合?以及今后是否有问题等。

三、销售数量的预测

销售数量预测是根据某种产品的销售资料和其他有关资料,对其在未来一定时期内的销售变动趋势进行的科学预计和推断,以确定该种产品的预期销售量。对销售量进行预测,应在大量占有市场信息,综合考虑各种影响因素的基础上,采用合理的方法,预测产品的销售量。销售量的预测方法,有定性预测分析法和定量预测分析法。

(一) 定性预测分析法

定性预测分析法是指运用专业人员的经验和专家的知识优势对企业的销售量进行预测的方法。通过一定的方式,收集有关人员或专家的意见,在比较、分析、评价各种意见的基础上,对有关项目销售量的未来发展趋势及结果进行推测的一种方法。其特点是:根据预测对象的特点和预测的目的,有选择地邀请专家,充分发挥参与者的知识技能、实际经验和综合分析能力,集思广益,尽量克服片面性。专业评定法根据参与者的不同,可分为经理评定法、销售人员合成法和专家意见法等。

1. 根据经营负责人意见的推测法

本法又称为经营者意见交换法,是一种自古以来的传统方式,至今仍被许多企业沿用。此种方法本身极为单纯,是根据经营干部(经营者与销售管理者为中心)的经验与直觉、一个人或所有参与者的平均意见,而求出销售预测值的方法。此种方法不需经过精确的设计,即可简单迅速地预测。所以,当预测的资料不足,而预测者的经验相当丰富的时候,采用这种方法是最适宜不过的了。

有人曾经利用这种方法,做过一次试验。那是某企业主管人员(科长以上)的聚会,与会者大约20名,主要目的是使每一位主管尝试预测下年度的销售额。每人手中均有一份过去10年间的每年总销售数量表。由于所有与会者大多缺乏统计知识,所以都凭经验直觉预测。当每人的预测值都交齐后,先求出平均预测值。然后,再根据10年来的资料,以最小平方法的一次式与二次式,求算其预测值,……。令人惊讶的是,凭空推测的平均值,和一次式二次式测量的平均值,竟然不谋而合。

可知,经由经验与直觉的推测法,依然具有可信度,不可以一味地加以否定。当然,缺乏数值科学的证明,仍稍有不足,所以,最好能与统计双管齐下,以求更精确的预测值。由于推测法是以个人的经验为基础,不如统计数字般令人信服,所以,所获得的预测值,也就难免令人质疑;再者,有关地域差别等细微部分的预测,更是困难重重,所以,有许多人士否定了推测法的价值。其实,推测法仍有其存在价值,当无法依循时间数列分析法预测未来时,此种推测法,确可发挥丰富的经验与敏锐的直觉,而弥补了统计资料不足的遗憾。

2. 根据推销员意见的推测法

推销员最接近消费者和用户,对商品是否畅销、滞销比较了解,对商品花色、品种、规格、式样的需求等都比较了解。所以,许多企业都通过听取销售人员的意见来推测市场需求。这种方法是这样进行的,先让每个参与预测的推销员对下年度的销售的最高值、最可能值、最低值分别进行预测,算出一个概率值,最后再将不同人员的概率值求出平均销售预测值。这种预测方法的特点是:

(1) 比较简单明了,容易进行。

(2) 推销员经常接近购买者,对购买者意向有较全面深刻的了解,对市场比其他人有更敏锐的洞察力。所作预测值可靠性较大,风险性较小。

(3) 适应范围广，无论是大型企业还是中、小型企业，是工业品经营还是副食品经营都可以应用。

(4) 对商品销售量、销售额和花色、品种、规格都可以进行预测，能比较切合实际地反映当地需求。

(5) 销售人员直接参与公司预测，从而对公司上级下达的销售配额有较大的信心去完成。

(6) 运用这种方法，也可以获得按产品、区域、顾客或销售人员来划分的各种销售预测值。

但是，一般情况下，根据推销员意见的预测必须经过进一步修正才能利用，这是因为：(1)销售人员可能对宏观经济形势及公司的总体规划缺乏了解。(2)销售人员受知识、能力或兴趣的影响，其判断总会有某种偏差，有时受情绪的影响，也可能估计过于乐观或过于悲观。(3)有些销售人员为了能超额完成下年度的销售配额指标，获得奖励或升迁的机会，可能会故意压低预测数字。这种方法虽然有一些不足之处，但还是被企业经常运用。因为销售人员过高或过低的预测偏差可能会相互抵销，预测总值仍可能比较理想。另外，有些预测偏差可以预先识别并及时得到纠正。

3. 根据顾客或客户意见的推测法

这种预测方法是通过征询顾客或客户的潜在需求或未来购买商品计划的情况，了解顾客的购买商品活动、变化及特征等，然后在收集消费者意见的基础上，分析市场变化，预测未来市场需求。运用这种方法不仅可以发挥预测组织人员的积极性，而且征询了消费者的意见，预测的客观性大大提高。这种方法主要用于预测市场需求情况和企业商品销售。这种预测方法，可以采取多种形式进行。如可以在商品销售现场直接询问消费者的商品需求情况，了解他们准备购买商品的数量、时间，某类商品需求占总需求的比重等问题。也可以利用电话询问、邮寄调查意见表，提出问题请顾客回答，将回收的意见进行整理、分类、总结，再按照典型情况推算整个市场未来需求的趋势。还可以采取直接访问的方式，到居民区或用户单位，询问他们对商品需求，近期购买商品的计划，购买商品的数量、规格等。调查哪些用户或消费者，要依调查对象数量而定。如果调查对象数量较少，可以采用发征询意见表的方式全部调查；如果调查对象数量较多，可以采用随机抽样或选取典型的方式进行调查。

在预测实践中，这种方法常用于生产资料商品、中高档耐用消费品的销售预测。调查预测时，应注意取得被调查者的合作，要创造条件，解除调查对象的疑虑，使其能够真实地反映商品需求情况。要使这种调查预测比较有效必须要具备：(1)使购买者的意向明确清晰；(2)购买意向真实可靠。如某工厂生产某种型号的显像管，用户主要是全国各电视机厂家，为了了解产品销售前景，该厂运用征询用户意见法，预测未来五年该厂商品的市场需求量及本公司的可能销售量，以使企业制定生产规划，选择战略发展方向。首先就要统制用户名单。根据用户的产值、需求量、购买数量、购买时间，设计并印制用户意见调查预测表格。表格不仅发给老客户，而且要发给潜在客户。然后对回收的调查表格信息进行认真分析，并对产品需求作统计汇总。

另外有一些生产资料商品以及像耐用消费者那样的生活资料商品的调查预测；因

为数量过于庞大，就得采用抽样调查的方法。耐用消费品调查预测表设计应包括购买者家庭人数、总收入、所在单位、已有耐用消费品（如自行车、冰箱、彩电等）的购买时间及数量、计划（再）购买的时间及数量等。表下应注明填写要求和注意事项，并强调为顾客保密。将设计好的调查表发到调查对象手中（采用邮寄或直接发表的办法），填好后，预测人员将表按时回收（邮寄或直接下户收取）。

采用这种预测法，一般准确率较高。但观察两年以上的需求量情况，可靠性程度比短期预测要低一些。因为时间长，市场变化因素大，消费者不一定都按较长的购买商品计划安排，所以，预测结果可用其他方法预测对比进行修正，使预测更为精确。

（二）定量预测分析法

定量预测分析方法可根据所掌握资料的情况又分以下几种方法：

1. 简单移动平均法

简单移动平均法，是对过去若干期间的实际发生额，分段（按相连续的多个期间）计算其简单移动平均值，并以移动平均值为基础确定预测值的预测方法。这种方法的特点是以移动平均的方式消除偶然因素对预测对象的不规则影响。其关键在于移动期的选择，一般来讲，当时间序列波动较大时，移动跨期可以大一些；反之，移动跨期就可以小一些。在实际工作中，移动跨期通常用 n 表示，取值在 $(0, 10)$ 内。当 n 的取值等于总体数据个数时，该方法就是算术平均法。移动平均法的计算公式如下：

$$销售预测数 = 各期销售量（或销售额）之和 / 期数$$

采用简单移动平均法进行预测，计算简单。在运用中，移动跨期的大小对预测值的准确性影响较大，一般来讲，n 值越大，数据平均化程度越大，预测值能排除偶然因素影响，较好地反映数据的变化规律，但其灵敏度也较差，反映数据短期变化趋势的能力较弱，反之，n 值较小时，能及时反映数据变化趋势，但也易受偶然因素的影响。所以实际工作中，应慎重取 n 值。

2. 移动加权平均法

移动加权平均法，是以过去若干期的实际数据，按其距计划期远近的不同，分别选取不同的权数进行加权，以其移动加权平均值作为预测值的预测方法。其特点是按以往期间的实际数值距预测期的远近，分别给予不同的权数。一般来讲，实际数值距预测期越近，其对预测值的影响越大，其权数也应较大。同样，离预测期越远，其权数就应越小。这样考虑了不同时期的数据对预测值的不同影响，使预测结果更能反映预测期的变化趋势。在实际计算中，一般以移动跨期 n 所代表的数字序列为权数，此时，移动加权平均预测值的计算公式为：

$$销售预测数 = 各期销售量（或销售额）乘以其权数之和 / 各期权数之和$$

3. 指数平滑法

指数平滑法，也称指数移动平均法，它是利用加权因子（即平滑系数）对过去不同期间的实际数值进行加权计算，以显示远期和近期实际数值对未来期间预测值的不同影响作用的一种预测方法。使用这种方法时，首先，由远而近地按照一定的平滑系数计算各期的平均值;其次,直接以最后一期的平滑值作为下一期的预测值,或在进行趋势修正的基础上确定预测值。指数平滑预测值的计算公式是:

销售预测额＝平滑系数×上期实际销售数＋(1－平滑系数)×上期预测销售数

在用指数平滑法进行预测时,其平滑系数通常由预测者根据过去实际数值与预测值之间差异的大小来决定,一般取值于 0 与 1 之间,即 $0 \leqslant a \leqslant 1$。平滑系数的大小,体现了不同期间的实际数量对预测值具有不同的影响作用。在实际工作中,a 通常取小值,即在 0.1 至 0.3 之间,当然也可以取大值。

4. 直线回归分析法

直线回归分析法,是根据过去若干期间的销售量的实际资料,确定可以反映销售量变动趋势的一条直线(直线方程为 $y=a+bx$),并将此直线加以延伸,进而求出某产品销售量预测值的一种销售量的预测方法。直线回归分析法是直接将时间作为自变量,利用预测对象即因变量随时间变化而变化的数量关系建立直线回归方程 $y=a+bx$,并依此确定销售量预测值。

在直线回归方程 $y=a+bx$ 中,y 表示销售量预测值,x 表示预测期系数,a 表示常数,b 表示某时期内 y 的变化斜率。直线回归方程利用最小平方法可求得标准方程组:

$$\sum y = na + b\sum x$$
$$\sum xy = a\sum x + b\sum x^2$$

根据以上标准方程组,可确定直线回归方程中 a 和 b 的值。

例 4-1

绿源企业 1—6 月份产品的销售量资料如表 4-1 所示:

表 4-1 绿源企业 1—6 月份产品的销售量资料   单位:千克

月份	1	2	3	4	5	6
销售量	500	550	540	520	540	566

要求:预测 7 月份的销售量。

(1) 算术平均法预测 7 月份的销售量

7 月份销售量预测数＝(500＋550＋540＋520＋540＋566)/6＝536(千克)

(2) 采用移动加权平均法预测 7 月份的销售量

7 月份销售量预测数＝(500×1＋550×2＋540×3＋520×4＋540×5＋566×6)/(1＋2＋3＋4＋5＋6)＝543(千克)

(3) 采用平滑指数法预测 7 月份的销售量

假如 6 月份实际销售量为 566 千克,原来预测 6 月份的销售量为 551 千克,平滑指数 $a=0.4$。

7月份销售量预测数=0.4×566+(1−0.4)×551=557(千克)

(4) 采用直线回归分析法预测7月份销售量。

表 4-2　直线回归分析法计算表

月份	间隔期(x)	销售量(y)	xy	x^2
1	−5	500	−2 500	25
2	−3	550	−1 650	9
3	−1	540	−540	1
4	1	520	520	1
5	3	540	1 620	9
6	5	566	2 830	25
$n=6$	$\sum x=0$	$\sum y=3\ 216$	$\sum xy=280$	$\sum x^2=70$

为简化计算量,可以设置一个间隔期(x),并使$\sum x=0$。本题代入方程组得：

$$a=536;\ b=4$$

所以直线回归方程为：$y=536+4x$

7月份销售量预测数=536+4×7=564(千克)。

第三节　成本预测

一、成本预测

成本预测是指运用一定的科学方法,对未来成本水平及其变化趋势作出科学的估计。通过成本预测,掌握未来的成本水平及其变动趋势,有助于减少决策的盲目性,使经营管理者易于选择最优方案,作出正确决策。

导致企业成本变动的因素有很多,既有内部的,也有外部的。各种因素对成本作用的程度和方向是不一样的。在进行成本分析时,要针对不同的影响因素,采取不同的措施,挖掘降低成本的潜力。影响成本变动的因素主要有：企业的生产规模和销售水平、企业的技术条件和劳动者的熟练程度以及企业资源的利用效果等等,除上述因素外,企业所处的地理位置、市和生产规模有密切的关系,从而间接影响产品成本的升降。

成本预测为降低产品成本指明方向和奋斗目标。企业在做好市场预测、利润预测之后,能否提高经济效益以及提高多少,完全取决于成本降低多少。为了降低成本,必须根据企业实际情况组织全面预测,寻找方向和途径,并由此力求实现预期的奋斗目标,降低产品成本。成本预测的一般程序如下：

（1）根据企业总体目标提出初步成本目标。

（2）初步预测在目前情况下成本可能达到的水平，找出达到成本目标的差距。其中初步预测，就是不考虑任何特殊的降低成本措施，按目前主客观条件的变化情况，预计未来时期成本可能达到的水平。

（3）考虑各种降低成本方案，预计实施各种方案后成本可能达到的水平。

（4）选取最优成本方案，预计实施后的成本水平，正式确定成本目标。

以上成本预测程序表示的只是单个成本预测过程，而要达到最终确定的正式成本目标，这种过程必须反复多次。也就是说，只有经过多次的预测、比较以及对初步成本目标的不断修改、完善，才能最终确定正式成本目标，并依据本目标组织实施成本管理。

二、成本预测的基本方法

与产品的销售量预测一样，依据所掌握的资料的不同，成本预测可以采用定性预测方法和定量预测方法。

（一）定性预测方法

在资料和数据不充分的情况下，就要依靠成本管理人员的实践经验和有关专家的专业知识对企业产品的变动趋势和发展方向进行预测和判断。常用的方法是德尔菲法。

德尔菲法是为了克服专家会议法的缺点而产生的一种专家预测方法。在预测过程中，专家彼此互不相识、互不往来，这就克服了在专家会议法中经常发生的专家们不能充分发表意见、权威人物的意见左右其他人的意见等弊病。各位专家能真正充分地发表自己的预测意见。1946年，兰德公司首次用这种方法用来进行预测，后来该方法被迅速广泛采用。

德尔菲法依据系统的程序，采用匿名发表意见的方式，即专家之间不得互相讨论，不发生横向联系，只能与调查人员发生关系，通过多轮次调查专家对问卷所提问题的看法，经过反复征询、归纳、修改，最后汇总成专家基本一致的看法，作为预测的结果。这种方法具有广泛的代表性，较为可靠。

德尔菲法是预测活动中的一项重要工具，我们在考虑一项投资项目时，需要对该项目的市场吸引力作出评价。我们可以列出同市场吸引力有关的若干因素，包括整体市场规模、年市场增长率、历史毛利率、竞争强度、对技术要求、对能源的要求、对环境的影响等。市场吸引力的这一综合指标就等于上述因素加权求和。每一个因素在构成市场吸引力时的重要性即权重和该因素的得分，需要由管理人员的主观判断来确定。这时，我们同样可以采用德尔菲法。

例 4-2

鸿运公司研制出一种新兴产品，现在市场上还没有相似产品出现，因此没有历史数据可以获得。鸿运公司需要对可能的销售量做出预测，以决定产量。于是鸿运公司成立专家小组，并聘请业务经理、市场专家和销售人员等8位专家，预测全年可能的销售量。8位专家提出个人判断,经过三次反馈得到结果,如表4-3所示。

表4-3 全年可能的销售量

专家编号	第一次最低销售量	第一次最可能销售量	第一次最高销售量	第二次最低销售量	第二次最可能销售量	第二次最高销售量	第三次最低销售量	第三次最可能销售量	第三次最高销售量
1	500	750	900	600	750	900	550	750	900
2	200	450	600	300	500	650	400	500	650
3	400	600	800	500	700	800	500	700	800
4	750	900	1 500	600	750	1 500	500	600	1 250
5	100	200	350	220	400	500	300	500	600
6	300	500	750	300	500	750	300	600	750
7	250	300	400	250	400	500	400	500	600
8	260	300	500	350	400	600	370	410	610
平均数	345	500	725	390	550	775	415	570	770

平均值预测:在预测时,最终一次判断是综合前几次的反馈做出的,因此在预测时一般以最后一次判断为主。则如果按照8位专家第三次判断的平均值计算,则预测这个新产品的平均销售量为:$(415+570+770)/3=585$

加权平均预测:将最可能销售量、最低销售量和最高销售量分别按0.50、0.20和0.30的概率加权平均,则预测平均销售量为:$570\times0.5+415\times0.2+770\times0.3=599$

中位数预测:用中位数计算,可将第三次判断按预测值高低排列如下:

最低销售量:

300　370　400　415　500　550

最可能销售量:

410　500　570　600　700　750

最高销售量:

600　610　650　750　770　800　900　1 250

最低销售量的中位数为$(400+415)/2=407.5$

最可能销售量的中位数为$(570+600)/2=585$

最高销售量的中位数为$(750+770)/2=760$

最可能销售量、最低销售量和最高销售量分别按0.50、0.20和0.30的概率加权平均,则预测平均销售量为:$585\times0.5+407.5\times0.2+760\times0.3=602$

(二) 定量预测方法

产品的成本与数量有一定的依存关系。企业在短期内,其生产条件相对稳定,则固定成本和产品的单位变动成本也趋于稳定,那么产量与成本的关系近似于线性关系依据这种关系可以预测产品的成本。产量与成本的关系可以用下式表达：
$$y = a + bx$$

式中：y——产品的总成本；
x——产品的产量；
a——固定成本；
b——单位产品的变动成本。

1. 高低点法

高低点法指在若干连续时期中，选择最高业务量和最低业务量两个时点的成本数据，通过计算总成本中的固定成本、变动成本和变动成本率来预测成本。

利用代数式 $y=a+bx$，选用一定历史资料中的最高业务量与最低业务量的总成本（或总费用）之差 Δy，与两者业务量之差 Δx 进行对比，求出 b，然后再求出 a。

$$b = \Delta y / \Delta x,$$

即

$$\begin{pmatrix} 单位变 \\ 动成本 \end{pmatrix} = \begin{pmatrix} 最高业务 \\ 量成本 \end{pmatrix} - \begin{pmatrix} 最低业务 \\ 量成本 \end{pmatrix} \Big/ \begin{pmatrix} 最高 \\ 业务量 \end{pmatrix} - \begin{pmatrix} 最低 \\ 业务量 \end{pmatrix} = \begin{pmatrix} 高低点 \\ 成本之差 \end{pmatrix} \Big/ \begin{pmatrix} 高低点业 \\ 务量之差 \end{pmatrix}$$

可根据公式 $y=a+bx$ 用最高业务量或最低业务量有关数据代入，求解 a。

$$a = 最高（低）产量成本 - b \times 最高（低）产量$$

例 4-3

设黄丹企业 2018 年度 1—12 月份的维修成本的历史数据，如表 4-4 所示。

表 4-4　1—12 月份维修成本的历史数据

月份	机器小时（x）	维修成本（y）
1	1 200	900
2	1 300	910
3	1 150	840
4	1 050	850
5	900	82
6	800	730
7	700	720
8	800	780
9	950	750
10	1 100	890
11	1 250	920
12	1 400	930

根据有关数据，可知黄丹企业维修成本在相关范围内的变动情况如下：

表 4-5　维修成本在相关范围内的变动情况表

位置	机器小时(x)	维修成本(y)
最高点	1 400	930
最低点	700	720
差　额	700	210

据此，a、b 可分别确定如下：

$$b = 210 \div 700 = 0.3$$
$$a = 930 - 0.3 \times 1\,400 = 510$$

或则

$$a = 720 - 0.3 \times 700 = 510$$
$$y = 510 + 0.3x$$

值得注意的是，这一方程式只适用于 700—1 400 小时的相关范围。假定 20×8 年一月份预计产量为 1 300 机器小时，则预计的维修总成本为：

$$y = 510 + 0.3 \times 1\,300 = 900(元)$$

显然，由于用方程式预计的维修成本代表历史的平均水平，预计的结果与实际成本 910 元（二月份）会有一定的偏差。

高低点法虽然具有运用简便的优点，但它仅以高低两点决定成本性态，因而带有一定的偶然性。所以这种方法通常只适用于各期成本变动趋势较稳定的情况。

2. 趋势预测法

趋势预测法是指按时间顺序排列有关的历史成本资料，运用一定的数学模型和方法进行加工计算并预测的各类方法。趋势预测法包括简单平均法、平均法和指数平滑法等。

（1）简单平均法。

它是指直接将若干期历史成本的算术平均数作为未来成本水平的一种预测方法。计算公式如下：

预测期成本 = 历史各期成本之和 ÷ 期数

此法适用于各期成本比较平稳，没有季节性变动情况下的成本预测。

（2）移动平均法。

它是根据历史资料自主选择移动期，并以移动期内的平均数作为未来成本水平的一种预测方法。计算公式如下：

预测期成本 = 移动期内的各期历史成本之和 ÷ 移动期

（3）加权平均法。

它是指对各期历史数据按照远小近大的规律确定其权数，并以其加权平均值作为未来成本水平的一种预测方法。计算公式如下：

预测期成本＝（∑某期成本×该期权数）÷各期权数之和

注意：需确定权数，常常以自然数作为权数

（4）指数平滑法。

是一种特殊的加权平均法，它是以上期实际值及其预测值的加权平均值作为未来成本水平的一种方法。计算公式如下：

预测期成本＝平滑系数×上期实际成本＋（1－平滑系数）×上期预测成本

例 4-4

蓝钻企业 2018 年上半年各期的实际成本总额分别为 40 万元、45 万元、43 万元、50 万元、58 万元、60 万元。若 6 月份的预计成本总额为 62 万元，平滑系数取 0.7，要求：利用简单平均法、利用 3 期移动平均法、利用加权平均法和指数平滑法分别预测 7 月份的成本总额。

1. 简单平均法

7 月份的成本总额＝（40＋45＋43＋50＋58＋60）÷6＝49.33（万元）

2. 移动平均法

7 月份的成本总额＝（50＋58＋60）÷3＝56（万元）

3. 加权平均法

7 月份的成本总额＝（40×1＋45×2＋43×3＋50×4＋58×5＋60×6）
　　　　　　　　÷（1＋2＋3＋4＋5＋6）
　　　　　　　　＝73.933（万元）

4. 指数平滑法

7 月份成本总额＝0.7×60＋（1－0.7）×62＝60.6（万元）

第四节　利润预测

一、利润预测

利润是企业的一项综合指标，它反映了企业在一定时期的经营成果和管理水平。利润预测对企业进行生产经营决策意义重大，利润的高低影响到企业的投资、融资决策，预期利润的多少还直接影响到企业股利政策的制定。利润预测就是按照企业经营目标的要求，通过对影响利润变动的成本、销售量等因素的综合分析，对未来一定时期内可能达到的利润水平及利润的变动趋势所作的科学预测和推测。

在销售预测的基础上,通过对产品的销售数量、价格水平、成本状况进行分析和测算,预测出企业在未来一定时期的利润水平。公司的利润包括营业利润、投资净收益、营业外收支净额三个部分,所以利润的预测也包括营业利润的预测、投资净收益的预测和营业外收支净额的预测。在利润总额中,通常营业利润占的比重最大,是利润预测的重点,其余两个部分可以较为简便的方法进行预测。目标利润预测的步骤如下:

(1) 调查研究,确定利润率标准。
(2) 计算目标利润基数。将选定的利润率标准乘上企业预期应该达到的有关业务量及资金指标,便可测算出目标利润基数。

其计算公式为:

$$目标利润基数=有关利润标准×相关指标$$

(3) 确定目标利润修正值。
(4) 最终下达目标利润并分解落实纳入预算体系。最终下达的目标利润应该为目标利润基数与修正值的代数和,即:最终下达的目标利润=目标利润基数+目标利润修正值。

二、影响利润的主要因素

从利润的形成可知,除客观的外部环境外,对利润的高低有直接影响的因素主要是成本、价格和销售量等方面的因素。

1. 产品的销售量

产品的销售量是销售收入的重要构成部分,它的增减变动是企业一定期间内的利润数额发生变动的重要因素。在其他条件不变的情况下,产品销售量的增加或减少会导致企业利润的增加或减少,它们的变动方向相同。

2. 产品的销售价格

单位产品的销售价格是销售收入的另一个重要构成部分,它的升降变动也是企业一定时期内利润数额发生变动的重要因素,在其他因素不变的情况下,单位产品的销售价格的升或降会导致企业的利润的增加或减少,它们的变动方向相同。

3. 单位产品的变动成本

单位产品的变动成本是构成销售成本的一个重要因素,它的增减变动,必然导致企业一定时期内成本总额发生相应的变动。在其他因素保持不变的情况下,单位产品的变动成本上升,会导致企业利润的总额下降;反之,利润则会上升。单位产品的变动成本的变动方向与利润的变动方向相反。

4. 固定成本总额

固定成本是构成产品的销售成本的另一个重要因素,它的增减变动必然引起一定期间成本总额发生相应的变动。在其他因素保持不变的情况下,固定成本总额增加,利润数额会由此而减少;反之,则利润会增加。固定成本的变动方向与利润的变动方向相反。

5. 产品的销售结构

产品的销售结构是影响销售收入的重要因素之一,从而它的增减变动必然导致利润的增减变动。在其他因素不变的条件下,当边际贡献率较高的产品的销售量上升或边际贡献率较低的产品的销售量下降时,利润的数额会因此而上升;反之,利润会下降。

6. 产品的税率

产品的税率是影响产品的销售税金从而影响利润变动的一个重要因素。在销售收入一定的条件下,产品的税率越高,所需缴纳的产品销售税金越多,从而会降利润总额;反之,则会增加利润总额。因此,税率的变动方向与利润的变动方向相反。

三、利润的预测方法

利润的预测主要包括相关比率法、因素分析法、回归分析法和本量利分析法,鉴于相关比率法、回归分析法和本量利分析法在其他章节已有相关介绍,本章只介绍因素分析法这一利润预测方法。

因素分析法是在基期利润水平的基础上,根据计划期间影响利润变动的各项因素,预测出企业计划期间的利润总额。是以本量利分析法的基本原理为基础。影响因素有销售量、销售价格、变动成本、固定成本总额和所得税率等。因素分析法预测利润方法步骤:

第一步,计算成本利润率:

$$\frac{本期(基年)}{成本利润率} = \frac{本期(基年)}{产品销售利润} \div \frac{本期(基年)}{产品销售成本} \times 100\%$$

第二步,预测各因素对利润的影响值:

(1) 预测销量变动对利润的影响 =(预期销售成本 − 本期销售成本)× 本期成本利润率

(2) 预测成本降低率对利润的影响 = 预测总成本 × 成本降低率

(3) 预测价格变动时对利润的影响 = 预计销量 × 变动前价格 × 价格变动率 ×(1 − 税金)= 预计销量 ×(变动后价格 − 原价格)×(1 − 税金)

(4) 预测产品品种结构变动对利润的影响 = 预测总成本 ×(预计平均成本利润率 − 本期平均成本利润率)平均利润率 = $\sum$ 各产品利润率 × 该产品的销售比重

(5) 预测产品销售税率变动对利润的影响 = 预测销售收入 ×(1 +/− 价格变动率)×(原税率 − 变动后税率)= 预测销量 × 变动后价格 ×(原税率 − 变动后税率)

第三步,计算计划期利润:

计划期利润 = 基期利润 ± 计划期各种因素的变动而增加或减少的利润

例 4-5

清荣公司 2018 年产品销售收入为 1 181 700 元,销售成本为 900 000 元。共生产 A、B、C 三种产品,成本利润率分别为 60%、17% 和 36%,销售比重分别为

20%、50%和30%。通过市场调查和内部强化控制,预计2019年清荣公司经营将出现以下变化:由于销售增长,预计销售成本按上年水平计算将增加10%;B、C产品市场竞争加剧,预计销售比重将分别调至40%和20%;而A产品市场竞争力较强,为增加公司利润,计划将其销售比重调至40%;通过成本挖潜,预计2019年产品成本将降低4%;由于产品质量提高,A产品的销售价格将由每件100元(2018年销售量为5 000件)升至每件110元,销售税率为13%;国家将于2019年5月1日调低A产品的销售税率,调整后销售税率为7%。要求:采用因素分析法确定2019年清荣公司的销售利润额。

基年成本利润率=(基年产品销售利润÷基年产品销售成本)×100%
=(281 700÷900 000)×100%=31.3%

(1) 销售量变动对利润的影响=(990 000−900 000)×31.3%=28 170(元)
(2) 成本降低变动对利润的影响=990 000×4%=39 600元
(3) 价格变动对利润的影响=5 000×(110−100)×(1−13%)=43 500(元)
(4) 品种结构变动对利润的影响=990 000×(38%−31.3%)=66 330元
 基期平均成本利润率=0.6×0.2+0.17×0.5+0.36×0.3=31.3%
 预测期平均成本利润率=0.6×0.4+0.17×0.4+0.36×0.2=38%
(5) 税率变动变动对利润的影响=5 000×110×(13%−7%)×8÷12
 =29 333.33(元)
2019年利润预测总额= 281 700+28 170+66 330+39 600+43 500+29 333.33
 =488 633.33(元)

第五节 资金需要量预测

一、资金需要量预测

资金需要量预测是指企业根据生产经营的需求,对未来所需资金的估计和推测。企业筹集资金,首先要对资金需要量进行预测,即对企业未来组织生产经营活动的资金需要量进行估计、分析和判断,它是企业制定融资计划的基础。进行资金预测的目的,在于掌握资金需求的基本趋势,未雨绸缪,在资金不足的时候,及时足额地筹集到所需要的资金;在资金有剩余的情况下,则设法有效地运用多余的资金,做到既能保证生产经营的正常需要,又使资金的占有量最小,尽可能地降低资金成本。

企业持续的生产经营活动,不断地产生对资金的需求,同时,企业进行对外投资和调整资本结构,也需要筹措资金。企业所需要的这些资金,一部分来自企业内部,另一部分通过外部融资取得。由于对外融资时,企业不但需要寻找资金提供者,而且还需要作出还本付息的承诺或提供企业盈利前景,使资金提供者确信其投资是安全的并可获利,这个过程往往需要花费较长的时间。因此,企业需要预先知道自身的财务需求,确定资金的需要量,提前安排融资计划,以免影响资金周转。

(一)销售百分比法

销售百分比法是在分析资产负债表有关项目与销售额关系的基础上,根据市场调查和销售预测取得的资料,确定资产、负债和所有者权益的有关项目占销售的百分比,并依此推算出流动资金需要量的一种方法。

步骤如下:

(1)预计销售收入增长率。

(2)计算资产负债表中敏感项目与销售收入的百分比。

报表项目分为敏感项目和非敏感项目。一般在资产类项目中,周转中的货币资金、正常的应收账款和存货等流动资产项目,一般都会因销售额的增长而相应的增加。固定资产是否要增加,则需视基期的固定资产是否已被充分利用。如尚未被充分利用,则可利用剩余生产能力产销更多的产品;如基期对固定资产的利用已达饱和状态,则增加销售就需要扩充固定设备。至于长期投资和无形资产等项目,一般不随销售额的增长而增加。在权益类项目中,应付账款、应付票据、应交税金和其他应付款等流动负债项目,通常会因销售的增长而增加。至于长期负债和股东权益等项目,则不随销售的增长而增加。最后对资产负债表中随销售额增长而增加的各个项目,确定其现有资金占销售额的百分比。即:

敏感项目与销售额的百分比=(基期敏感项目数额÷基期销售额)×100%

(3)计算需要增加的资金:

需增加的资金=增加的资产-增加的自发性负债

(4)计算内部留存收益增加额:

留存收益增加=预计销售额×计划销售净利率×(1-股利支付率)

(5)计算外部融资需求:

$$\text{外部融资需求} = \left(\frac{\text{资产销售}}{\text{百分比}} \times \text{新增销售额}\right) - \left(\frac{\text{负债销售}}{\text{百分比}} \times \text{新增销售额}\right) - \text{留存收益增加额}$$

例 4-6

用销售百分比法预测资金需要量

紫涵公司 20×8 年销售收入为 40 000 万元,当年销售净利率为 8%,股利支付率为 60%。预计下一年度 20×9 年销售收入将增长 20%,新增固定资产投资 1 000 万元。

其资产负债表如下所示,要求预计 20×9 年紫涵公司资金需要量。

表 4-6 公司资产负债表

资产	期末余额	负债及所有者权益	期末余额
货币资金	3 000	应付账款	6 000
应收账款净额	2 000	应付票据	3 000
存货	7 000	长期借款	8 000
固定资产净值	9 000	实收资本	4 000
无形资产	2 000	留存收益	2 000
资产总计	23 000	负债及所有者权益	23 000

预测步骤：

(1) 计算敏感项目收入百分比。

表 4-7 敏感项目收入百分比计算表

资产	期末余额	销售百分比	负债及所有者权益	期末余额	销售百分比
货币资金	3 000	7.50%	应付账款	6 000	15.00%
应收账款净额	2 000	5.00%	应付票据	3 000	7.50%
存货	7 000	17.50%	长期借款	8 000	非敏感项目
固定资产净值	9 000	非敏感项目	实收资本	4 000	非敏感项目
无形资产	2 000	非敏感项目	留存收益	2 000	非敏感项目
资产总计	23 000	30.00%	负债及所有者权益	23 000	22.50%

(2) 确定需要增加的资金。

$$20×9 \text{年因销售增长需要新增资金} = 40\,000 × 20\% × (30\% - 22.50\%)$$
$$= 600(\text{万元})$$

$$20×9 \text{年因固定资产投资需要新增资金} = 1\,000(\text{万元})$$

(3) 确定内部留存收益数额。

$$20×9 \text{年新增留存收益金额} = 40\,000 × (1 + 20\%) × 8\% × (1 - 60\%)$$
$$= 1\,536(\text{万元})$$

(4) 计算外部融资需求。

$$20×9 \text{年外部融资需要量} = 20×9 \text{年新增资金需求} - 20×9 \text{年新增留存收益}$$
$$= 600 + 1\,000 - 1\,536$$
$$= 64(\text{万元})$$

也可直接代入公式求得：

$$20×9 \text{年外部融资需要量} = 40\,000 × 20\% × (30\% - 22.50\%) + 1\,000 - 40\,000$$
$$× (1 + 20\%) × 8\% × (1 - 60\%)$$
$$= 64(\text{万元})$$

(二) 资金习性预测法

1. 资金习性预测法的含义

资金习性是指资金变动与产销量变动之间的依存关系。资金习性预测法是根据产销量与资金需求量之间的内在联系,利用一系列历史资料求得两者之间存在的函数关系,建立数学模型,预测未来资金需求量的方法。按资金习性可将资金分为不变资金、变动资金和半变动资金。

不变资金是指在一定的产销量范围内,不受产销量变动的影响而保持固定不变的那部分资金。也就是说,产销量在一定范围内变动,这部分资金保持不变。如,维持营业而占用的最低数额的现金、原材料的保险储备、必要的成品储备,以及厂房、机器设备等固定资产占用的资金。

可变资金是指随产销量的变动而成同比例变动的那部分资金。如,直接构成产品实体的原材料、外购件等占用的资金。另外,在最低储备以外的现金、存货、应收账款等也具有变动资金的性质。

半变动资金是指虽然受产销量变化的影响,但不成同比例变动的资金。如一些辅助材料占用的资金。半变动资金可采用一定的方法划分为不变资金和变动资金两部分。

2. 根据资金占用总额与产销量的关系来预测(回归直线法)

在预测资金需求量时,可以以销售量作为原因变量,以资金需求量作为结果变量。假定资金需求量与销售量之间存在线性关系,则可用直线回归方程确定参数,进行资金需求量预测。即设产销量为自变量 x,资金占用量为因变量 y,它们之间关系可用下式表示:

$$资金总额(y)=不变资金(a)+变动资金(bx) \quad 最基本的公式$$

即根据一组历史的业务量与资金占用数据,依据 $y=a+bx$ 的线性关系,可得方程式:

$$b=\frac{n\sum xy-\sum x\sum y}{n\sum x^2-(\sum x)^2}$$

$$a=\frac{\sum y-b\sum x}{n}$$

解出 a、b 后代入预测模型 $y=a+bx$。

例 4-7

利用回归分析法预测资金需要量

表 4-8 中生公司回归分析计算表

年度	业务量 X(万元)	资金占用 Y(万元)	X×Y	X×X
20×4	500	100	50 000	250 000
20×5	520	110	57 200	270 400

(续表)

年度	业务量 X(万元)	资金占用 Y(万元)	$X \times Y$	$X \times X$
20×6	480	120	57 600	230 400
20×7	540	125	67 500	291 600
20×8	690	130	89 700	476 100
合计	$\sum X = 2\,730$	$\sum Y = 585$	$\sum X \times Y = 322\,000$	$\sum X \times X = 1\,518\,500$

根据计算公式可得

$$b = 0.092\,8$$
$$a = 66.350\,3$$

资金预测公式为：

$$y = 66.350\,3 + 0.092\,8x$$

20×5 年的资金需要量 $= 66.350\,3 + 0.092\,8 \times 700 = 131.31$(万元)

3. 采用逐项分析法预测(高低法)

用高低点法分别求出各资金占用项目(如现金、存货、应收账款、固定资产)和资金来源项目的 a 和 b，然后汇总在一起，计算出总的 a 和 b，求出企业变动资金总额和不变资金总额，进而预测资金需求量。汇总计算 a 和 b 时，需要注意一个问题：由于负债是资金来源，负债的增加减少资金需求，因此，应该减掉负债项目的 a 和 b。另外注意，在给定的资料中，高低点的选择以销售收入(或业务量为依据)，高点(销售收入或业务量)的资金占用量不一定最大；低点(销售收入或业务量)的资金占用量不一定最小。

公式：

$$b = \left(\begin{array}{c}\text{最高收入期}\\\text{资金占用量}\end{array} - \begin{array}{c}\text{最低收入期}\\\text{资金占用量}\end{array}\right) \Big/ \left(\begin{array}{c}\text{最高销}\\\text{售收入}\end{array} - \begin{array}{c}\text{最低销}\\\text{售收入}\end{array}\right)$$

$$a = \text{最高收入期资金占用量} - b * \text{最高销售收入}$$

即：$\begin{cases} y_h = a + b_h, \\ y_l = a + b_l, \end{cases}$ 解方程组得：$b = \dfrac{y_h - y_l}{x_h - x_l}$，$a = y_h - bx_h$。

用以上公式求解出 a、b。然后代入预测模型 $y = a + bx$。

例 4-8

利用高低点法预测资金需要量

假设中南公司 20×4—20×8 年度的资金占用与销售收入之间的关系见表 4-9 所示。

假设 20×9 的预计销售收入为 700 万元，要求预测 20×9 该公司的资金需要量。

表 4-9 公司 20×4—20×8 年度的资金占用与销售收入

年度	20×4	20×5	20×6	20×7	20×8
业务量 x(万元)	500	520	480	540	690
资金占用 y(万元)	100	110	120	125	130

$$b=\frac{y_h-y_l}{x_h-x_l}=\frac{130-120}{690-480}=0.047\,6$$

$$a=y_h-bx_h=130-0.047\,6\times690=97.142\,9$$

得出资金需求预测公式：

$$y=97.142\,9+0.047\,6x$$

下一年的资金需要量 $=97.142\,9+0.047\,6\times700=130.46$（万元）。

本 章 小 结

本章主要讲预测分析的方法及其应用。预测分析的方法可以分为定性预测法和定量预测法两大类。定性预测法主要是借助有关专业人员的知识技能、实践经验和综合分析能力，在调查研究的基础上，对某一事物未来的发展趋势做出判断或推测的方法。定性预测的主要方法有判断分析法和调查分析法等。判断分析法就是聘请具有丰富实践经验的经济专家、教授、推销商或本企业的经理人员、推销人员等，对计划期商品的销售情况进行分析研究，并作出推测和判断的方法。调查分析法通过对有代表性顾客的消费意向的调查，了解市场需求的变化趋势，进行销售预测的一种方法。

定量预测法在财务管理中都有详细的介绍。它一般是根据过去的比较完备的统计资料，运用数学方法建立可以体现变量之间数量关系的模型，并利用这一模型来预测对象在未来可能体现的数量。定量预测具体又可分为趋势预测法（时间序列分析法）和因果关系分析法；时间序列，也叫时间数列、历史复数或动态数列。它是将某种统计指标的数值，按时间先后顺序排列所形成的数列。时间序列预测法就是通过编制和分析时间序列，根据时间序列所反映出来的发展过程、方向和趋势进行类推或延伸，借以预测下一段时间或以后若干年内可能达到的水平。其内容包括：收集与整理某种社会现象的历史资料；对这些资料进行检查鉴别，排成数列；分析时间数列，从中寻找该社会现象随时间变化而变化的规律，得出一定的模式；以此模式去预测该社会现象带来的情况。时间序列预测法可用于短期预测、中期预测和长期预测。根据对资料分析方法的不同，又可分为：简单序时平均数法、加权序时平均数法、移动平均法、加权移动平均法、趋势预测法、指数平滑法等。简单序时平均数法也称算术平均法。即把若干历史时期的统计数值作为观察值，求出算术平均数作为下期预测值。加权序时平均数法就是把各个时期的历史数据按近期和远期影响程度进行加权，求出平均值，作为下期预测值。简单移动平均法就是相继移动计算若干时期的算术平均数作为下期预测值。加权移动平均法即将简单移动平均数进行加权计算。在确定权数时，近期观察值的权数应该大些，远期观察值的权数应该小些。指数平滑法即根据历史资料的上期实际数和预测值，用指数加权的办法进行预测。

在实际工作中,预测人员应根据具体情况把定量分析法和定性分析法结合起来加以应用,当企业无法取得准确完备的数据资料时,只得采用定性预测法。当企业拥有较完备准确的数据资料,在运用定量预测法进行预测时,往往也需要同时采用定性预测法就影响预测对象的非计量因素做出估计和判断,以提高预测效果。

预测分析的方法可以分别应用于销售数量预测、成本预测、利润预测以及资金需要量预测。销售数量预测是根据某种产品的销售资料和其他有关资料,对其在未来一定时期内的销售变动趋势进行的科学预计和推断,以确定该种产品的预期销售量。销售量的预测方法,有定性预测分析法和定量预测分析法。成本预测是指运用一定的科学方法,对未来成本水平及其变化趋势作出科学的估计。通过成本预测,掌握未来的成本水平及其变动趋势,有助于减少决策的盲目性,使经营管理者易于选择最优方案,作出正确决策。成本预测可以采用定性预测方法和定量预测方法。利润的预测主要包括相关比率法、因素分析法、回归分析法和本量利分析法。因素分析法是在基期利润水平的基础上,根据计划期间影响利润变动的各项因素,预测出企业计划期间的利润总额。是以本量利分析法的基本原理为基础。影响因素有:销售量、销售价格、变动成本、固定成本总额和所得税率等。资金需要量预测是指企业根据生产经营的需求,对未来所需资金的估计和推测。它包括销售百分比法、资金习性预测法以及逐项分析法预测(高低法)。销售百分比法是在分析资产负债表有关项目与销售额关系的基础上,根据市场调查和销售预测取得的资料,确定资产、负债和所有者权益的有关项目占销售的百分比,并依此推算出流动资金需要量的一种方法。资金习性预测法是根据产销量与资金需求量之间的内在联系,利用一系列历史资料求得两者之间存在的函数关系,建立数学模型,预测未来资金需求量的方法。用高低点法分别求出各资金占用项目(如现金、存货、应收账款、固定资产)和资金来源项目的 a 和 b,然后汇总在一起,计算出总的 a 和 b,求出企业变动资金总额和不变资金总额,进而预测资金需求量。

复习思考题

1. 试述经营预测的定义与作用。
2. 试述经营预测的基本方法。
3. 试述经营预测的步骤。
4. 试述销售预测的意义。
5. 试述影响销售变动的因素。
6. 试述销售预测的基本方法。
7. 试述成本预测的一般程序。
8. 试述成本预测的基本方法。
9. 试述影响利润的主要因素。
10. 试述目标利润预测的步骤。
11. 利润预测的基本方法。
12. 试述资金需要量预测的意义。
13. 试述资金需要量预测的基本方法。

案例分析

利润预测案例

(一) 基本案情

华艺家用电器厂引进国外先进技术试制一批新的毛皮大衣和高级呢绒服装的清洁吸尘器。这种产品在当地还没有销售记录。于是,工厂决定聘请专家多人来预测明年投放市场后可能的销售量。

在预测前,他们首先对产品的样式、特点和性能用途及可能的售价连同其他地区和国外市场的销售情况作了详细介绍,同时发给每人一张书面意见表,让各人进行判断,经过三次反馈得到资料如下:

专家姓名	第一次预测(台)			第二次预测(台)			第三次预测(台)		
	最低	可能	最高	最低	可能	最高	最低	可能	最高
A	2 100	7 000	11 900	3 300	7 000	11 900	3 600	8 000	12 800
B	1 500	5 000	9 100	2 100	5 500	9 800	2 700	6 000	12 000
C	2 700	6 500	11 900	3 300	7 500	11 900	3 300	7 000	12 000
D	4 200	8 500	20 000	3 900	7 000	15 300	3 300	5 000	20 000
E	900	2 500	5 600	1 500	4 500	7 700	2 100	5 500	10 400
F	2 000	4 500	9 800	1 800	5 000	10 500	2 400	5 500	10 400
G	1 500	3 000	5 600	1 200	3 500	11 300	2 700	4 500	9 600
H	1 900	3 500	6 800	2 400	4 500	9 100	2 400	4 500	10 400
I	2 100	4 500	13 800	2 100	5 000	15 100	2 400	8 000	10 400
平均数	2 100	5 000	10 500	2 400	5 500	11 400	2 700	6 000	12 000

对资料加以整理,并运用概率进行测算,最低销售量、可能销售量和最高销售量的概率分别为:0.2、0.5、0.3。

该厂零售店经理从该市各大服装公司了解到去年的清洁吸尘器和毛皮大衣及高级呢绒中西服装的销售量有十分密切的关系。已知国外市场为1∶3,国内市场为1∶23,零售店经理估计该市可能的比例为1∶35,销售量约18 429台。

该厂销售人员对如何预测其销售产量产生了不同意见。

第一种意见认为:只要把专家预测判断数加以平均,再加以适当的考虑概率因素便可,以此作为销售预测量。

第二种意见认为:应排除专家预测中的各种最大和最小因素后,才加以平均,因此也无须考虑概率因素。

第三种意见则坚持按服装和产品的比率来确定全年的销售量,认为无须考虑专家预测因素。

(二) 问题:上述几种方案,哪种最合理(说明理由)? 具体预测销售量应为多少?

第五章 经营决策

【引导案例】

A公司是全球知名的家具供应商,通过积极的目标价格,加上不懈的成本管理,A公司的价格通常比竞争对手低30%—50%。首先,产品开发人员要找出A公司目前的产品组合的空白。其次,产品开发人员将调查竞争对手,已确定竞争对手对类似商品的定价,选择一个比竞争对手的价格低30%—50%的目标价格。在新产品和价格确定以后,产品被完全设计之前,产品开发人员将确定使用哪些材料以及挑选哪些供应商。A公司的分布于55个国家的1 800多家供应商以价格、功能、将使用的材料为基础,竞相提出最有吸引力的标书。A公司的所有产品以未组装的状态被扁平化的分装并通过船运,公司估算运输组装好的家具其成本将是未组装的7倍。此外,A公司的商铺不提供其竞争对手提供的配备销售人员、大减价、送货上门服务。A公司最近在其商店推出了三层定价系统,在同一家商店里高级客户可以找到高档商品,现金短缺的购物者也能买到特价商品。这种对精益求精的设计、成本控制以客户为中心的重视仍然是A公司的标志。

那么,在企业进行生产经营决策中,如何通过对信息的提供和分析、解释,以便对有关方面进行决策和控制施加重大影响,正是本章所要阐述的内容。

【学习目的和要求】

通过本章学习,理解不同成本概念在经营决策中的不同作用及不同成本概念之间的联系,掌握经营决策基本方法的原理及应用条件,深入理解和掌握生产决策、定价决策和风险型决策与不确定型决策的经济评价方法。学习中应注意从更为广泛的角度去理解和掌握经营决策概念的本质、理论基础、程序应用、内容展开和方法原理,并融会贯通地去掌握经营决策的相关内容。

第一节 经营决策需要考虑的成本概念

在经营决策中,需要通过比较不同备选方案经济效益进行最优化决策,成本是衡量经济效益的关键性指标。经营决策需要运用一系列独特的成本概念,这些成本概念较之传统财务会计有很大的不同。它对财务会计成本费用资料进行必要的加工、改制和延伸,以便适应不同情况的需要,以作为分析、评价有关方案经济效益的重要依据。

一、差别成本

可供选择的决策备选方案之间预期成本的差额称为差别成本,也称差量成本。差别成本有广义和狭义之分。广义的差别成本是指不同方案之间的预计成本的差额,狭义的差别成本是指由于生产能力利用程度不同而形成的成本差别。

例 5-1

某企业全年需要 6 000 件甲零部件,可以自制也可以外购。如果外购,单价为 100 元;如果自制,单位变动成本为 70 元,追加专用设备的年固定成本为 70 000 元。外购或自制决策的成本计算,如表 5-1 所示:

表 5-1　外购或自制成本表

项目	采购成本	制造成本	合计
外购	6 000×100＝600 000		600 000
自制: 变动成本 固定成本		6 000×70＝420 000 70 000	490 000
差别成本			110 000

由于外购总成本比自制总成本高 110 000 元(即差别成本为 110 000 元),在其他条件相同时,应选择自制方案。

变动成本可以表现为差别成本,但差别成本具有更广泛的含义。差别成本同变动成本之间的联系和区别可通过表 5-2 作具体说明。

表 5-2　差别成本与变动成本之间的关系

产量	总成本(元)	差别成本(元)
0	1 200	—
1	1 400	200
2	1 600	200

(续表)

产量	总成本（元）	差别成本（元）
3	1 800	200
4	2 000	200
5	2 200	200
6	2 400	200
7	3 400	1 000
8	3 600	200
9	3 800	200
10	4 000	200

从表5-2看，在相关范围内（产量在6件以下），差别成本和变动成本取得了一致。超过相关范围，由于差别成本中，还可能包括固定成本和混合成本的增加，在数量上不等于变动成本。而且差别成本除了用于反映生产量变动所形成的成本差别外，其他许多方面的决策，如零件外购或自制的选择、应否接受某项特定订货或停止某种产品的生产的选择等，也有差别成本问题。

二、机会成本

在进行经营决策时，必须从多个可供选择的方案中选择一种最优方案，而放弃一些次优以至更差的方案。此时，被放弃的次优方案可能取得的利益称为被选取最优方案的机会成本。机会成本是在对有限资源的利用进行决策分析时产生的概念。资源往往有多种用途（即有多种使用机会），但通常又是稀缺的，一旦用于某一方面就不能同时用于其他方面。机会成本表明，资源用于某一方面可能取得的利益是以放弃其他方面可能取得的利益为代价的。尽管机会成本并不是企业的实际支出，也不用记入会计账簿，但在进行决策时只有将落选方案的有可能获得的潜在收益作为机会成本记入中选方案的相关总成本中，才能全面、合理地评价中选方案的经济效益，正确判断中选方案是否真正最优。

例 5-2

某企业所需零部件A可以自制，也可以外购。若自制，其成本为5 560元，而外购价则为6 800元。假定用于生产零部件A的厂房设备也可以用于出租，可得租金1 600元。该零部件A是自制还是外购？

在决策中，生产零部件A的厂房设备可以用来实现不同职能，若用于制造零部件A，则必须放弃出租，其可能获得的租金收入1 600元应作为自制零部件A的机会成本。零部件A自制和外购差别成本的分析如表5-3所示：

表 5-3 部件 A 外购与自制的成本差别

项目	自制	外购	差别成本
制造成本	5 560	6 800	−1 240
机会成本	1 600	0	1 600
合计	7 160	6 800	360

这时,我们可以得出正确的结论:零部件 A 应以外购为宜。但是,如果不考虑机会成本,则自制的成本小于外购,显然会选择自制。所以,机会成本在经营决策中应作为一个现实的重要因素予以考虑。

三、边际成本

从经济学的角度来看,边际成本是指成本对业务量的无限小变化的变动部分,即成本随业务量无限小变化的变动率。用数学语言表达,边际成本就是总成本函数的一阶导数。但从实际工作的角度看,业务量不可能无限小变化,业务量变化至少应为一个单位才有实际意义。因此,边际成本的实际计量就是业务量每增加或减少一个单位而引起的成本变动额。

边际成本和变动成本是有区别的。变动成本反映的是增加单位产量所增加成本的平均变动,而边际成本是反映每增加一个单位产量所追加的成本。只有在相关范围内,增加一个单位产量的单位变动成本才能和边际成本一致,此外如果把不同产量作为不同方案理解的话,边际成本实际上就是不同方案的差别成本。

边际成本具有以下两个重要性质:

(1) 当边际成本与边际收入相等时,边际利润为零,此时可获得最大的利润值;

(2) 当某产品的平均成本与边际成本相等时,其平均成本达到最低。

边际成本的上述性质,对于进行最优决策非常有用。因为许多经营决策的目标就是利润最大或平均成本最低,决策者在进行这类决策时,就可以利用上述两条规律进行分析采用何种产销量或何种销售价格等,才能使决策方案的利润最大,平均成本达到最低。

例 5-3

设 X 代表产量,P 代表销售单价,TC 代表总成本,AC 代表平均成本,TR 代表销售总收入,TP 代表利润;并假定 $TC(X)=30+18X-2.7X^2+0.15X^3$,$P=45-X$,则:

$$AC(X)=\frac{TC}{X}=\frac{30}{X}+18-2.7X+0.15X^2$$

$$TR(X)=PX=45X-X^2$$

$$TP(X) = TR - AC = 45X - X^2 - (30 + 18X - 2.7X^2 + 0.15X^3)$$
$$= -30 + 27X + 1.7X^2 - 0.15X^3$$

当边际成本等于平均成本时,平均成本最低:
边际成本:
$$TC'(X) = 18X - 5.4X + 0.45X^2$$

$TC'(X) = AC(X)$,即:$8X - 5.4X + 0.45X^2 = \dfrac{30}{X} + 18 - 2.7X + 0.15X^2$

解得,$X = 10$,平均成本 AC 的最小值为:
$$\frac{30}{10} + 18 - 2.7 \times 10 + 0.15 \times 10^2 = 9(元)$$

当边际成本等于边际收入时,利润最大:
边际收入:
$$TR'(X) = 45 - 2X$$
$$TC'(X) = TR'(X),$$

即:
$$8X - 5.4X + 0.45X^2 = 45 - 2X$$

解得 $X = 12.4$,利润 TP 的最大值为:
$$30 + 27 \times 12.4 + 1.7 \times 12.4^2 - 0.15 \times 12.4^3 = 280.19(元)$$

当然,由于实际工作中很难得到成本、收入和利润函数,上述规律也往往不能直接运用,我们一般可利用其变形形式,例如以不同销量或不同售价方案的差别收入等于或接近于差别成本作为最优决策点,就可以达到利润最大的决策目标。

四、沉没成本

根据过去的决策结论而发生,无法由现在或将来的任何决策所能改变的成本称沉没成本。沉没成本有两个显著的特征:
(1) 过去已经发生;
(2) 无论未来的决策结论怎样,其发生额均不会发生变化。

例 5-4

某企业在 4 年前购置一台设备,原价为 16 000 元,已折旧 4 000 元,账面净值 12 000 元,现拟报废清理或修理后作价出售。假定报废清理可得残值 1 200 元;修理则需花费修理费 4 000 元,修理后可作价 10 000 元。究竟采用哪个方案较为合适?

上例中,设备原价和账面净值是企业过去支付的,已经无法收回,属于沉没成本，与当前的决策无关，在决策时不必考虑。对这项决策可以直接按净收入的大小进行计算比较，即经修理后作价出售可得收入 6 000 元(10 000－4 000)，比报废清理多得 4 800 元(6 000－1 200)，可见修理后作价出售较为合算。

企业在制定有关决策方案时，已购资产的历史成本或账面价值与决策无关，不需要列入决策考虑的因素。我们要考虑的因素是它们的变现价值，因为这是一项未来成本，有导致决策差别的能力。

五、付现成本

由某项决策而引起的未来某一时期内需要以现金支付的称为付现成本。付现成本代表未来一定时期内由于实施某项决策将会引起的企业现金流出。在经营决策分析时，如果企业近期的资金比较紧张，筹措资金比较困难，支付能力受到限制时，管理当局对付现成本的考虑往往多于对总成本的考虑，甚至会选择付现成本小的方案来代替总成本低的方案，以保证现金流转的顺畅。

例 5-5

某企业急需购置一种专用设备，但近期企业资金十分紧张，一时无法从银行取得追加贷款，也不能从应收账款方面收到现金。该企业购买专用设备有下述两个方案可供选择：A 公司可提供这种专用设备，要价 240 000 元，贷款必须马上支付；B 公司也可提供这种设备，要价 258 000 元，但贷款只需先支付 18 000 元，其余分 12 个月付清，每月归还 20 000 元。该企业应作何选择？

基于上述情况，管理部门选用总成本较高但付现成本较低的第二个方案，因为该方案虽然总成本比第一方案多 18 000 元，但近期的现金支出较低，是企业现有支付能力所能承受的；专用设备购入并投入使用所带来的收益，可以弥补总成本较高而形成的损失。

六、专属成本和共同成本

专属成本是指可以明确归属于企业生产的某种产品，或为企业设置的某个部门而发生的成本，专属成本是与特定的产品或部门相联系的特定的成本。共同成本是与专属成本相对应的成本概念，它指为多种产品的生产或为多个部门的设置而发生的，应由这些产品或这些部门共同负担的成本。在联产品是否进一步加工的决策中，联合加工过程中发生的联合成本属于共同成本，而进一步加工过程中追加的成本则为专属成本。

在进行方案选择时，专属成本是与决策有关的成本，必须予以考虑；而共同成本则是与决策无关的成本，可以不予以考虑。

例 5-6

某企业对原材料进行加工过程中同时生产出 X 产品 6 000 件和 Y 产品 4 000 件,联合加工过程中发生的成本为 16 000 元,如立即出售,售价分别为 3 元和 3.5 元。X 产品和 Y 产品都可进一步加工后再行出售。如进一步加工,发生的追加成本分别为 8 000 元和 6 000 元;加工后的售价分别为 4 元和 6 元。X 产品和 Y 产品是否进一步加工?

本例中,对 X 产品和 Y 产品进一步加工无论做何决策,都不会影响联合加工过程中发生的联合成本,因此,联合成本是无关成本,决策分析中不需要考虑。决策中只需要将进一步加工的差别收入与差别成本相比较,计算差别损益后再进行选择。有关计算如表 5-4 所示:

表 5-4 差别收入与差别成本比较

项目	X	Y
差别收入	6 000	10 000
差别成本	8 000	6 000
差别损益	-2 000	4 000

计算结果表明,X 产品进一步加工后的差别收入不足以抵偿其差别成本,进一步加工会使企业收益减少 2 000 元,在经济上是不合算的,因而以立即出售为宜;Y 产品进一步加工后的差别收入超过差别成本 4 000 元,进一步加工对企业是有利的。

七、可避免成本和不可避免成本

可避免成本是指其发生与否及发生金额多少都会受到企业管理决策影响的那部分成本。这种成本受到决策的直接制约,当决策方案改变时其可免于发生,是比较典型的相关成本。但可避免成本不是指可降低成本,因为对某方案来说,某些支出虽然可以避免,但可能需要发生其他支出。不可避免成本是同可避免成本相对应的一个成本概念,是指某项决策行动不能改变其数额的成本,也就是同某一特定方案没有直接联系,其发生与否并不取决于有关方案的取舍,无论决策是否改变或选用哪一种方案其都需要发生。不可避免成本常常是与决策无关的成本。

例如,在机械化生产情况下,产品零部件的传送需用人工来搬运,而改用自动流水线进行生产时,就可自动传送,这样对于自动流水线生产方案来说,搬运零部件所需的人工费用、设备费用就是可避免成本;而构成产品实体的材料成本和厂房的折旧费用则是不可避免成本,因为对任何方案来说都需要发生。

八、可延缓成本和不可延缓成本

可延缓成本是指在生产经营决策中对其暂缓开支,不会对企业未来的生产经营产生重大的不利影响的那部分成本。由于可延缓成本也具有弹性,所以在决策中也应充分考虑。不可延缓成本也是与可延缓成本相对的一个成本概念,是指已选定的某一决策方案必须马上实施,否则会影响企业生产经营的正常进行,与这一方案相关的成本称为不可延缓成本。

例如,企业的一项关键性设备出现故障,必须立即修复投入运行,否则企业将无法按期完成顾客预定的交货任务,使企业遭受重大损失,与其相联系的修复支出就是不可延缓成本;再如,对已决定在计划年度兴建的办公楼,由于资金原因而决定推迟执行,那么与建造该办公楼相关的建筑材料费用、人工费用等就属于可延缓成本。

九、相关成本和无关成本

相关成本是指与特定决策方案相联系,会对决策方案造成重大影响,在决策中必须予以充分考虑的支出。与相关成本相对应的是无关成本,它是指过去发生的、与某项特定决策没有直接联系的成本。

在经营决策中,较为常见的相关成本包括差别成本、机会成本、可避免成本、边际成本等;而不可避免成本、沉没成本等属于无关成本。

第二节 经营决策的基本方法

在经营决策中需要采用不同的决策分析方法对各备选方案进行比较和判断,以选择最优方案。一般来讲,基于成本的经营决策准则主要有两条:一是利润最大化;二是成本最小化。根据分析所选指标不同,经常采用的决策方法有本量利分析法、贡献毛益法、差量分析法、成本平衡分析法等。

一、本量利分析法

本量利分析不仅在预测中备受重视,而且被广泛应用于决策分析。经营决策中运用本量利分析法,是根据各被选方案的成本、业务量、利润之间的依存关系,以盈亏作为评价方案的标准对备选方案进行取舍,确定在什么情况下哪个方案最优的方法,即,对某方案可行性决策评价时,利润大于或等于零则方案可行;在对多个方案进行择优决策时,利润大的方案为最优。

例 5-7

某企业生产一种产品,单价为25元,目前生产4 000件,变动成本为40 000元,固定成本为36 000元。现拟购置一台专用设备,购价为40 000元,使用年限10年,无残值。设备投入使用后,可使变动成本减少20%。是否购置这一专用设备?

解:
购置以前的有关指标:

$$贡献毛益 = 4\,000 \times (25 - 40\,000/4\,000) = 60\,000(元)$$
$$营业利润 = 60\,000 - 36\,000 = 24\,000(元)$$

购置以后的有关指标:

$$贡献毛益 = 4\,000 \times [25 - 40\,000/4\,000 \times (1 - 20\%)] = 68\,000(元)$$
$$营业利润 = 68\,000 - (36\,000 + 40\,000/10) = 28\,000(元)$$

购置专用设备后可使企业每年增加营业利润 4 000 元(28 000－24 000),说明购置专用设备是可行的。

二、贡献毛益法

贡献毛益法是在成本性态分析的基础上,通过比较各备选方案贡献毛益的大小来确定最优方案的分析方法。贡献毛益是指产品或部门的收入在抵偿其变动成本之后所提供的贡献,这种贡献是一种最低限度的要求,如果一种产品不能够提供这种起码的贡献,则生产或销售该种产品的经营活动必须放弃。贡献毛益首先是用以回收固定成本,然后为企业提供利润。在经营决策中对不同方案进行评价时,根据贡献毛益的大小或能否提供贡献毛益作为分析比较的依据。在具体运用时,存在以下几种情况:

(1) 在不存在专属成本的情况下,应以贡献毛益总额作为经济评价指标进行择优决策。贡献毛益总额既取决于单位产品贡献毛益的大小,也受产品产销量的影响,单位贡献毛益大的产品,未必提供的贡献毛益总额也大,也就是说,决策中,我们不能只根据单位贡献毛益的大小来择优决策。

(2) 在存在专属成本的情况下,应首先计算备选方案的剩余贡献毛益总额,然后通过比较不同方案的剩余贡献毛益总额,才能够正确地进行择优决策。

$$剩余贡献毛益总额 = 贡献毛益总额 - 专属成本$$

(3) 在企业的某项资源(如原材料、人工工时、机器工时等)受到限制的情况下,应通过计算、比较各备选方案的单位资源的贡献毛益,来正确进行择优决策。

$$单位资源贡献毛益 = 贡献毛益总额 / 资源消耗总额$$

或

$$= 剩余贡献毛益总额 / 资源消耗总额$$

例 5-8

某企业全年固定成本为 50 000 元,产品单价为 60 元,单位变动成本为 25 元,已接收订货 1 000 件,尚有剩余生产能力 1 000 件。现有一国外订货 800 件,只以单价 50 元认购。是否接收此项国外订货?

对于此项国外订货,可根据贡献毛益法加以权衡。计算分析如表 5-5 所示:

表 5-5

	已接收订货 1 000 件		增加国外订货 800 件		合计
	单价	金额	单价	金额	
销售收入	60	60 000	50	40 000	100 000
变动成本	25	250 000	25	20 000	45 000
贡献毛益	35	35 000		20 000	55 000
固定成本		50 000			50 000
营业利润		−15 000			5 000

以上计算结果表明，原来接受的订货由于未能达到企业的生产能力，所以虽有贡献毛益 35 000 元，尚不足以补偿固定成本 50 000 元，将要发生亏损 15 000 元。增加国外订货，虽然单价有所降低，但还能提供贡献毛益 20 000 元，除抵偿亏损 15 000 元之外，尚有营业利润 5 000 元，此项订货是可以接受的。当企业的生产处于停滞状态，此项国外订货甚至可以把价格降至 40 元成交，虽然所提供的贡献毛益仅为 12 000 元[800×(40−25)]，还不足以抵偿原来的亏损 15 000 元，但可以抵偿固定成本 12 000 元，使原来的亏损减少为 3 000 元，这也不能不认为是一种可取的决策。

与本量利分析法以盈亏作为评价方案的标准不同的是，贡献毛益法是以能否提供贡献毛益或贡献毛益的大小作为衡量的尺度。在某些情况下，只要能够提供贡献毛益，虽然会发生一定的亏损也被认为是可行的。

三、差量分析法

差量，是指两个备选方案同类指标之间的数量差异。差量分析法就是根据两个备选方案的差别收入与差别成本的比较来确定哪个方案较优的方法。在运用差量分析法对两个方案进行比较时，如差别收入大于差别成本，即数量差异为差别收益，前一个方案较优；如差别收入小于差别成本，即数量差异为差别损失，则后一个方案较优。应注意的是，计算差别收入和差别成本的方案排列顺序不需保持一致。

例 5-9

如某企业面临生产哪一种产品的决策，生产甲产品的单位变动成本为 80 元，预计销售量为 1 000 件，预计销售单价为 110 元；生产乙产品的单位变动成本为 220 元，预计销售量为 500 件，预计销售单价为 260 元。生产甲、乙产品的固定成本相同。企业应生产哪一种产品？

解：
首先，计算生产甲产品与生产乙产品的差别成本：

$$差别成本 = (80 \times 1\,000) - (220 \times 500)$$
$$= 80\,000 - 110\,000$$
$$= -30\,000(元)$$

其次,计算生产甲产品与生产乙产品的差别收入:
$$差别收入 = (110 \times 1\,000) - (260 \times 500)$$
$$= 110\,000 - 130\,000$$
$$= -20\,000(元)$$

最后,计算差别损益。生产甲产品而不生产乙产品的差别损益:
$$差别损益 = (-20\,000) - (-30\,000) = 10\,000(元)$$

计算结果表明,生产甲产品比生产乙产品可多获利润 10 000 元,生产甲产品对企业是有利的。

采用差量分析法的关键在于,只考虑那些对备选方案的预期总收入和预期总成本会发生影响的项目,至于那些不相关的因素应予以排除。另外,这个方案作出的结论,只是从两个备选方案中选择一个较好的,但不一定是最好的。如果有两个以上的备选方案,应分别两两进行比较,逐步筛选,择出最优方案。

四、成本平衡分析法

在经营决策中,经常面临只涉及成本而不涉及收入方案的选择,如零件自制或外购决策、不同加工工艺的决策等,这时可以考虑采用成本平衡分析法进行方案的择优选择。成本平衡分析法,是在各备选方案的相关收入均为零,相关业务量为不确定因素时,通过判断处于不同水平上与成本平衡点业务量之间的关系,来作出互斥方案决策的一种方法。运用成本平衡分析法的关键在于确定成本平衡点。所谓成本平衡点就是两个备选方案的预期成本相等的业务量。其基本公式为:

成本平衡点业务量 = 两方案相关固定成本之差 / 两方案相关单位变动成本之差

若令成本平衡点业务量为 X_0,甲方案固定成本为 a_1,单位变动成本为 b_1,乙方案固定成本为 a_2,单位变动成本为 b_2,且满足 $a_1 > a_2, b_1 < b_2$,则有:

$$X_0 = \frac{a_1 - a_2}{b_2 - b_1}$$

若业务量大于成本平衡点 X_0,则固定成本较高的甲方案优于乙方案;若业务量小于成本平衡点 X_0,则固定成本较低的乙方案优于甲方案。

例 5-10

某企业决定生产某产品,有甲、乙两种不同的工艺方案可选择。甲方案的固定成本为 240 000 元,单位变动成本为 80 元/件;乙方案的固定成本为 160 000 元,单位变动成本为 120 元/件。应选择哪种工艺方案进行生产?

解:

设甲方案固定成本为 a_1,单位变动成本为 b_1;乙方案固定成本为 a_2,单位变动成本为 b_2,因为 $a_1=240\,000>a_2=160\,000$,$b_1=80<b_2=120$,符合应用成本平衡分析法的条件,则有:

$$成本平衡点的产量\ X_0=\frac{240\,000-160\,000}{120-80}=2\,000(件)$$

决策结论:当该产品的产量小于 2 000 件时,应选择乙工艺方案;当该产品的产量大于 2 000 件时,应选择甲工艺方案;当该产品的产量等于 2 000 件时,选择甲工艺方案或乙工艺方案均可。

第三节 经营决策的分析评价

短期经营决策是指为了有效地进行生产经营活动,合理利用经济资源,以期取得最佳的经济效益而进行的决策。它一般只涉及一年以内的有关经济活动,不涉及固定资产投资。其包括的内容有生产决策、定价决策和库存决策等方面。本节就这几个方面的内容举例说明评价选择最优方案的一般方法。

一、产品生产决策分析

企业作为一个独立的商品生产经营者,在生产经营过程中经常会遇到很多需要进行决策的问题。比如,企业应该安排生产什么产品,产量多少;在生产多种产品的情况下,如何实现产品的最优组合;产品最优生产批量应怎样选择;当企业还有剩余生产能力的情况下,要不要接受附有特定条件的追加订货;企业生产中所需要的零部件应自制还是外购;以及新产品开发决策、亏损产品应否停产或转产的决策分析,等等。这一系列问题都是属于产品生产决策的问题,都需要企业通过科学的计算、分析,权衡利害得失,以便选择出最优的生产方案。

(一)生产何种产品

企业在生产经营中,经常会面临这样的问题,如何根据市场需要和现有资源条件,对生产什么产品作出决策分析。例如,企业利用现有的生产设备,既可以用于生产这种产品,也可以用于生产那种产品,但由于企业资源的限制,不可能同时生产两种产品。这就要求企业必须在这两种产品之间作出正确的选择,既能使企业现有生产能力得到充分利用,又可在经济上获得尽可能多的经济效益。这种决策按照是否涉及专属固定成本分两种情况。

1. 不追加专属固定成本的决策

如果企业有剩余生产能力可供使用,或者利用过时老产品腾出来的生产能力,在有几种新产品可供选择而每种产品都不需要增加专属固定成本时,可采用贡献毛益法,选择单位资源贡献毛益最大或贡献毛益总额最多的方案。

例 5-11

某企业具有利用数量有限的甲材料开发一种新产品的生产经营能力,现有 A、B 两个品种可供选择。已知 A、B 两种产品的有关单价、单位变动成本和单位材料消耗定额如表 5-6 所示:

表 5-6

	A 产品	B 产品
单位售价(元)	400	200
单位变动成本(元)	320	140
单位消耗定额(千克)	20	12

开发新产品不需要专属固定成本。假设企业现有甲材料 120 000 千克。应开发哪种新产品?

解:

A 产品的单位贡献毛益 $= 400 - 320 = 80$(元)

B 产品的单位贡献毛益 $= 200 - 140 = 60$(元)

A 产品的单位资源贡献毛益 $= \dfrac{80}{20} = 4$(元/千克)

B 产品的单位资源贡献毛益 $= \dfrac{60}{12} = 5$(元/千克)

计算结果表明,B 产品的单位资源贡献毛益大于 A 产品,因此,应开发 B 产品。

本例也可以用贡献毛益总额来决策。

生产 A 产品的最大产量 $= \dfrac{120\,000}{20} = 6\,000$(件)

生产 B 产品的最大产量 $= \dfrac{120\,000}{12} = 10\,000$(件)

生产 A 产品的贡献毛益总额 $= 6\,000 \times 80 = 480\,000$(元)

生产 B 产品的贡献毛益总额 $= 10\,000 \times 60 = 600\,000$(元)

计算结果表明,B 产品的贡献毛益总额大于 A 产品,因此应开发 B 产品。

2. 追加专属固定成本的决策

如果新产品开发将发生不同的专属固定成本时,在决策时就应以各种产品的剩余贡献毛益作为判断方案优劣的标准。剩余贡献毛益就是贡献毛益减专属固定成本。剩余贡献毛益越大,该产品就越可取。

例 5-12

仍以例 5-11 的资料,假定开发过程中需要装备不同的专用模具,相应分别需要追加专属固定成本 16 000 元和 140 000 元。此时,应开发哪种新产品?

解:
　　　　A 产品的剩余贡献毛益 = 480 000 - 16 000 = 464 000(元)
　　　　B 产品的剩余贡献毛益 = 600 000 - 140 000 = 460 000(元)

B 产品的剩余贡献毛益比 A 产品多,因此应开发 B 产品。

由此可见,在开发新产品的多方案决策中,不能单以新产品的售价或单位贡献毛益的大小,而应以单位资源贡献毛益最大或贡献毛益总额作为决策的标准。

(二) 产品增产

产品增产的决策,是指由于企业现有的生产能力除了完成既定的生产任务以外,还有一定的剩余,为了充分利用这一部分剩余的生产能力,就必须在原预定投产的这几种产品中适当地扩大某种产品的生产量。企业管理人员,要根据有关产品的经济性进行分析、评价,以便作出增产那种产品的决策。

例 5-13

某企业现有闲置生产能力 16 000 机器小时目前生产的甲、乙、丙三种产品的有关资料,如表 5-7 所示:

表 5-7

	甲产品	乙产品	丙产品
单位产品机器工时(小时)	4	6	10
单位销售价格(元)	60	80	100
单位变动成本(元)	40	52	60

根据上述资料,为充分利用剩余生产能力,在甲、乙、丙三种产品中应优先增产哪种产品的生产,能够取得较好的经济效益?

解:

从上述资料可以看出,因为单位产品的机器工时不同,不能简单地以单位产品的贡献毛益作为分析评价方案的依据,而必须以每一机器工作小时用于生产不同产品所能提供的贡献毛益(单位资源的贡献毛益)的多少或贡献毛益总额作为选择最优方案的依据。现计算如表 5-8 所示:

表 5-8

	甲产品	乙产品	丙产品
单位销售价格(元)	60	80	100
单位变动成本(元)	40	52	60
单位贡献毛益(元)	20	28	40
单位产品机器工时(小时)	4	6	10
单位资源贡献毛益(元)	5	4.67	4

上表的数据表明,每一机器小时用于生产甲产品所能提供的贡献毛益最多,所以假定甲产品在市场上的销售量没有受到限制,剩余生产能力应安排用于增产丙产品。增产甲产品能为企业增加利润 80 000(16 000×5)元。

(三)亏损产品停产、转产

企业在生产经营过程中,由于种种原因可能会出现亏损产品。为了扭亏为盈,一方面应想方设法努力降低成本,另一方面,对于这种亏损产品可考虑是否停产或转产。对于亏损产品,绝不能简单地予以停产,必须综合考虑企业各种产品的经营状况、生产能力的利用及有关因素,作出停产、继续生产、转产或出租等最优决策。

1. 亏损产品是否停产的决策

如果亏损产品停产后,闲置的生产能力无法被用于其他方面,即既不能转产,也不能将有关设备对外出租。对这类问题的决策可采用贡献毛益法进行。也就是,在计算分析时,只要弄清亏损产品是否能提供贡献毛益,若能提供贡献毛益,说明该亏损产品不应停产。因为亏损产品提供的贡献毛益可以为企业补偿一部分固定成本,而如果停止生产,作为沉没成本的固定成本仍要发生,就要转由其他产品负担,最终将导致企业减少相当于该亏损产品所提供的贡献毛益数额的利润。

例 5-14

某企业是一家亏损企业,目前生产甲、乙、丙三种产品,有关资料如表 5-9 所示:

表 5-9

项目	甲	乙	丙	合计
销售额	800 000	560 000	240 000	1 600 000
变动成本	760 000	240 000	320 000	1 320 000
固定成本	240 000	80 000	40 000	360 000
利润或亏损	−200 000	240 000	−120 000	−80 000

该企业的甲产品、丙产品是否停产?

解：

根据上述资料，编制该企业贡献毛益及利润计算表如表 5-10 所示：

表 5-10

项目	甲产品	乙产品	丙产品	合计
销售额	800 000	560 000	240 000	1 600 000
变动成本	760 000	240 000	320 000	1 320 000
贡献毛益	40 000	320 000	−80 000	280 000
固定成本	240 000	80 000	40 000	360 000
利润或亏损	−200 000	240 000	−120 000	−80 000

从表 5-10 的计算可以看出，甲产品虽然亏损 200 000 元，但它能够提供贡献毛益 40 000 元，其不应该停产；而丙产品亏损 120 000 元，贡献毛益为−80 000 元，应该停产。因为闲置的生产能力无法被用于其他方面，固定成本属不可避免成本。甲产品虽然亏损，其提供的贡献毛益能够抵偿一部分固定成本(40 000 元)，而如果停产甲产品，这部分固定成本会转嫁给其他产品，将使企业利润减少相应数额。而丙产品贡献毛益为负数(−80 000 元)，意味着其销售额不能抵偿其变动成本，更不可能补偿固定成本，继续生产会侵蚀其他产品提供的贡献毛益，最终使企业利润减少。

2. 亏损产品是否转产的决策

如果亏损产品停产以后，闲置的生产能力可以转移，用于转产其他产品，或将有关设备对外出租，就必须进一步考虑有关机会成本因素。与亏损产品有关的生产能力是否转移，其决策分析的依据是：

(1) 如果亏损创造的贡献毛益大于与生产能力转移有关的机会成本，就不应该停产；

(2) 如果与生产能力转移有关的机会成本大于亏损创造的贡献毛益，亏损产品就应该停产。

确认与生产能力转移有关的机会成本应视具体情况，如果将闲置生产能力转产其他产品，转产产品所创造的贡献毛益即为继续生产亏损产品的机会成本；如果将闲置生产能力出租，则继续生产亏损产品的机会成本为租金收入。

例 5-15

仍依例 5-14，假设其他条件不变，但生产甲产品的生产能力可用于新产品丁，预计产量 6 000 件，单位售价 46 元，单位变动成本 40 元。是否停产甲产品而转产丁产品？

丁产品的贡献毛益＝6 000×(46−40)＝36 000(元)

丁产品的贡献毛益(36 000元)即为继续生产甲产品的机会成本。由于继续生产甲产品的贡献毛益(40 000元)大于相关机会成本(36 000元),因而应继续生产甲产品,否则将使企业的利润减少。

亏损产品的决策是一个复杂的多因素综合考虑过程,需要从不同角度设计方案并采用恰当的方法优选方案。如例5-14,假定企业现已具备增产三成甲产品的能力,且无法转移,是否增产甲产品?假定企业现已具备增产三成甲产品的能力,若停产甲产品,设备可出租16 000元,是否增产甲产品?假定企业尚不具备增产甲产品的能力,要想增产三成甲产品,必须投入10 000元设备,若停产甲产品,设备可出租16 000元,是否增产甲产品?读者自己思考。

（四）生产组合

在生产多种产品的企业中,经常会碰到在一定的约束条件下,如何充分利用有限的经济资源,将其在各种产品之间作出有效分配的优化决策问题。此时,如果各变量因素的相互影响是线性的,我们可以利用线性规划这一现代数学方法帮助决策者对如何利用有限资源实现最佳配置进行分析,从而在多种约束条件下实现利润最大化或成本最小化。具体步骤：

(1) 确定约束条件和目标函数,并以代数式表示；
(2) 根据约束条件,在平面直角坐标系中绘制图式,确定产品组合的可行解区域；
(3) 在可行解区域里,确定能使目标函数有最大值或最小值的产品最优组合。

求解线性规划问题的方法很多,主要包括逐次测算法、图解法、单纯形法。这里介绍图解法的基本原理,其他方法读者可参考其他相关资料。

例 5-16

某企业生产甲、乙两种产品,甲产品单位贡献毛益为4元,乙产品单位贡献毛益为8元,各种产品所需的原材料、机器设备工时、电力消耗量以及这些资源的限制条件如表5-11所示：

表 5-11

项目	原材料消耗定额	机器工时定额	电力消耗定额
甲产品	1千克	8工时	4千瓦
乙产品	3千克	5工时	6千瓦
最大用量	90千克	400工时	240千瓦

企业应如何合理利用现有生产能力,正确安排甲、乙两种产品的生产？

解：

根据所给定的条件,设 X_1 为甲产品产量,X_2 为乙产品产量,建立线性规划模型如下：

约束条件：

$$\begin{cases} X_1+3X_2 \leqslant 90 \\ 8X_1+5X_2 \leqslant 400 \\ 4X_1+6X_2 \leqslant 240 \\ X_1 \geqslant 0, X_2 \geqslant 0 \end{cases}$$

目标函数：

$$F(X)=4X_1+8X_2$$

用图解法求解以上线性规划模型，即在满足以上约束条件的前提下，求 $F(X)$（贡献毛益）的最大值。

第一步，将组成约束条件的各方程式化为等式，在平面直角坐标系中作图，如图 5-1：

直线 $X_1+3X_2=90$：

　　当 $X_1=0$，$X_2=30$
　　当 $X_2=0$，$X_1=90$

据此可以作直线 AB

直线 $8X_1+5X_2=400$：

　　当 $X_1=0$，$X_2=980$
　　当 $X_2=0$，$X_1=50$

据此可以作直线 CD

直线 $4X_1+6X_2=240$：

　　当 $X_1=0$，$X_2=40$
　　当 $X_2=0$，$X_1=60$

据此可以作直线 EF

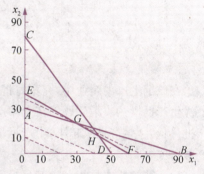

图 5-1　产品最优组合图

三条直线与坐标轴围成一个公共区域 OAGHD，在这个区域是三个约束条件的可行空间，即在这个区域内，既可以满足原材料的约束条件，也可以满足设备公式和电力的约束条件，通常把这个区域称之为上述约束方程组的可行解区域。

第二步，作目标函数线：

目标函数是斜率为 $-\dfrac{2}{3}$ 的一族平行线，为目标函数设定一个数额，比如设定为 80，则：

$$4X_1+8X_2=80$$

　　当 $X_1=0$，$X_2=10$
　　当 $X_2=0$，$X_1=20$

连接这两点，便可得到目标函数线。然后在可行解区内沿着目标函数纵截距增加的方向平移目标函数线,直到达到可行解区间的一个顶角或一条边界线,即可求得目标函数的最优解。

第三步,求最优解:

通过平移可见,G 点正是符合这样条件的点,G 点坐标的 X_1 和 X_2 的数值即为两种产品产量的最优组合。G 点的坐标为直线 AB 和直线 EF 的交点,可通过求解两条直线方程的解求得,即:

$$\begin{cases} X_1 + 3X_2 = 90 \\ 4X_1 + 6X_2 = 240 \end{cases}$$

解之得:$X_1 = 30$,$X_2 = 20$。

代入目标函数 $F(X) = 4X_1 + 8X_2$ 得:$F(X) = 4 \times 30 + 8 \times 20 = 280$。

即:安排生产甲产品 30 件,乙产品 20 件,即能使企业的生产能力得到充分利用,又能为企业提供最多的贡献毛益 280 元。

对于只涉及两种产品最优组合的决策,可利用图解法求解,但当企业决定同时生产两种以上的产品时,就无法运用上述图解法求解,而要运用单纯形法。

（五）最优生产批量

在成批生产的企业中,究竟每批生产多少数量,全年分几批生产最为经济,这就是最优生产批量的决策问题。在全年产量已定的情况下,生产批量与生产批次成反比,生产批量越大,生产批次越小;生产批量越小,生产批次越多。生产批量和生产批次与生产准备成本和储存成本相关。

生产准备成本是指一批产品投产前需花费的准备成本,如调整机器设备,准备工卡模具、工艺规程等各项工作而发生的成本。这类成本是固定的,不以每批产量的多少为转移。储存成本是指单位产品储存一个单位期间的储存成本,如仓储及其设备的维修费、折旧费、保险费、保管人员工资等,这类成本是变动的,以每批数量的多少为转移。这两种成本性质是相互矛盾的。因为生产准备成本与批量无关,但与批数成正比;若要降低全年的生产准备成本,则应减少批数。但是减少批数,就要增大批量,从而提高全年的储存成本。可见,生产准备成本与储存成本是互相消长的。最优批量的决策分析就是要确定一个适当的生产批量,使其全年的生产准备成本与全年的储存成本之和为最低。最优生产批量确定的方法有逐步测试列表法、图示法和公式法。下面主要介绍确定最优生产批量最常用的公式法,即通过建立数学公式来确定最优生产批量的方法。

1. 一种产品分批生产的最优生产批量决策

为了分析方便,设定以下符号:

D——全年产量;

Q——生产批量;

F——每批生产准备成本;

C——单位产品的年储存成本;

p——每日产量;

d——每日领用量;

T_C——年生产准备成本与储存成本之和(简称年成本合计)。

根据以上符号,年成本合计可计算如下:

$$最高储存量 = Q\left(1 - \frac{d}{p}\right)$$

$$年平均储存量 = \frac{1}{2}Q\left(1 - \frac{d}{p}\right)$$

$$年储存成本 = \frac{1}{2}Q\left(1 - \frac{d}{p}\right)C$$

$$年生产批次 = \frac{D}{Q}$$

$$年生产准备成本 = \frac{D}{Q}F$$

$$年成本合计\ T_C = \frac{D}{Q}F + \frac{1}{2}Q\left(1 - \frac{d}{p}\right)C$$

利用微分法求 T_C 为极小值时的 Q 值(具体推导过程省略,读者可自行参阅其他著作):

$$最优生产批量(Q^*) = \sqrt{\frac{2DF}{C} \times \frac{p}{p-d}}$$

$$最优生产批量(N^*) = \frac{D}{Q} = \sqrt{\frac{DC}{2F} \times \left(1 - \frac{d}{p}\right)}$$

$$最优批量的全年总成本(T_C) = \sqrt{2DFC \times \left(1 - \frac{d}{p}\right)}$$

例 5-17

某企业成批生产一种产品,平均每天可生产 3 200 件,该产品稳定的客户要求该企业每天供应 800 件,全年需要量 200 000 件。该产品每投产一批需耗费调整准备成本 240 元,单位产品生产成本 16 元,单位产品年储存成本 2 元。该产品的经济生产批量为多少?

解:

依题意得:

$$最优生产批量(Q^*) = \sqrt{\frac{2 \times 200\ 000 \times 240}{2} \times \frac{3\ 200}{3\ 200 - 800}} = 8\ 000(件)$$

$$最优生产批量(N^*) = \frac{200\ 000}{8\ 000} = \sqrt{\frac{200\ 000 \times 2}{2 \times 240} \times \left(1 - \frac{800}{3\ 200}\right)} = 25(批)$$

$$最优批量的全年总成本(T_C) = \sqrt{2 \times 200\,000 \times 240 \times 2 \times \left(1 - \frac{800}{3\,200}\right)}$$
$$= 1\,612\,000(元)$$

2. 几种产品轮换分批生产的最优生产批量决策

如果同一生产设备分批轮换生产几种产品时，就不能应用上述公式。因为它们的最优批数各不相同，企业无法据以在同一设备上安排生产。在这种情况下，应首先根据各批产品的年生产准备成本之和与年储存成本之和相等时年成本合计最低的原理，确定各种产品共同的最优生产批次，然后再据以分别计算各种产品各自的经济生产批量。共同最优生产批次的计算如下：

设：N——共同生产批次，

$$一种产品年储存成本 = \frac{1}{2N} \times DC\left(1 - \frac{d}{p}\right)$$

$$一种产品年生产准备成本 = NF$$

$$各种产品的年储存成本 = \frac{1}{2N} \sum_{i=1}^{n} D_i C_i \left(1 - \frac{d_i}{p_i}\right)$$

$$各种产品的年生产准备成本 = N \sum_{i=1}^{n} F_i$$

$$各种产品的年成本合计 = N \sum_{i=1}^{n} F_i + \frac{1}{2N} \sum_{i=1}^{n} D_i C_i \left(1 - \frac{d_i}{p_i}\right)$$

n 为一台设备上分批轮换生产的各种产品的种数。

$$最优共同生产批次(N^*) = \sqrt{\frac{\sum_{i=1}^{n} D_i C_i \left(1 - \frac{d_i}{p_i}\right)}{2 \sum_{i=1}^{n} C_i}}$$

$$某种产品的最优生产批量(Q^*) = \frac{该产品全年产量}{最优共同生产批次} = \frac{A_i}{N^*}$$

例 5-18

某企业用一台设备轮番分批生产甲、乙两种产品，有关资料，如表 5-12 所示：

表 5-12

	甲产品	乙产品
全年产量（件）	10 800	32 400
每批生产准备成本（元）	2 400	3 600
单位产品的年储存成本（件）	18	27
每日产量（件）	75	90
每日领用量（件）	30	360

根据上述资料,分别确定甲、乙两种产品的最优生产批量。

解:

$$最优共同生产批次(N^*) = \sqrt{\frac{10\,800 \times 18 \times \left(1-\frac{30}{75}\right) + 32\,400 \times 27 \times \left(1-\frac{90}{360}\right)}{2 \times (2\,400 + 3\,600)}}$$

$$= 8(批)$$

$$甲产品的最优生产批量(Q^*) = \frac{10\,800}{8} = 1\,350(件)$$

$$乙产品的最优生产批量(Q^*) = \frac{32\,400}{8} = 4\,050(件)$$

（六）追加订货

接受追加订货的决策,是指根据目前的生产状况,企业还有一定的剩余生产能力,可以接受客户的逐渐订货,可是其订货的价格低于一般的市场价格,甚至低于生产该种产品的实际成本。在这种情况下,要求就管理人员是否接受追加订货作出正确决策。这类问题可采用差量分析法,也可采用贡献毛益法。也就是当企业利用剩余生产能力接手追加订货时,只要对方出价略高于产品的单位变动成本,并能补偿专属的固定成本,便可考虑接受。

例 5-19

假定某厂生产甲产品,年设计生产能力为 10 000 件,单位售价为价 68 元,其正常单位成本如下:

直接材料	20
直接人工	16
变动制造费用	8
固定制造费用	12
单位成本	56

根据目前的生产情况,该工厂现在每年有 35% 的剩余生产能力未被利用,可以接受追加订货。现有一客户要订货 3 000 件的甲产品,但每件只出价 45 元,追加订货不需要追加专属成本,剩余能力无法转移。企业是否接受该项追加订货?

解:

根据上述资料,接受这项订货似乎是不合算的。因为客户的出价(每件 45 元)还不足以补偿企业的产品成本 56 元。但对产品成本作进一步分析后,我们发现,由于企业现有生产能力有剩余,接受该项订货并不会增加原有的固定成本,除专用设备的成本需要考虑外,原有产品的固定成本并非该项决策的相关成本,无须考虑,只要对方出价略高于单位变动成本即可接受。对此可采用差量分析法,通过计算接受追加订货的差别收入和差别成本,确定差别损益,作为选择方案的依据。具体分析如下:

差别收入 = 3 000 × 45 = 135 000(元)
差别成本 = 3 000 × (20 + 16 + 8) = 13 200(元)
差别损益 = 135 000 − 13 200 = 3 000(元)

计算结果表明，接受追加订货的差别收入超过差别成本3 000元，该项追加订货可以接受，接受订货能给企业带来效益。

若客户提出订货5 000件，每件定价56元，接受订货需要追加3 800元专属成本，若不接受订货可将该设备出租，可获租金1 300元。企业是否接受该项追加订货？

在这种情况下，应当把设备出租的租金收入作为接受追加订货方案的机会成本，此时接受追加订货差别损益的计算如下：

差别收入 = 5 000 × 56 = 280 000(元)
差别成本 = 5 000 × (20 + 16 + 8) + 3 800 + 1 300 = 225 100(元)
差别损益 = 280 000 − 225 100 = 54 900(元)

计算结果表明，接受追加订货的差别收入超过差别成本54 000元，该项追加订货可以接受。

(七) 零件自制或外购

企业生产中所需要的零部件，有时既可以在本厂自制，也可以直接从外部购买。到底应该自制还是外购呢？这就要求管理人员根据企业的具体情况作出正确的决策。这类问题的决策，一般可采用差量分析法进行分析，也就是把自制的差别成本与外购的差别成本进行对比，选择成本较低的作为最优方案。应注意的是，计算差别成本是指对成本增减有影响的成本，所以自制的差别成本，在无须增加专用固定设备的情况下，只包括变动成本(直接材料、直接人工、变动制造费用)，不必考虑固定成本。外购的差别成本，一般包括买价、运费、订货费等。现就以下几种情况，介绍如何进行零件自制或外购的决策分析。

1. 需要量确定时自制或外购的决策

在这种情况下，可采用差量分析法进行决策。

(1) 企业有剩余生产能力，且没有其他用途，自制零件不需增加固定成本。

例 5-20

某企业第一车间每月需要甲零件2 000件，该零件既可以自制又可以外购。如果外购，外购单价为46元。该企业尚有闲置的生产能力，亦无其他用途，但可供制造此零件。甲零件如果自制，其预计的制造成本：直接材料30元，直接人工10元，变动性制造费用4元，固定性制造费用12元，另外还需购置一专用模具，需支出2 000元。甲零件自制还是外购？

解：

根据上述资料，零件自制的单位成本56(30+10+4+12)元，比外购单价46元多10元，似乎应选择外购。进一步分析我们发现，在上述自制成本中包括了固定成本12元，由于自制甲零件是利用剩余生产能力进行的，且没有其他用途，原有的固定成本属共同成本，不会因零件的自制而增加，也不会因零件的外购而减少，所以固定成本属无关成本，不应包括在甲零件的自制成本中，只有直接材料、直接人工、变动性制造费用是决策的相关成本。据此，甲零件自制差别成本与外购差别成本分析如下：

自制差别成本：
直接材料　　　　　　　　　　　　$30 \times 2\,000 = 60\,000$
直接人工　　　　　　　　　　　　$10 \times 2\,000 = 20\,000$
变动性制造费用　　　　　　　　　$4 \times 2\,000 = 8\,000$
专属固定成本　　　　　　　　　　　　　　　2 000
合计　　　　　　　　　　　　　　　　　　　90 000
外购差别成本：　　　　　　　　　$46 \times 2\,000 = 92\,000$
自制差别成本小于外购差别成本 = 92 000 − 90 000 = 2 000(元)
计算结果表明，甲零件自制差别成本比外购差别成本少2 000元，应自制。

(2) 企业有剩余生产能力，其不仅可以用于自制零件，也可以另做他用。

例 5-21

沿用[例5-20]资料，现假设如果该零件外购后，闲置的能力可以承揽零星加工业务，预计获销售收入10 000元，发生变动成本4 000元。如选择自制甲零件，就必须放弃承揽零星加工业务，两者是相互排斥的。甲零件是自制还是外购？

解：

因为闲置生产能力有多种使用机会，所以，承揽零星加工业务可获得的潜在收益，就成为自制甲零件的机会成本，在决策时应加以考虑。这时，甲零件自制差别成本与外购差别成本分析如下：

自制差别成本：
直接材料　　　　　　　　　　　　$30 \times 2\,000 = 60\,000$
直接人工　　　　　　　　　　　　$10 \times 2\,000 = 20\,000$
变动性制造费用　　　　　　　　　$4 \times 2\,000 = 8\,000$
专属固定成本　　　　　　　　　　　　　　　2 000
机会成本　　　　　　　　　　　　10 000 − 4 000 = 6 000
合计　　　　　　　　　　　　　　　　　　　96 000
外购差别成本：　　　　　　　　　$46 \times 2\,000 = 92\,000$
外购差别成本小于自制差别成本 = 96 000 − 92 000 = 4 000(元)

计算分析可见,如果考虑了机会成本,甲零件外购比自制节约 4 000 元,应选择外购为宜,将剩余生产能力用于承揽零星加工业务。

2. 需要量不确定时自制或外购的决策

在这种情况下,可采用成本平衡分析法进行决策。该方法要求各方案的业务量单位相同,方案间的相关固定成本与单位变动成本水平恰好互相矛盾。即某方案的相关固定成本大于另一方案,而单位变动成本又恰恰小于另一方案,否则无法应用该方法。

(1) 外购零件的价格不受采购量的影响。

例 5-22

某企业生产上需要 A 零件,过去一直是外购,每个零件的外购价为 18 元,目前企业有闲置生产能力可以自制该零件,单位变动成本为 10 元,但每年需增加专属固定成本 4 000 元。零件 A 自制还是外购?

解:

由于单位零件分配的专属固定成本随着零件需要量的增加而减少,因此自制方案单位增量成本与外购方案单位增量成本将在某个需要量点产生优劣互换的现象,即需要量超过某一限度时自制有利,产量低于该限度时外购有利。因此,就必须利用成本平衡分析方法将需要量划分为不同的区域,然后确定在何种区域内哪个方案最优。

设:X 为 A 零件外购增量成本与自制增量成本相等时的需要量,依题意得:

$$18X = 4\,000 + 10X$$

解得,$X = 500$(个)

以上分析结果,可作图示,如图 5-2 所示:

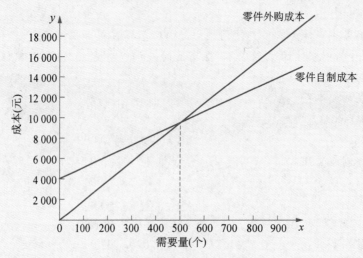

图 5-2 零件自制与外购成本图

可见，当零件年需要量小于 500 个时，外购有利；当零件年需要量大于 500 个时，自制有利；当零件年需要量等于 500 个时，自制外购均可。

(2) 外购零件的价格受采购量的影响。

例 5-23

某企业需要 B 零件，可外购，也可利用现有生产能力自制。若外购，其购买单价随采购而变动：采购量在 6 000(含)件以内 3.10 元，采购量超过 6 000 件时 2.60 元。若自制，单位变动成本为 2 元，但每年将追加固定成本 6 000 元。B 零件是自制还是外购？

解：

设 X_1 为零件需要量在 6 000(含)件以内时自制与外购的成本平衡点，X_2 为零件需要量在 6 000 件以上时自制与外购的成本平衡点，依题意得：

$$6\,000 + 2X_1 = 3.10X_1$$
$$6\,000 + 2X_2 = 2.60X_2$$

解得，$X_1 = 5\,455$(件)，$X_2 = 10\,000$(件)。

以上分析结果，可作图示如图 5-3 所示：

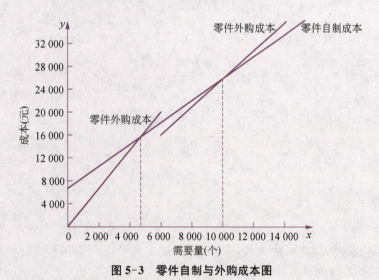

图 5-3 零件自制与外购成本图

可见，当 B 零件的需要量小于 5 455 件或在 6 000 件至 10 000 件时，外购较为有利；当 B 零件的需要量在 5 455 件至 6 000 件或大于 10 000 件时，自制较为有利。

(八) 半成品出售或加工

某些企业生产的产品可按不同的加工深度组织经营，如深加工前的半成品、联产品既可以直接出售，又可以进行一定程度的深加工。因此，这类企业就会面临对上述产品究竟是直接出售还是深加工后再出售的决策问题。

在这类决策中,一般采用差量分析法进行决策。决策时只需要考虑进一步加工后的相关收入是否超过相关成本,如果前者大于后者,则应进一步加工;反之,则应直接出售。对这类问题,深加工前的半成品、联产品的成本,无论是固定成本还是变动成本都属于沉没成本,是与决策无关的成本,相关成本只包括与深加工有关部门的成本;而相关收入则包括直接出售和加工后出售的有关收入。

1. 半成品是否进一步加工

在某些企业中,所生产的产品在完成一定的加工阶段后,可以作为半成品出售,也可以继续加工后再出售。继续加工后再出售其售价较高,但要追加一定的成本。所以必须计算进一步加工后的收入是否超过进一步加工时所追加的成本,若前者大于后者,则以进一步加工的方案较优;反之,若前者小于后者,则以出售半成品为宜。

例 5-24

某企业原来生产 A 产品售给其他进行加工,产量为 10 000 件,单价为 10 元,单位变动成本为 6.25 元。今考虑对产品 A 进一步加工以利用其多余的生产能力。经过进一步加工后,产品 A 的单价可增加为 14 元,单位变动成本增加为 8.75 元,并且由于对产品 A 进一步加工所需增加的工艺装备使固定成本增加 13 000 元。生产 A 产品是否进一步加工?

解:

根据上述资料进行计算对比,以衡量进一步加工是否有利,如表 5-13 所示:

表 5-13

项目	原来生产		进一步加工		差异	
	每单位	金额	每单位	金额	每单位	金额
销售收入	10.00	100 000	14.00	140 000	4.00	40 000
变动成本	6.25	62 500	8.75	87 500	2.50	25 000
直接固定成本	—	—		13 000		13 000
小计		62 500		100 500		38 000

计算结果说明,进一步加工的差别收入大于差别成本 2 000(40 000−38 000)元,因此对产品作进一步加工是有利的。

如果企业的生产能力有多种使用机会,如用于某一方面就不能同时用于其他方面,这时,可采用差量分析法,通过比较不同用途的差别收入和差别成本作择优决策。

如本例中剩余生产能力除用于深工 A 产品,还可用来生产新产品 B。B 产品的单位售价为 20 元,单位变动成本为 16 元,专属固定成本为 6 000 元,根据现有生产能力可生产 B 产品 4 000 件。以此和进一步加工 A 产品进行比较,如表 5-14 所示:

表 5-14

项目	生产B产品		进一步加工		差异额
	每单位	金额	每单位	金额	
销售收入	20.00	80 000	4.00	40 000	40 000
变动成本	16	64 000	2.50	25 000	39 000
直接固定成本	—	6 000	—	13 000	−7 000
小计		70 000		38 000	32 000

计算结果说明，与进一步加工A产品相比较，生产B产品的差别收入大于差别成本8 000(40 000−32 000)元，因此剩余生产能力用于生产B产品更为有利。另外，本例中，也可以采用贡献毛益法，通过比较两个方案的剩余贡献毛益来进行决策。其分析过程如表5-15所示：

表 5-15

项目	生产B产品		进一步加工	
	每单位	金额	每单位	金额
销售收入	20.00	80 000	4.00	40 000
变动成本	16	64 000	2.50	25 000
贡献毛益	4	16 000	1.50	15 000
直接固定成本	—	6 000	—	13 000
剩余贡献毛益		10 000		2 000

上表的计算可以看出，与进一步加工A产品的剩余贡献毛益为2 000元，生产B产品的剩余贡献毛益为10 000元，生产B产品的剩余贡献毛益比进一步加工A产品的剩余贡献毛益为8 000(10 000−2 000)元，剩余生产能力应用于生产B产品。结论与前述差量分析法相同。这也说明，对决策方案的经济评价可从不同角度、采用不同方法来进行。

2. 联产品是否进一步加工

在某些企业里，利用同一种原材料，在同一生产过程中可以生产出两种或两种以上的主要产品，这些产品称为联产品。如，石油加工企业以原油为原材料，产生出多种不同的产品——汽油、煤油、柴油等。这些产品的综合成本成为联合成本，要按一定标准（如售价或有关的技术系数）在各种联产品之间分配。如果分离后产品还需要继续加工，必须另外追加成本，这种成本称为可分成本，它应由分离后继续加工的产品独自负担。

联产品是否进一步加工的决策，可采用差量分析法。也就是要分析进一步加工后预期增加的收入是否超过预期的可分成本，如果前者大于后者，则以进一步加工的方案较优;反之,若前者小于后者,则以分离后直接出售的方案较优。应注意的是,在这类问题中,联合成本是沉没成本决策时不予考虑;可分成本是决策的相关成本,决策时应予考虑。

例 5-25

某化工厂生产三种产品 D、E、F,原料石油进入气化车间即分离半成品 D 1 000 吨、半成品 E 500 吨、半成品 F 2 000 吨,原料成本及加工费用为 400 000 元,此时产品售价为:半成品 D 每吨 200 元、半成品 E 每吨 400 元、半成品 F 每吨 50 元。对半成品 D 进一步加工需增加成本 200 000 元,加工后每吨可售 450 元;对半成品 E 进一步加工需增加成本 60 000 元,加工后每吨可售 500 元;对半成品 F 不作进一步加工。半成品 D、半成品 E 是否进一步加工?

解:

根据题意,列表计算如表 5-16 所示:

表 5-16

种类	生产数量(吨)	联合成本	原收入		加工后收入		差别收入	差别成本	差别损益
			单价	金额	单价	金额			
D	1 000		200	200 000	450	450 000	250 000	200 000	50 000
E	500		4 000	200 000	500	250 000	50 000	60 000	−10 000
F	200		50	100 000	50	100 000	—	—	—
合计	—	400 000	—	500 000	—	800 000	300 000	260 000	40 000

从上表可以看出,联合成本与生产决策不相关,只需要将分离后的产品销售所增加的收入与增加的成本相比较即可确定。进一步加工半成品 D 的差别收入超过差别成本 50 000 元,而进一步加工半成品 E 的差别收入低于差别成本 10 000 元,所以最佳选择是进一步加工半成品 D 而不加工半成品 E。

二、产品定价决策

产品价格制定合理与否,直接影响着其在市场上的销售量,进而影响该产品的市场占有率与盈利水平。因此,管理当局必须制定合理的价格,保证企业实现最佳经济效益。从管理会计的角度出发,合理定价的目的是获得最大的利润。但追求最大利润并不等于追求最高价格,在激烈的市场竞争中,维持最高价格是不现实也是不可能的。企业必须根据市场情况和影响产品价格变动的有关因素,制定合理的产品价格,以增强产品的市场竞争力,提高企业的盈利水平。定价决策涉及的范围较大,采用的方法也很多,这里只就与成本有关的定价方法进行介绍。

成本是企业生产和销售产品所发生的费用总和,是构成产品价格的基本因素,是价格的下限。以成本为出发点制定价格的目标是保证各种耗费得以补偿,同时获得足够大的利润。以成本为基础制定产品价格最常用的方法是成本加成定价法。

(一) 成本加成法

成本加成法是以单位产品成本为基础,并依据一定的加成率进行加成来确定产品价格的定价方法。其定价公式为:

$$产品单位售价 = 单位产品成本 \times (1 + 加成率)$$

由于完全成本法与变动成本法产品成本的内涵各不相同,加成的内容也各有差异。下面分别介绍两种成本法在定价决策中的应用。

1. 完全成本加成

采用完全成本加成定价法,成本基数是指单位产品的完全成本,加成内容包括非制造成本(如销售成本、管理成本)及目标利润。

$$产品单位售价 = 单位产品完全成本 \times (1 + 加成率)$$

加成百分比可按照下列公式确定:

$$加成百分比 = \frac{(投资额 \times 期望的投资报酬率) + 非制造成本}{产量 \times 单位制造成本}$$

例 5-26

某企业投资开发甲产品,投资总额为 500 000 元,预期投资报酬率为 12%,计划产销甲产品 5 000 件,预计成本资料,如表 5-17 所示:

表 5-17

项 目	金 额
直接材料	30 000
直接人工	20 000
变动制造费用	15 000
固定制造费用	35 000
变动销售及管理费用	10 000
固定销售及管理费用	5 000
合 计	115 000

根据上述资料,采用完全成本加成法确定甲产品的销售价格。

解:

$$甲产品的单位制造成本 = \frac{30\,000 + 20\,000 + 15\,000 + 35\,000}{5\,000} = 20(元)$$

$$加成百分比 = \frac{(500\,000 \times 12\%) + 15\,000}{5\,000 \times 20} = 75\%$$

$$甲产品的目标售价 = 20 \times (1 + 75\%) = 35(元)$$

这种方法不仅简便易行,而且可以使全部成本获得补偿,为企业提供一定的利润。

2. 变动成本加成

采用变动成本加成定价法,成本基数是指单位产品的变动成本,加成内容包括全部固定成本及目标利润。

$$产品单位售价 = 单位产品变动成本 \times (1 + 加成率)$$

加成百分比可按照下列公式确定:

$$加成百分比 = \frac{(投资额 \times 期望的投资报酬率) + 固定制造费用 + 非制造成本}{产量 \times 单位变动成本}$$

例 5-27

沿用例 5-26 资料。要求采用变动成本加成法确定甲产品的销售价格。

解:

$$甲产品的单位变动成本 = \frac{30\,000 + 20\,000 + 15\,000}{5\,000} = 13(元)$$

$$加成百分比 = \frac{(500\,000 \times 12\%) + 35\,000 + 15\,000}{5\,000 \times 13} = 169.23\%$$

$$甲产品的目标售价 = 13 \times (1 + 169.23\%) = 35(元)$$

采用这种定价方法,只要产品的销售价格能够补偿其变动成本,并可提供一定数额的贡献毛益,这一价格就可以接受。这种方法一般适用于企业利用剩余生产能力,接受追加订货时据以决定取舍的价格。

成本加成法来制定产品价格最大的问题是,没有考虑价格与数量的关系。为了使成本加成定价的公式能切合实际需要,可以采取以下措施:

(1) 用成本加成公式计算出来的目标价格需根据市场竞争的形势而转移,由管理人员予以上下浮动;

(2) 每个企业也不能对其全部产品均应用同一个加成率,应按各产品的不同习惯、需要或同行业的惯例等,分别规定不同的加成。

(二) 产品最优售价的决策分析

产品售价的高低受很多因素的影响,比如产品销售量、销售成本和最终利润都与销售价格的高低有密切的关系。所以,为了确定产品的最优售价,必须全面综合考虑各有关因素之间的关系。在产品最优决策中,利用边际成本等于边际收入时利润最大这一经济学的基本原理制定产品价格的方法称为边际分析方法。

边际成本是指每增加一个单位(如 1 件、10 件等)产品销售所增加的成本,边际收入是指每增加一个单位产品销售所增加的收入,边际收入与边际成本的差额为边际利润。当边际成本与边际收入相等时,边际利润为零,如果再增加销售量,由于边际收入小于边际成本,将不能再为企业提供新增利润,企业利润总额不会增加反而减少。因此,边际收入等于边际成本时,企业的利润最大,此时的价格和销售量即为最优价格和最优销量。但此法的结论仅限于连续可微函数,在实际应用中,往往是利用其变形形式。举例说明如下:

例 5-28

某企业某产品的价格、销售量、边际收入、边际成本、边际利润销售收入、成本、利润等资料如表5-18所示:

表 5-18

价格	销量(件)	销售收入	边际收入	总成本			边际成本	边际利润	利润
				固定成本	变动成本	合计			
16	300	4 800	—	1 500	1 500	3 000	—	—	1 800
15	350	5 250	450	1 500	1 750	3 250	250	200	2 000
14	400	5 600	350	1 500	2 000	3 500	250	100	2 100
13	450	5 850	250	1 500	2 250	3 750	250	0	2 100
12	500	6 000	150	1 500	2 500	4 000	250	−100	2 000
11	550	6 050	50	2 000	2 750	4 750	750	−700	1 300
10	600	6 000	−50	2 000	3 000	5 000	250	−300	1 000
9	650	5 850	−150	2 000	3 250	5 250	250	−400	600
8	700	5 600	−250	2 000	2 800	4 800	−450	200	800
7	750	5 250	−350	2 000	3 000	5 000	200	−550	250

计算结果表明,随着销售量的不断增加,边际收入将逐步下降,甚至出现负数,以至边际利润不断减少。当边际利润为负数时,企业的利润额就不会是最高的利润额。本例说明,当边际收入等于边际成本,边际利润为零时,获得了最大利润2 100元;但当边际利润不等于零时也获得了利润2 100元。尽管边际分析理论在应用于实际决策领域时与理论结果不完全一致,但其基本理论和分析方法仍有很强的现实指导意义。我们应清楚其优势和局限性。本例中,价格13元、销售量450件和价格14元、销售量400件同样获得最大利润2 100元,因此13元、14元均为最优价格。

第四节 风险型决策和不确定型决策的分析

决策分析按性质可以分为确定型决策、风险型决策和不确定型决策。确定型决策是指与决策相关的那些客观条件或自然状态使确定的、明确的,并且可以用具体数字表示出来,决策者可以直接根据完全确定的情况选择最有利的方案。风险型决策是指与决策相关因素的未来状况不能完全确定但却能以概率表示其可能性大小、无论选择哪一种方案都带有一定风险的决策。不确定型决策是指影响这类决策相关因素的未来状况不仅不能完全确定,而且连其出现可能结果的概率也无法进行预测的决策。本章前面各节介绍的是确定型决策的分析方法,本节说明风险型决策和不确定型决策的分析方法。

一、风险型决策分析

风险型决策是指与决策相关因素的未来状况不能完全确定,但却能以概率表示其可能性大小,无论选择哪一种方案都带有一定风险的决策。风险型决策常用的方法是决策树分析法。

决策树法是指借助树形分析图,根据各种自然状态出现的概率及方案预期损益,计算与比较各方案的期望值,从而抉择最优方案的方法。这种方法的决策过程是:把各种方案以及可能出现的状况、后果用树状枝的图形表示出来,通过计算、比较各方案的期望值来选择确定最佳方案。决策树图形如图 5-4 所示:

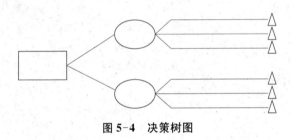

图 5-4　决策树图

上图中,□表示决策点,从它引出若干条直线,每条直线代表一个方案,所以称为方案枝;○表示状态点,从它引出若干条直线,代表不同的状态,故它称为概率分枝;△表示结果节点,它反映各个方案在不同状态下的效益值。

例 5-29

某公司计划未来三年生产某产品,需要确定产品批量。根据预测估计,这种产品的市场状况的概率是:畅销为 0.2,一般为 0.5,滞销为 0.3。现提出大、中、小三种批量的生产方案,各方案预计收益的有关数据如表 5-19 所示:

表 5-19

方　案	畅销 0.2	一般 0.5	滞销 0.3
大批量	40	30	−10
中批量	30	20	8
小批量	20	18	14

问:采用哪个方案有利?

借助决策树作为分析工具,基本步骤为:

(1) 绘制决策树图形:

根据表 5-19 资料,绘制决策树图如图 5-5 所示:

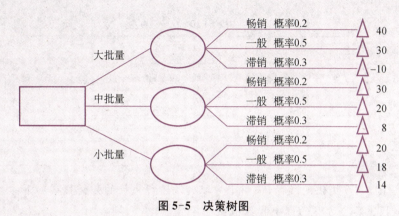

图 5-5 决策树图

(2) 计算各种方案的期望值:

大批量生产期望值=[40×0.2+30×0.5+(−10)×0.3]×3=60(元)

中批量生产期望值=[30×0.2+20×0.5+8×0.3]×3=55.2(元)

小批量生产期望值=[20×0.2+18×0.5+14×0.3]×3=51.6(元)

(3) 选择最佳方案:

将各方案的期望值表在各方案的结点上;然后比较各方案的期望值,从中选出期望值最大的作为最佳方案。并把最佳方案的期望值写到决策结点方框的上面,同时剪去(用"∥"表示)其他方案枝。此例中大批量生产的期望值最大(60 元),故选中该方案。

二、不确定型决策分析

不确定型决策是指决策者在进行某项决策时,对影响决策相关因素的未来情况不仅不能完全确定,而且连出现各种可能结果的概率也无法确切地进行预计的决策。在不确定性决策中,常用的分析方法有:小中取大法、大中取小法、大中取大决策法、折中决策法。

1. 小中取大法

又称为悲观决策方法,是指在几种不确定的随机事件中,选择最不利情况下收益值最大的方案作为最优方案的一种非概率方法。这种方法的决策过程是:首先从每个方案中选出一个最小的收益值,然后再从中选出一个收益值最大的方案作为决策方案。

例5-30

某企业为扩大产品产量,经研究,针对三种可能出现的自然状态,拟定了三种不同的方案,对每个方案在三种自然状态下可能造成的损益,也作了初步的估计,如表5-20所示:

表5-20

扩大生产方案	自然状态		
	销路较好	销路一般	销路差
方案甲	1 500	1 200	−300
方案乙	2 100	750	−600
方案丙	900	450	150

根据表5-20提供的数据,采用小中取大法进行决策的分析程序如下:

(1) 找出各个方案的最小收益值:

方案甲的最小收益值−300(元)

方案乙的最小收益值−600(元)

方案丙的最小收益值150(元)

(2) 以最小收益值最大的方案为最优方案。通过比较可见,三个方案中,方案丙是这些最小收益值方案中收益最大的方案,所以应把方案丙作为最优的决策方案。

可见,这种方法决策者对未来持比较保守和稳健的态度,假定今后出现的情况是最不利的,但可以在最不利的情况下寻求较好的方案,即从坏处着想,向好处努力。

2. 大中取小法

又称为最小的最大后悔值法,是指在几种不确定的随机事件中,选择最大后悔值中最小的方案作为最优方案的一种非概率方法。这种方法的分析程序:

(1) 找出在不同自然状态下各个方案的最大收益值;

(2) 计算在不同状态下的各个方案的后悔值(最满意方案的收益值与所采取的方案收益值之差);

(3) 从各个方案的最大后悔值中选择最小的最大后悔值为最优方案。

例5-31

某企业准备生产一种市场上从未出现过的新产品,针对这种产品的市场需求量可能出现四种自然状态,拟定了四种不同的生产方案,对各个方案在四种自然状态下可能造成的损益,也作了初步的估计,如表5-21所示:

表 5-21

生产方案	自然状态			
	需求量较好	需求量一般	需求量较差	需求量很差
方案甲	1 200	800	−300	−700
方案乙	1 600	700	−600	−1 400
方案丙	700	440	100	−200
方案丁	800	500	180	−100

根据上述资料,采用大中取小法进行决策的分析程序如下:

(1) 找出在不同自然状态下(即需求量较好、需求量一般、需求量较差、需求量很差)各个方案的最大收益值:

需求量较好时的最大收益值为:1 600(元)

需求量一般时的最大收益值为:800(元)

需求量较差时的最大收益值为:180(元)

需求量很差时的最大收益值为:−100(元)

(2) 计算在不同状态下的各个方案的后悔值,如表 5-22 所示:

表 5-22

方　案	各种自然状态下的后悔值				各方案中的最大后悔值
	需求量较好	需求量一般	需求量较差	需求量很差	
方案甲	400	0	480	600	600
方案乙	0	100	760	1 350	1 350
方案丙	900	360	80	100	900
方案丁	800	300	0	0	800

从上表可以看出,方案甲、乙、丙、丁的最大后悔值分别为 600 元、1 350 元、900 元、800 元。

(3) 从各个方案的最大后悔值中,选择最小的最大后悔值为最优方案。从表 5-22 提供的数据看,方案甲的最大后悔值 600 元最小,所以选择该方案为最优的决策方案。

可见,此法以假定决策失误为前提,按照这种方法进行决策,即使出现失误也会使损失达到最小。

3. 大中取大决策法

又称为最大最大原则,是指在几种不确定的随机事件中,选择最有利情况下收益值最大的方案作为最优方案的一种非概率方法。大中取大决策的步骤:

(1) 从各种决策方案中取一个最大收益值;
(2) 从各个收益最大值的方案中,选取其中收益值最大的作为决策方案。

例 5-32

某百货商场为了扩大营业额,拟定四种方案。方案甲:在不增加设施的情况下,只增加经营品种;方案乙:在原有营业面积内调整和增加柜台;方案丙:开辟楼上,增加营业面积;方案丁:在商场外增设销售服务网点。以上各个方案在不同的市场需求状况下,其收益和亏损情况,如表5-23所示:

表 5-23

决策方案	市场需求状况		
	畅 销	平 销	滞 销
方案甲	900	600	15
方案乙	1 200	600	−30
方案丙	1 500	900	−45
方案丁	1 800	450	−60

根据上述资料,采用大中取大决策方法选取最优方案:

(1) 从甲、乙、丙、丁四个方案种分别取最大收益值为 600 元、1 200 元、1 500 元、1 800 元。

(2) 从四个收益值最大的方案中,选取其中收益值最大的方案丁作为决策方案。

可见,这种方法的思想基础是对客观情况按乐观态度,从最好的客观状况出发,去寻找出预期结果最好的方案,因此,又称乐观法。

4. 折中决策法

折中决策法是指在不确定型的几种随机事件中,要求决策者对未来情况采取一种现实主义的折中标准,保持一定的乐观态度,但非盲目乐观。具体做法:

(1) 要求决策者根据实际情况和自己的实践经验确定一个乐观系数 $a(0 \leqslant a \leqslant 1)$。如果 a 的数值接近 1,则说明比较乐观;如果 a 的数值接近于 0,则说明比较悲观;

(2) 计算每个被选方案的预期价值,其计算公式为:预期价值＝最高收益值×a＋最低收益值×$(1-a)$;

(3) 从各个被选方案的预期价值中选择最大的作为最满意方案。

例 5-33

某企业为了扩大其产品销售,拟定了 A、B、C、D 四种不同的销售方案。企业预计未来销售市场有可能出现的较好、一般、较差和很差四种状态,各个方案在不同的市场需求状况下,其收益和亏损情况,如表5-24所示。

表 5-24 四种方案收益与亏损情况

生产方案	市场需求状况			
	较好	一般	较差	很差
方案 A	600	400	−150	−350
方案 B	800	350	−300	−700
方案 C	350	230	50	−100
方案 D	400	250	90	−50

假设该企业对市场需求比较乐观,把乐观系数定为 0.7,现要求采用折中决策法作决策分析。

根据上述资料,分别计算各备选方案的预期价值：

方案 A 的预期价值 $= (600 \times 0.7) + (-350 \times 0.3) = 315$(元)

方案 B 的预期价值 $= (800 \times 0.7) + (-700 \times 0.3) = 350$(元)

方案 C 的预期价值 $= (350 \times 0.7) + (-100 \times 0.3) = 215$(元)

方案 D 的预期价值 $= (400 \times 0.7) + (-50 \times 0.3) = 265$(元)

根据以上计算结果,方案 B 可获得最大的预期价值 350 元,是最满意的方案。

可见,这种方法即不过于乐观也不过于悲观,在充分考虑各种情况的前提下寻求一个比较稳妥的方案。

本 章 小 结

经营决策需要运用一系列独特的成本概念,这些成本概念较之传统财务会计有很大的不同。它们是对财务会计成本费用资料进行必要的加工、改制和延伸,以便适应不同情况的需要,主要包括差别成本、机会成本、边际成本、沉没成本、付现成本、专属成本和共同成本、可避免成本和不可避免成本、可延缓成本和不可延缓成本等。

在经营决策中需要采用不同的决策分析方法对各备选方案进行比较和判断,以选择最优方案。一般来讲,基于成本的经营决策准则主要有两条：一是利润最大化；二是成本最小化。根据分析所选指标不同,经常采用的决策方法有本量利分析法、贡献毛益法、差量分析法、成本平衡分析法等。

短期经营决策是指为了有效地进行生产经营活动,合理利用经济资源,以期取得最佳的经济效益而进行的决策。其包括的内容有生产决策、定价决策和库存决策等方面。

生产何种产品决策按照是否涉及专属固定成本分两种情况,不追加专属固定成本时,可采用贡献毛益法,选择单位资源贡献毛益最大或贡献毛益总额最多的方案；追加专属固定成本时,应以各种产品的剩余贡献毛益作为判断方案优劣的标准,剩余贡献毛益越大的产品就越可取。产品增产决策要根据有关产品的经济性进行分析、评价,以便作出增产哪种产品的决策。亏损产品决策可采用贡献毛益法,若能提供贡献毛益,亏损产品不应停产；如果与生产能力转移有关的机会成本大于亏损创造的贡献毛益,亏损产品就应该转产。生产组合决策可以利用线性规划法分析如何对有限资源实现最佳配置进行,从而在多种约束条件下实现利润最大化或成本最小化。最优批量决策是要确定一个适当的生产批量,使其全年的生产准备成本与全年的储存成本之和为最低,其方法有逐步测试列表法、图示法和公式法。接受追加订货决策可采用差量分析法,亦可采用贡献毛益法,当企业利用剩余生产能力接手追加订货时,只要对方出价略高于产品的单位变动成本,并能补偿专属的固定成本,便可考虑接受。零件自制或外购决策,一般可采用差量分析法进行分析,把自制的差别成本与外购的差别成本进行对比,选择成本较低的作为最优方案。半成品出售或加工决策,一般采用差量分析法进行决策。决策时只需要考虑进一步加工后的相关收入是否超过相关成本,如果前者大于后者,则应进一步加工;反之,则应直接出售。

  定价决策涉及的范围较大,采用的方法也很多。以成本为出发点制定价格的目标是保证各种耗费得以补偿,同时获得足够大的利润,常用的方法是成本加成定价法,其最大的问题是,没有考虑价格与数量的关系。利用边际成本等于边际收入时利润最大这一经济学的基本原理制定产品价格的方法称为边际分析方法。

  风险型决策常用的方法是决策树分析法,借助树形分析图,根据各种自然状态出现的概率及方案预期损益,计算与比较各方案的期望值,从而抉择最优方案的方法。不确定性决策常用的分析方法有:小中取大法、大中取小法、大中取大决策法、折中决策法。

复习思考题

1. 如何理解"不同目的,不同成本"?
2. 为什么在决策分析中要考虑机会成本?
3. 变动成本、差别成本、边际成本的关系怎样?
4. 什么是边际成本?为什么当边际成本等于边际收入时的价格为最优?
5. 短期经营决策常用的方法有哪些?它们的应用范围怎样?
6. "凡是亏损产品都应停产,凡是单价低于单位完全成本的订货都不应接受",这些说法对吗?为什么?
7. 成本加成定价法中的加成是否就是利润?加成率一般如何确定?
8. 风险型决策常用的方法是什么?试举例说明其分析的原理。
9. 小中取大法和大中取小法有何不同?

案 例 分 析

1. 南方公司目前的经营业务只有其生产能力的75%,年利润是300万元,是其总成本的10%,公司的年固定间接费用为500万元。生产经理已提出建议购买新机器使公司的生产工艺现代化。这一做法会使每年的固定间接费用增加1 000万元,但会降低变动成本,并使公司在完成其生产能力75%的生产时利润不变。公司总经理请你帮助对此建议作出分析。

  结合案例资料,请分析:

  (1) 绘制保本图说明目前的状况和建议方案。

(2) 新的保本点是在生产能力的百分之多少的水平上?
(3) 新建议对公司盈利业务范围的影响如何?
(4) 在决定是否提议进行市场工艺现代化之前,你还会考虑哪些其他因素?

2. 湖北华中数控机床有限公司(以下称华中公司)是一家专门生产数控机床的企业,其中QC11Y型机床销售状况一直很好。但自2011年6月以来,该机床出现销售积压,许多订货企业纷纷退货,只有少数十几家供销关系良好的企业仍和华中公司签有供货合同,但大多数签有合同的企业签订期限只限定在2011年底。为此,华中公司进行市场调查,发现有一家小型机床厂也在生产QC11Y型机床,销售价格每台要比华中公司市场的基础的价格便宜260元。经过性能测试,质量和技术方面与华中公司生产的机床相差不多,甚至在某些方面超过了华中公司的机床,原来和华中公司刚刚脱离供销关系的许多客户现在都在这家小型机床厂订购机床。实际上,该小型机床厂的一名技术人员曾经和华中公司的主要领导人进行过协商,想以技术作股进行投资生产QC11Y型机床,但是华中公司的主要领导人当时并没有看到它的实际价值和应用前景,从而造成目前这家小型机床厂与华中公司竞争的局面。预计到2011年底,华中公司的市场份额将下降6%左右。

为摆脱困境,华中公司召开会议,寻求降低零部件成本的对策。最终提出以下两种解决方案:

方案一:华中公司的项目咨询部打算投入2万元进行零部件的设计和开发工作,同时购买机器设备用来生产。据估计,用于生产QC11Y型机床的零部件B002投资成本约为4 000元,市场上同种零部件的自制成本为2.45元/件,与此同时,华中公司在对QC11Y型机床的零部件B002试制时,也进行其他零部件的开发工作。

方案二:华中公司仍从外部市场购买生产QC11Y型机床的零部件B002。市场价格如下:B002零部件的零售价是3.05元/件,批数在12 000件以下是2.85元/件,在12 000件以上是2.5元/件。华中公司的财务部曾经做过测算,采购部每次最多采购10 000件,若采购超过10 000件,则会增加相应的库存成本,即每件零部件大约增加0.15元。

另外,销售部进行扩大市场份额活动,每台机床的价格从21 296元降至21 000元,预计库存机床的销售要给华中公司造成50 000元左右的经济损失,华中公司现投入50万元作为促销本公司机床的促销费。

要求:从财务的角度,对华中公司零部件B002的取得方式进行决策分析。

第六章 全面预算

【引导案例】

某鲟鱼公司现有职工100人,经营范围是鲟鱼养殖,主要产品是鲟鱼籽酱、鱼肉等附产品销售。但目前生产遇到了瓶颈,面对日益加剧的环保压力,公司计划加大环保智渔系统的建设,计划拿出8000万元用于各项支出,主要支出项目有:

(1) 完成陆地流水养殖基地建设和环保智渔系统支出4000万元;

(2) 产业整合收购投资支出3000万元;

(3) 信息化软件开发支出400万元;

(4) 办公费300万元;

(5) 培训费200万元;

(6) 业务招待费100万元。

其中:培养费成本收益率为120%,招待费的成本收益率为80%,(1)(2)(3)(4)为不可避免的费用支出,业务招待费、培训费为酌量性固定成本。上述费用安排是否合理?

【学习目的和要求】

通过对本章的学习,了解全面预算对一个组织的重要作用。首先,要理解和掌握全面预算的构成内容;其次,理解和掌握固定预算、弹性预算、零基预算、滚动预算的编制原理;最后理解和掌握销售预算、生产预算、直接材料预算、人工预算等全面预算的具体编制与方法。

第一节 全面预算概述

一、全面预算的含义

预算是使用最为广泛的工具之一。预算制度促使管理者着眼未来,使他们预见存在的问题并采取措施消除或减缓经营中的不利局面。全面预算是指综合反映企业在一定时期内(一般不超过一年)包括各项经营、投资、财务等生产经营活动的预算。预算也就是用金额或其他数量指标来表示的计划,即计划的数量化。

为了完成预定的目标和任务,企业需要从其战略的角度,统筹安排各种资源,保证企业最优决策方案的贯彻与实施。全面预算既是决策的具体化,又是控制生产经营活动的依据,它把企业为完成计划目标的所有经济活动有机地联系起来,并拟定出完成目标的方法,实际上也就是企业总体规划的说明。因此,通过编制全面预算,保证企业经营目标的最终实现。

任何一个企业,对其未来期间的生产经营情况无不高度重视。特别是年度或季度开始以前,由于人们对时间的习惯更促使他们为下年度或季度生产经济活动的目标,以及为此目标而进行活动的其他方面加紧考虑研究与筹划。一般说,企业经营管理人员关心的工作是:要求企业所属各部门根据正确的预测数据和体现经营管理意图的决策内容,结合本部门的具体职责和情况详细算账,如:对一个工业企业来说,哪些产品能销售多少?收入多少?这些销售收入由哪些地区和部门实现,如何安排各种产品的生产?哪种材料需要多少?如何安排采购?材料储备多少?产品又需储备多少?哪些设备需要更新?资金是否足够?如不足又将如何筹措安排?等等涉及企业经济活动各方面的问题;根据算账,提出初步的预算数据;通过多种形式组织有关人员对初步预测数据加以分析讨论、综合、平衡和修订;根据修订再综合平衡的各项数据,按规定格式编制正式预算和文件,以待付诸实施。

二、全面预算的作用

全面预算的作用主要表现在以下四个方面:

(一) 确定工作目标

任何企业都不能漫无目标,或者仅用一些概念性质的词句当目标来规划本单位的生产经济活动。企业不仅要有总目标,而且要有分部门分项目的目标,企业的目标不能由经营管理者包办制定,每个部门、车间、每个当事人都必须明确自己应达到的目标;并且这些目标可行,达到它需经努力,达不到势必影响整个企业,只有这样才能激励全体职工顺利实现企业的各项目标。全面预算作为计划的数量化,规定了企业一定时期的总目标,并把总目标分解成各级各部门的具体目标,明确了各部门的职责和努力的方向。有助于他们根据预算安排各自的活动,并积极努力地完成自己的具体目标,保证企业总目标的实现。

(二) 协调部门关系

企业各项经营活动,相互牵连,互相影响,企业内部各级各部门往往因职责不同而出现互相冲突的现象。如:财务不能及时提供货币资金,将影响采购活动及其他生产费用支出,采购供应部门不能完成预期的生产任务,又必将影响销售业务;销售部门不能实现预期的销售收入,即影响货币资金的供应也影响利润的实现,一环扣一环。全面预算把企业各方面的工作纳入统一计划中,使各项活动的预算形成了一个相互协调的有机整体,各部门按照预算确定的轨道工作,便可以相互协调,避免冲突。

(三) 控制日常活动

全面预算是控制企业日常劳动活动的主要依据。通过将各部门的实际执行情况与预算目标进行对比，及时找出实际与预算的差异，并分析其原因，以便采取必要的措施改进存在的问题，保证预算目标的顺利完成。

(四) 考核部门业绩

每个企业应在其经营活动过程中，按预算检查自己的工作，在一定期间（如一年或一季），按预算评价自己的工作。全面预算的各项指标也是考核各部门工作成绩的标准和依据。企业可以根据全面预算的完成情况，分析各部门实际偏离预算的程度和原因，划清责任，奖罚分明，促使各部门为完成预算目标更努力地工作。

三、全面预算体系

全面预算体系是由一系列预算按其经济内容及相互关系有序排列组成的有机体，主要包括经营预算、专门决策预算和财务预算三个部分。

(一) 经营预算

经营预算又叫日常业务预算，是指与企业日常业务直接相关，具有实质性的基本活动的一系列预算的统称。它主要包括销售预算、生产预算、直接材料预算、应交增值税、销售税金及附加预算、直接人工预算、制造费用预算、产品成本预算、期末存货预算、销售费用及管理费用预算。这类预算通常与企业利润表的计算相关，大多以实物量指标和价值量指标反映企业收入和费用的构成情况。

(二) 专门决策预算

专门决策预算是指企业不经常发生的，需要根据特定决策临时编制的一次性预算，也称特种决策预算。专门决策预算又包括经营决策预算（销售、生产、成本、费用以及采购等）和投资决策预算（包括固定资产购置、改扩建及资本运作可行性等）两种类型。

(三) 财务预算

财务预算是全面预算体系中的最后环节，是指反映预算期内现金收支、经营成果和财务状况的预算。主要包括现金预算、财务费用预算、预计利润表、预计资产负债表等。财务预算是以经营预算和专门决策预算为基础编制的，一般在编制经营预算和专门决策预算过程中，同时列出财务预算所需的资料。

全面预算的各项预算之间相互联系，前后衔接，互相勾连，形成了一个完整的体系。它们的关系比较复杂，图 6-1 反映了各预算之间的主要联系。

四、实施全面预算的关键和应注意的问题

(一) 实施全面预算的关键问题

编制预算是为了实施预算，发挥预算的作用，使预算能得到企业全体职工的理解和支持，互相配合、协调动作、自觉努力，顺利地完成预算的各项目标。要做到这些，应注意实施预算的关键问题。

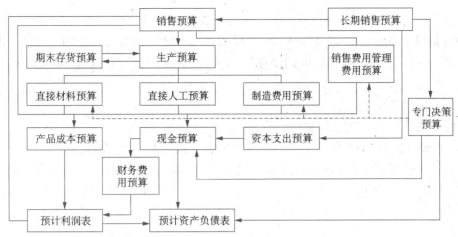

图 6-1　全面预算图

1. 经营管理者的重视

预算实施过程,需要有人主持协调各方面利益,解决矛盾,仲裁争执,乃至对预算本身作某些修正,如果认为预算编好后,大家照章办事,管理者可任其自流,预算的目标则难以实现,经营管理人员不但需要重视编制预算,还要重视编制的实施,协调各方面的工作,调动职工的自觉性,各部门之间如有矛盾能得到及时解决,预算目标偏高或偏低都能及时发现和修正。那么企业的整体工作和积极性将会得到提高,所以说,预算实施好坏,关键在于经营管理者的重视与否。

2. 责任会计制度的实施

全面预算通过各种数量指标对企业各部门和当事人规定有明确的目标与相应的权责,这些在预算实施中能否很好贯彻,首先必须做到掌握贯彻情况。具体说,会计必须对各部门和当事人完成目标的数量有记录,记录内容责任分明,便于反馈数据。如不这样,各人成绩好坏、应负责任、争执中孰对孰错,均无法确定。责任会计制度就是一套完整的能够分明责任的指标实施记录与反馈的工作系统,可以说责任会计制度是预算实施的必备条件。

(二) 实施全面预算应注意的问题

1. 全员参与

编制全面预算过程应吸收各方面有关人员参加或是听取他们的意见,由几个专业人员闭门造车地编制计划必将很难避免主观,甚至脱离实际。譬如编制计划的会计人员,可以根据各部门提供的数据资料编制预算,但当为了平衡需要修改某部的预算时,常会没有把握或表现主观。因为各部有各自的具体情况,会计人员不可能全面掌握,如果有部门的主要人员参加,则问题可及时解决。部门的代表人员参加工作,不仅对编制预算有益,而且能加深各部门对预算数据的印象与理解,利于预算的实施,此外也有人主张,部分工人参与编制的讨论,也许能提出一些更好的改进意见,并激发职工的积极性,这种工作方法我们称为群众理财,西方的管理会计则称为"自我参与预算"。

2. 留有余地

制定预算指标应该稍留余地,预算指标中留有余地有两方面的作用:一是可以避免给各部门的压力过大,挫伤积极性;二是给管理人员在出现问题时,留有调整余地,这种预留的余地,好比预算的润滑油,可以减少部门之间的冲突,减少职工与企业间的冲突。在遇到紧急情况必须调整原有指标时,可减少企业损失,甚至可以不产生损失。

3. 指标准确

编制预算应力求指标准确,但要求百分之百也不可能,企业内部的账好算,外部情况的变化却无法控制,对预算中的指标不明智地生搬硬套,往往会造成许多不良后果,一是预算指标确实脱离实际可能性,容易挫伤部门和职工的积极性,他们认为反正不能完成指标,从而消极松懈;二是当各部门和职工知道管理部门只会生搬硬套编制计划时,他们很可能在下次编制计划时,有意夸大成本,缩小工效,给自己留有余地。或者当预算指标允许开支但目前可不开支的,也全部耗费,以免管理部门压低他们的费用成本;三是某些超过预算的支出可能对企业有利。例如,对某项工艺的改进不免要多花钱,但改进后可带来更多的好处,此情况下如认为不在原预算之内,不能开支,结果只能是企业受损。因此,执行预算时,应有必要的灵活态度。

第二节 全面预算的编制方法

从预算编制的不同角度,可以将预算编制的方法分为若干种,企业应根据具体的预算内容和实际情况选择合适的编制方法。下面介绍的编制方法,包括:固定预算、弹性预算、零基预算和滚动预算等。

一、固定预算

固定预算又称为静态预算,是指在编制预算时,以预算期内正常的可能实现的某一业务量水平为基础而编制的预算。固定预算只涉及某一固定业务量(如生产量、销售量)水平,并在此水平下所确定的各项预算指标都是特定的数据,具有相对固定性。

它具有以下两个基本特点:(1)没有考虑预算期内实际业务活动水平可能发生的变动,而只按事先预计的某一个确定的业务量水平作为编制预算的基础,也就过于机械呆板。(2)将实际结果与计划预定的业务量水平下所确定的预算数进行比较分析,并以此来评价考核业绩。这个特点导致一个致命的弱点,即可比性差。当实际业务量和预计业务量之间存在较大差异时,实际数与相应的预算数之间就会因为业务量基础不同而失去可比性,不利于评价考核预算的实际情况。

固定预算是一种最基本的全面预算编制方法,一般来说只适用于业务量水平较为稳定的企业或非营利组织编制预算时采用。只有当实际业务水平与计划业务水平一致时,静态预算才可为控制服务。

下一节中将以固定预算方法为例来介绍全面预算的具体编制。

二、弹性预算

(一) 弹性预算的含义

弹性预算是和固定预算相对应的概念,又称变动预算或滑动预算,是指企业在不能准确预测业务量的情况下,根据本、量、利之间有规律的数量关系,按照可预见的不同的多种业务量水平编制的预算。弹性预算主要用于各种间接费用预算,有些企业也用于利润预算。

(二) 弹性预算的特点

弹性预算和按特定业务量水平编制的固定预算相比,有两个显著特点:

(1) 弹性预算是按一系列不同的业务量水平编制的,扩大了预算的适用范围。当实际业务量水平产生波动时,都有适用的数据发挥作用。

(2) 弹性预算是按成本性态的不同分类列示的,便于在预算期终了时计算实际业务量应达到的成本,有助于评价考核预算执行情况,发挥其控制作用。

(三) 弹性预算的编制

编制弹性预算的基本步骤是:

(1) 选择业务量的计量单位;
(2) 确定适用的业务量范围;
(3) 分析确定各项成本和业务量之间的数量关系;
(4) 计算各项预算成本,并表达出来。

编制弹性预算的表达方式,主要有列表法和公式法。

(1) 列表法

列表法又叫多水平法,是指通过列表的方式在相关范围内每隔一定业务量范围计算相关的数值预算,来编制弹性成本预算的方法。

采用多水平法,首先在确定的业务量范围内划分出若干个不同水平,然后分别计算各项预算成本,汇总列入一个预算表格。

例 6-1

设某企业计划年度产品销售单价为 250 元,单位变动成本为 100 元,固定成本总额为 150 000 元,销售量范围为 2 000~2 500 件,以每 100 件销售量作为间隔,编制弹性利润预算表,如表 6-1 所示。

表 6-1 弹性利润预算表 单位:元

销售量	2 000	2 100	2 200	2 300	2 400	2 500
销售收入	500 000	525 000	550 000	575 000	600 000	625 000
减:变动成本	200 000	210 000	220 000	230 000	240 000	250 000
边际贡献	300 000	315 000	330 000	345 000	360 000	375 000
减:固定成本	150 000	150 000	150 000	150 000	150 000	150 000
利润	150 000	165 000	180 000	195 000	210 000	225 000

(2) 公式法

公式法是指通过确定公式 $y=a+bx$ 中的 a 与 b 来编制弹性预算的方法。任何成本都可用公式"$y=a+bx$"来近似地表示，a 表示固定成本，b 表示单位变动成本，只要在预算中列示 a 和 b，就可以随时利用公式计算任一业务量(x)的预算总成本(y)。

例 6-2

某公司按公式法编制制造费用弹性预算，如表 6-2 所示。

表 6-2 制造费用弹性预算表（公式法） 单位：元

业务量范围（人工工时）	60 000—100 000 小时	
项目	固定成本(a)	单位变动成本(b)（每人工工时）
运输费	—	0.15
间接人工	—	1.00
辅助材料	—	0.30
维修费	5 000	0.20
水电费	400	0.25
折旧费	15 000	—
管理人员工资	15 000	—
合计	35 400	1.90

根据表 6-2，可利用公式 $y=35\,400+1.9x$ 计算人工工时在 60 000—100 000 小时的范围内，任一业务量水平的制造费用预算总额及某一具体费用项目的预算额（如维修费 $y=5\,000+0.2x$）。

三、零基预算

零基预算的全称为"以零为基础的编制计划和预算的方法"，是指在编制成本费用预算时，不考虑以往会计期间所发生的费用，所有的预算支出均以零为起点，根据预算期企业实际经营情况的需要，逐项审议各项费用的内容及开支标准是否合理，并在综合平衡的基础上编制费用预算的一种方法。编制预算时，首先要确定各费用项目是否应该存在，然后按项目的重要程度安排企业的费用预算。

零基预算法特别适用于产出较难辨认的服务性部门费用预算的编制。其编制步骤如下：

(1) 提出费用开支方案。企业各部门根据预算期的生产经营目标，详细讨论预算期内每一业务的性质、目的，并以零为基础，提出各项目所需要的费用或开支。

(2) 进行成本-效益分析。对各项费用或开支进行成本-效益分析，按照轻重缓急，划分不同等级并排列顺序。

(3) 分配预算资金。按照已排等级和顺序，根据企业预算期内可动用的资金来源，分配资金，落实预算。

例 6-3

某企业拟采用零基预算法编制下年度的销售及管理费用预算。已知企业可用于销售及管理方面的资金为 116 500 元，具体编制过程如下：

首先，销售及管理部门根据下年度的企业经营目标和本部门具体任务，经多次讨论后，提出费用开支方案如下：

房屋租金	50 000 元
保险费	30 000 元
业务招待费	8 000 元
培训费	6 400 元
办公费	25 000 元

其中房屋租金、保险费和办公费为不可避免的费用支出，业务招待费和培训费属于酌量性固定成本。

其次，根据历史资料对培训费和业务招待费进行成本-效益分析，分析结果如表 6-3 所示。

表 6-3 成本-效益分析

费用项目	成本	收益	成本收益率
培训费	100	150	150%
业务招待费	100	80	80%

再次，根据上述分析，对上述的五项费用项目按照轻重缓急和效益大小进行排列。

第一层次，房屋租金、保险费和办公费，属于不可避免成本，是必须开支的项目，需保证全额，应首先满足。

第二层次，培训费属于可避免的酌量性固定成本，可根据预算期间企业资金情况酌情增减，又由于它的成本收益率大于业务招待费，故排在第二层次。

第三层次，业务招待费也属于可避免的酌量性固定成本，但成本收益率小于培训费，因此排列第三层次。

最后，分配预算资金。

(1) 确定不可避免项目的预算金额，包括房屋租金、保险费及办公费。

$$50\ 000 + 30\ 000 + 25\ 000 = 105\ 000(元)$$

(2) 还可分配的金额：

$$116\ 500 - 105\ 000 = 11\ 500(元)$$

(3) 按成本效益率比重将尚可分配的资金在培训费和业务招待费之间分配。

$$培训费预算数 = 11\ 500 \times 1.5/(1.5+0.8) = 7\ 500(元)$$
$$业务招待预算数 = 11\ 500 \times 0.8/(1.5+0.8) = 4\ 000(元)$$

四、滚动预算

滚动预算又叫"永续预算"或"连续预算",是指在编制预算时,预算期脱离会计年度,并随着预算的执行不断延伸补充预算,逐期向后滚动,使预算期一直保持为一个固定期间的一种预算编制方法。

具体做法是:每执行完一个时间单位后(如一个月、一个季度),就要将这个时间单位内的经营成果与预算数对比,从中找出差异和原因,并据此对预算期(通常是一年)内剩余时间的预算进行调整,同时往后增加一个时间单位的预算,使新的预算期仍保持为一年,如图6-2所示。

2011年度预算（一）											
1月	2月	3月	4月	5月	6月	7月	8月	9月	10月	11月	12月

2011年度预算（二）											2012年
2月	3月	4月	5月	6月	7月	8月	9月	10月	11月	12月	1月

2011年度预算（三）										2012年	
3月	4月	5月	6月	7月	8月	9月	10月	11月	12月	1月	2月

对比
调整

图6-2 逐月滚动预算示意图

滚动预算的编制基本上可按其他预算方法进行,但对近期3个月内的预算比较详细具体,对其余9个月的预算较为粗略,滚动预算的延续工作要耗费大量的人力、物力,但也有三个显著优点:

(1)透明度高。编制预算与日常管理紧密衔接,可以使管理人员始终能够从动态的角度把握企业近期目标和远期战略布局,使预算具有较高透明度。

(2)灵活性强。滚动预算能根据前期预算的执行情况,结合各种因素的影响,及时调整预算,使预算更符合实际情况,发挥其指导和控制作用。

(3)连续性突出。滚动预算在时间上不受会计年度限制,随着预算的执行,逐期向后滚动,连续不断地规划下一个期间的经营活动,不会造成预算中断。

第三节 全面预算的编制

一、全面预算的编制程序

企业预算的编制,涉及经营管理的各个部门,通常由总经理负责以及同各有关方面

负责人,通过预算管理委员会组织施行。全面预算编制的一般程序为:

(1) 企业决策机构根据长期规划,利用本量利分析等工具,提出企业一定时间的总目标,并下达规划指标;

(2) 组织各生产业务部门按具体目标要求编制本部门预算草案;

(3) 预算委员会审查、平衡各预算,汇总出公司的总预算;

(4) 审议预算并上报董事会,最后通过企业的综合预算和部门预算;

(5) 将批准后的预算下达给各部门执行。

二、全面预算的具体编制过程

(一) 销售预算

销售预算是整个预算的编制起点,其他预算的编制都是以销售预算为基础的,即所谓的以销定产。A 公司的销售预算,如表 6-4 所示。

表 6-4 销售预算 单位:元

季 度	一	二	三	四	全 年
预计销售量(件)	100	200	300	250	850
预计单价	200	200	200	200	200
销售收入	20 000	40 000	60 000	50 000	170 000
预计现金收入					
上年应收账款	10 000				10 000
第一季度(销货 20 000)	12 000	8 000			20 000
第二季度(销货 40 000)		24 000	16 000		40 000
第三季度(销货 60 000)			36 000	24 000	60 000
第四季度(销货 50 000)				30 000	30 000
现金收入合计	22 000	32 000	52 000	54 000	160 000

根据表 6-4,销售预算的主要内容包括销售量、单价和销售收入。其中销售量是根据市场预测或销货合同并结合企业生产能力确定的;单价是通过价格决策确定的;销售收入是销量与单价的乘积。

本例中是以季度为时间间隔来编制预算的,而实际中通常也可以品种、月份、销售区域或推销员为标准来编制。销售预算中还包括预计现金收入的计算,其目的是为后面编制现金预算提供资料。第一季度的现金收入包括两部分,即上年应收账款在本年第一季度收回,以及本季度销售中可能收到的货款(本题中假设每季度的销售收入中,本季度收到 60% 现金,另外的 40% 现金要到下季度收到)。

(二) 生产预算

生产预算是在销售预算的基础上编制的,主要包括销售量、期初和期末存货量及生产量。A 公司的生产预算,如表 6-5 所示。

表 6-5 生产预算　　　　　　　　　　　　　　　　　　　　单位：件

季　度	一	二	三	四	全　年
预计销售量（件）	100	200	300	250	850
加：预计期末存货	20	30	25	30	30
合计	120	230	325	280	880
减：预计期初存货	10	20	30	25	10
预计生产量	110	210	295	255	870

企业通常需要设置一定的存货，以保证均衡生产，也可以满足销售需要，存货数量可按下期销售量的一定比例确定，本例按10%估算。因此，生产预算中的预计产品生产量可按下式计算：

预计生产量＝（预计销售量＋预计期末存货）－预计期初存货

其中：预计销售量来自销售预算；

预计期末存货＝下季度销售量×10%；

预计期初存货＝上季度期末存货

生产预算的实际编制比较复杂，应注意保持生产量、销售量及存货量之间合理的比例关系，避免储备不足、产品积压或产销脱节等现象发生。

（三）直接材料预算

直接材料预算，是以生产预算为基础编制的，要考虑原材料存货水平，主要内容包括直接材料的单位产品用量、生产需用量、期初和期末存量等。A公司的直接材料预算，如表6-6所示。

表 6-6 直接材料预算　　　　　　　　　　　　　　　　　　　　单位：元

季　度	一	二	三	四	全　年
预计生产量（件）	110	210	295	255	870
单位产品材料用量（千克/件）	10	10	10	10	10
生产需用量（千克）	1 100	2 100	2 950	2 550	8 700
加：预计期末存量（千克）	420	590	510	600	600
合计	1 520	2 690	3 460	3 150	9 300
减：预计期初存量（千克）	220	420	590	510	220
预计材料采购量（千克）	1 300	2 270	2 870	2 640	9 080
单价（元/千克）	5	5	5	5	5
预计采购金额（元）	6 500	11 350	14 350	13 200	45 400
预计现金支出					
上年应付账款	3 450				3 450
第一季度（采购 6 500）	3 250	3 250			6 500
第二季度（采购 11 350）		5 675	5 675		11 350
第三季度（采购 14 350）			7 175	7 175	143 500
第四季度（采购 13 200）				6 600	6 600
现金支出合计	6 700	8 925	12 850	13 775	42 250

直接材料预算中的"预计生产量"的数据来自生产预算,"单位产品材料用量"的数据来自标准成本资料或消耗定额资料,"生产需用量"是上述两项的乘积。期初和期末的材料存货量,是根据当前情况和长期销售预测估算的。各季度"期末材料存量"是根据下季度生产用量的一定比例确定的,本例按20%计算。各季度"期初材料存量"是上季度的期末存货。因此,"采购量"的计算公式为:

$$预计采购量 = (生产需用量 + 期末存量) - 期初存量$$

同样的,通常要预计材料采购各季度的现金支出,为以后编制现金预算作准备。现金支出包括偿还上期应付账款和本期应支付的采购货款。本例中材料采购货款的50%在本季度付清,另外50%在下季度付清。

（四）直接人工预算

直接人工预算也是以生产预算为基础编制的,主要内容包括预计产量、单位产品工时、人工总工时、每小时人工成本和人工总成本。A公司的直接人工预算如表6-7所示。

表6-7 直接人工预算　　　　　　　　　　　　　　　　　　　　　　单位:元

季　度	一	二	三	四	全　年
预计生产量(件)	110	210	295	255	870
单位产品工时(小时/件)	10	10	10	10	10
人工总工时(小时)	1 100	2 100	2 950	2 550	8 700
每小时人工成本(元/小时)	2	2	2	2	2
人工总成本(元)	2 200	4 200	5 900	5 100	17 400

其中"预计产量"数据来源于生产预算,单位产品工时和每小时人工成本的数据来自标准成本资料,人工总工时为预计产量与单位产品工时的乘积,人工总成本是人工总工时与每小时人工成本相乘计算出来的。由于人工工资即人工总成本需使用现金支付,可直接计入现金预算的汇总,因此可不必再预计现金支出。

（五）制造费用预算

制造费用预算通常分为变动制造费用和固定制造费用两部分。变动制造费用以生产预算为基础编制。可用生产量与标准单位成本,即变动制造费用分配率相乘计算得到。固定制造费用通常与本期产量无关,需逐项预计,可采用零基预算方法编制。A公司制造费用预算,如表6-8所示。

表6-8 制造费用预算　　　　　　　　　　　　　　　　　　　　　　单位:元

季　度		一	二	三	四	全　年
变动制造费用	间接人工	110	210	295	255	870
	间接材料	110	210	295	255	870
	修理费	220	420	590	510	1 740
	水电费	110	210	295	255	870
	小计	550	1 050	1 475	1 275	4 350

(续表)

季度		一	二	三	四	全 年
固定制造费用	修理费	1 300	1 500	1 280	1 400	5 480
	折旧	1 400	1 400	1 400	1 400	5 600
	管理人员工资	300	300	300	300	1 200
	保险费	150	170	200	250	770
	小计	3 150	3 370	3 180	3 350	13 050
合计		3 700	4 420	4 655	4 625	17 400
减：折旧		1 400	1 400	1 400	1 400	5 600
现金支出的费用		2 300	3 020	3 255	3 225	11 800

根据人工总工时计算费用分配率：

变动制造费用分配率＝4 350/8 700＝0.5(元/小时)

固定制造费用分配率＝13 050/8 700＝1.5(元/小时)

由于折旧费并没有实际现金流出，其他费用都须支付现金，所以"现金支出的费用"是每个季度的制造费用扣除折旧后得出的。同样的，现金支出的费用的预计也为后面编制现金预算提供基础。

(六) 产品成本预算

产品成本预算是在生产预算、直接材料预算、直接人工预算及制造费用预算的基础上编制的，是对它们的汇总，也为以后编制预计利润表和预计资产负债表提供数据。主要内容包括产品的单位成本和总成本。A公司的产品成本预算，如表6-9所示。

表6-9 产品成本预算　　　　　　　　　　　　　　　单位：元

	单位成本			生产成本（元）	期末存货（件）	销货成本（元）
	每千克或每小时	投入量	成本(元)			
直接材料	5	10 千克	50	43 500	1 500	42 500
直接人工	2	10 小时	20	17 400	600	17 000
变动制造费用	0.5	10 小时	5	4 350	150	4 250
固定制造费用	1.5	10 小时	15	13 050	450	12 750
合计			90	78 300	2 700	76 500

产品成本预算表中的生产量(870件)、期末存货量(30件)来自生产预算(表6-5)，销售量(850件)来自销售预算(表6-4)；单位成本的各项资料分别来源于直接材料预算(表6-6)，直接人工预算(表6-7)，制造费用预算(11-8)；最后生产成本，期末存货和销货成本分别根据单位成本和相应的产品数量计算得出。

(七) 销售及管理费用预算

销售及管理费用预算包括销售费用预算及管理费用预算两部分，是指为了产品销售活动和一般行政管理活动有关费用而编制的一种业务预算。

销售费用预算是以销售预算为基础,根据销售收入、销售利润和销售费用的关系编制的,并要分析参考过去的销售费用。销售费用大多是固定成本,但也可划分为变动销售费用和固定销售费用,其编制方法类似于制造费用预算的编制。管理费用多属于固定成本,可以以过去的实际开支为基础,根据预计的变动进行调整。

编制销售及管理费用预算的同时,也应编制现金支出计算表。A 公司的销售及管理费用预算如表 6-10 所示。

表 6-10　销售及管理费用预算　　　　　　　　　　　　　　　　单位:元

项　目	金　额
销售费用:	
销售人员工资	3 000
广告费用	8 000
运输费	4 000
保管费	3 600
管理费用:	
管理人员工资	5 500
管理人员福利费	1 100
保险费	800
办公费	2 000
合计	28 000
每季度支付现金(27 400÷4)	7 000

(八) 现金预算

现金预算包括现金收入、现金支出、现金多余或不足、现金的筹措和运用,A 公司的现金预算,如表 6-11 所示

表 6-11　现金预算　　　　　　　　　　　　　　　　　　　　　单位:元

季　度	一	二	三	四	全　年
期初现金余额	10 345	8 145	7 000	12 445	10 345
加:销售现金收入(表6-4)	22 000	32 000	52 000	54 000	160 000
可供使用现金	32 345	40 145	59 000	66 445	170 345
减:各项现金支出					
直接材料(表6-6)	6 700	8 925	12 850	13 775	42 250
直接人工(表6-7)	2 200	4 200	5 900	5 100	17 400
制造费用(表6-8)	2 300	3 020	3 255	3 225	11 800
销售及管理费用(表6-10)	7 000	7 000	7 000	7 000	28 000
所得税费用	6 000	6 000	6 000	6 000	24 000
购买设备		10 000			10 000
股利分配		5 000		8 000	13 000
现金支出合计	24 200	44 145	35 005	43 100	146 450

（续表）

季度	一	二	三	四	全年
现金多余或不足	8 145	(4 000)	23 995	23 345	23 895
向银行借款		11 000			11 000
还银行借款			11 000		11 000
短期借款利息(年利10%)			550		550
长期借款利息(年利12%)				1 500	1 500
期末现金余额	8 145	7 000	12 445	21 845	21 845

(1)"现金收入"包括期初现金余额和预算期的现金收入，主要来源于销售产品取得的现金收入。"销售现金收入"的数据来自销售预算，"可供使用现金"为期初余额与现金收入之和。

(2)"现金支出"包括各项现金支出，其中"直接材料""直接人工""制造费用""销售及管理费用"的数据说明如表，而所得税费用、购买设备、股利分配等支出来自其他的专门预算。

(3)"现金多余或不足"是"可供使用现金"与"现金支出合计"之差。若差额为正，说明有多余现金，可用于偿还过去的借款或进行短期投资，若差额为负，现金不足，则需向银行取得借款。如第二季度，现金不足4 000元，并企业至少需要持有现金7 000元，则

向银行借款数＝最低现金余额(7 000)＋现金不足数额(4 000)＝11 000(元)

而当第三季度有现金多余时，可用于偿还借款及利息。如表中，假设短期借款在二季度初借入，三季度末归还，借款期限为6个月，所以有

$$利息＝借款金额×利率×(借款期限/12个月)$$
$$＝11\ 000×10\%×(6/12)=550(元)$$

长期借款余额为12 500，年利率为12%，预付年末应支付的利息为1 500元。

需注意的是，偿还借款后，仍要保持最低现金余额，否则只能偿还部分借款。

(九) 预计利润表的编制

根据上述提供的各有关预算，可编制A公司的预计利润表，如表6-12所示。

表6-12 利润表预算

单位:元

项目	金额
销售收入(表6-4)	170 000
减：销货成本(表6-9)	76 500
毛利	93 500
减：销售及管理费用(表6-10)	28 000
利息(表6-11)	2 050
利润总额	63 450
减：所得税费用(预计)	24 000
税后净收益	39 450

表中"销售收入"的数据来源于销售预算中的全年销售收入(表6-4);"销售成本"的数据来自产品成本预算中的销货成本合计(表6-9);"毛利"项目的数据为前两者的差额;"销售及管理费用"项目的数据,来自销售及管理费用(表11-10),"利息"的数据则来自现金预算表(表6-11)中的相关项目。

由于计算所得税时需进行纳税调整,因此"所得税费用"项目的数据不是根据"利润总额"与所得税税率计算出来的,而是估计出来的,并已计入现金预算中的"所得税费用"项目。

（十）预计资产负债表的编制

A公司的预计资产负债表如表6-13所示：

表6-13 资产负债表预算　　　　　　　　　　　　　　　单位:元

资产			负债及股东权益		
项目	年初	年末	项目	年初	年末
现金(表6-11)	10 345	21 845	应付账款(表6-6)	3 450	6 600
应收账款(表6-4)	10 000	20 000	长期借款	12 500	12 500
直接材料(表6-6)	1 100	3 000	普通股	25 000	25 000
产成品(表6-9)	900	2 700	未分配利润	20 795	47 245
固定资产	45 000	55 000			
累计折旧(表6-8)	5 600	11 200			
资产总额	61 745	91 345	负债及权益总额	61 745	91 345

该表中年末的数据是在本期期初的数据基础上,根据销售、生产、资本等预算的相关数据进行调整得到。"现金""直接材料""产成品"年初与年末的余额可直接根据相关预算中的项目列入,相关预算已在表中注明。"长期借款""普通股"两项指标期初已知,本期没有变化。企业在本期购买设备10 000元,因此,固定资产年末余额比年初增加10 000元。类似地,累计折旧额比期初增加5 600元。其余三项"应收账款""年末未分配利润"及"应付账款"计算如下：

$$期末应收账款 = 第四季度销售额 \times (1 - 本期收现率)$$
$$= 50\,000 \times (1 - 60\%) = 20\,000(元)$$

同理：

$$期末应付账款 = 第四季度采购金额 \times (1 - 本期付现率)$$
$$= 13\,200 \times (1 - 50\%) = 6\,600(元)$$

$$期末未分配利润 = 期初未分配利润 + 本期税后净收益 - 本期股利$$
$$= 20\,795 + 39\,450 - 13\,000 = 47\,245(元)$$

资产负债表预算与实际的资产负债表内容、格式等相同,只是数据反映的是预算期的期末财务状况。

本 章 小 结

全面预算是指综合反映企业在一定时期(一般不超过一年)内的生产经营活动的预算,主要包括经营预算、专门决策预算和财务预算三个部门,形成一个完整的体系。它的作用主要表现在:明确工作目标,协调部门关系,控制日常活动,考核部门业绩。

全面预算的基本组成包括以下方面:销售预算、生产预算、直接材料预算、直接人工预算、制造费用预算、产品成本预算、销售及管理费用预算、现金预算、预计利润表、预计资产负债表。

全面预算编制方法主要介绍了固定预算、弹性预算、零基预算和滚动预算。

(1) 固定预算,又称为静态预算,是指以预算期内正常的、可能实现的某一业务水平为基础而编制的预算。一般来说,固定预算只适用于业务量水平较为稳定的企业或非营利组织。

(2) 弹性预算,又称为变动预算或滑动预算,是指企业根据本、量、利之间有规律的数量关系,按照可预见的不同的多种业务量水平编制的预算。其表达方式主要有列表法和公式法。它可以适应不同的生产能力利用情况,反映不同业务量水平的预算额。

(3) 零基预算,全称叫作"以零为基础的编制计划和预算的方法",简而言之,就是以零为基数编制的预算。编制预算时,首先要确定各费用项目是否应该存在,然后按项目的轻重缓急安排企业的费用预算。

(4) 滚动预算,又叫"永续预算"或"连续预算",是指编制预算时,预算期脱离会计年度,并随着预算的执行不断延伸补充预算,逐期向后滚动,使预算期一直保持为一个固定期间的一种预算编制方法。它具有透明度高、灵活性强、连续性突出的特点。

在最后一节,利用固定预算的方法介绍了全面预算的具体编制。

复习思考题

1. 什么是全面预算? 编制全面预算有何作用?
2. 全面预算的基本组成包括哪些? 它们之间的相互关系怎样?
3. 全面预算的编制要点有哪些?
4. 预算编制有哪些具体方法? 各有什么优缺点? 如何改进?

案 例 资 料

东江公司是一家制鞋企业,有三十名员工,有关资料及基期末的资产负债表有如下述:

(1) 若计划年度(20×6年)1月份预计销售某商品100 000件,单位价为90元,其中现销40%,其余为赊销(30天内收款)。

(2) 若该公司采购该项商品的单位进价与存货成本为每件40元。购入商品时,30%当月付现,余为次月付款。

(3) 假定该公司计划年度1月份的期末存货,预计为40 000件。

(4) 该公司1月份预计将开支以下销售管理费用:

职工薪金	150 000元	保护费	20 000元
水电费	50 000元	折旧费	7 000元
办公费	43 000元	广告费	30 000元

(5) 该公司1月份预计将购入4台微型电脑，价款35 000元。

(6) 该公司规定计划期间现金的最低库存余额为100 000元；如不足此数，可全额向银行借款。

(7) 基期末的资产负债表。

×公司资产负债表

资　产		权　益	
现金	100 000元	应付账款	240 000元
应收账款	50 000元	短期借款	—
存货	200 000元	所有者权益	1 326 000元
房屋及设备	850 000元		
累计折旧	84 000元		
合计	1 566 000元	合计	1 566 000元

要求：根据资料，为该公司编制20×6年1月份的全面预算。

第七章 标准成本法

【引导案例】

标准成本法在工业企业中应用比较广泛,同时也积累了丰富的实践经验,我国的一些现代化的大企业如宝钢、邯钢就成功地采用了标准成本法,形成了比较科学的标准成本制度,在企业降本增支等方面起了很大的作用。

物流是企业经济活动的重要组成部分,从原材料采购开始,到顺利加工成零部件,把零部件组装成成品,然后投入消费市场,物流在创造时间价值和使用价值。因此,成本控制与管理对于物流业尤为重要。那么,标准成本法该如何在物流企业加以推广和应用呢?

【学习目的和要求】

通过对本章的学习,一方面理解和掌握标准成本的含义与种类,另一方面理解和掌握标准成本制度的三大方面内容:制定标准成本、计算与分析成本差异以及标准成本的账务处理。

第一节 标准成本法概述

一、标准成本法的含义

标准成本制度,也称标准成本法、标准成本系统,它是 20 世纪 20 年代前后在英国、美国等国家首先提出来的。它是指预先制定成本标准,并将实际成本与实际标准成本进行比较,揭示成本差异,分析差异产生的原因,明确经济责任,消除差异,并据以加强成本控制的一种成本计算和成本控制系统。所谓标准成本,是通过充分的调查、分析与技术测定而制定的,用来评价实际成本、衡量工作效率的一种预计成本,它基本上排除了不应该发生的"浪费",是一种"应该成本"。

标准成本法是在泰罗的生产过程标准化思想的影响下产生的,并已经成为现代成本管理的重要组成内容。它不仅仅是一种成本计算制度,可以用来计算确定事后的产品生产成本,而且是一个完整的成本管理系统,可以用来加强成本的事前计划、事中控制,是企业全面提高生产经济效益的有力工具。它是为了克服实际成本核算法不能及时提供有效控制信息的缺点而制定的另一种成本核算方法。作为成本控制的重要方法之一,标准成本系统以其严谨性和易操作性,在世界各国得到了广泛的应用。

二、标准成本法的内容

标准成本制度的内容包括标准成本的制定、成本差异的计算与分析、成本差异的处理三个部分。

(一) 标准成本的制定

根据已经达到的生产技术水平,通过充分的调查、分析和技术测定,科学地为每一个成本项目制定标准支出。

(二) 计算和分析成本差异

在生产过程中,将记录的实际成本与标准成本进行比较,确定各成本项目的差异及产品成本的总差异,分析差异产生的原因,明确经济责任。

(三) 成本差异的处理

对各成本项目的差异及产品成本的总差异,按照一定原则和程序进行账务处理,总结经验,并进一步明确降低成本的措施。

这三个部分构成了一个完整体系,能够较好地实现成本的事前控制、事中纠正和事后反馈,从而使成本管理与核算达到协调统一。第一部分实现了事前控制,为后面提供了客观依据;第二部分使第一部分的目的得到进一步落实,实现了事中控制,并为第三部分提供客观依据。第三部分实现了事后控制对前两部分进行总结,并为后期加强成本控制与管理打下基础。它们之间有机结合,构成标准成本制度的整体。

三、标准成本法的作用

标准成本法在西方工业企业中得到广泛应用,并成为日常成本管理中应用最为普遍和有效的一种成本控制手段。企业实行标准成本法的作用主要有以下几方面:

(一) 有利于企业进行成本控制

标准成本是衡量实际成本水平的尺度,它是责任预算的编制依据。通过事前制定标准成本,可事前限制各种消耗和费用的发生,使成本水平得到事前控制;在成本形成过程中,通过实际成本与标准成本的差异分析,及时发现问题,采取措施加以改进和纠正,从而达到降低成本的目标;产品成本形成之后,分析差异原因,总结经验,为未来降低成本指明方向。

(二) 有利于企业简化会计工作

在标准成本制度下,对原材料、在产品、产成品及销售成本等均以标准成本计价,成本差异另行记录,可以大大简化成本计算中的日常工作,加速成本计算。在需要编制以实际成本为基础的对外财务报表时,可以将标准成本同成本差异相结合,把相关成本账户调整到实际水平上,为会计报表的编制提供资料。

(三) 有利于进行预算控制,便于企业经营决策

标准成本资料可以直接作为编制预算的基础,为预算的编制提供了极大的方便,并

提高了预算的有效性。同时，标准成本剔除了低效率或浪费及偶然性因素的影响，从而避免了由于实际成本波动而造成价格波动的后果，因此比实际成本更符合客观真实情况，也为企业管理者的相关决策提供有力的信息支持。

（四）有利于企业正确评价工作业绩

在实际生产过程中，通过实际成本与标准成本的比较，进行差异分析，明确经济责任，能正确评价责任中心的工作业绩。另外，各成本中心之间的半成品内部转移价的确定以标准成本为依据，可以避免各成本中心的责任成本受外界因素的影响，从而有利于正确评价他们的业绩。

四、实施标准成本法的基本条件

若要实施标准成本，把标准成本纳入正常的成本计算系统，并充分发挥标准成本计算的应有作用，与实际成本法相比，就需要具备一些基本的前提条件：

（一）产品设计及生产过程的标准化

采用标准成本法，不仅需要对成本计算对象的产品成本进行标准化，还需要把产品生产过程中使用的零部件、半成品耗用的材料、使用的设备以及工艺操作方法等标准化，进而可以进行标准成本累积，有助于制定合理的成本标准。要确定零部件、半成品等成本要素的标准又必须建立作业流程和工艺规程的标准化，从而确定它们同成本要素之间的数量关系。

（二）完备的成本管理系统

标准成本系统的重要目的在于成本的控制，标准成本计算需要相应的成本管理系统的支撑，否则标准成本法有名无实。因此应确立与标准成本计算相适应的成本管理的责任体系，成立专门的机构负责标准成本的制定、差异的原因分析、工作成果的评价以及标准成本的修订等。同时根据生产过程的特点，建立成本责任中心，明确管理者的责任及权限范围，通过标准成本计算和工作成果的评价考核，对成本进行控制。

（三）全员成本参与意识的提高

采用标准成本系统进行成本的控制，归根到底是需要依靠全体人员在生产经营过程中的努力。标准成本系统本身并不能降低成本，而是需要管理者和实践者利用其提供的成本信息对成本进行全面控制。提高全员的成本意识，取得他们对标准成本法的共同支持并参与成本管理，是使标准成本系统得到实施的重要方面。

第二节　标准成本的制定

一、标准成本的含义

所谓标准成本，是在充分精确的调查、分析和技术测定的基础上，根据企业现已达到的技术水平所确定的企业在有效经营条件下生产某种产品所应当发生的成本。标准成本属于一种预计成本,主要用于衡量产品制造过程的工作效率和控制成本,也可用于存货和销货成本计价。

"标准成本"在实际工作中有两种含义:

一种是指单位产品的标准成本,也称为"成本标准",它是根据单位产品的标准消耗量和标准单价计算出来的。

$$成本标准 = 单位产品标准成本 = 单位产品标准消耗量 \times 标准单价$$

另一种是指实际产量的标准成本,它是根据实际产量和单位产品的标准成本计算出来的。

$$实际产量的标准成本 = 实际产量 \times 单位产品标准成本$$

二、标准成本的种类

标准成本的种类很多,按其依据的生产技术和经营管理的水平不同,可分为理想标准成本和正常标准成本。

(一)理想标准成本

理想标准成本是指在现有技术、设备和经营管理达到最优状态下的能够达到的目标成本水平。所谓"最优状态"是指在资源无浪费、设备无故障、产品无废品、工时全有效、生产能力达到充分利用的前提下,以最少的耗用量、最低的费用水平生产出最大的产出量。这种标准成本是最理想的,也是最难实现的,即使暂时出现也不可能持久。因其要求太高,不能作为考核的依据,它的主要用途是提供一个完美无缺的目标,揭示实际下降的潜力。

(二)正常标准成本

正常标准成本是指在效率良好的条件下,根据下期一般应该发生的生产要素耗用量、生产要素预计价格和预计生产经营能力利用程度制定出来的标准成本。这种标准成本考虑了一般难以避免的损耗和低效率等情况,切合下期的实际情况,具有现实性和可行性,并且经过努力是可能达到的。它可以作为评价业绩的尺度,成为督促职工努力争取的目标。

因此,在标准成本系统中,广泛使用这种标准成本。该方法有以下特点:它是用科学方法根据过去实际充分研究以后制定出来的,具有科学性和客观性;它考虑了可能出现的不利因素,制定的标准成本符合客观事实,具有现实性;它既是可以现实的成本标准,也是具有挑战性的成本标准,因而可以作为成本控制的标准,评价员工业绩,发挥激励员工的作用。

三、标准成本的制定

标准成本一般是由会计部门会同采购部门、技术部门和其他有关的经营管理部门,在对企业生产经营的具体条件进行分析、研究和技术测定的基础上共同制定的。制定标准成本通常首先确定直接材料和直接人工的标准成本;其次确定制造费用的标准成本;最后确定单位产品的标准成本。但无论是哪一个成本项目,都需要分别确定其用量标准和价格标准,两者相乘后得出成本标准。即:

某成本项目标准成本＝该成本项目的价格标准×该成本项目的用量标准

单位产品标准成本＝$\sum$(某成本项目的价格标准×该成本项目的用量标准)

＝直接材料标准成本＋直接人工标准成本＋制造费用标准成本

下面介绍正常标准成本的制定。

（一）直接材料标准成本的制定

直接材料标准制定中,用量标准表现为材料消耗定额,价格标准表现为材料计划单价。

直接材料标准＝消耗定额×计划价格

当一种产品消耗多种材料时,应先分别确定不同种材料后再汇总,即:

直接材料标准＝$\sum$(某种材料消耗定额×该种材料的计划价格)

其中,材料的消耗定额是指在现有生产技术和管理水平条件下,生产单位产品所需要的材料数量,包括必不可少的消耗以及各种难以避免的损失。材料的计划价格是预计下一年度实际需要支付的进料单位成本,包括发票价格、运费、检验、仓储和正常损耗等成本,是取得材料的完全成本。直接材料标准成本的制定,如表7-1所示。

表7-1 直接材料标准成本

产品:A

标　准	材料甲	材料乙
价格标准:		
发票单价	2.00元	3.00元
装卸检验费	0.10元	0.18元
每千克标准价格	2.10元	3.18元
用量标准:		
图纸用量	5.0千克	3.0千克
允许损耗量	0.5千克	—
单位产品标准用量	5.5千克	3.0千克
成本标准:		
材料甲(5.5×2.10)	11.55元	
材料乙(3.0×3.18)		9.54元
单位产品标准成本	21.09元	

(二) 直接人工标准成本的制定

直接人工标准制定中,用量标准表现为单位产品的标准工时,价格标准表现为标准工资率。

$$直接人工标准 = 标准工时 \times 标准工资率$$

其中,标准工时是指在现有生产技术和管理水平条件下,生产单位产品所需要的时间,包括直接加工操作必不可少的时间、必要的间歇和停工时间以及不可避免产生的废品所花费的时间等。标准工资率是指每一标准工时应分配的工资数额。在不同的工资制度下,标准工资率表现形式不同。在采用计件工资制下,标准工资率是预定的每件产品支付的工资除以标准工时,或者是预定的小时工资;在采用计时工资制下,需要根据月工资总额和可用工时总量来计算标准工资率。直接人工标准成本的制定,如表7-2所示。

表7-2 直接人工标准成本

小时工资率	第一工序	第二工序
生产工人人数	100	160
每人每月工时(8小时/天×22天)	176	176
出勤率	98%	98%
每人平均可用工时	172.5	172.5
每月总工时	17 250	27 600
每月工资总额	13 800	34 500
每小时工资	0.8	1.25
单位产品工时:		
理想作业时间	1.6	0.8
调整设备时间	0.2	—
工间休息	0.1	0.1
其他	0.1	0.1
单位产品工时合计	2	1
各工序直接人工标准成本	1.6	1.25
合计	2.85	

(三) 制造费用标准成本的制定

制造费用的标准成本是按部门分别编制,然后将同一产品涉及的各部门制造费用标准加以汇总,得出该产品所有的制造费用标准成本。各部门的制造费用标准成本分为变动制造费用标准成本和固定制造费用标准成本两部分。

1. 变动制造费用标准成本

变动制造费用标准的制定中,用量标准通常采用单位产品直接人工工时标准,有的企业采用机器工时或其他数量标准;价格标准是每一工时变动制造费用的标准分配率,

它是根据变动制造费用预算和直接人工总工时计算求得,即:

$$变动制造费用标准分配率 = \frac{变动制造费用预算总数}{直接人工标准总工时}$$

然后再将确定的数量标准和价格标准相乘,即可得出变动制造费用标准成本。

$$\frac{变动制造费}{用标准成本} = \frac{单位产品直接}{人工的标准工时} \times \frac{每小时变动制造}{费用的标准分配率}$$

根据各车间确定的变动制造费用标准成本,可汇总出单位产品的所有变动制造费用标准成本。变动制造费用标准成本的制定,如表7-3所示。

表7-3 变动制造费用标准成本

部　门	第一车间	第二车间
变动制造费用预算:		
运输	1 000	2 100
电力	1 000	2 500
消耗材料	2 100	2 000
间接人工	2 600	3 800
其他	500	600
合计	7 200	11 000
生产量标准(人工工时)	6 000	10 000
变动制造费用标准分配率	1.20	1.10
直接人工用量标准(人工工时)	2	1
变动制造费用标准成本	2.40	1.10
单位产品变动制造费用标准成本	3.50	

2. 固定制造费用标准成本

如果企业采用变动成本计算,固定制造费用不计入产品的成本,单位产品的标准成本不包括固定制造费用的标准成本,因此,不需要制定固定制造费用的标准成本。如果采用的是完全成本计算,固定制造费用要计入产品成本,此时需确定固定制造费用的标准成本。

固定制造费用的数量标准与变动制造费用的数量标准一致,包括直接人工工时、机器工时等。其价格标准是每一工时固定制造费用的标准分配率,计算公式如下:

$$固定制造费用标准分配率 = \frac{固定制造费用预算总额}{预计产能标准总工时}$$

然后将确定的用量标准和价格标准相乘,可得出固定制造费用的标准成本。

$$\frac{\text{固定制造费}}{\text{用标准成本}} = \frac{\text{单位产品直接}}{\text{人工标准工时}} \times \frac{\text{每小时固定制造}}{\text{费用的标准分配率}}$$

根据各车间确定的固定制造费用标准成本,可汇总出单位产品的固定制造费用标准成本,如表7-4所示。

表7-4 固定制造费用标准成本

部 门	第一车间	第二车间
固定制造费用预算:		
折旧费	400	3 000
管理人员工资	1 000	2 500
保险费	500	600
其他	500	400
合计	2 400	6 500
预计产能标准总工时	6 000	10 000
固定制造费用标准分配率	0.4	0.65
直接人工用量标准(人工工时)	2	1
固定制造费用标准成本	0.8	0.65
单位产品固定制造费用标准成本	1.45	

(四)标准成本卡

直接材料、直接人工和制造费用的标准成本确定之后,就可以按产品对它们加以汇总,得出有关产品完整的标准成本。通常,企业是通过编制"标准成本卡"来提供产成品标准成本的具体构成,为便于各级责任单位进行成本控制、成本核算、成本差异分析等工作,标准成本卡需要按车间、产品、成本项目分别反映,如表7-5所示。

表7-5 单位产品标准成本卡

产品名称:A

成本项目	数量标准	价格标准	标准成本
直接材料:			
材料甲	5.5千克	2.10元/千克	11.55元
材料乙	3.0千克	3.18元/千克	9.54元
合计			21.09元
直接人工:			
第一车间	2小时	0.8元/时	1.60元
第二车间	1小时	1.25元/时	1.25元
合计			2.85元

（续表）

成本项目	数量标准	价格标准	标准成本
制造费用：			
变动费用（第一车间）	2 小时	1.2 元/时	2.4 元
变动费用（第二车间）	1 小时	1.1 元/时	1.1 元
合计			3.5 元
固定费用（第一车间）	2 小时	0.4 元/时	0.8 元
固定费用（第二车间）	1 小时	0.65 元/时	0.65 元
合计			1.45 元
单位产品标准成本总计		28.89 元	

第三节　成本差异的计算与分析

在标准成本制度下，成本差异是管理当局需要的一项十分重要的管理信息，它反映了有关责任中心的工作质量和业绩，据以发现问题，改进工作。其对成本的日常控制主要表现为计算成本差异大小，分析差异产生的原因，作出正确的判断，进而采取相应措施，使实际成本尽量靠近预定标准，发展有利差异，消除不利差异，促进成本的降低，实现对成本的有效控制。

一、成本差异及成本差异分析的一般原理

标准成本是一种目标成本，由于种种原因，产品的实际成本会与目标不符。实际成本和标准成本之间的差额，称为标准成本的差异，即成本差异。如果实际成本大于标准成本，其差异为不利差异，通常记录在差异账户的借方，表示成本的浪费；如果实际成本小于标准成本，其差异为有利差异，通常记录在差异账户的贷方，表示成本的节约。

产品成本一般包括直接材料费用、直接人工费用和制造费用，因此，成本差异也包括直接材料成本差异、直接人工成本差异和制造费用成本差异。由于各成本项目的实际数额取决于实际用量和实际价格，标准数额取决于标准用量和标准价格，所以成本差异可以归结为价格脱离标准造成的价格差异与用量脱离标准造成的数量差异两类。价格差异，指的是由于材料单价、小时工资率或小时费用率三个价格因素脱离标准，按实际数量计算的多支出（或少支出）的成本。因此，计算价格差异以实际数量为准。数量差异指的是材料的用量、人工工时二个数量因素脱离标准，按标准价格计算的多支出（或少支出）的成本。因此，计算数量差异以标准价格为准。

成本差异＝实际成本－标准成本
＝实际数量×实际价格－标准数量×标准价格
＝实际数量×实际价格－实际数量×标准价格＋实际数量
　　×标准价格－标准数量×标准价格
＝实际数量×(实际价格－标准价格)＋(实际数量－标准数量)
　　×标准价格
＝价格差异＋数量差异

有关数据之间的关系如下：
① 实际数量×实际价格
② 实际数量×标准价格
③ 标准数量×标准价格
①－②得价格差异
②－③得数量差异
①－③即为成本差异

二、直接材料成本差异的计算及其分析

直接材料的实际成本与标准成本之间的差额，叫作直接材料成本差异。它包括两部分：一是材料价格脱离标准的差异，即材料价格差异；二是材料用量脱离标准的差异，即材料用量差异。

1. 材料价格差异的计算与分析

直接材料的价格差异就是对于实际采购的材料数量按实际价格计算与按标准价格计算之间的差额。其计算公式为：

$$材料价格差异＝实际数量×(实际价格－标准价格)$$

或

$$＝AQ×(AP－SP)$$

应该注意：这里的实际数量是指一定时期的采购数量，而不是实际耗用量。这是责任会计制度下为了分清经济责任之故。

影响材料价格差异的因素很多，如采购批量、交货方式、运输工具、材料数量、购货折价等等，通常这些应由采购部门负责。如果采购部门都能按照制定标准时的预期水准加以控制，一般就不会出现价差。当然有些是采购部门无法负责的，如国家对原材料价格的调整，以及由于企业生产情况的变化，致使原材料未能按计划采购等等。对于这些情况，应查明差异的真实原因，以便确定责任。

2. 材料数量差异的计算与分析

直接材料数量差异是指材料的标准价格按实际耗用量计算的材料成本之间的差额。它的计算公式如下：

$$材料数量差异＝标准价格×(实际用量－标准用量)$$

或

$$＝SP×(AQ－SQ)$$

造成材料数量差异的原因，主要包括：生产工人的技术熟练程度，对工作的责任感，加工设备的完好程度，材料的规格和质量是否符合规定要求以及产品的质量控制和保管制

度是否健全。有无贪污盗窃等等。因此,材料用量脱离标准造成的有利或不利差异,除了材料质量次导致用量多外,其余的归因于生产部门,它反映着生产部门的成本控制业绩。

例 7-1

> A工厂是一个生产某种汽车零件的专业工厂,产品成本计算采用标准成本计算系统,有关资料如下:原材料在生产开始时一次投入,在产品直接材料成本约当产成品的系数为1;产品直接材料的单位标准成本为30元(材料耗用量10千克,材料单位价格3元/千克);月初在产品数量600件,本月投产数量2 500件,本月完工入库数量2 400件,月末在产品数量700件。本月购入原材料30 000千克,实际成本88 500元(已用支票支付);本月生产领用原材料25 500千克。
>
> 试计算直接材料成本差异。
>
> 解:购入原材料:
>
> 实际价格=88 500÷30 000=2.95元/千克
>
> 材料价格差异=实际数量×(实际价格-标准价格)
>
> =30 000×(2.95-3)
>
> =-1 500元(有利差异)
>
> 领用原材料:
>
> 材料数量差异=标准价格×(实际用量-标准用量)
>
> =3×(25 500-10×2 500)
>
> =1 500(元)(不利差异)
>
> 这就是说,由于购买材料的价格比标准低,使得直接材料成本节约1 500元,同时又由于生产实际用料比标准多,使得耗费的直接材料成本上升1 500元。

三、直接人工价格差异的计算及其分析

直接人工的实际成本与标准成本之间的差额,叫作直接人工成本差异,也由"价差"与"量差"两部分构成。

1. 直接人工价格差异的计算与分析

直接人工价格差异,即"工资率差异",它是按实际工资率计算的人工成本与按标准工资率计算的人工成本之间的差额。其计算方法与材料价格差异基本上相同,只需将"数量"(Q)改为"工时"(H),"价格"(P)改为"工资率"(R)。其计算公式如下:

直接人工工资率差异=实际工时×(实际工资率-标准工资率)

或 $=AH(AR-SR)$

工资率差异产生的原因一般为:工人调度不当,由高工资工人做低工资工人的工作;工资变动,原标准未及时修改;工资计算方法变更,如计时制改为计件制,计时工资

增加加班工资;季节性或紧急性生产增发工资等等。

2. 直接人工数量差异的计算与分析

直接人工数量差异,又称"人工效率差异",是指标准工资率按实际工时计算的人工成本与按标准工时计算的人工成本之间的差额。其计算方法与材料用量差异基本上相同,只需将"价格"变为"工资率","用量"改为"工时"。其计算公式为:

$$直接人工工效率差异 = 标准价格 \times (实际用量 - 标准用量)$$
$$= 标准工资率 \times (实际工时 - 标准工时)$$

或
$$= SR \times (AH - SH)$$

人工效率差异是考核每个工时生产能力的重要指标,因为降低单位产品成本的关键就在于不断提高工时的生产能力。这种差异产生的原因归结起来有以下几点:

① 工人生产技术不熟练,造成实际工时超过标准工时;
② 材料不合格,加工时需花费较多的工时;
③ 生产工艺改变,未及时修订标准;
④ 材料供应不及时,造成停工待料,浪费工时;
⑤ 燃料、动力供应中断,停工待产,浪费工时;
⑥ 设备发生故障,停工待修,浪费工时;
⑦ 生产计划安排不当造成"窝工";
⑧ 工作环境不良,工人情绪不佳,不能充分发挥生产潜力;
⑨ 工作安排得当,工人生产技术提高或生产积极性高,提前完成预定任务,减少工时等等。

上述原因基本都是可控的,可分为不同原因由不同的部门负责。其中①、⑦、⑧应由生产部门、职工教育部门负责;②、④、⑤、⑥等应由采购、动力部门负责;其他原因造成的,也要由相应的有关部门负责。

例 7-2

承前例:某产品直接人工的单位标准成本为 16 元(工时耗用 4 小时,小时工资率 4 元/小时);月初在产品数量 600 件,本月投产数量 2 500 件,本月完工入库数量 2 400 件,月末在产品数量 700 件,除直接材料外的其他费用陆续发生,其在产品约当产成品的系数为 0.5,实际耗用工时 9 750 小时,应付生产工人工资 40 000 元。试计算直接人工成本差异。

解:本月实际完成约当产量 = 月末在产品约当产量 + 本月完工产成品数量 − 月初在产品约当产量
$$= 700 \times 0.5 + 2\,400 - 600 \times 0.5$$
$$= 2\,450 \text{ 件}$$

直接人工工资率差异 = 实际工时 × (实际工资率 − 标准工资率)
$$= 9\,750 \times (40\,000/9\,750 - 4 \text{ 元/小时})$$
$$= 1\,000 \text{ 元(不利差异)}$$

直接人工效率差异＝(实际工时－标准工时)×标准工资率
＝(9 750－2 450×4)×4
＝－200元(有利差异)

直接人工成本差异＝直接人工工资率差异＋直接人工效率差异
＝1 000＋(－200)
＝800元

上述分析表明,由于实际工资率比标准高使直接人工成本上升1 000元,形成不利差异,由于实际工时耗用数量比标准少,使直接人工成本下降200元,形成有利差异。以上两因素共同作用,造成了不利差异共800元。

四、变动制造费用成本差异的计算与分析

变动制造费用的成本差异,是指实际变动制造费用与变动制造费用预算之间的差额。这一差额同样可以分解为"价差"与"量差"。

1. 变动制造费用耗费差异

变动制造费用耗费差异,是实际发生的变动制造费用数额与按实际工时计算的标准变动制造费用数额之间的差额。其计算公式与工资率差异基本上相同,只需将"工资率"改为"费用分配率",其公式如下：

变动费用耗用差异＝实际工时×(变动费用实际分配率－变动费用标准分配率)

或　　　　　　　　＝$AH \times (AR - SR)$

造成变动制造费用耗费差异的产生有以下多种原因：

(1) 预算估计错误,实际发生的费用超过或低于预算额；

(2) 间接材料价格变化；

(3) 间接人工工资调整；

(4) 间接材料质量低劣,耗用量加大,费用增多；

(5) 间接人工过多；

(6) 其他各项费用控制不当。

上述因素中,有的属于可控成本,如(1)、(4)、(5)、(6)等,其责任应分别由财务部门、采购部门、生产部门负担；另外还有一些属于不可控成本,如(2)、(3),其责任则不应由哪个部门负责。

2. 变动费用效率差异的计算与分析

变动费用效率差异就是变动费用的数量差异,它是按生产实际耗用工时计算的变动费用与按标准工时计算的变动费用之间的差额。其计算公式如下：

变动费用效率差异＝变动费用标准分配率×(实际工时－标准工时)

或　　　　　　　　＝$SR \times (AH - SH)$

变动费用的效率差异是由于实际工时脱离了标准,多用工时或少用工时而造成的变动制造费用变化,所以其形成原因与人工效率差异相同,其责任也可参见直接人工用量差异的分析。

例 7-3

承前例:产品的变动制造费用单位标准成本为 6 元(工时耗用 4 小时,变动制造费用小时分配率 1.5 元/小时),实际发生变动制造费用 15 000 元。试计算变动费用成本差异。

解:变动制造费用效率差异 =(实际工时 — 标准工时)× 变动制造费用标准分配率
= (9 750 — 2 450 × 4) × 1.5
= —75 元(有利差异)

变动制造费用耗费差异 = 实际工时 ×(变动制造费用实际分配率 — 变动制造费用标准分配率)
= 9 750 × (15 000/9 750 — 1.5)
= 375 元(不利差异)

变动费用成本差异 = 变动制造效率差异 + 变动制造耗费差异
= —75 + 375 = 300 元

通过分析计算可知,由于变动制造费用实际小时分配率比标准高,使费用成本上升了 375 元;由于实际工时耗用数量比标准少,又使变动制造费用成本下降了 75 元。以上两因素共同作用,造成了不利差异共 300 元。

五、固定制造费用成本差异的计算与分析

根据成本习性原理,固定制造费用总额在相关范围内不因业务量变动而变动,但单位产品成本中负担的固定制造费用,恰与业务量的增减成反比例的变动。从管理当局的角度来说,由于对产品定价或其他方面的考虑,往往需要有一种人为的稳定的单位固定成本。因此,对固定制造费用一般是采用固定预算方式进行控制的。如在全部成本计算方法下制定标准成本时,对于固定制造费用应先订出一个标准的固定制造费用的分配率。其计算公式是:

$$标准的固定制造费用分配率 = \frac{固定制造费用预算总额}{预计产能标准总工时(或机器小时)}$$

在日常经济活动中由于实际耗用的工时或机器小时总数与预计的标准不一致,而固定制造费用的实际发生数与预算数往往也会有出入,因此就会产生差异。

固定制造费用成本差异的计算,通常有两因素法和三因素法。

1. 两因素计算法——计算两种差异

(1) 固定制造费用预算差异——就是固定制造费用的实际支付数与预算数的差

额。它是以提前制定的预算数作为考核标准,一旦实际数超过了预算数就应该适当采取措施予以控制。也称耗费差异或开支差异。其计算公式为:

固定制造费用预算差异＝固定制造费用实际支付数－固定制造费用预算数

(2) 固定制造费用能量差异——指在标准生产能量下,标准产量工时的标准固定费用与在实际产量应耗费标准工时下的标准固定费用之间的差额。也就是说,能量差异产生的原因是实际产量与预算产量不等造成的。因此,能量差异往往也称为"产量差异"。

其计算公式如下:

$$\text{固定制造费用能量差异} = \text{固定制造费用预算数} - \text{固定制造费用标准成本}$$

$$= \text{固定制造费用标准分配率} \times \left(\text{产能标准总工时} - \text{实际产量应耗标准工时}\right)$$

2. 三因素计算法——计算三种差异

(1) 固定制造费用耗费差异——其计算公式为:

固定制造费用差异＝固定制造费用实际支付数－固定制造费用预算数

(2) 固定制造费用效率差异——其计算公式为:

$$\text{固定制造费用效率差异} = \text{固定制造费用标准分配率} \times \left(\text{实际耗用工时} - \text{实际产量应耗标准工时}\right)$$

(3) 固定制造费用生产能力利用差异——其计算公式为:

$$\text{固定制造费用生产能力利用差异} = \text{固定制造费用标准分配率} \times \left(\text{产能标准总工时} - \text{实际耗用工时}\right)$$

从以上计算可以看出:两因素法与三因素法并无实质差异。因为后者的"耗费差异"就是前者的"预算差异",而后者的"效率差异"与"生产能力利用差异"之和就等于前者的"能量差异"。

固定制造费用成本差异的分析,可以从预算差异和能量差异两方面来看:

"预算差异"的发生原因有:

① 管理人员工资调整并带来职工福利费的同时调整;

② 折旧方法的改变,如采用快速折旧法;

③ 修理费用开支加大;

④ 租赁费、保险费调整;

⑤ 各项公用价格上涨;等等。

产生固定制造费用能量差异的原因往往有如下几点,这些原因都会使企业开工不足,生产能量不能充分发挥:

① 市场萎缩,订货减少;

② 原设计生产能量过剩,市场容纳不下;

③ 供应不足,停工待料;

④ 机械发生故障，停工修理；
⑤ 燃料能源短缺，开工不足；
⑥ 产品调整，小批量试产；
⑦ 人员技术水平有限，不能充分发挥设备能力；等等。

如果预算产量代表企业有能力生产和销售的数量，只是由于有关部门有关人员工作失误才会产生的产量差异。在这种情况下，能量差异反映了生产能力的利用程度，该项差异的责任应归于生产部门。但是，能量差异的形成可能是由生产部门无法控制的因素造成的。

另外，当企业销售预测过于乐观，使得实际需求量低于预测的销售的数量时，企业的明智之举应该是让实际产量低于预算产量，而不是机械地按预算组织生产。在这种情况下，我们就不宜将能量差异区分为有利和不利差异。如果企业将固定制造费用的能量差异直接用于成本控制和业绩评价，那么生产部门就有可能采取增加产量进而增加库存的方式来避免不利差异的出现，而盲目增加库存又会给企业带来很多负面影响。因此对某些企业而言，能量差异不宜直接用于成本控制和业绩评价。

总之，企业应根据不同的原因，各分管部门应对自己的可控部分的差异负责。

例 7-4

承前例：产品固定制造费用的单位标准成本为 4 元（工时耗用 4 小时，固定制造费用小时分配率 1 元/小时），生产能量 11 000 小时，实际发生固定制造费用 10 000 元。试分别计算固定制造费用的两种差异和三种差异。

解：(1) 两种差异：

固定制造费用耗费差异 = 固定制造费用实际支付数 − 固定制造费用预算数
$$= 10\ 000 - 1 \times 11\ 000$$
$$= -1\ 000\ \text{元（有利差异）}$$

$$\text{固定制造费用能量差异} = \left(\text{生产能量} - \text{实际产量} \times \text{标准工时}\right) \times \text{固定制造费用标准分配率}$$
$$= (11\ 000 - 2\ 450 \times 4) \times 1$$
$$= 1\ 200\ \text{元（不利差异）}$$

固定制造费用成本差异 = 固定制造耗费差异 + 固定制造能量差异
$$= -1\ 000 + 1\ 200$$
$$= 200\ \text{元}$$

(2) 三种差异：

$$\text{固定制造费用耗费差异} = \text{固定制造费用实际支付数} - \text{固定制造费用预算数}$$
$$= 10\ 000 - 1 \times 11\ 000$$
$$= -1\ 000\ \text{元（有利差异）}$$

$$\text{固定制造费用生产能力利用差异} = \left(\text{生产能量} - \text{实际工时}\right) \times \text{固定制造费用标准分配率}$$
$$= (11\,000 - 9\,750) \times 1$$
$$= 1\,250\,元(不利差异)$$

$$\text{固定制造费用效率差异} = \left(\text{实际工时} - \text{实际产量标准工时}\right) \times \text{固定制造费用标准分配率}$$
$$= (9\,750 - 2\,450 \times 4) \times 1$$
$$= -50\,元(有利差异)$$

$$\text{固定制造费用成本差异} = \text{固定制造耗费差异} + \text{固定制造费用闲置能量差异} + \text{固定制造费用效率差异}$$
$$= -1\,000 + 1\,250 + (-50)$$
$$= 200\,元$$

三因素分析法的闲置能量差异（1 250 元）与效率差异（-50 元）之和为 1 200 元，与二因素分析法中的"能量差异"数额相同。

最后，可以计算出完工产品标准成本 = 2 400 件 × 56 元/件 = 134 400 元。

第四节 成本差异的账务处理

成本差异的处理是标准成本制度的内容之一。按照前面介绍的方法，可以把实际发生的各项成本划分为标准成本和成本差异两个部分，而本节将简要介绍划分后的成本差异的账务处理。

一、标准成本法账务处理的特点

标准成本制度可以结合完全成本法，也可以结合变动成本法使用，成本差异的账务处理也会有些不同。为了同时提供标准成本、成本差异和实际成本三项成本资料，标准成本系统的账务处理一般具有以下几个特点：

（一）"原材料""生产成本"和"产成品"账户的借贷方，都按标准成本记账

在实际成本系统下，从原材料到产成品的流转过程，是以实际成本入账。而在标准成本系统中，这些账户应按标准成本进行核算，即借贷方均登记实际数量的标准成本，其余额一般在借方，反映这些资产项目的标准成本。

（二）设置成本差异账户，记录各项成本差异

对于实际成本脱离标准成本而形成的各项成本差异，应当按照成本差异的类别设置一系列成本差异账户，以便于日常分析和控制。这类账户借方登记的金额，反映了实际成本超过标准成本的数额，即不利差异；贷方登记的金额，反映了实际成本低于标准成本

数额,即有利差异。成本差异账户主要有"材料价格差异""材料数量差异""直接人工效率差异""直接人工工资率差异""变动制造费用耗费差异""变动制造费用效率差异""固定制造费用耗费差异""固定制造费用效率差异""固定制造费用能量差异"等。差异账户的设置要与采用的成本差异分析方法相适应,为每一种成本差异设置一个账户。

（三）在会计期末对成本差异进行处理

各成本差异账户的累计发生额,反映了本期成本控制的业绩。在月末（或年末）对成本差异的处理方法有两种：

1. 结转本期损益法

结转本期损益法是指在会计期末将所有差异全部转入"本年利润"账户,或先将差异转"主营业务成本"账户,视同于销售成本,再随同已销售产品的标准成本一起转至"本年利润"账户。采用这种方法是认为标准成本是真正的正常成本,成本差异是由于不正常的低效率和浪费等经营管理问题造成的,并非产品的原因,也不应由产品来负担,因而应直接体现在本期损益中,使当期经营成果与成本控制的业绩挂钩。这种方法的账务处理比较简单,但是在这种方法下,生产成本和产品存货成本均以标准成本反映,与实际成本原则不符,而且如果差异数额较大或者制定的标准成本不符合实际的正常水平,会使存货成本资料严重脱离实际,同时会歪曲本期的经营成果,因此,当成本差异数额不大时采用此种方法。西方应用标准成本控制系统的企业多数采用此种方法。

2. 调整销货成本与存货成本法

按照这种方法,在会计期末将成本差异按一定比例分配到已销产品成本和存货成本。通过差异分配,存货成本和销货成本均以实际成本反映,符合税法和会计制度的要求。该法强调本期发生的成本差异与存货和销货均相关,应由它们共同负担。这种做法会增加一些计算分配的工作量,而且有些差异计入存货成本不一定合理,例如闲置能量差异是一种损失,不能在未来换取收益,作为资产计入存货成本不合理,可作为期间费用参加当期损益汇总。

选择何种成本差异的处理方法,应综合考虑成本差异的类型（材料、人工或制造费用）、大小、原因、时间等多种因素,对于不同成本差异也可以采用不同的处理方法,如直接材料价格差异多采用调整销售成本与存货法,闲置能量差异多采用结转本期损益法。应注意的是,差异处理的方法是要保持一贯性,使成本数据具有可比性,防止信息使用者产生误解。

二、成本差异的账户处理

仍以上述例题为例,对本月产品的各种成本差异进行归集并编制会计分录。根据前面的有关计算资料,作出相应的账务处理如下：

（1）购入原材料

借：原材料　　　　　　　　　　　　　　　　　　　　　　　　90 000
　　贷：材料价格差异　　　　　　　　　　　　　　　　　　　　1 500
　　　　银行存款　　　　　　　　　　　　　　　　　　　　　　88 500

(2) 领用原材料

借：生产成本	75 000
材料数量差异	1 500
贷：原材料	76 500

(3) 直接人工工资

借：生产成本	39 200
直接人工工资率差异	1 000
贷：应付工资	40 000
直接人工效率差异	200

(4) 结转本期变动制造费用

借：生产成本	14 700
变动制造费用耗费差异	375
贷：变动制造费用	15 000
变动制造费用效率差异	75

(5) 结转本期固定制造费用（二因素法）

借：生产成本	9 800
固定制造费用能量差异	1 200
贷：固定制造费用	10 000
固定制造费用耗费差异	1 000

(6) 完工产品入库

借：产成品	134 400
贷：生产成本	134 400

(7) 结转成本差异

假设本工厂采用"结转本期损益法"处理成本差异，每月末结转"主营业务成本"账户。

借：主营业务成本	1 300
材料价格差异	1 500
直接人工效率差异	200
变动制造费用效率差异	75
固定制造费用耗费差异	1 000
贷：材料数量差异	1 500
直接人工工资率差异	1 000
变动制造费用耗费差异	375
固定制造费用能量差异	1 200

通过该项结转分录，月末各成本差异科目均无余额。标准成本法的账务处理程序，见图 7-1 所示。

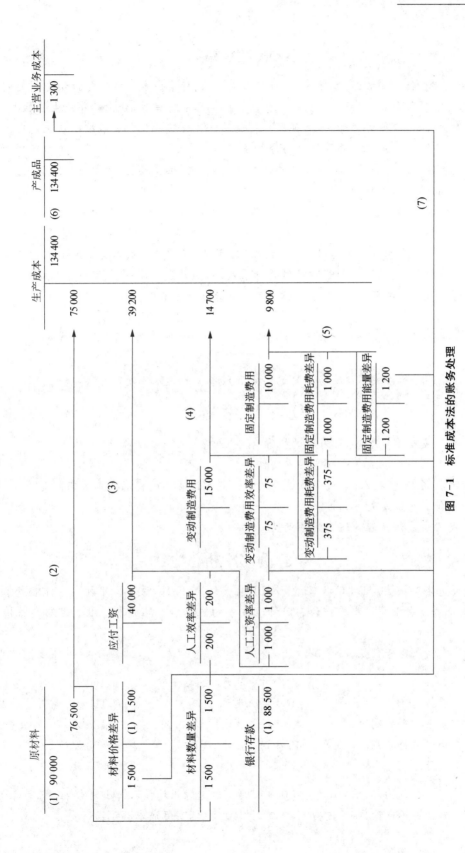

图 7-1 标准成本法的账务处理

本 章 小 结

本章首先阐述了标准成本制度,亦称标准成本法、标准成本系统。是指预先制定成本标准,并将实际成本与实际标准成本进行比较,揭示成本差异,分析差异产生的原因,明确经济责任,消除差异,并据以加强成本控制的一种成本计算和成本控制系统。它包括标准成本的制定、成本差异的计算与分析和成本差异的处理。其作用有:(1)有利于进行成本控制;(2)有利于简化会计工作;(3)有利于进行预算控制,便于企业经营决策;(4)有利于正确评价工作业绩。

其次阐述了标准成本的制定及种类。即标准成本,是在充分精确的调查、分析和技术测定的基础上,根据企业已达到的技术水平所确定的企业在有效经营条件下生产某种产品所应当发生的成本。其种类有:理想标准成本、正常标准成本。制定标准成本通常确定直接材料、直接人工和制造费用的标准成本,然后制定单位产品的标准成本,但无论是哪一个成本项目,都需要分别确定其用量标准和价格标准,两者相乘后得出成本标准。

再次阐述了直接材料成本差异、直接人工、变动性制造费用、固定性制造费用的计算及其分析。

最后阐述了标准成本法账务处理的特点及成本差异的账务处理。

复 习 思 考 题

1. 在制定标准成本时,可采取的标准有哪几种?
2. 企业实施标准成本法有哪些重要作用?
3. 直接材料、直接人工、变动制造费用和固定制造费用的标准成本如何制定?
4. 如何进行成本差异分析?
5. 标准成本法的账处理有何特点?

案 例 分 析

某公司生产机械产品,有职工近千人,月生产能力 25 件,该公司年初实行标准成本控制制度,并以行业先进水平作为制定标准成本的依据。产品成本标准制定与实施情况如下:

(1) 单位产品标准成本

直接材料	50 公斤×9 元/公斤	450 元
直接人工	45 小时×4 元/小时	180 元
变动制造费用	45 小时×3 元/小时	135 元
固定制造费用	45 小时×2 元/小时	90 元
合计		855 元

该产品生产能力标准总工时为 1 000 小时。制造费用均按人工小时分配。

(2) 本月实际产量 20 件,实用人工工时 950 小时,实际成本如下:

直接材料	900公斤×10元/公斤	9 000元
直接人工		3 325元
变动制造费用		2 375元
固定制造费用		2 850元
合计		17 550元

要求：
(1) 请根据成本控制的基本理论分析标准成本的作用；
(2) 计算直接材料成本的价格差异和用量差异并分析产生差异的原因；
(3) 直接人工成本的工资率差异和人工效率差异并分析产生差异的原因；
(4) 变动制造费用的开支差异和效率差异并分析产生差异的原因；
(5) 固定制造费用的开支差异、效率差异和生产能力利用差并分析产生差异的原因。

第八章 责任会计

【引导案例】

　　20世纪80年代,海尔实行的是"工厂制"。集团成立后,1996年开始实行"事业部制",集团由总部、事业本部、事业部、分厂四层次组成,分别承担战略决策和投资中心、专业化经营发展中心、利润中心、成本中心职能。事业部制是一种分权运作的形式,首创于20世纪20年代的美国通用汽车公司和杜邦公司。它在总公司领导下设立多个事业部,各事业部有各自独立的产品和市场,实行独立核算。事业部内部在经营管理上则拥有自主性和独立性。这种组织结构形式最突出的特点是"集中决策,分散经营",即总公司集中决策、事业部独立经营。这是在组织领导方式上由集权向分权制转化的一种改革。分权管理模式下需要有效的内部控制制度,以防止事业部为自己的利益而牺牲其他事业部甚至企业整体的利益。为了适应这种要求,在企业内部建立各种责任中心,对责任中心进行控制和考核的责任会计制度应运而生。责任会计是一种基于绩效管理的内部管理系统,核心思想是通过对责任中心责权利的匹配与业绩考核评价来促进企业经营管理目标顺利实现。责任会计制度具体包括哪些主要内容,有哪些作用,如何实施呢?你将在本章的学习中找到这些问题的答案。

【学习目的和要求】

　　本章主要阐述责任会计制度的基本原理,通过本章的学习,了解企业分权管理的背景、意义以及责任会计的作用,重点掌握不同责任中心的特点和业绩评价方法,理解建立责任会计制度的基本原则,掌握制定内部转移价格的主要方法。

　　随着国际经济的迅速发展和市场竞争的日趋激烈,出现了企业经营多元化、复杂化,规模越来越大的趋势。分支机构众多、分部规模扩大是现代公司制企业的一个重要特点,利用整体预算或成本报告来集中规划及控制各部门的业务变得日益困难。因此,许多公司采用分权化来对公司进行扁平化的管理,把每一部门视为一个责任中心,按不同的责任中心的职能,由分部经理进行自主管理,而总部仅负责其业绩的考核和经营目标的制定,这就是责任会计制度。责任会计是现代管理会计的重要内容,实行责任会计制度是企业将庞大的组织分而治之的一种做法。

第一节 责任会计概述

一、分权管理与责任会计

责任会计(responsibility accounting)一词源于西方,最早是由美国著名会计学家希金斯(John. A. Higgins)于1952年提出的。一般认为责任会计是指在企业内部划分若干责任中心,以各责任中心为会计主体,进行控制、核算、分析和考核的一种控制体系。企业在一定期间内生产经营活动的全面预算,为整个企业及其生产经营的各个方面规定了总的目标和任务。为保证总目标的顺利实现,企业还必须把全面预算中确定的目标按企业内部的各个责任中心进行分解,形成责任预算。通过责任预算的执行、控制和考核,来实现全面预算,而这些都要通过责任会计来进行。责任会计的产生与企业的分权管理模式密不可分。

第二次世界大战以后,随着现代科学的迅速发展和大规模应用于生产,使社会生产力获得极大的提高。同时,由于资本的进一步集中,企业的规模以前所未有的速度扩大,出现了越来越多的股份公司、跨行业公司和跨国公司,企业经营日趋复杂化和多样化。企业规模的迅速扩大,一方面有效地提高了企业的竞争能力,另一方面也使企业内部的经营管理日趋复杂。在这种情况下,传统的集权管理模式由于其决策集中,应变能力差,无法满足迅速变化的市场需求,而逐渐被现代分权管理模式所取代。分权管理的典型表现形式是事业部制,即通过建立事业部这种具有自主权的组织结构,将决策权在不同层次的管理人员之间进行适当划分,并通过适当的授权,使各个部门拥有一定的权力和职责。

进入20世纪90年代以来,许多企业在实践中体会到,在今天高度竞争和技术驱动的环境中,限制企业增长和战略成功的稀缺资源不是资本,而是专业化的知识和专长以及蕴藏在企业中的组织能力。也就是说,企业为获得竞争优势,必须从资源分配、管理层次的设置、决策程序和部门间关系等多方面对原有组织模式进行构造。尽管企业的组织变革各有侧重,具体方法各不相同,但可以看出西方大企业的组织变革呈现出一种共有的趋势,存在了60多年被几乎所有大企业采用的事业部制的组织模式正在被一种新型的组织模式——扁平化网络组织所取代。这种新的组织模式和事业部制相比,其组织结构单元和单元之间的关系类似一个网络,更具分散性、创新性、高效性和协作性。其实质是减少企业管理层、强化分权管理。

许多公司如宝洁、强生和百事可乐等都相信,分权对于它们的成功是非常重要的。强生公司董事会主席兼首席执行官比尔·韦尔登曾经自豪地说:"强生的魅力来自分权。"公司拥有多个知名品牌,分布广泛的每一个分部都能够像一家企业一样独立地经营。尽管高度的分权会导致相对高昂的管理费用,但是强生公司的所有管理者都不认为这些费用会高到难以承担。实施分权管理的主要优点是:(1)通过决策权的划分,使最高层管理人员能将其有限的时间和精力集中于企业最重要的战略决策,将日常管理问题交给接近这些问题的基层管理人员来处理,有利于决策的及时性和有效性。与高层经理相比,下属单位(子单位)经理对他们的客户、竞争对手、供货商和员工更为了解。赋予决策权的下属单位经理能应用他们的信息对客户、竞争对手、供货商和员工的需求及时作出反应。与一个被层层上报的决策方式拖了后腿的组织相比,这样的组织显然更具有竞争优势。(2)通过决策授权,能有效调动各层次管理人员的积极性和创造性,从而群策群力,使全体管理人员既能为提高企业经济效益作出贡献,又能体现其自身价值。实施高度分权的美国强生公司就认为:"分权制＝创造力＝劳动生产率"。(3)分权制有助于管理人员的开发与学习。给予经理们更多的责任能促进经验丰富的管理人才库的开发。通过这种方式,公司可以选拔人才填补更高层的管理职位,也可以了解到哪些人不具备管理素质。

然而,分权制也可能带来一些负面影响,例如:(1)可能导致不够理想的决策。某项决策尽管能够给子单位带来益处,却不足以抵消整个公司因此付出的代价或遭受的损失。产生这种代价的原因是由于高层经理放弃了对某些决策的控制。这种情况有可能发生在整个企业目标、子单位目标、决策者个人目标不一致时,或者子单位经理作决策时并不知道决策对整个企业的其他部门会产生何种影响。(2)降低了对整个组织的忠诚度。个别子单位经理出于自身利益的考虑,会将同一组织的其他子单位经理视为外人,因此可能不愿与之分享重要信息或在对方面临紧急情况时不愿给予帮助。(3)增加收集信息的成本。经理们可能在子单位之间转让内部产品或服务时的讨价还价上花费太多时间。

因此,分权制有一个程度问题。彻底的分权制意味着一个组织中的最低层经理们在决策上受到的限制最少而得到的权力最大。彻底的集权制意味着一个组织中的最低层经理们在决策上受到的限制最多而得到的权力最少。在绝大多数的组织里,我们会发现一定程度的分权和一定程度的集权同时并存。

随着分权管理的实施,为了有效地对企业内部单位实施控制,有必要根据企业内部各单位所处的管理层次,赋予相应的管理权限,明确相应的责任。各分权单位既有自身利益,但又不允许各分权单位在所有方面像一个独立的组织那样进行经营。因为分权单位的行为不仅会影响到其自身的经营业绩,而且会影响到其他分权单位的经营业绩和企业整体的利益。因此,在实行分权管理的情况下,如何协调各分权单位之间的关系,使各分权单位与企业整体实现目标一致性,以及如何对各分权单位的经营业绩进行评价和考核,就显得尤为重要。责任会计制度正是为了适应这种要求而在企业内部建立各种责任中心,对责任中心进行控制和考核的一种内部管理控制制度。责任会计以企业内部各责任中心的生产经营活动为对象,以保证企业目标的顺利实施并不断提高总体效益为目的,以设计多样化、个性化的激励措施为手段,通过授权经营建立各类责任中心,实行目标管理,编制和实施责任预算,进行责任考评并将考评结果与责任人的报酬紧密结合起来。这种制度要求:根据赋予各级单位的权力、责任及对其业绩的评价方式,将企业划分为各种不同形式的责任中心,建立起以各责任中心为主体,以权、责、利相统一为特征,以责任预算、责任控制、责任考核为内容,通过信息的积累、加工和反馈而形成的责任会计制度。责任会计的目的是提供各种会计报告,以使各责任中心的责任人了解其相应的责、权、利,作为今后评价各责任中心业绩的主要依据。

责任会计制度是在20世纪80年代初引入我国的,但事实上我国企业在此之前也有类似的管理实践活动。20世纪50年代初期,我国企业学习苏联的管理经验,实施班组经济核算,把产量、质量、成本消耗等经济责任落实到生产班组和个人;60年代初期,在车间、班组核算的基础上,实行资金与成本归口分级管理,进一步明确了企业内部各单位应承担的资金、成本责任;到了20世纪80年代,企业将各项承包计划进行分解落实到各内部核算单位,实行内部承包责任制和厂内经济核算,进一步将企业内部各核算单位的责权利紧密结合起来。这些方法都体现了责任会计的思想,促进了内部各单位目标与企业总体目标的一致,也激发了广大职工参与管理的积极性,是我国责任会计理论与实践的重大突破。随着在企业实践中越来越广泛的应用,责任会计正逐渐成为一种受企业管理人员重视的行之有效的内部管理控制制度。

二、责任会计的基本内容

责任会计的基本内容指企业为了建立和推行责任会计必须具备的基础和条件,虽然实践中各企业在实行责任会计的具体做法上有所不同,但基本上都包括以下几个方面:

(1) 合理划分责任中心。实行责任会计,首先应根据企业内部管理的需要,合理设置责任中心,即根据企业的具体情况和内部管理的实际需要,把其所属的各部门、各单位划分为若干分工明确、责权范围清楚的责任中心,并规定这些中心的负责人对他们分工负责的成本、收入、边际贡献、税前利润、投资效益等重要经济指标,向上一级主管单位承担经济责任;同时赋予他们相应的经营管理的决策权,并使他们获得的经济利益与其业绩和贡献直接挂钩。

(2) 正确编制责任预算。企业的全面预算是按照生产经营过程来落实企业的具体目标的。而责任预算,则是按照责任中心来落实企业的总体目标,即将企业的总体目标层层分解,具体落实到每一个责任中心,作为其开展经营活动、评价工作成果的基本标准和主要依据。

(3) 建立健全原始记录与报告系统。责任中心及其责任预算一经确定,就要按责任中心建立相应的一套完整的日常记录、计算和积累有关责任预算执行情况的原始记录系统,对实际执行情况进行跟踪反映,并定期编制"业绩报告",找出实际执行情况与预算之间的差异,以作为业绩评价和考核的依据,对工作成果进行全面的分析、评价。健全的记录与报告系统必须具备相关性、及时性和准确性三个特征。

(4) 合理制定内部转移价格。为了便于划分各责任中心的经济责任,明确各责任中心的业绩,各责任中心相互之间提供产品或劳务,应根据各责任中心经营活动的特点,合理地制定内部转移价格,并据以计价结算。所制定的内部转移价格,必须既有助于调动各个方面资本经营的主动性、积极性,又有助于实现局部和整体之间的目标一致。

（5）分析评价业绩,建立奖罚制度。通过定期编制业绩报告,对各个责任中心的工作进行全面分析和评价,并按实际工作成果的好坏进行奖惩,做到功过分明、奖惩有据,最大限度地调动各个责任中心的积极性,促进其相互协调并卓有成效地开展各项活动。

三、建立责任会计制度的基本原则

责任会计制度的建立,在不同行业、不同规模的企业中,因具体情况的不同而各有差异,即使在同一企业,也常在不同时期采用不同的做法。但无论建立怎样的责任会计制度,均应体现责、权、利相结合,明确责任、核算业绩与控制考评等相互衔接的基本特征。为了更好地发挥责任会计的作用,一般应遵循以下基本原则。

（1）目标一致性原则。目标一致性原则,就是要求各责任中心目标的实现要有助于企业总体目标的实现,使两者的目标保持一致。实行责任会计的目的在于促使企业内部各单位、各层次更好地履行自己的经济责任,完成各项工作任务,从而保证企业总体经营目标的实现。目标一致性是评价责任会计制度是否有效的重要标准。因此,在建立责任会计制度时,要求确定的责任目标以及业绩考核和评价标准应与企业总体目标相吻合,考评指标的选择应注意综合性和完整性,单一的考评指标往往会导致责任中心片面追求局部利益,而忽视甚至损害企业总体利益,使上下级目标相背离。

（2）责、权、利相结合原则。在责任会计制度下,要明确各责任中心应承担的责任,同时赋予其相应的管理权力,以及通过努力可获得的利益。各责任中心承担的责任是实现企业总体目标的重要保证,也是评价各责任中心工作成果的标准;赋予各类责任中心的权力是保证其能够履行责任的前提条件;对各责任中心责任履行情况进行考核,并把考核结果与责任者的利益联系起来,给予适当的奖惩,是调动其积极性的重要手段。总之,责、权、利三者应有机结合,缺一不可。

（3）可控性原则。可控性原则是指各责任中心只能对其可以控制和管理的经济活动负责,对其权力不及的、控制不了的经济活动不承担责任。责任会计制度要求以责任中心为主体来进行有关会计信息的收集、整理、计算、记录、编报及分析对比等,还要求各责任中心必须相对独立,避免出现职责不明、功过难分。因此,在建立责任会计制度时,应明确划分各责任中心的职责范围和控制区域。在编制责任预算和责任报告时也具应包括责任者能够控制的因素,尽可能排除不能控制的因素。只有这样才能职责分明、奖惩合理,充分调动各责任中心的积极性。

（4）及时反馈原则。一个健全的责任会计制度,需要建立一个有效的信息反馈系统。通过有关信息的传递和反馈,使有关责任人既能够了解现行的业绩,把握工作进度,又能够针对生产经营活动中存在的问题,制定及时的、相应的改正方法和措施。也就是说,通过迅速传递会计信息,及时完成信息反馈,使有关责任人能够对各责任中心的经营活动进行有效的控制。为此,应建立完善的记录及报告制度,记录和报告的主要形式是编制责任报告,通过定期的月报、旬报、周报甚至日报和出现特殊问题时为例外决策、管理和监控而编制的特殊报告,能够及时将相关信息反馈给责任人,使其了解自己取得了哪些成就,还存在哪些问题,从而据以调整自己的行动。

第二节 责任中心与业绩评价

设立责任中心(responsibility center)是责任会计制度的基础。所谓责任中心是指根据各自的管理权限、承担相应的经济责任,并能考核其经济责任履行情况的企业内部单位。责任中心是为履行某种责任而设立的特定部门,其责任人被授予一定的经营决策权,以便对该责任区域实施有效的控制。划分责任中心的目的,是为了调动一切积极因素,使各中心在其职责范围内努力工作,为实现企业整体目标创造有利条件。划分责任中心的依据并不是成本、收入、利润或投资的发生额大小,而是看发生与否和能否分清责任。在一个企业内,责任中心可能是一个分公司、一个地区工厂,也可能是一个部门、一个车间或一个班组,甚至是一台机床、一个个人。凡是管理上可分清责任,业绩可单独考核的单位,都可以划分为责任中心。按照不同责任中心的责任对象的特点和责任范围的大小,一般可将其分为成本中心、利润中心和投资中心三种。事实上,无论是集权制还是分权制的企业里,在衡量子单位的经营业绩时,都可以采用这三种责任类型中的一种。

一、成本中心

成本中心(cost center)是只对成本或费用负责的一种责任中心。成本中心是成本发生的单位,一般没有收入,或仅有无规律的少量收入,其责任人可以对成本的发生进行控制,但不能控制收入与投资,因此成本中心只需对成本负责,无需对收入、利润或投资负责。成本中心的应用范围最广,任何对成本费用负有责任的部门都可以是成本中心,在一个成本中心里,可以再细分几层成本中心。例如:一个分厂可以作为成本中心,它所属的车间是次一级的成本中心,车间下属的工段是又次一级的成本中心,班组甚至个人是最低层次的成本中心。

成本中心可分为两种:标准成本中心和费用中心。

标准成本中心是指那些有明确、具体的产品,且对生产产品所需各种要素的投入量能够合理预计的成本中心。只要所生产的产品明确且可度量,又已知生产每单位产品所需的投入量,即可建立标准成本中心。

费用中心则是指那些工作成果不能用财务指标来计量,或者投入与产出之间没有密切关系的成本中心,例如行政管理部门(人事、劳资、会计、法律等部门)、研究和开发部门以及一些销售活动(如广告、宣传和仓储等)。行政管理部门的产出难以计量,而研究开发部门和销售部门的投入量与产出量之间没有密切的联系。所以,我们难以根据投入与产出的数量来判断这些费用中心的经营效率的高低,也就不容易对其无效开支进行控制。

成本中心所发生的各项成本,对成本中心来说,有些是可以控制的,即可控成本,有些是无法控制的,即不可控成本。一般认为,可控成本应同时具备三个条件:(1)成本中心能够通过一定的方式预知将要发生什么性质的成本;(2)成本中心能够对其进行计量;(3)成本中心能够控制和调节成本发生的数额。凡是不能同时符合上述三个条件的,即为不可控成本。显然,成本中心只能对其可控成本负责。属于某成本中心的各种可控成本之和,即构成该成本中心的责任成本。换句话说,任何成本中心的责任成本必须是该中心的可控成本。

责任成本是对成本中心进行考核的主要内容,与传统产品成本的概念有着本质的区别。两者的主要区别在于:(1)成本计算的对象不同。责任成本以责任中心作为计算对象,而产品成本则是按产品进行计算。(2)成本计算的原则不同。责任成本的计算原则是"谁负责,谁承担",而产品成本以"谁受益、谁承担"为计算原则,产品成本包括了从事产品生产的各个责任中心为生产该种产品而发生的成本,其中既包括各责任中心的可控成本,也包括各责任中心的不可控成本。就责任成本和产品成本的联系来说,两者在性质上是相同的,均为企业在生产经营过程中的资源耗费。就某一时期来说,整个企业的产品总成本与整个企业的责任成本总和是相等的。

为了核算责任成本,必须首先把成本划分为可控成本和不可控成本,而必须指出的是,成本的可控与不可控是相对而言的,它与特定的时期和特定的责任中心相联系。具体体现在:(1)一项成本对某个成本中心来说是不可控的,但对另一个成本中心来说却是可控的。例如由于材料质量不合要求,而造成的超过消耗定额使用的材料成本,对生产部门来说是不可控成本,而对供应部门来说一般则是可控成本。(2)某些费用从较短的期间看,属于不可控成本,例如现有固定资产的折旧费,在资产原值和折旧方法既定的条件下,是不可控的;而从较长的时期分析,在决策是否购置该项固定资产以及折旧方法的选择时,折旧费又成为可控成本。(3)成本的可控与否,还因决定问题的权力大小而异。例如广告费、研究开发费、职工培训费等通常由最高决策层根据需要与可能来决策,属可控成本,而对具体使用单位来说,只能在规定的限额内具体掌握使用,无权自行增减,因而是不可控的。可见,成本的可控性总是与一定的条件相联系,脱离这些具体条件就会失去实际意义。

在认定各成本中心的责任成本时,必须采用合理的标准。有些成本虽然在某个成本中心发生,但却是由于其他成本中心的活动造成的,因此应该列为引起该成本发生的成本中心的责任成本。例如由于甲车间生产的半成品不合格,交乙车间进一步加工时出现废品造成的损失作为甲车间的责任成本。又如有些服务部门如机修车间、动力车间,为生产部门提供服务,其服务随生产部门的需要而定,这样,生产部门上从服务部门分配来的成本应视为可控成本。但如果按照实际分配率法计算分配,服务部门的费用超支部分或节约部分也分配给生产部门,这项分配来的成本对生产部门而言就含有不可控因素了。为了适应责任会计的要求,服务部门就应按照预计的费用分配率对各受益的成本中心进行费用分配。各月费用实际发生额脱离预算的差异,保留在服务部门的账上,作为评价和考核其工作成果的依据。

每个责任中心应定期编制业绩报告,对责任预算的执行情况进行系统的记录和计量,以作为评价和考核各个责任中心的工作成果的依据。成本中心编制的业绩报告一般包括三栏:该中心各项可控成本的预算额、实际发生额及其差异额,并按成本或费用的项目分别列示,其格式如表8-1所示。报告中所反映的项目并非仅限于金额指标,还可包括实物量、时间等对评价成绩中心业绩有帮助的其他指标。对预算额和实际发生额之间的差异需要进行分析。这种分析可作为业绩报告的附注,也可在"差异额"一栏之后增设"差因原因分析"栏逐项说明。对差异原因的分析是一项非常重要的内容,有助于各成本中心在今后的工作中扬长避短,对有关的生产经营活动实施有效的控制和调节,从而有效地控制成本,提高企业经济效益。业绩报告中一般不列示不可控成本,但有时为了使管理当局能够了解该成本中心在一定期间内消耗的全貌,可将不可控成本项目作为参考资料列示。

应当指出,在企业管理的不同层次上,业绩报告的侧重点应有所不同。最低层次责任中心的业绩报告是最详细的,例如直接材料可以进一步分解为价格差异和用量差异。随着层次的升高,报告的内容应用更简洁的形式表现。业绩报告的编制应自下而上,从最底层的成本中心逐级向上汇编,直至最高管理层次,在最底层的成本中心的业绩报告中包括自身的可控成本,其他各层成本中心都应包括下属单位转来的责任成本和自身的可控成本。

表8-1 责任中心业绩报告样式

××成本中心业绩报告

××年×月　　　　　　　　　　　　　　　　　单位:元

项目	预算	实际	差异
下属成本中心转来的责任成本			
甲车间	16 000	14 800	1 200(F)
乙车间	17 500	17 000	500(F)
小计	33 500	31 800	1 700(F)
本成本中心可控成本			
直接材料	64 200	64 000	200(F)
直接人工	33 800	34 500	700(U)
管理人员工资	17 600	17 520	80(F)
维修费	7 300	7 180	120(F)
其他	1 000	1 040	40(U)
小计	123 900	124 240	340(U)
本成本中心责任成本合计	157 400	156 040	1 360(F)

注:"F"表示 Favorable,指有利差异,"U"表示 Unfavorable,指不利差异。

二、利润中心

利润中心(profit center)是指既对成本负责、又对收入和利润负责的责任中心。利润中心既能控制其成本,又能控制其收入,但不能控制投资活动。它主要指企业内部同时具有生产和销售职能,有独立的、经常性的收入来源的较高层次的组织机构,如分公司、分厂等。

利润中心有自然形成的和人为设定的两种。

自然形成的利润中心一般直接向企业外部市场销售产品或提供劳务以获取利润,它必须拥有产品销售权,能够根据市场需求决定销售什么产品、销售多少产品、在哪个地区销售以及以什么方式进行销售等等。为了保证利润中心对其实现利润的可控性,还应赋予其相应的价格拟定权、材料采购权和生产决策权,只有这样,利润中心才能够对所售产品的市场供求状况作出灵敏反应,确保利润计划的实现,成为完全的自然利润中心。如果这些经营决策权受到限制,则只能是不完全的自然利润中心。

人为利润中心一般不直接对外销售产品或提供劳务,只在本企业单位内部各责任中心之间互相转移产品或劳务,并按照确定的内部转移价格进行内部结算,视其收入实现、并确认其成本和利润。从这个意义上说,任何一个成本中心均可通过其产品确定一个内部价格而成为人为的利润中心。例如,某车间生产出来的半成品以内部价格转移到另一车间继续加工,该车间即可视作人为利润中心。人为利润中心并不真正获得收入,也不能真正产生利润,而是为了便于衡量各责任中心的工作成果,调动其工作积极性而将企业内部的转让关系变为买卖关系,使某些成本中心人为地转化为利润中心。显然,内部转移价格制定得合理与否,将直接影响到对人为利润中心工作业绩的评价。制定得过高,将会夸大转出产品的人为利润中心的业绩,可能会掩盖其工作中的不足;反之,将会贬低转出产品的人为利润中心的工作业绩,从而影响其生产经营的积极性。同时,合理制定内部转移价格,对于保持人为利润中心的自身目标与企业总体目标的一致性,也有着重要的意义。

利润中心既对收入负责,也对成本负责,因此其责任预算包括收入、成本和利润三部分内容,由于利润指标本身并不是一个非常具体明确的概念,因此在实务中随着所确认的责任成本范围的不同,利润指标的选择也有所不同。通常可选择的评价指标有边际贡献、分部经理边际贡献和分部边际贡献等。

下面举例说明这几个利润指标的计算公式以及它们之间的区别。

例 8-1

某利润中心××年×月有关数据如下:(单位:元)

销售收入	55 000
变动成本	38 000
部门可控固定成本	6 000
部门不可控固定成本	5 000

该利润中心的利润为		
销售收入		55 000
减：变动成本		38 000
边际贡献		17 000
减：分部可控固定成本		6 000
分部经理边际贡献		11 000
减：分部不可控固定成本		5 000
分部边际贡献		6 000

分部经理边际贡献和分部边际贡献可以看作严格意义上的边际贡献在利润中心业绩评价中的自然延伸，是可控性原则的具体体现。分部经理贡献主要用于评价责任中心（分部）负责人的经营业绩，反映的是分部经理（负责人）对其控制资源的有效利用程度，它较好地考虑了利润中心负责人对成本的实际控制范围，能够比较准确地反映其工作业绩。分部边际贡献主要用于对责任中心（分部）的业绩评价和考核，反映了该责任中心对企业利润所作的贡献。

利润中心业绩报告的一般格式如表 8-2 所示：

表 8-2　责任中心业绩报告样式

××利润中心业绩报告

××年×月　　　　　　　　　　　　　　　　　　　　单位：元

项　　目	预算	实际	差异
销售收入	48 500	45 000	3 500(U)
变动成本	30 000	28 000	2 000(F)
边际贡献	18 500	17 000	1 500(U)
部门可控固定成本	5 000	6 000	1 000(U)
部门经理边际贡献	13 500	11 000	2 500(U)
部门不可控固定成本	3 500	3 000	500(F)
部门边际贡献	10 000	8 000	2 000(U)

注："F"表示 Favorable，指有利差异，"U"表示 Unfavorable，指不利差异。

▶ 三、投资中心

投资中心（investment center）是指既要对成本和利润负责，又要对投资负责的责任中心。投资中心是企业最高层次的责任中心，不仅在产品的生产和销售上享有较大的自主权，而且具有一定的投资决策权，能够相对独立地运用其所掌握的资金，因而它既要对成本和利润负责，又要对资金的合理运用负责。整个企业本身就可作为一个投资中心，企业内部规模和管理权限较大的部门或单位，如事业部、分公司、分厂等，也可成为投资中心。由于他们负责投资效果，故应拥有充分的经营决策权和投资决策权。各投资中心之间应首先清晰划分资产，对共同发生的成本，应按适当的标准进行分配，对于相互之间现金、存货等资产的调剂使用，也应计息清偿，不应无偿调用。只有这样，才能符合责任会计的要求，较为准确地计算各投资中心的投资效果。

投资中心本身也是一级利润中心，是一级扩大了责任的利润中心。除了控制、分析与考核各种成本、利润指标之外，还要计算反映投资效果的指标，如投资报酬率和剩余收益等。

（一）投资报酬率

投资报酬率（return on investment，ROI）也称投资利润率，是反映投资获利能力的指标，其计算公式如下：

$$投资报酬率 = \frac{营业利润}{经营资产}$$

公式中的"营业利润"也称销售利润，是指未扣除利息税金的利润，即"税息前利润"或"税息前盈余"（常用 EBIT 表示），而不是税后净利。这是因为 ROI 计算的投资中心如何有效运用其资产，去获取利润，而利息费用仅与资产如何取得有关，与资产如何使用无关，因此，营业利润应为未扣减利息费用的利润。另外，投资中心支付的所得税受到许多因素的影响，如折旧的方法、股东及债券上的投资损益等。很明显，这些因素不会影响如何运作资产以获取利润，因而营业利润中应包含所得税支出。

公式中的"经营资产"是指投资中心经营活动中占用的全部资产，包括固定资产和流动资产。由于营业利润是一个时期指标，为使分子分母的计算口径保持一致，从而有可比性，因此分母经营资产也必须按平均占用额计算，通过采用期初、期末的平均数来计算。

例 8-2

设××年×月某投资中心期初经营资产为 45 000 元，期末增至 55 000 元，相应的负债为 20 000 元，与其相联系的利息费用为 1 000 元，本期税后净利 3 000 元，所得税率为 25%。据此可计算确定投资报酬率如下：

$$投资报酬率 = \frac{\frac{3\,000}{1-25\%} + 1\,000}{\frac{45\,000 + 55\,000}{2}} = 10\%$$

计算结果表明，该投资中心每百元投资的报酬为 10 元。

为了便于进一步说明影响投资报酬率的基本因素，可将其展开如下：

$$投资报酬率 = \frac{销售收入}{经营资产} \times \frac{营业利润}{销售收入}$$

$$= 资产周转率 \times 销售利润率$$

过去,企业管理者往往关心销售利润率的高低,忽略了资产周转速度对企业效益的影响。销售利润率的高低固然能够反映管理者某方面的工作业绩,但从企业整体利益的角度看,如何更有效地运用企业资产,使其发挥最大效益才是至关重要的问题。投资报酬率综合了销售利润率和资产周转率两个指标,成为评价投资效果最常用的指标。由此也可看出,为提高投资报酬率,不仅要尽可能降低成本,扩大销售,同时也要经济有效地利用现有的经营资产,努力提高其利用效果。现结合简例加以说明:

例 8-3

设某企业下设甲、乙、丙三个投资中心(部门),某年度有关数据如表 8-3 所示:

表 8-3　三个投资中心的部分财务数据　　　　　单位:万元

项目	部门甲	部门乙	部门丙
(1) 销售收入	20	20	60
(2) 销售成本	16	12	48
(3) 营业利润	4	8	12
(4) 经营资产	10	20	60
(5) 销售利润率	20%	40%	20%
(6) 资产周转率	2	1	1
(7) 投资报酬率	40%	40%	20%

上述计算表明,部门甲和部门丙的销售利润率相同,但前者的资产周转率是后者的两倍,投资报酬率也是后者的两倍;部门乙和部门丙的资产周转率相同,但前者的销售利润率是后者的两倍,投资报酬率也是后者的两倍,可见销售利润率与资产周转率的变化对投资报酬率有同等的影响。另外,部门甲和部门乙的投资报酬率相同,但仔细分析一下,便知道部门甲的资产周转速度要快于部门乙,而部门乙的销售利润率高于部门甲。

运用投资报酬率考核投资中心业绩时,应注意有关因素的计量问题:(1)收益计量问题。与计算投资报酬率指标相关的各种收益计量问题主要包括收入的确认和计量、存货计价方法、折旧程序的选择、物价变动的影响、成本计算方法等。不同的责任中心,对上述问题选择的处理方法各不相同,从而对投资报酬率水平产生影响。(2)固定资产的计价问题,即经营资产中的固定资产应按原值计算还是按净值计算的问题。按不同的标准计算,得出的投资报酬率当然不同。在实际工作中,这两种方法都有应用。目前的争论主要表现在:①坚持用净值计算的人们认为,固定资产净值(原值减累计折旧)不仅与资产负债表上所列示的厂房及设备项目的计算口径保持一致而且与营业利润的计算口径保持一致。而固定资产原值则由于忽视了折旧因素,难以与资产负债表或损益表保持一致。②坚持用固定资产原值计算的人认为,由于固定资产净值是逐年递减的,如果按净值计算,即使营业利润不变,也会表现为投资报酬率的逐年提高,这种所谓提高同生产经营的实际成果完全脱节,据以评价和考核有关部门工作的好坏,会给人以假象,得出不正确的结论。而按固定资产原值计算,则可避免这种情况的出现。

例 8-4

表 8-4 列示的是某投资中心连续三年的营业利润和固定资产数据,试对比两种不同计算方法下的投资报酬率。

表 8-4　某投资中心营业利润和固定资产数额　　　　　　　　　单位:元

年份	营业利润	固定资产原值	投资报酬率	固定资产平均净值	投资报酬率
1	20 000	120 000	16.7%	100 000	20%
2	20 000	120 000	16.7%	60 000	33.3%
3	20 000	120 000	16.7%	20 000	100%

表 8-4 表明,固定资产的计价对投资报酬率的计算影响很大,应引起足够的重视。

投资报酬率作为业绩评价指标,得到广泛的运用。一般认为,投资报酬率越高,投资效果越好。投资报酬率计算简单,根据现有的会计资料即可计算,除了可用于评价投资中心的业绩之外,还可用于部门之间以及不同行业之间的比较,以利于作出最优投资决策。投资者可以根据不同企业投资报酬率的高低,来作出由某一企业转向另一企业、由某一行业转向另一行业的资本转移的决策;经营者可以把提高投资报酬率作为努力的目标,获取更多的经济效益。但这一指标的运用也有其局限性,主要体现有:(1)单纯依靠投资报酬率对投资中心的业绩进行考核和评价,会使某些投资中心只顾本身利益而放弃对整个企业有利的投资项目,造成投资中心的近期目标与整个企业的长远目标相背离。(2)从控制角度说,由于约束性固定成本的存在,使得投资报酬率难以完全被分部经理(投资中心责任人)所控制,从而为区分分部经理业绩和分部本身的业绩带来困难。

为了弥补这些缺陷,已有许多企业采用剩余收益、市场占有率、应收账款周转率、存货周转率等多个指标进行业绩评价,而不依靠单一的投资报酬率进行业绩评价和考核。

(二) 剩余收益

评价和考核投资中心的另一重要指标是"剩余收益"(residual income,RI),也称剩余利润,即投资中心的营业利润扣减其资产按规定的最低报酬率计算的投资报酬后的余额。其计算公式如下:

剩余收益＝营业利润－经营资产×规定的最低报酬率

公式中的规定的最低报酬率通常是指整个企业为保证其生产经营健康而持续地进行必须达到的最低投资报酬率。

剩余收益作为评价投资中心工作业绩的绝对数指标,和投资报酬率相比,有两个优点:一是可以解除利用投资报酬率进行业绩评价带来的错误信号,并促使管理当局重视对投资中心业绩的金额评价;二是可以鼓励投资中心负责人乐于接受比较有利的投资,使部门目标和企业整体目标趋于一致。

(1) 消除 ROI 带来的错误信号。

例 8-5

某企业有 A、B 两个投资中心,有关资料如表 8-5 所示。

表 8-5　A、B 两个投资中心相关资料　　　　　　　　　　单位:元

项　目	投资中心 A		投资中心 B	
	第 1 年	第 2 年	第 1 年	第 2 年
营业利润	60 000	70 000	15 000	18 000
经营资产平均占用额	500 000	500 000	100 000	100 000
投资报酬率	12%	14%	15%	18%
规定的最低投资报酬率	10%	10%	10%	10%
剩余收益	10 000	20 000	5 000	8 000

如果仅以投资报酬率作为评价指标,可得出以下结论:①第 1 年和第 2 年,投资中心 B 的投资报酬率均高于投资中心 A,所以投资中心 B 对企业更有价值。②第 2 年和第 1 年相比,投资中心 B 的经理人员使投资报酬率提高了 3 个百分点,而投资中心 A 的经理人员仅使其提高了 2 个百分点,因此,投资中心 B 的经理人员应给予更多的奖励。

但从绝对金额来看,投资中心 B 在第 2 年的营业利润仅比第 1 年的增加了 3 000 元,而投资中心 A 的营业利润增加了 10 000 元,大大超过投资中心 B 的水平。显然上述评价是不公平的。而结合采用剩余利润这一评价指标,就可避免这样的错误。但值得注意的是,剩余收益是一个绝对数,规模不同的投资中心不能用相同的目标剩余收益来衡量。当投资中心规模不同时,仅采用剩余收益指标进行业绩评价,也是难以做到公平合理的。因此,多数情况下应将投资报酬率指标和剩余收益指标结合使用。

(2) 有利于实现目标一致性。

例 8-6

上例中,第 2 年投资中心 A 的投资报酬率为 14%,假定有一新的投资项目,预计可获营业利润 26 000 元,预计经营资产平均占用额为 200 000 元。

该投资项目的投资报酬率为 13%,高于规定的最低报酬率 10%,低于投资中

A的投资报酬率14%,如果以剩余收益考核,则投资中心A乐于接受这一投资项目,它将使得剩余收益增加:

$$剩余收益 = 26\,000 - 200\,000 \times 10\% = 6\,000(元)$$

但如果用投资报酬率考核,则投资中心将拒绝接受这一投资项目,因为它将使投资中心A的投资报酬率下降:

$$投资报酬率 = \frac{70\,000 + 26\,000}{500\,000 + 200\,000} = 13.7\%$$

拒绝接受这一新项目,对投资中心A自然是有利的,但会因此损害企业的整体利益。

为了及时反映投资中心的业绩,应编制投资中心的业绩报告。投资中心业绩报告的基本形式如表8-6。

表8-6 责任中心业绩报告样式
××投资中心业绩报告
××年×月
单位:元

项 目	预 算	实 际	差 异
销售收入	1 200 000	1 180 000	20 000(U)
变动成本	650 000	620 000	30 000(F)
边际贡献	550 000	560 000	10 000(F)
部门可控固定成本	200 000	215 000	15 000(U)
部门经理边际贡献	350 000	345 000	5 000(U)
部门不可控固定成本	100 000	98 000	2 000(F)
部门边际贡献(部门利润)	250 000	247 000	3 000(U)
经营资产平均占用额	2 000 000	1 890 000	110 000(F)
投资报酬率(%)	12.5	13.1	0.6(F)
剩余收益	50 000	58 000	8 000(F)

注:假设企业要求的最低投资报酬率为10%。

第三节 内部转移价格

在责任会计制度下,企业内部的每一个责任中心都应视作相对独立的会计主体而存在,为了分清各责任中心的经济责任,企业内部各责任中心之间相互提供产品或劳务,均应按一定价格计价结算。这种计价结算不涉及真正的货币资金的流动,而是一种观念上的货币结算。在这个计价结算过程中使用的价格标准,称为内部转移价格或内部结算价格。

内部转移价格作为一种内部价格标准,既可用来衡量提供产品或劳务的责任中心的经营成果,也可用来反映接受产品或劳务的责任中心的成本费用,使各责任中心的经济责任可用货币的形式表现出来,便于划清各责任中心的经济责任。因此,合理的内部转移价格在生产经营管理中和责任会计制度中具有重要的作用,是考核各责任中心的工作业绩的重要依据。

一、内部转移价格的制定原则

内部转移价格与外部市场价格有许多的不同点。形成内部转移价格的供求关系或供求双方都在一个企业里,因而两者的关系并不是一种完全的市场竞争关系,而是一种模拟市场竞争关系,内部转移价格也不完全按市场供求状况决定,只是一种模拟市场价格。在其他条件不变的情况下,内部转移价格的变化,会使供求双方的收入或内部利润呈相反方向变化,但是从整个企业角度看,一方增加的收入或利润正是另一方减少的收入或利润。一增一减,方向相反,金额相等。因此,从企业整体来看,内部转移价格无论怎样变动,企业利润总额不变,变动的只是企业内部各责任中心的收入和利润的分配数额。制定内部转移价格的目的是为了明确划分各责任中心的经济责任,使责任中心的业绩考核建立在客观、可比的基础上,促使各责任中心为了自己的利益对于价格中所包含的信息(如成本、价格、市场机会等)作出反应,从而做出最有利于企业的行动。因此,在制定内部转移价格政策时,必须考虑以下基本原则:

(1) 激励原则。

建立责任会计制度的目的是要激励企业的各个部门和员工,使其更加努力地工作,以实现企业的经营目标。由于各责任中心具有相对独立性,有着各自的责任和利益,这就要求内部转移价格的制定应确保提供产品的责任中心和接受产品的责任中心均感到公平合理,要公平合理地反映各责任中心的工作业绩,不能使某些责任中心因价格上的缺陷而获得一些额外收益,而使另一些责任中心的利益受到损害。这对于提供产品和接受产品的双方来说都十分重要,可以使他们在公平、合理、对等的条件下努力工作。因此,能否产生激励作用是判断内部转移价格是否恰当的重要依据。

(2) 目标一致原则。

制定内部转移价格必须强调企业整体利益的一致性。内部转移价格直接关系到各责任中心的经济利益的大小,每个责任中心必然会为自己争取最大的价格利益,在发生利益冲突的情况下,应本着目标一致,使企业整体利益最大化的原则来制定内部转移价格。例如购买方可以根据转移价格作出是内部购买还是外部购买的决策,如果内部购买符合整体利益,而转移价格的制定又能使双方从交易中获益,这种内部转移价格就符合目标一致原则;如果转移定价只能使一方受益,双方不能达成内部交易,这就违背了目标一致原则。

(3) 自主原则。

在确保企业整体利益的前提下,只要可能,就应通过各责任中心的自主竞争或讨价还价来确定内部转移价格,真正在企业内部实现市场模拟,使转移价格能为各责任中心所接受。各责任中心自主决定价格更有助于企业整体业绩的提高,并有助于减少责任中心之间的冲突。但责任中心的自主定价也不能完全脱离高级管理层的约束,高级管理层应当制定转移定价的指导原则,鼓励各责任中心从企业整体利益出发制定内部转移价格。

(4) 灵活性和稳定性相结合原则。

制定内部转移价格应根据不同责任中心的不同特点采取各种不同的具体形式,例如成本中心之间相互结算可选用标准成本作为内部转移价格;有一方或多方是利润中心或投资中心的,还可采用市场价格或双重价格作为内部转移价格。内部转移价格一旦制定,就对有关责任中心具有一定的约束力。如无特殊情况,不应随意取消或更换价格标准,以便于企业进行有效的计划和控制。

二、内部转移价格的类型

企业内部转移价格的制定方法多种多样,不同方法制定出的内部转移价格适用于不同的具体情况,没有一种内部转移价格能够适用于所有目的。内部转移价格制定的有效与否,最终必须看它是否能够促进组织内部正确决策的制定。以下介绍几种主要的内部转移价格类型。

(一) 以成本为依据的内部转移价格

以产品成本作为内部转移价格是制订转移价格最简便的办法。使用完全成本或变动成本、实际成本或标准成本等不同的成本概念,会对业绩评价产生不同的影响。实际成本的资料可直接从现成的会计核算资料中取得,不必额外花费代价。这种办法的优点是简单明了、方便易行,但也有明显的缺陷:(1)只有产品的最终对外销售部门能够反映出损益情况,其他将产品(半成品)转移给内部单位的部门虽然付出了劳动但表现不出任何收益。(2)售出单位的产品成本全数转移给买入单位,也将其工作的成绩与缺陷全都不折不扣地转嫁给买入单位,也就是说,买入单位要承担不受其控制而由其他责任中心造成的工作效率上的责任。因此,这种内部转移价格不利于各责任中心之间划清经济责任,无法激励各单位努力降低成本。为弥补上述缺陷,可使用标准成本或预算成本作为内部转移价格。一方面可使买入单位不必承担售出单位的不正常成本,有利于正确评价各责任中心的业绩;另一方面可促使售出单位提高效率、降低成本。

至于使用完全成本还是变动成本为依据来制定内部转移价格,不同的企业有不同的选择。以完全成本作为内部转移价格时,无论是以实际成本或标准成本,对短期决策均会产生售出单位的固定成本在买入单位作变动成本处理,难以解决"目标一致性"问题。而以变动成本作为内部转移价格的方法,割裂了固定成本与产品之间的内在联系,不能完全反映劳动生产率对产品单位成本的影响。有些企业对这一方法作了一些改进,比如采用变动成本加专属固定成本作为内部转移价格。

总之,以成本为依据的内部转移价格是一种较简单和不完善的方法,主要适用于成本中心之间相互提供产品和劳务的情况。

(二) 以市场价格为依据的内部转移价格

以市场价格为依据的内部转移价格，必须基于这样一些条件：企业内部各责任中心都处于独立自主的状态，可自由决定从外界或内部进行采购或销售；同时产品或劳务有竞争市场，有客观的市场价格可供利用。

一般认为，市场价格是制定内部转移价格的最好依据。它具有显著的优点，即能够在企业内部创造一种竞争的环境，较好地体现公平原则。买卖双方都能按市价买卖它们的产品，内部交易跟对外交易一样，有利于激励和促进卖方改善经营管理、努力降低成本。通常情况下，内部交易相对于外部交易而言，能够节省谈判成本，便于控制货物的质量、数量和交货时间，提高资金的使用效率，不管市场上是否存在同样货物，企业管理当局出于整体利益的考虑，会鼓励内部转让。当外购表面上"优"于内购时，应充分考虑外购是否会使企业部分生产能力闲置，外购收益是否能弥补可能出现的生产能力闲置等综合损失。总之，应使各责任中心的竞争建立在与企业总目标相一致的基础上。

在采用市场价格作为内部转移价格时，也会遇到一些困难。责任中心之间提供的中间产品如果属于企业专门生产或具有特定的规格，则可能会没有市场价格可供采用，或者有的产品即使有市价，但市价波动较大或不具代表性，而使得按市场价格计价带有局限性。对于产品的售出单位来说，采用市价作为内部转移价格极为有利。因为内部交易可节省很多销售费用，这些节约费用便直接成为其工作成果，而买入单位却得不到任何的好处而导致不满。

这一内部转移价格主要适用于能够对外销售产品以及从市场上购买产品的自然利润中心的或投资中心之间相互提供产品的结算。

(三) 经过协商的市场价格

协商价格是指买卖双方在正常的市场价格的基础上，经过协商确定一个双方都愿意接受的转移价格作为计价结算的依据。它考虑到了买卖双方的利益，克服了直接以市价作为内部转移价格所存在的缺陷。一般情况下，协商价格可比市场价格略低一些。这是因为产品内销节约一定的费用，内部转移价格中包含的营销费用和管理费用通常低于外部供应的市场价格。另外，售出单位多拥有剩余的生产能力，使得协商价格不需达到市价只需高于其单位变动成本便可为其所接受。因此，协商价格的上限是市价，下限是单位变动成本，具体价格由买卖双方协商议定。

协商定价的不足之处在于协商价格的过程中，难免要花费不少的人力、物力和时间，甚至经过多次协商也无法得到结果，造成时间和精力的浪费。在双方相持不下时，往往由于企业高层领导介入而改变了分权管理的初衷，其效果难免不打折扣。

这种方法适用于产品有非竞争性的市场，生产单位有闲置生产能力及变动成本低于市场价格，责任中心有权自主决策的情况下采用。

(四) 双重内部转移价格

双重内部转移价格指买卖双方分别采用不同的计价基础，如对卖出单位按协商的市价计价，而对买入单位按卖出方的变动成本计价；或者当市场上同一种产品有不止一种价格时，允许买方按较低的市场价格计价，而卖方按较高的市场价格计价，以调动双方的积极性。

由于内部转移价格主要是为了对企业内部各责任中心的业绩进行考核和评价,故买卖双方所采用的结算价格并不需要完全一致,可根据具体情况分别选用对双方最有利的价格作为计价基础。这一方法兼顾了买卖双方的责任和利益,区别对待,可较好地适应不同方面的需要,同时也可激励双方在生产经营活动中充分发挥主动性和积极性。

双重内部转移价格通常是在任何单一内部转移价格无法实现激励目的,中间产品有外界市场,卖方单位有剩余生产能力,而且其单位变动成本低于市价的情况下采用。

三、内部转移价格的应用举例

下面我们通过一个简单的例子来看看在不同的市场环境下,内部转移价格是如何制定的。

例 8-7

某企业有甲、乙两个生产部门,甲部门生产的 X 部件提供给乙部门加工成 Y 产品对外出售。假设 X 部件有外部市场,甲、乙部门均为利润中心,有关收入、成本资料如表 8-7 所示。

表 8-7 甲、乙两部门相关收入、成本及利润资料

甲部门		乙部门	
X 部件的市场价格	100 元/件	Y 产品的市场价格	200 元/件
单位变动成本	70 元/件	单位加工费用	80 元/件
		单位销售费用	30 元/件
		预计销售数量	1 000 件

情况一:甲部门的最大产量为 1 000 件,无剩余生产能力。

出于目标一致性的考虑,企业通常可能会要求甲部门必须将 X 部件优先用于内部供应需要。在这种情况下,不存在放弃对外销售而产生的机会成本,因此 X 部件的最低内部转移价格为其单位变动成本 70 元。但是,如果甲部门可以自主决定销售范围,而且 1 000 件 X 部件全部可以在外部市场销售的话,对甲部门来说,X 部件的最低转移价格就不是单位变动成本 70 元,而是要考虑机会成本了。假设不考虑销售费用的增加,X 部件的最低转移价格也就是市场价格 100 元了。而乙部门对 X 部件能够支付的最高价格 200−80−30=90 元,在这种情况下,乙部门从自身利益出发,不会愿意向甲部门购买 X 部件,或是转向外部市场,寻求价格较低的部件,或是转向生产其他产品,这样内部转移将不可能发生。从企业整体来看,销售最终产品 Y 产品的边际贡献为(200−70−80−30)×1 000=2 000 元,而甲部门直接对外销售 X 部件可得边际贡献 3 000 元,因此,在这种情况下,无论从企业整体利益考虑或是从甲、乙各部门的要求考虑,内部转移都是不经济的。

情况二：甲部门有剩余生产能力，在满足外部市场需求的情况下，仍可以为乙部门生产1 000件X部件。

如果甲部门有剩余生产能力，不存在放弃对外销售而产生的机会成本，因此X部件的最低内部转移价格为其单位变动成本70元。显然乙部门是希望按照单位变动成本作为内部转移价格的，但如果按照这一价格，甲部门将无利可图，没有受到任何激励去继续生产X部件，因此不可能接受，转移价格仍需进一步确定。从甲部门的角度来说，理想的内部转移价格是市场价格100元，而乙部门对X部件能够支付的最高价格是200－80－30＝90元，显然也不能接受100元的市场价格。因此，双方都能接受的内部转移价格介于70元到90元之间，企业既可以使用以成本为基础的定价方法，也可以让双方协议定价。在70元到90元之间的一系列转移价格都可以促使甲部门将产品卖给乙部门。甚至还可以采用双重价格，甲部门按市场价格100元作为内部转移价格，乙部门按单位变动成本70元作为内部转移价格，两种价格产生的差额由会计部门调整计入管理费用。当单一的内部转移价格不能达到激励各责任中心的有效经营和保证责任中心与整个企业的经营目标达成一致时，企业就应采用双重价格。

情况三：当不存在中间产品市场时。

上例中，如果不存在中间产品市场，也就意味着X部件直接从甲部门进入乙部门，不能对外销售，没有市场价格。甲部门能够接受的最低内部转移价格仍是单位变动成本70元，不存在机会成本。如前所述，介于70元和90元之间的任何价格都可以达成目标一致性。

第四节 国际转移价格

数据显示2010年全球商品与服务贸易总额约19万亿美元，其中源自跨国公司内部贸易的数额约为6.3万亿美元，占同期世界贸易总额的30%左右，伴随着跨国公司在世界市场上角色重要性的逐步提升，跨国公司贸易已构成全球贸易的重要组成部分。国际转移价格是指跨国公司内部，母公司与子公司、子公司与子公司间约定的出口和采购商品、劳务和技术时所规定的价格。跨国公司在产品及劳务的内部转移价格制定中，受到许多客观环境变化因素的影响，因此比单纯国内经营的企业更为复杂，而且具有风险。跨国公司转移价格政策是跨国公司的一项重要经营策略，其制定规则通常依据具体目的而有所不同，比上一节中所讲述的内部转移价格制定中的目标一致性和产生管理效率的规则要复杂和丰富得多。它一方面是跨国公司组织与管理内部市场实施资源配置的必要工具，另一方面又是跨国公司利用国际税收差异及其他政策差异，追求全球利润最大化的一种手段。

一、国际转移价格的主要功能

跨国公司制定并使用转移价格是为其全球竞争战略服务的,实现全球经济效益的最优化是使用转移价格的根本出发点。除了被用于合理报告分部业绩,为绩效评估提供依据之外,制定国际转移价格的主要目标和功能通常还包括以下几个方面:

（一）避税

跨国公司凭借其跨国生产和销售的优势,利用所在国的不同税率水平、"避税港"的优惠及区域性关税同盟等有关法律法规,通过转移价格来避税。这是跨国公司利用国际转移价格所要达到的重要目标。

（1）规避公司所得税。

当前各个国家和地区的所得税制差别巨大,即使按比例征收也相距甚远。因此,跨国公司能够利用中间产品的转移价格,将企业利润从所得税率较高的国家转移到较低的国家,以减少企业所得税。一些跨国公司通过对"避税港"的利用,来达到最大程度避税的目的。目前国际上的避税港一般有三种类型:①无税港,如百慕大、巴哈马、瓦努阿图、开曼群岛等,在这些地方免征任何所得税。②低税港,其所得税率低于国际平均所得税率水平,如列支敦士登、维京群岛、荷属安的列斯群岛等,我国的香港、澳门亦属此类低税区。③特惠港,在国内税法的基础上采取特别的税收优惠措施,如爱尔兰的香农、菲律宾的巴丹、新加坡的裕廊、我国的沿海地区和一些经济开发区等都属于这种类型。在这些避税港,通常政府管制较为松弛,公司的资金调拨和利润分配有相当的自由。因此,跨国公司纷纷在避税港设立象征性的分支机构,以便有计划地利用转移价格,将各子公司的利润收入调拨到避税港,以逃避东道国的重税。此外,如果某一跨国公司在某国的一个子公司遭到损失,而该东道国又没有对外资企业实行税收抵免政策,或者虽然实行税收抵免政策,但是有一定的有效期限(如加拿大规定为2年),跨国公司就可以利用转移价格将其他子公司的利润转移到这个遭受损失的子公司账户上,从而减轻其他子公司的所得税负担,这也是一种运用转移价格减少总公司税收的情形,以增加跨国公司的整体收益。

（2）规避关税。

由于跨国公司的内部交易通常发生在不同国家,甚至不同经济区域间,所以,频繁的内部贸易使跨国公司需要负担高额的关税。跨国公司通常将中间产品的出售分公司设立在税率较低的国家,达到减轻税负的目的。对于从价计税的关税,跨国公司通过以低的转移价格发货,降低子公司的进口额,从而减少应缴纳的关税。然而,不难看出,跨国公司运用转移价格逃避关税与所得税所形成的影响正好相反,少纳进口关税就得多纳所得税。故跨国公司在制定转移价格时应权衡利弊,妥善决策。随WTO(GATT)规则的推行,各国、各经济区域间的关税正逐渐降低,因此,跨国公司在确定高盈利业务的所在位置时,将更多考虑其周边市场的潜力,税收优势就变得不那么重要,关税对跨国公司全球经营的影响也越来越小。

（二）调节利润

跨国公司会根据子公司海外经营的需要，对其账面利润进行调整。主要有两种情况：首先，公司在东道国谋求建立良好的形象从而获得融资和信用方面的好处时，会通过转移价格增加海外分公司的利润水平，建立良好的财务形象；其次，与上种情况相反，当海外分公司业绩突出以致引起行业和地区性关注并导致重新谈判时，或者由于经营业绩突出而导致在合资公司中的投资比例超过期望并且分红过多时，跨国公司会通过转移价格压低海外分公司利润水平，甚至人为制造账面亏损。

（三）控制市场

跨国公司母公司以较低的转移价格向其子公司提供原材料等资源，可以降低子公司的成本，增强竞争力，有利于子公司打入并控制东道国市场。转移价格是跨国公司获得竞争优势的制胜法宝。跨国公司在海外新建子公司时，可以凭借整个公司体系的资金等实力，运用转移价格为新设立的子公司供应价格低廉的原材料、产品和劳务，还可以高价买进子公司产品，帮助子公司迅速打开局面，树立良好信誉，站稳脚跟；当跨国公司的某个海外市场竞争异常激烈时，总公司以转移低价，不惜血本，维持低价倾销，集中财力、物力支持在那里开拓市场的子公司，直至把对手击垮，最终独占市场。此外，跨国公司在投资领域利润大但市场空间有限的情况下，还可以通过转移价格调节利润率，减少进入者。

（四）降低风险

为回避东道国宏观环境波动给企业带来的损失，跨国公司倾向将资金转移到政治、经济更为稳定的国家和地区，转移价格是降低风险的有效方式之一。具体来说：(1)能够回避外汇风险和通货膨胀风险。由于转移价格与汇率波动相对独立，所以跨国公司能够利用转移价格回避外汇风险和通货膨胀风险。通常跨国公司内部贸易完全由公司独立确定，所以可以根据外汇的实际波动选择预付或者后付；(2)避免政治风险。对东道国宏观环境不稳定的子公司，可以通过转移价格将其利润提前回笼；(3)应对价格管制和市场管制风险。为维护市场稳定、消费者权益以及保护民族企业，东道国会制定严格的管制政策。转移价格可以让跨国公司富有弹性地调节成本，应对东道国的规制性外资政策。

总的来说，20世纪90年代以前，由于世界上各个国家和地区的税收制度差别较大，避税是跨国公司在全球范围使用转移价格的主要动机。但是，随着经济一体化程度的加深，国家地区间税率差别不再明显，并且由于各个国家对于转移价格的监管日趋严格，利用转移价格获得赋税好处的隐性成本在逐渐加大，所以，非税务动机成为国际转移价格广泛使用的主要原因。除了前面提到的国际转移价格常常被用来调节利润、控制市场、降低风险之外，跨国公司还常常利用转移价格来减轻配额限制，减少管理摩擦，独占或多得合营企业利润等等。

二、国际上对转移价格的管理措施

很明显，各国税务机关对跨国公司的避税动机不会视而不见，会采取各种措施来规范公司的国际转移价格政策,并加强对转移价格违法的处罚。为了解决国际转移价格下的避税问题,国际经济合作与发展组织(OECD)1995年颁发了一份重要文件《跨国企业与税收管理转移定价指南》(*OECD Transfer Pricing Guidelines for Multinational Enterprises and Tax Administrations*,简称《OECD转移定价指南》)。《OECD转移定价指南》侧重于转移价格调整的规范,认为当跨国公司自行制定的转让价格明显存在关联交易的,有调整利润、转移税收等倾向存在时,东道国税务机关可以根据正常交易原则、最优法原则和可比性原则调整转移定价。2017年7月,OECD发布了2017版《转移定价指南》,涉及大量海外无形资产转移定价问题,包括专利、著作权、商标以及商业秘密。

转移价格调整的目的是为了使关联企业间的交易与非关联企业间的交易一致,也就是说,关联企业间的交易应当与市场正常交易定价没有两样。因此,调整转移价格首先要贯彻正常交易原则。现实中的交易种类多种多样,交易的环境复杂多变,交易条件形形色色,如何决定一项关联交易是否符合正常交易标准,可以采用多个不同的方法,每一个方法的适应性和准确性不同,这就要求应选择其中能最精确反映正常交易标准的方法,这就是最优法原则。不管采用何种方法,要判断关联企业间交易的定价是否符合正常交易原则,要找出具有可比性的非关联方交易作为参照,这就要求在实施转移价格调整时必须进行可比性分析,遵循可比性原则。《OECD转移定价指南》对各国规范转移定价的法律法规提供了很好的基础。

长期以来,对转移价格规范的做法主要是事后调整。但是这种方法会使税收收入不稳定,易引起争议和征纳双方的矛盾,税务处理也缺乏确定性。纳税的滞后性会影响企业的经营决策,调查处理时间过长,也会消耗征纳双方大量人力和物力等。目前,对其的做法正在由事后调整向事先确认转换。其中,以预先定价为代表,即纳税人事先将其和境外关联企业之间内部交易与财务收支往来所涉及定价方法向税务机关申请报告,经税务机关审定认可后,作为计征税收的会计核算依据,避免了事后纳税对定价的调整。这样不仅简化了转移价格的税务处理,又走出了事后调整的困境。同时,西方国家还加强对转移价格违法的处罚。例如,美国从1996年起,因转移价格调整而增加应税所得净额500万美元以上者,或已达到业务总收入额的10%者,按其调整的应税所得额罚款20%;调增应税所得净额满2 000万美元以上者,或已达到业务总收入额的20%者,按其调增应税所得额罚款40%。纳税人如认为处罚不当,必须承担举证责任,其中包括有关年度的所有经济因素所涉及的资料及税法规定的各种报表资料。法国也自1996年4月起授权税务机关加强对转移价格的审核,发现通过转移价格转移利润避税的,责成跨国公司限期举证来说明交易企业之间的关系、定价的方法和理由及境外公司有关交易所在国的税收待遇,据以核定应税所得额。对逾期不报者,税务机关有权按已掌握的资料调整补税,并可处以50 000法郎罚款。除此之外,有些国家降低外资企业纳税标准,通常低于跨国公司母国税率,这样一则可以减少或避免跨国公司利用税率差异操纵转移价格,二则也有利于吸引外资。

三、制定国际转移价格应考虑的因素

在制定国际转移价格政策时需要综合考虑公司外部和内部因素。

(1) 外部因素。外部因素主要指经济因素和政治因素。经济因素包括东道国政府的税收法规、外汇与金融管制、通货膨胀、子公司所在行业的竞争状况等。政治因素包括东道国政府的政治稳定性、政策连续性、法律法规的完善程度等。

(2) 内部因素。从公司内部来看，国际转移价格首先应满足公司整体战略和经营目标的要求。按照波特的战略思想，企业经营应充分考虑企业所处的经营环境。从跨国经营的角度来看，在跨国经营的不同阶段，企业所面临的经营环境不同，由此制定的战略重点也不同。在跨国经营前期，跨国公司以发展海外投资，提高跨国企业市场效率，以及处理好与东道国政府的关系为主要战略目标；进入跨国经营后期，海外子公司发展已达到相当程度，其战略目标应从全球战略出发，统筹安排生产、销售，实行全面的国际化分工协作，并在全球范围内进行大规模的投资、筹资活动，开展国际避税，以获取集团整体利益的最大化。显然处在不同发展阶段，企业的国际转移价格策略选择是有差异的。其次，应考虑企业集团的业务关联度、管理集权与分权程度。业务关联度低、分权程度高的企业多采用市场价格作为国际转移价格；业务关联度高、集权程度高的企业对国际转移价格则更多以成本为基础协商定价。最后，应考虑公司业绩的评估体制。国际转移定价直接改变了集团内部的资金流向和内部各公司的盈利水平，因而可以成为利益再分配的手段，所以企业内部许多人对管理转移价格有兴趣。国际转移价格政策必须关注如何协调其与各公司业绩评估的冲突。

此外，保持国际转移价格政策的相对稳定性也是企业必须注意的问题。频繁变更国际转移价格政策必然导致频繁的税务审计和高昂的应对成本，以及公司声誉及其与东道国政府关系的受损。从公司内部来看，国际转移价格政策的频繁变更也意味着集团内部各公司之间反复地谈判和争论，随之而来的是高额的交易成本和公司经营的无效率。

总之，国际转移价格政策应围绕企业战略目标的达成，综合考虑短期利益与长期利益，在企业战略目标、东道国法律法规和税收利益之间寻找平衡，并尽量保持稳定。

四、国际转移价格的制定方法

OECD转移定价指南把转移价格的制定方法分为两类，第一类是基于市场的方法，包括可比非控制价格、转售加成法和成本加成法；第二类是基于利润的方法，包括利润分离法、交易净毛利法和其他把利润从交易中分离出来的方法。

（一）基于市场的方法

基于市场的方法将公司内部交易与市场上相同或类似交易进行对比，以外部市场或其他跨国公司内部交易价格为基础，根据企业的具体目标稍加调整来确定转移价格。跨国公司在使用该方法的时候，不对转移价格做硬性规定，子公司可以独立参与东道国市场竞争,有利于调动和发挥其积极性。同时,由于使用该方法确定转移价格时,跨国公司采用的调整比例往往只是在所参考价格的基础上扣除外部市场不完全的成本,这符合东道国有关外资以及公平竞争的一般性规定,能够避免政策性干预产生的成本。但由于现实中独立交易价格获得困难,所以转移价格的确定通常会被扭曲。具体来说有以下三种确定方法:

(1) 可比非控制定价(comparable uncontrolled pricing,CUP)。在 CUP 方法中,跨国公司以独立交易价格(the Arm Length Price)为基准确定企业的转移价格。只要参照交易对象与企业内部交易对象相同或差别不大,该方法被认为是符合独立核算原则的最为可靠的定价方法。在实务中,该方法是跨国公司常用的转移定价方法。

(2) 转售价格法(resale pricing method,RPM)。跨国公司为更好地参与东道国市场竞争,以外部可比交易的转售毛利水平为基础确定中间产品的转移价格。确定过程是,子公司在竞争性外部市场中,按照公平独立核算原则确定中间产品对外转售的价格,从而确定转售过程的毛利水平,然后将毛利水平按企业目标进行调整后的利润水平与中间产品成本加总得到转移价格。

(3) 成本加成法(cost plus method,CPM)。CPM 方法将不同子公司作为完全独立的利润中心对待。该方法确定的时候完全按照自由竞争市场规则处理,把中间产品的直接成本、间接成本以及沉没成本全部纳入转移价格,然后按照外部可比市场中的平均利润率进行加成。由于 CPM 确定转移价格的基础是中间产品的成本,相对易于控制,所以在确定集团内部供应商正常利润的时候被广泛采用。特别地,澳大利亚的跨国公司在采用 CPM 方法的时候,通常以边际成本为基础确定,以将不同国家市场波动引起的成本计入其中。

(二) 基于利润的方法

基于利润的方法是跨国公司根据竞争需要,以自身成本或者利润为基础确定的转移定价。通常,用此类方法制定的转移价格由跨国公司母公司统一制定,更有利于跨国公司对其全球范围的经营活动进行协调和控制。另外,外部市场或者其他公司的内部交易价格对跨国公司而言,仅作为其内部成本和利润的辅助性参考,所以跨国公司在具体定价上更为明确。但是,企业过高或者过低制定转移价格,不利于子公司的独立核算,同时可能会引发东道国政府的规制甚至惩罚。具体来说,基于利润的转移定价有以下确定方法:

(1) 利润分割法(profit split,PS)。在 PS 方法中,根据集权定价机制以及最终产品利润最大化的原则确定中间产品的转移价格。跨国公司通过最终产品市场获得利润,转移价格是实现利润过程中的过渡工具,所以转移价格可以根据最终产品市场的竞争状况任意调整。确定的过程是,跨国公司首先确定最终产品市场上可能获得的最大利润,然后按照各中间产品组成最终产品的比例确定各子公司的利润分配,最后在分配的利润基础上确定中间产品的转移价格。这种方法充分体现了跨国公司在资源整合和运营控制方面的能力,有利于提高其在国际市场中的整体优势。同时,该方法也是理论上转移价格的最优确定方法。

(2) 交易净利润法(transactional net margin method,TNMM)。TNMM 方法指

跨国公司通过确定中间产品交易的净利润水平,然后得到转移价格的方法。基本的原则是在联合定价机制的约束下,确定各个分公司的期望利润水平,然后加上中间产品的成本得到转移价格。为保证最终产品市场上的竞争力,跨国公司依据外部市场可比交易净利润率对企业内部转移价格进行调整,目的在于发挥跨国公司管理控制优势,并保障海外子公司运营活力。

本 章 小 结

责任会计是西方现代管理会计的重要内容,企业将庞大的组织分而治之的一种做法。责任会计制度是在企业内部划分各种责任中心,通过对责任中心进行控制和考核,以保证企业目标的顺利实施并不断提高总体效益为目的的一种内部管理控制制度。责任会计应遵循目标一致性原则、责权利相结合原则、可控性原则和及时反馈原则,将责任、核算业绩与控制考评等相互衔接。凡是管理上可分清责任,业绩可单独考核的单位,都可以划分为一级责任中心。按照责任对象的特点和责任范围的大小,一般可分为成本中心、利润中心和投资中心三种主要类型。不同类型的责任中心有不同的考核目标和考核方法。在责任会计制度下,企业内部的每一个责任中心都应视作相对独立的会计主体而存在,为了分清各责任中心的经济责任,企业内部各责任中心之间相互提供产品或劳务,均应按一定价格计价结算,称为内部转移价格或内部结算价格。跨国公司在产品及劳务的内部转移价格制定中,一方面是公司组织与管理内部市场实施资源配置的必要工具,另一方面又是公司利用国际税收差异及其他政策差异,追求全球利润最大化的一种手段。

复习思考题

1. 什么是分权管理?有哪些优缺点?
2. 什么是责任中心?有哪些主要类型?
3. 简述责任会计的核心思想。
4. 比较 ROI 和 RI 用于评价投资中心业绩的利与弊。
5. 什么是内部转移价格?设定内部转移价格的目的是什么?
6. 简述确定内部转移价格的基本原则。
7. 内部转移价格有哪些类型?
8. 影响国际转移价格的因素有哪些?
9. 举例说明可控性的概念,并解释业绩评价为何要集中在管理者业绩中可控制的方面。

案 例 分 析

海尔的 SBU 管理革命始于 1998 年的企业内部流程再造,SBU 是英语 Strategic Business Unit 的缩写,意思是战略事业单元。即在企业内部模拟市场交易原则,企业内的每个流程、每个工序、每个人之间是市场关系,下道流程、下道工序是上道流程、工序的"顾客"和市场,上道流程、工序通过服务自己的"顾客"和市场取得收入。服务有效,可以向自己的服务对象按合同索酬;服务无效或效果不好,被服务对象可以索赔。海尔要求不仅每个事业部而且每个人都是SBU,每个人都是"小海尔",每个人都是经营者,每个人都是创新的主体。这样一来,海尔集团的战略就会落实到每一位员工,而每一位员工的战略创新又会保证集团战略的实现。海尔全员推行SBU的管理的目的,是为了克服大企业病,让海尔这个千亿规模的企业"大象"能像小企业一样充满活力,会"跳舞"。海尔通过SBU大力倡导"人单合一"。就是每个人都有自己的订单(订单就是市场),都要对订单负责,而每一张订单都有人对它负责,即"人人都管单,单单有人管"。海尔通过人单合一双赢模式创新让员工成为开放创新平台上的创业者,在为用户创造价值的同时实现自身的价值。在这一模式下,海尔将企业从管控型组织变成一个投资平台,员工从原来被动的命令执行者转变为平台上的自驱动创新者,而驱动员工创业的就是不断交互出的用户需求,企业与员工、合作方转为合作共赢的生态圈,原来串联的流程变成并联流程,所有各方并联在一起为市场共同创造价值。案例思考题:

1. 海尔的SBU管理实践体现了责任会计的哪些基本理念?
2. 你认为海尔实施SBU管理的重点和难点有哪些?
3. 谈谈你对互联网时代企业实施责任会计制度的看法。

第九章 作业成本计算法

【引导案例】

A地铁公司从1997年开通运营一号线以来,至今已开通运营8条线路,总里程达到236公里,尤其是2009—2010年,连续开通了5条线路,线网规模效益显著,2011年起每年运营客流收入已近30亿元,但同时,运营成本也急剧增大,并且伴随着2008年G市优惠票价政策的实施,每年票价优惠额度高到9亿元,而政府每年给予的购买公共服务产品补贴收入仅为2亿元,无法弥补企业的实际优惠让利程度,无形中加大了企业的实际亏损压力。

因此,在运营客流收入增长有限的情况下,如何控制成本,优化企业的内部管理,优化车辆运作与维修模式,运用全成本管理、价值链管理的视觉,审视企业的作业活动,并将成本管理的责任落实到作业的实施环节,与作业责任部门的业绩直接挂钩,成为近两年A地铁公司尝试探讨的成本管理模式。为了有效地将作业成本法运用到公司的管理中,A地铁公司专门成立了以财务部王经理为首的作业成本法实施项目小组。

从该地铁公司的要求可以看出,作业成本法已经成为该公司控制成本,优化企业的内部管理的重要方法,那么传统的制造成本计算法与作业成本计算法有什么不同呢?

【学习目的和要求】

本章比较全面地介绍了作业成本会计的基本概念,包括作业、作业链、成本动因、成本性态、成本库等等;介绍了作业会计的基本原理和计算步骤。比较了作业成本法相对于传统成本法的优缺点,探讨了建立在作业成本法基础之上的主要作业成本管理。

通过对本章的学习,应该了解作业成本计算法的产生背景,理解和运用作业、成本动因等基本概念,领会作业成本计算程序,了解作业成本会计的优缺点,了解作业成本管理的特点与步骤。

第一节 作业成本计算法概述

一、作业成本法的产生与发展

作业成本法(activity based costing)是一种比传统成本核算方法更加精细和准确的成本核算方法,是西方国家于 20 世纪 80 年代末开始研究、90 年代以来在先进制造企业首先应用起来的一种全新的企业管理理论和方法,在发达国家的企业中日益得到广泛应用。其研究最早可追溯到 1941 年美国会计学家埃里克·科勒(EricKohler)教授在《会计论坛》杂志发表论文首次对作业、作业账户设置等问题进行了讨论。科勒的作业会计思想,主要来自对 20 世纪 30 年代的水力发电活动的思考。在水力发电生产过程中,直接人工和直接材料(这里指水源)成本都很低廉,而间接费用所占的比重相对很高,这就从根本上冲击了传统的会计成本核算方法——按照工时比例分配间接费用的方法。其原因是,传统的成本计算方法(职能基础产品成本计算法)适合于直接成本占总成本的比重较高情况。在会计史上,科勒的作业会计思想第一次把作业的观念引入会计和管理之中,被认为是 ABC 的萌芽。

乔治·斯拖布斯(G. T. Staubus)在 1971 年的《作业成本计算和投入产出会计》中提出:(1)会计是一个信息系统,而作业会计是一个与决策有用性目标相联系的会计,同时,研究作业会计首先应该明确其基本概念,如作业、成本、会计目标(决策有用性)。(2)要揭示收益的本质,首先必须揭示报表目标。报表目标是履行托管责任或受托责任,为投资决策提供信心,减少不确定性,报表中的收益和利润,与成本密切相关,ABC 揭示的成本不是一种存量,而是一种流量。(3)要较好地解决成本计算和分配问题,成本计算的对象就应该是作业,而不是某种完工产品或其对应的工时等单一标准。成本不应该硬性分为直接材料、直接人工和制造费用,更不是根据每种产品的工时来计算分配全部资源成本(无论直接的或间接的),而是应该根据资源的投入量和消耗额,计算消耗的每种资源的"完全消耗成本"。这并不排除最后把每种产品的成本逐一计算出来,而是说,关注的核心应该是从资源到完工产品的各个作业和生产过程中,资源是如何被一步步消耗的,而不是完工产品这一结果。

但对作业成本法给予明确解释并奠定作业成本法理论基石的则是哈佛大学学者库珀(Robin Cooper)和罗伯特·S.卡普兰(Robert S. Kaplan)两位管理会计大师,并被认为是 ABC 的集大成者。其理论观点有:(1)产品成本是制造和运输产品所需全部作业的成本总和,成本计算的最基本对象是作业,ABC 赖以存在的基础是产品耗用作业,作业耗用资源。即:对价值的研究着眼于"资源→作业→产品"的过程,而不是传统的"资源→产品"的过程。(2)认为 ABC 的本质就是以作业作为确定分配间接费用的基础,引导管理人员将注意力集中在成本发生的原因及成本动因上,而不仅仅是关注成本计算结果本身,通过对作业成本的计算和有效控制,就可以较好地克服传统成本法中间接费用责任不清的缺点,并且使以往一些不可控的间接费用在 ABC 系统中变为可控。所以，ABC不仅仅是一种成本计算方法，更是一种成本控制和企业管理手段。在其基础上进行的企业成本控制和管理，称为作业管理法（Activity-based Management，ABM）。

二、作业成本法相关的基本概念

（一）作业概念

作业成本法是建立在一系列基本概念基础上的，对这些概念的科学理解则是对作业成本法基本思想进行理解和应用的前提。广义的作业（Activities）是指产品制造过程中的一切经济活动。这些经济活动事项，有的会发生成本，有的不会发生成本，有的能创造附加价值，即增值作业（value-added activity），有的不能创造附加价值，即非增值作业（non value-added activity）。因为我们的目的是计算产品成本，因此只考虑会发生成本的作业，而从管理角度出发，无附加价值的作业要尽量剔除。所以作业成本法的作业是指能产生附加价值，并会发生成本的经济活动，即狭义的作业，它是连接资源与产品成本的桥梁。相关的作业归集在一起就形成了作业中心。作业成本法又叫作业成本计算法或作业量基准成本计算方法（activity-based costing，ABC）法，是以作业（activity）为核心，确认和计量耗用企业资源的所有作业，将耗用的资源成本准确地计入作业，然后选择成本动因，将所有作业成本分配给成本计算对象（产品或服务）的一种成本计算方法。

作业的基本特征有：(1)作业是一种资源投入和另一种效果产出的过程；(2)作业活动贯穿于生产经营过程的全部，产品从设计到最终销售出去是由各种作业的形式而完成的，没有作业的实施，经营活动就无法实现；(3)作业是可以量化的，即作业可以采用一定的计量标准进行计量，这是作业最重要的特性。

（二）作业分类

作业有多种分类，常用的分类主要有如下四种：

(1) 单位水平作业，反映对每单位产品产量或服务所进行的工作，即单位产品受益的作业。单位水平作业所耗用的资源量是同产品产量或服务量成比例的，或者说是同直接人工小时、机器小时成比例的。例如直接材料、直接人工、机器运转消耗的电力、按产量法计提的折旧等。

(2) 批量水平作业，是由生产批别次数直接引起，与生产数量无关，即是一批产品受益的作业。批量水平作业和单位水平作业的主要区别在于完成批量水平作业所需要的资源不依赖于每批次所包含的单位数。例如机器调整准备成本、订单处理成本、产品批检验成本等。这类作业成本高低通常与作业批数成正比，而与产品产量无关。要降低这类成本，只能设法减少作业批数来实现。

(3) 产品水平作业，是每一类产品的生产和销售所需要的工作，即某种产品的每个单位都受益的作业。这种作业的成本与产品产量及批数无关，但与产品种类或产品线的数量成比例变动。例如，产品开发与设计、设计改良、产品生产安排、制造过程改善、购买零部件管理、处理客户关系、营销等。

(4) 能力水平作业，是使企业生产经营正常运转的工作，即使某个机构或某个部门受益的作业。这些作业与产品的种类、生产的批次、每种产品的生产数量无关。例如，厂房折旧、厂务管理、厂房维修、人事管理等。这类作业成本通常与总体生产能力相关。

(三) 作业成本及成本动因。

作业成本是指各项作业所消耗的资源。这里的资源，是指企业花代价而获得的能为其带来收入的一切事物，如资金、原材料及人力资源等。因此，在作业成本法下，成本被定义为资源的耗用，而不是为获取资源而发生的支出。作业成本法计量资源耗费水平的变动，而不是支出水平的变化。前者取决于对资源的需求，后者则取决于现有的资源状况。

成本动因是指引起成本发生的驱动因素，又称为成本驱动因素，如采购订单便是采购作业的成本动因。成本动因具有隐蔽性，不易识别，需要对成本行为进行仔细分析才能得到。成本动因有两种形式：(1)资源动因(resource driver)，是指决定一项作业所耗费资源的因素，反映作业量与资源耗费之间的因果关系，如购货作业的资源动因是从事这一活动的职工人数。(2)作业动因(activity driver)，是将作业中心的成本分配到产品或劳务、顾客等成本目标中的标准，它也是将资源消耗与最终产出相沟通的中介，如购货作业的作业动因即为定购单数。每一项作业，都有与其相对应的作业成本动因。

在作业会计中确定成本动因的个数，需要考虑两个因素：(1)成本动因与实际制造费用的相关程度。在既定精确度下，运用相关程度较高的成本动因时，则成本动因的数目就较少；反之，则为达到一定的准确度水准，必须增加成本动因的数量。(2)产品成本的准确度和产品组合的复杂程度。若对产品成本的精确度要求比较高，则成本动因的数目就必然增加；相反则会减少。产品复杂程度低，则多个作业成本可汇集在同一个作业成本库中；相反成本动因数目也相应增多。

成本库是指作业所发生的成本的归集。在传统的成本会计中分部门进行各类制造费用的归集，而在作业成本法中，将每一个作业中心所发生的成本或消耗的资源归集起来作为一个成本库。一个成本库是由同质的成本动因组成，它对库内同质费用的耗费水平负有责任。成本库的建立把间接费用的分配与产生这些费用的动因联系起来，不同成本库应选择不同成本动因作为分配标准。

第二节 作业成本计算法的基本原理

一、作业成本法的基本原理

作业成本法主要是运用"二维观"的基本理论。这一"二维观"主要包括两方面内容：作业成本计算和作业成本管理。最初，企业只是为了精确地计算成本而采用了作业成本计算方法，但后来发现，它所提供的信息可被广泛用于预算管理、生产管理、产品定价、新产品开发、顾客盈利分析、企业战略管理等诸多方面，这使作业成本理论很快超越了成本计算本身，上升为以价值链分析为基础，服务于企业经营管理决策的作业成本管

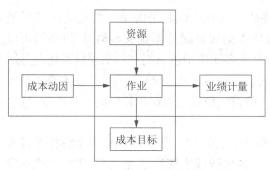

图 9-1　作业成本系统的"二维观"

理。作业成本计算和作业成本管理构成了作业成本系统的"二维观"。一维为作业成本计算,另一维为作业成本管理。如下图示:纵向是一个作业成本系统进行作业成本计算的过程图,而横向则是作业成本管理(ABCM)的流程,中间交汇处则是作业成本法的核心——作业,如图 9-1 所示。

作业成本法对成本的计算与传统成本法不同的是,分配基础(成本动因)不仅发生了量变,而且发生了质变,它不再仅限于传统成本法所采用的单一数量分配基准,而是采用多元分配基准,且集财务变量与非财务变量于一体。在作业成本法下,由于非产量基础、非工时基础变动成本概念的提出,使许多不随产量和工时变动的间接成本可以明确的归属于各产品,产品成本不仅随产量与工时变动,而且随着相关作业变动,这引出了作业成本法的基本原理"作业消耗资源,产品消耗作业"。其指导思想就是几乎所有的成本都是变动的,都可以降低或消除,应避免使用传统的方法划分变动成本和固定成本,不再把成本当作固定成本,还应该废除产品补偿成本、产品制造利润的旧观念,树立作业消耗资源、产品消耗作业的新观念。

成本动因的科学选择对成本计算准确度的影响。以作业为基础的成本计算首先要归集作业的成本,建立成本库,并为每个成本库选择最科学的成本动因;然后计算每个成本库的成本动因分配率,按产品消耗成本动因量的情况,把成本库的成本分配到产品中去,从而得到产品的成本。由此,成本动因的选择对作业成本计算尤为重要。成本动因选择的标准有三方面:(1)所选成本动因变量应是定量,并且是同质的;(2)所选成本动因数量的数据易于收集,并且具有代表性与全面性,能把产品与作业的消耗联系起来;(3)所选成本动因应与作业成本库中的资源消耗情况有高度的相关性,每一成本库中费用的变化可由所选的成本动因做出线性解释。具有相同比例的若干种作业可以视为同质作业,归集到一个作业成本库而不影响产品成本计算的精确度。[①]

作业成本法的计算程序,主要包括:

(1) 确认和计量各类资源的耗费。资源被消耗后,应当按照一定的范围,对其进行分类归集,这样既可以从总体上反映各类资源的耗用情况,也可以为各类资源的耗费价值向作业库的分配创造条件。

(2) 确认作业和作业中心并建立作业成本库。通过对企业生产经营过程的全面详尽的分析,将企业描述成为一个相互关联的"作业链",并确定各项作业的成本动因,按照作业成本动因建立作业成本库。作业成本库建立之后,关键在于如何将各类资源的价值耗费分配计入各作业成本库中。作业消耗资源,作业量的多少决定着资源的耗费量,故分配资源价值耗费的基础是反映资源消耗量与作业量之间的资源成本动因。确

[①] 姜硕,宋磊《作业成本法数学模型的创新》,《运筹与管理》,2004,P156

认资源成本动因的原则:(1)若某项资源耗费可直接确认其是为某一特定的产品所消耗,则直接将其计入该产品成本,此时资源成本动因也就是作业成本动因,该动因可以认为是"最终耗费",例如,直接材料费用的分配即使用于该原则;(2)某项资源耗费可以从发生区域上划分为各作业所耗,则可计入各作业成本库;(3)若某项资源耗费从最初消耗上呈混合性耗费状态,则需要选择合适的量化依据将资源消耗分解到各作业,这个量化的依据就是资源成本动因。

(3)确定作业成本动因并确定各成本动因的分配率。作业成本动因是将作业成本库的成本分配到产品或劳务中去的基础。当各作业成本库已经建立后,从作业成本库的多个作业动因中选出恰当的作业动因作为该成本库的代表成本动因,并计算成本动因的分配率。

(4)分配作业成本并计算汇总各成本目标。根据各种产品所耗用的成本动因单位数和成本动因分配率,将作业成本库的成本分配到各成本目标(产品或劳务)中,如图9-2所示。

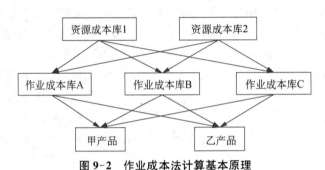

图9-2　作业成本法计算基本原理

二、作业成本法的计算步骤

作业成本法的指导思想是"成本对象消耗作业,作业消耗资源"。作业成本法把直接成本和间接成本(包括期间费用)作为产品(服务)消耗作业的成本同等地对待,拓宽了成本的计算范围,使计算出来的产品(服务)成本更准确真实。

作业成本法在计算产品成本时,将着眼点从传统的"产品"上转移到"作业"上,以作业为核算对象,首先根据作业对资源的消耗情况将资源的成本分配到作业,再由作业依成本动因追踪到产品成本的形成和积累过程,由此而得出最终产品成本。

根据作业成本计算的基本思想,ABC法的计算过程可归纳为以下几个步骤:
(1)直接成本费用的归集。
直接成本包括直接材料、直接人工及其它直接费用,其计算方法与传统的成本计算方法一样。直接材料易于追溯到成本对象上,通常在生产成本中占有较大的比重,它计算的正确与否,对于产品成本的高低和成本的正确性有很大影响。为了加强控制、促进节约、保证费用归集的正确性,直接材料从数量到价格等各个方面,都必须按成本核算的原则和要求,认真对待。直接人工是直接用于产品生产而发生的人工费用。

(2) 作业的鉴定。

在企业采用作业成本核算系统之前，首先要分析确定构成企业作业链的具体作业，这些作业受业务量而不是产出量的影响。作业的确定是作业成本信息系统成功运行的前提条件。作业的鉴定与划分是设计作业成本核算系统的难点与重点，作业划分得当，能确保作业成本信息系统的正确度与可操作性。

(3) 成本库费用的归集。

在确定了企业的作业划分之后，就需要以作业为对象，根据作业消耗资源的情况，归集各作业发生的各种费用，并把每个作业发生的费用集合分别列作一个成本库。作业成本法可以大大提高制造费用分配的准确度，但并不是可以完全准确地分配制造费用。

(4) 成本动因的确定。

成本动因即为引起成本发生的因素。为各成本库确定合适的成本动因，是作业成本法成本库费用分配的关键。在通常的情况下，一个成本库有几个成本动因，有的成本动因与成本库费用之间存在弱线性相关性，有的成本动因与成本库费用之间存在着强线性关系；这一步的关键就在于为每一成本库选择一个与成本库费用存在强线性关系的成本动因。

(5) 成本动因费率计算。

成本动因费率是指单位成本动因所引起的制造费用的数量。成本动因费率的计算用下式表示：

$$成本动因费率 = 成本库费用 / 成本库成本动因总量，即 R = C/D$$

式中：R——成本库的成本动因费率；

C——成本库的费用；

D——成本库的成本动因总量。

(6) 成本库费用的分配。

计算出成本动因费率后，根据各产品消耗各成本库的成本动因数量进行成本库费用的分配，每种产品从各成本库中分配所得的费用之和，即为每种产品的费用分配额。

(7) 产品成本的计算。

生产产品的总成本即生产产品所发生的直接成本与制造费用之和：

$$总成本 = 直接材料 + 直接人工 + 制造费用$$

三、作业成本法实例

某企业同时生产 A、B 和 C 三种产品。其中，A 产品年产 60 000 件，每批生产 6 000 件，需要生产 10 批；B 产品年产量 5 000 件，每批生产 50 件，需要生产 100 批；C 产品年产量 6 000 件，每批生产 6 件，需要生产 1 000 批。有关三种产品生产成本资料

如表 9-1 所示:

表 9-1 产品生产成本表　　　　　　　　　　　　　　　　　单位:元

成本项目	A产品	B产品	C产品	合计
直接材料	360 000	40 000	54 000	454 000
直接人工	180 000	15 000	24 000	219 000
制造费用	1 300 000	500 000	176 900	1 976 000
合计	1 840 000	555 000	254 900	2 649 000

根据作业成本计算法,依据不同的成本库,归集制造费用如表 9-2 所示:

表 9-2　依据成本库归集的制造费用表

制造费用项目	金额
间接人工	
整备工作	222 000 元
材料处理人员工资	250 000 元
检验人员工资	130 000 元
采购人员工资	210 000 元
产品分类人员工资	120 000 元
工厂管理人员工资	210 000 元
小计	1 142 000 元
其他制造费用	
照明和热动力费用	200 000 元
房屋占用费	200 000 元
材料处理设备折旧费	65 900 元
机器能量	176 000 元
供应商(检验)	20 000 元
供应商(采购)	60 000 元
供应商(产品分类)	50 000 元
供应商(全面管理)	63 000 元
小计	834 900 元
合计	1 976 000 元

进一步假设有关的成本动因资料,如下:

(1) A、B、C产品的单位机器小时比例分别为:1,2 和 3;
(2) 每批次需要一次标准的整备工作;
(3) 每批标准检验单位为:A产品每批 20 件;B产品每批 3 件;C产品每批 1 件;
(4) A、B、C产品每批材料移动次数分别为:15,25 和 50。
(5) A、B、C产品每件购货订单数分别为:100,300 和 500。
(6) A、B、C产品每件产品分类次数分别为:30,40 和 100。

根据上述资料,按照单位作业成本、批量作业、产品作业和能量作业四个作业层次分配制造费用如下:

1. 单位作业层次

(1) 直接材料成本与直接人工成本的计算与制造成本法相同,如表 9-3 所示:

表 9-3 A、B、C产品材料与人工单位成本表

成本项目	A产品	B产品	C产品
直接材料	6	8	9
直接人工	3	3	4
合计	9	11	13

(2) 机器能量成本按一定比例分配到产品生产线,如表 9-4 所示:

表 9-4 机器能量成本分配表

产品名称	数量(件)	使用比例	合计	分配率	分配额(元)
A产品	60 000	1	60 000	2	120 000
B产品	5 000	2	10 000	2	20 000
C产品	6 000	3	18 000	2	36 000
合计			88 000	2	176 000

2. 批量作业层次

(1) 检验成本按检验次数分配,计算过程如表 9-5 所示:

表 9-5 检验成本分配表

产品名称	批量	每批检验数(件)	合计	分配率	分配额(元)
A产品	10	20	200	100	20 000
B产品	100	3	300	100	30 000
C产品	1 000	1	1 000	100	100 000
合计			1 500	100	150 000*

* 检验成本:检验人员工资 130 000 元+供应商(检验)20 000 元。

(2) 材料处理成本以材料移动次数为基础分配,如表 9-6 所示:

表 9-6　材料处理成本分配表

产品名称	批量	每批移动次数	合计	分配率	分配额(元)
A产品	10	15	150	6	900
B产品	100	25	2 500	6	15 000
C产品	1 000	50	50 000	6	300 000
合计			52 650	6	315 900*

＊处理成本：材料处理人员工资 250 000 元＋折旧费 65 900 元。

（3）整备成本以每批整备次数为基础分配，如表 9-7 所示：

表 9-7　整备成本分配表

产品名称	每批整备次数	分配率	分配额(元)
A产品	10	200	2 000
B产品	100	200	20 000
C产品	1 000	200	200 000
合计	1 110	200	222 000

3. 产品作业层次

（1）购买成本以每批整备次数为基础分配，计算过程，如表 9-8 所示：

表 9-8　采购成本分配表

产品名称	购货订单数量(件)	分配率	分配额(元)
A产品	100	300	30 000
B产品	300	300	90 000
C产品	500	300	150 000
合计	900	300	270 000*

＊购买成本：采购人员工资 210 000 元＋供应商(采购)60 000 元。

（2）产品分类成本以分类次数为基础分配，计算过程，如表 9-9 所示：

表 9-9　分类成本分配表

产品名称	分类次数	分配率	分配额(元)
A产品	30	1 000	30 000
B产品	40	1 000	40 000
C产品	100	1 000	100 000
合计	170	1 000	170 000*

＊分类成本：分类人员工资 120 000 元＋供应商(产品分类)50 000 元

4. 能量作业层次 能量作业层次以主要成本（直接材料成本＋直接人工成本）为基础分配，如表9-10所示：

表 9-10　主要成本分配表

产品名称	单位主要成本	生产数量（件）	主要成本	分配率	分配额（元）
A 产品	9	60 000	540 000	1	540 000
B 产品	11	5 000	55 000	1	55 000
C 产品	13	6 000	78 000	1	78 000
合计			673 000	1	673 000*

* 能量成本：(1) 工厂管理人员工资　　210 000 元
　　　　　　(2) 照明和热动力费用　　200 000 元
　　　　　　(3) 房屋占用费　　　　　200 000 元
　　　　　　(4) 供应商（全面管理）　　63 000 元
　　　　　　合计　　　　　　　　　　673 000 元

综合上述计算结果，根据作业成本法，各种产品的总成本和单位成本汇总，如表9-11所示：

表 9-11　产品生产成本表

项目	A产品(60 000件)		B产品(5 000件)		C产品(6 000件)	
	单位成本	总成本	单位成本	总成本	单位成本	总成本
1. 单位作业成本						
直接材料	6	360 000	8	40 000	9	54 000
直接人工	3	180 000	3	15 000	4	24 000
机器能量	2	120 000	4	20 000	6	36 000
小计	11	660 000	15	75 000	19	114 000
2. 批量作业成本						
检验	0.33	20 000	6	30 000	16.67	100 000
材料处理	0.02	900	3	15 000	16.67	100 000
整备	0.03	2 000	4	20 000	33.33	200 000
小计	0.38	22 900	13	65 000	66.67	400 000
3. 产品作业层次						
采购	0.5	30 000	18	90 000	25	150 000
产品分类	0.5	30 000	8	40 000	16.67	100 000
小计	1	60 000	26	130 000	41.67	250 000
4. 能量作业层次						
全面管理	9	540 000	11	55 000	13	78 000
合计	21.38	1 282 900	65	325 000	140.33	842 000

四、传统成本与作业成本的比较

假定阳光公司生产三种电子产品，分别是甲产品、乙产品、丙产品。甲产品是三种产品中工艺最简单的一种，公司每年销售10 000件；乙产品工艺相对复杂一些，公司每年销售20 000件，在三种产品中销量最大；丙产品工艺最复杂，公司每年销售4 000件。公司设有一个生产车间，主要工序包括零部件排序准备、自动插件、手工插件、压焊、技术冲洗及烘干、质量检测和包装。原材料和零部件均外购。阳光公司一直采用传统成本计算法计算产品成本。

（一）阳光公司传统成本计算法

(1) 阳光公司有关的成本资料，如下表9-12所示：

表9-12　阳光公司有关的成本资料

项目	甲产品	乙产品	丙产品	合　计
产量(件)	10 000	20 000	4 000	
直接材料(元)	500 000	1 800 000	80 000	2 380 000
直接人工(元)	580 000	1 600 000	160 000	2 360 000
制造费用(元)				3 894 000
年直接人工工时(小时)	30 000	80 000	8 000	118 000

(2) 在传统成本计算法下，阳光公司以直接人工工时为基础分配制造费用，如下表9-13所示：

表9-13　传统成本法下以直接人工工时为基础分配制造费用

项目	甲产品	乙产品	丙产品	合　计
年直接人工工时	30 000	80 000	8 000	118 000
分配率		3 894 000/118 000＝33		
制造费用	990 000	2 640 000	264 000	3 894 000

(3) 采用传统成本法计算的产品成本资料，如下表9-14所示：

表9-14　传统成本法计算的产品成本

项目	甲产品	乙产品	丙产品
直接材料	500 000	1 800 000	80 000
直接人工	580 000	1 600 000	160 000
制造费用	990 000	2 640 000	264 000
合　计	2 070 000	6 040 000	504 000

(续表)

项目	甲产品	乙产品	丙产品
产量(件)	10 000	20 000	4 000
单位产品成本	207	302	126

(二)阳光公司的定价策略及产品销售方面的困境

(1)阳光公司的定价策略

阳光公司采用成本加成定价法作为定价策略,按照产品成本的125%设定目标售价,如下表9-15所示:

表9-15 目标售价

项目	甲产品	乙产品	丙产品
产品成本	207.00	302.00	126.00
目标售价(产品成本×125%)	258.75	377.50	157.50
实际售价	258.75	328.00	250.00

(2)产品销售方面的困境

近几年,阳光公司在产品销售方面出现了一些问题。甲产品按照目标售价正常出售。但来自外国公司的竞争迫使公司将乙产品的实际售价降低到328元,远远低于目标售价377.5元。丙产品的售价定为157.5元时,阳光公司收到的订单的数量非常多,超过其生产能力,因此公司将丙产品的售价提高到250元。即使在250元这一价格下,阳光公司收到订单依然很多,其他公司在丙产品的市场上无力与公司竞争。上述情况表明,甲产品的销售及盈利状况正常,丙产品是一种高盈利低产量的优势产品,而乙产品是阳光公司的主要产品,年销售量最高,但现在却面临困境,因此乙产品成为阳光公司管理人员关注的焦点。在分析过程中,管理人员对传统成本计算法提供的成本资料的正确性产生了怀疑。他们决定使用作业成本计算法重新计算产品成本。

(三)阳光公司作业成本计算法

(1)管理人员经过分析,认定了阳光公司发生的主要作业并将其划分为几个同质作业成本库,然后将间接费用归集到各作业成本库中。归集的结果,如下表9-16所示:

表9-16 间接费用归集

制造费用	金额(元)
装　　配	1 212 600
材料采购	200 000
物料处理	600 000
起动准备	3 000
质量控制	421 000

(续表)

制造费用	金额（元）
产品包装	250 000
工程处理	700 000
管理	507 400
合计	3 894 000

(2) 管理人员认定各作业成本库的成本动因并计算单位作业成本，如下表 9-17，表 9-18 所示。

表 9-17　成本动因

制造费用	成本动因	作业量			
		甲产品	乙产品	丙产品	合计
装配	机器小时（小时）	10 000	25 000	8 000	43 000
材料采购	订单数量（张）	1 200	4 800	14 000	20 000
物料处理	材料移动（次数）	700	3 000	6 300	10 000
起动准备	准备次数（次数）	1 000	4 000	10 000	15 000
质量控制	检验小时（小时）	4 000	8 000	8 000	20 000
产品包装	包装次数（次）	400	3 000	6 600	10 000
工程处理	工程处理时间（小时）	10 000	18 000	12 000	40 000
管理	直接人工（小时）	30 000	80 000	8 000	118 000

表 9-18　单位作业成本

制造费用	成本动因	年制造费用	年作业量	单位作业成本
装配	机器小时（小时）	1 212 600	43 000	28.2
材料采购	订单数量（张）	200 000	20 000	10
物料处理	材料移动（次数）	600 000	10 000	60
起动准备	准备次数（次数）	3 000	15 000	0.2
质量控制	检验小时（小时）	421 000	20 000	21.05
产品包装	包装次数（次）	250 000	10 000	25
工程处理	工程处理时间（小时）	700 000	40 000	17.5
管理	直接人工（小时）	507 400	118 000	4.3

(3) 将作业成本库的制造费用按单位作业成本分摊到各产品，如表 9-19 所示。

表 9-19 制造费用按单位作业成本分摊

项目	单位作业成本	甲产品		乙产品		丙产品	
		作业量	作业成本（元）	作业量	作业成本（元）	作业量	作业成本（元）
装配	28.2	10 000	282 000	25 000	705 000	8 000	225 600
材料采购	10	1 200	12 000	4 800	48 000	14 000	140 000
物料处理	60	700	42 000	3 000	180 000	6 300	378 000
起动准备	0.2	1 000	200	4 000	800	10 000	2 000
质量控制	21.05	4 000	84 200	8 000	168 400	8 000	168 400
产品包装	25	400	10 000	3 000	75 000	6 600	165 000
工程处理	17.5	10 000	175 000	18 000	315 000	12 000	210 000
管理	4.3	30 000	129 000	80 000	344 000	8 000	34 400
合计	—	—	734 400	—	1 836 200	—	1 323 400

（4）经过重新计算，管理人员得到的产品成本资料，如下表 9-20。

表 9-20 产品成本

项目	甲产品	乙产品	丙产品
直接材料	500 000	1 800 000	80 000
直接人工	580 000	1 600 000	160 000
装配	282 000	705 000	225 600
材料采购	12 000	48 000	140 000
物料处理	42 000	180 000	378 000
起动准备	200	800	2 000
质量控制	84 200	168 400	168 400
产品包装	10 000	75 000	165 000
工程处理	175 000	315 000	210 000
管理	129 000	344 000	34 400
合计（元）	1 814 400	5 236 200	1 563 400
产量	10 000	20 000	4 000
单位产品成本（元）	181.44	261.81	390.85

（四）阳光公司问题的解决

阳光公司采用作业成本计算法计算出来的产品成本出人意外。甲产品和乙产品在作业成本法下的产品成本都远远低于传统成本计算法下的产品成本。这为阳光公司目前在乙产品方面遇到的困境提供了很好的解释。如下表9-21，根据作业成本法计算的产品成本，乙产品的目标售价应是327.26元，阳光公司原定377.5元的目标售价显然是不合理的。阳光公司现有的328元的实际售价与目标售价基本吻合。甲产品的实际售价258.75元高于重新确定的目标售价229.30元，是一种高盈利的产品。丙产品在传统成本法下的产品成本显然低估了，阳光公司制定的目标售价过低，导致实际售价250元低于作业成本计算得到的产品成本390.85元。如果售价不能提高或产品成本不能降低，阳光公司应考虑放弃生产丙产品，如下表9-21所示。

表9-21 成本与售价对比　　　　　　　　　　　　　　　　单位：元

	甲产品	乙产品	丙产品
产品成本（传统成本计算法）	209.00	302.00	126.00
产品成本（作业成本计算法）	181.44	261.81	390.85
目标售价（传统成本计算法下产品成本×125％）	258.75	377.50	157.50
目标售价（作业成本计算法下产品成本×125％）	226.80	327.26	488.56
实际售价	258.75	328.00	250.00

由于对制造费用的分配更加精细，阳光公司的管理人员利用作业成本计算法取得较传统成本计算法更为准确的产品信息，对阳光公司的定价策略进行了及时调整，并进一步利用作业成本计算法提供的相对准确的信息对阳光公司的其他决策进行分析调整。

（五）传统成本与作业成本在自制或外购决策方面的比较

假如天祥公司生产甲产品使用一种主要零部件A的价格上涨到每件10.6元，这种零件每年需要10 000件。由于天祥公司有多余的生产能力且无其他用途，只需再租用一台设备即可制造这种零件，设备的年租金为40 000元。天洋公司管理人员对零件自制或外购进行了决策分析。

（1）天祥公司这种零件的预计制造成本，如下表9-22所示。

表9-22 预计制造成本

	单位零件成本	成本总额
直接材料	0.6	
直接人工	2.4	
变动制造费用	3.6	
共耗固定成本		30 000

传统成本计算法下自制与外购分析，如下表9-23所示。

表 9-23 传统成本计算法下自制与外购成本

自制差别成本		
直接材料	（10 000×0.6）	6 000
直接人工	（10 000×2.4）	24 000
变动制造费用	（10 000×2.6）	26 000
专属固定成本		40 000
合　计		96 000
外购差别成本		
购买成本	（10 000×10.6）	106 000
自制零件节约的成本		10 000

上述成本项目中，共耗固定成本是非相关成本，在分析中不予考虑。分析结果显示，自制差别成本为 96 000 元，小于外购差别成本 106 000 元，自制零件可节约 10 000 元，天祥公司管理人员应选择自制零件 A。

（2）经过作业成本计算，天祥公司管理人员发现有一部分共耗固定成本可以归属到这种零件，其预计制造成本，如表 9-24 所示。

表 9-24 预计制造成本

项目	成本动因	单位作业成本	作业量
直接材料	产量（件）	0.60	10 000
直接人工	产量（件）	2.40	10 000
装配	机器小时（小时）	28.22	800
材料采购	订单数量（张）	10.00	600
物料处理	材料移动（次数）	60.00	120
起动准备	准备次数（次数）	0.20	200
质量控制	检验小时（小时）	21.05	100
产品包装	包装次数（次）	25.00	20

作业成本法下自制与外购分析，如表 9-25 所示。

表 9-25 作业成本法下自制与外购成本

自制差别成本		
直接材料	（10 000×0.6）	6 000
直接人工	（10 000×2.4）	24 000

(续表)

装配	(800×28.2)	22 560
材料采购	(600×10)	6 000
物料处理	(120×60)	7 200
起动准备	(500×0.20)	100
质量控制	(200×21.05)	4 210
产品包装	(150×25)	3 750
专属固定成本		40 000
合　计		113 820
外购差别成本	(10 000×10.6)	106 000
外购零件节约的成本		7 820

天祥公司管理人员利用作业成本法提供的信息进行分析后,结论却是选择外购零件A。因为自制差别成本113 820元,大于外购差别成本106 000元,外购零件可节约7 820元。正是由于作业成本法提供了更为准确的成本信息,使天祥公司管理人员避免了不当的决策。

(六)传统成本与作业成本在运用本量利模型预测目标产销量方面的比较

联众公司管理人员多年来一直使用本量利模型预测企业达到目标利润的产销量。

(1)传统方法下,甲产品的相关信息及管理人员的预测,如表9-26所示。

表9-26　传统方法下甲产品的相关信息

项目	单位产销量变动成本(元)	固定成本(元)
直接材料	50	
直接人工	60	
变动制造费用	56.4	
固定制造费用		400 000
	单价(元)	金额(元)
售　价	258.75	
目标利润		708 200

预测企业达到目标利润的产销量为:

$$甲=(708\ 200+400\ 000)/[258.75-(50+60+56.4)]$$
$$=12\ 000(件)$$

(2) 作业成本法下,甲产品的相关信息及管理人员的预测,如表 9-27 所示。

表 9-27 作业成本法下甲产品的相关信息

项目	成本动因	单位作业成本(元)	作业量	固定成本(元)
直接材料	产量(件)	50		
直接人工	产量(件)	60		
装配	机器小时(小时)	28.2	10 000	
材料采购	订单数量(张)	10	1 200	
物料处理	材料移动(次数)	60	700	
起动准备	准备次数(次数)	0.2	1 000	
质量控制	检验小时(小时)	21.05	4 000	
产品包装	包装次数(次)	25	400	
工程处理	工程处理时间(小时)	17.5	10 000	
管理	—			129 000
		单位(元)		金额(元)
售价		258.75		
目标利润				708 200

预测企业达到目标利润的产销量为:

$$甲 = (8\ 200 + 28.2 \times 10\ 000 + 10 \times 1\ 200 + 60 \times 700 + 0.2 \times 1\ 000 + 21.05 \times 4\ 000$$
$$+ 25 \times 400 + 17.5 \times 10\ 000)/[8.75 - (50 + 60)]$$
$$= 8\ 831(件)$$

联众公司在作业成本法下达到目标利润的预测产销量为 8 831 件,明显与传统本量利模型预测的结果 12 000 件不同。正是由于在成本计算的精细程度有所不同,传统本量利模型预测可能会误导联众公司管理人员的决策。

(七) 传统成本与作业成本在弹性预算方面的比较

1. 传统方法下的弹性预算

编制弹性预算的传统方法是:对于直接材料和直接人工,以预算期内多种可能完成的产量为基础,分别乘以单位产品预计的直接材料成本、直接人工成本,得到基于不同生产水平的预算数。对于制造费用,根据有关分析,以机器工时为基础得到预算数。计算公式是:

弹性预算 = 单位产品变动成本甲业务量 + 固定制造费用预算总额

以开元公司为例,使用传统成本对甲产品作弹性预算,结果如下表 9-28:

表 9-28 传统成本下甲产品的弹性预算

项目	成本动因	变动费用 单位产品变动成本(元)	固定费用(元)	业务量及其成本 业务量	成本(元)	业务量	成本(元)
直接材料	产量	50		10 000	500 000	15 000	750 000
直接人工	产量	60		10 000	600 000	15 000	900 000
变动制造费用	机器工时	56.4		9 500	535 800	19 000	1 071 600
固定制造费用预算总额			400 000		400 000		400 000
合计					2 035 800		3 121 600

产量为 100 000 件时,以弹性预算为标准的绩效报告如下表 9-29 所示。

表 9-29 甲产品

项目	实际成本(元)	预算成本(元)	预算差异(元)
直接材料	500 000	500 000	—
直接人工	580 000	600 000	20 000(F)
变动制造费用	564 000	535 800	28 200(U)
固定制造费用	426 000	400 000	26 000(U)
合计	2 070 000	2 035 800	34 200(U)

2. 开元公司在作业成本法下的弹性预算

作业成本法下,对于直接材料和直接人工的预算仍然以产量为基础,与传统成本法没有区别。但制造费用的预算不再以单一的机器工时为基础,而是以多个成本动因为基础,使制造费用的预算明细化。计算公式是:

$$弹性预算 = 单位作业成本甲作业量 + 固定费用预算总额$$

开元公司管理人员重新用作业成本法下对甲产品作弹性预算结果,如表 9-30。

表 9-30 作业成本法下甲产品的弹性预算

项目	成本动因	变动费用 单位产品变动成本(元)	固定费用(元)	业务量及其成本 业务量	成本(元)	业务量	成本(元)
直接材料	产量	50		10 000	500 000	15 000	750 000
直接人工	产量	60		10 000	600 000	15 000	900 000
装配	机器小时	28.2		9 500	267 900	14 250	401 850

(续表)

项目	成本动因	变动费用 单位产品变动成本（元）	固定费用（元）	业务量及其成本			
				业务量	成本（元）	业务量	成本（元）
材料采购	订单数量	10		1 000	10 000	2 000	20 000
材料处理	材料移动	60		800	48 000	1 600	96 000
起动准备	准备次数	0.2		1 000	200	2 000	400
质量控制	检验小时	21.05		3 500	73 675	7 000	147 350
产品包装	包装次数	25		500	12 500	1 000	25 000
工程处理	工程处理时间	17.5		11 000	192 500	22 000	385 000
管理	—		130 000		130 000		130 000
合计					1 834 775		2 855 600

作业成本法下的弹性预算金额与传统法下的弹性预算金额有很大的差异，预算金额不同意味着评价标准不同，直接影响业绩评价和成本控制。

产量为 100 000 件时，以弹性预算为标准的绩效报告，如表 9-31 所示。

表 9-31 弹性预算为标准的绩效报告

甲产品			
项目	实际成本（元）	预算成本（元）	预算差异（元）
直接材料	500 000	500 000	—
直接人工	580 000	600 000	20 000(F)
装配	282 000	267 900	14 100(U)
材料采购	12 000	10 000	2 000(U)
材料处理	42 000	48 000	6 000(F)
起动准备	200	200	—
质量控制	84 200	73 675	10 525(U)
产品包装	10 000	12 500	2 500(F)
工程处理	175 000	192 500	17 500(F)
管理	129 000	130 000	1 000(F)
合计	1 814 400	1 834 775	20 375(F)

可见，在作业成本法下，开元公司甲产品的预算差异为有利差异，而在传统方法下，甲产品的预算差异为不利差异，与作业成本法下的评价结果大相径庭。值得注意的是，虽然整体的预算差异为有利差异，但装配、材料采购、质量控制三项作业却存在不利的

预算差异,提示管理人员对这三项作业进行深入分析。作业成本法提供了相对准确的信息,使业绩评价更加客观、公正、明细,为公司加强成本控制和改善生产经营提供了更好的基础。

五、作业成本法相对于传统成本法的优缺点

(一)作业成本法与传统成本法相比具有如下主要优势

(1)作业成本法下所有的成本都是变动的。在变动成本法下,有相当一部分成本,因其在一定范围不随产量(或机器小时等其他业务量)的变化而变化,而被划为固定成本。但从作业成本法的观点看,这部分成本虽然不随产量增加而增加,但却会随其他因素的变化而改变。这些因素包括产品批次、产品线的调整、企业生产能力的增减等。作业成本法将所有成本均视为变动的,这有利于企业分析成本产生的动因,进而降低成本。

(2)虽然传统成本法与作业成本法在程序上都有两个基本步骤,即都需要先进行成本归集,然后将归集的成本按成本比率分配给各产品,然而,这两种方法下的两个步骤是有差异的。在传统成本法下,通常将不同质的制造费用以部门为基础进行归集,并采用主观的单一分配率进行分配和再分配,仅满足了与产出相关制造费用的分配;而作业成本法则将制造费用按不同动因分配到一系列成本库中进行归集,然后按各自的成本动因率进行分配,作业成本法将与产出量相关的制造费用和非产出量相关的制造费用区分开来,采用不同动因进行分配,使成本库中归集的制造费用更具同质性,费用分配与分配标准之间更具因果关系。

(3)作业成本法给企业提供了许多增加价值的机会。这是因为作业成本法比传统成本法需要更多的数据,也提供了较多的有关产品成本的估计数据,这将使产品成本信息更具价值。更具价值的产品成本信息能够帮助管理人员制定产品价格,并能对特殊订货的价格做出真实的判断,有利于企业管理人员做出继续或停止生产某种产品的决策。此外,通过确认各种作业的成本,使管理人员制定哪些作业消耗的资源较多,哪些作业消耗的资源较少,从而便于采取措施,降低成本。

(4)作业成本法对间接费用的处理更合理。与传统成本计算方法相比,作业成本法分配基础(成本动因)发生了质变,它不再采用单一的数量分配基准,而是采用多元分配基准,并且集财务变量与非财务变量于一体,特别强调非财务变量(如调整准备次数、运输距离、质量检测次数等等)。间接费用在产品成本中所占的比重越大,采用传统成本法分配间接费用,越会使成本信息受到严重的歪曲,进而影响到成本决策的正确性。因此,作业成本法所提供的成本信息要比传统成本计算法准确得多。若采用作业成本法,将会提高成本信息的准确度,使成本决策更具相关性。

(5)作业成本法能够适应日益出现的大规模,产品种类繁多的企业。产品种类繁多的企业,通常存在间接费用在不同种类产品之间进行分配的问题,当与产量相关的费用与非产出量相关的费用不成比例变动时,传统成本法笼统地将不同质的间接费用统一以产出量为基础进行分配,会使成本信息不可靠。而作业成本法则以产品为中心,区

分不同质的费用采用不同的动因进行分配,能更准确地将成本追溯到各种产品。

(6) 作业成本法更适合管理者的决策。传统的制造成本法将许多成本项目列作期间费用,采用在发生的当期"一次性扣除",而不加以分配。在作业成本法下,对于营销、产品设计等领域发生的成本,只要这些成本与特定产品相关,则可通过有关作业分配至有关产品(或其他成本对象)中。这样所提供的成本信息更有利于企业进行定价等相关决策。

作业成本法能够更好地与产品工艺过程复杂,作业环节多的工艺过程相结合。作业环节越多,间接生产费用的发生与产出量不相关的可能性就越大,采用单一与产出量相关的分配基础对成本信息的扭曲越大;同时,作业环节越多,不增值作业的可能越多,这时采用作业成本法,对消除不增值作业,降低产品成本大有裨益。

作业成本法可降低企业日趋增加的高额生产调整准备成本。生产准备成本通常与投产批次相关,而与每批的投产量关系不大,若将这种成本按产出量相关的基础分配到各产品,则会导致分配结果的不准确。作业成本法则把该成本按各产品对调整作业的消耗次数分配到各产品,可以提高分配的准确性。

(二) 作业成本法在成本管理中的缺陷

尽管作业成本法与传统成本法相比,具有极大的优势,然而,在现代企业需要多元化、高速度、战略性等综合性成本管理的背景下,作业成本法暴露出了以下主要缺陷。

(1) 实施作业成本法,可能会给企业带来较长期的经济效益,短期内实施效果不明显,并且实施成本较高,这些成本包括:会计人员和其他参与作业成本法人员的成本,以及簿记成本、软件成本和咨询成本等。特别是定期收集选定成本动因的数量资料,以及进行资源的分解等,都将会给企业成本核算带来极大的挑战。

(2) 与传统成本法一样,作业成本法在确定作业中心和成本动因时,需要人为地判断,具有主观性。如果资源的发生与作业中心成本库有明显的变动关系,那么作业中心的确定也较容易,所分配的成本也较准确。然而,由于企业生产的复杂性和多样性,有些资源的发生是固定的,很难与特定作业相联系,如折旧费、动力费、保险费等。如果这种资源的消耗在企业成本费用中所占比重较少,那么问题不大。然而,如果这样的资源消耗所占的比重较大,作业中心的同质性就会受到怀疑,采用作业成本法的优势将不明显。

(3) 由于作业成本法的基础成本资料仍然来自传统的权责发生制成本计算,因而权责发生制方法下固有的随意性和可选择性,如折旧方法的选择,所带来会计处理的不同结果,必然会影响到作业成本法。

(4) 部门权力下降,导致部门的主观能动性受到限制。旧模式的成本管理制度下,传统成本被分解到各部门,部门对自己控制的那部分成本负责,业绩与管理成绩直接挂钩;但是,作业成本法下,成本不再归属于各部门而是作业,某项作业是否无用作业,是否应该改善或消除,单个部门不再具有决定权,作业成本法下成本管理的中心在于作业,而一项作业可能由多个部门合作完成,这样对部门业绩的考核能力受到了削弱;部门无权决定自身相关成本的构成,集中的管理可能导致很多问题,部门积极性被降低。

(5) 作业成本法仅以作业成本作为评价标准,可能导致较大误差。成本是一项重要的经济指标,通过衡量作业成本大小对作业进行评价,决定是否进行该项作业和如何改善是行之有效的。但作业成本法把对过程的管理主要放在成本上,对作业评价的唯一标准是成本,忽视了技术层面的考虑,成本是在实际生产过程中发生的,无效作业、非增值作业等可能对企业的生产流程是必不可少的,不能仅仅立足于成本问题而一概否定,可能更需考虑企业发展的长远战略需要。

第三节 作业管理

一、作业成本管理概论

(一) 作业成本管理定义

作业成本法会引导企业管理者将注意力集中在成本发生的原因及成本动因上,而不仅仅是关注成本计算结果本身,通过对作业成本的计算和有效控制,就可以较好地克服传统制造成本法中间接费用责任不清的缺点,并且使以往一些不可控的间接费用在作业成本法系统中变为可控。作业成本法不仅仅是一种成本计算方法,更是一种成本控制和企业管理手段。在其基础上进行的企业成本控制和管理,称为作业成本管理(Activity—based Management)。在推行科学和流程管理的企业,一定要以客户和作业流程为中心来对工作任务进行管理,即开展作业成本管理。许多国际性的大型制造和 IT 企业如惠普公司都已实施了作业成本管理,中国也有一些公司在尝试开展作业成本管理,作业精简和效能提高的作用十分明显。

(二) 作业成本管理体系的组成元素

了解和掌握作业成本管理的核算要素是掌握生产作业成本管理知识的基础。为开展作业成本管理,构筑作业成本核算模型,就需要对作业成本进行计算。作业成本管理涉及的四大核算要素是:资源、作业、成本对象、成本动因。其中资源、作业和成本对象是成本的承担者,是可分配对象,在企业中资源、作业和成本对象往往具有比较复杂的关系,成本动因则是导致生产中成本发生变化的因素,只要能导致成本发生变化,就是成本动因。

1. 资源

资源作为一个概念外延非常广泛,涵盖了企业所有价值载体,包括物料、能源、设备、资金和人工等。但在作业成本管理中的资源,实质上是指为了产出作业或产品而进行的费用支出,换言之,资源就是指各项费用总体。作为分配对象的资源就是消耗的费用,或可以理解为每一笔费用。资源如果直接面向作业和成本对象分配,就是传统成本法的直接材料。

2. 作业

作业是指在一个组织内为了某一目的而进行的耗费资源的工作。作业是作业成本管理的核心要素。根据企业业务的层次和范围,可将作业分为以下四类:单位作业、批量作业、产品作业和支持作业。(1)单位作业:使单位产品或服务受益的作业,它对资源的消耗量往往与产品的产量或销量成正比。常见的如加工零件、每件产品进行的检验等;(2)批量作业:使一批产品受益的作业,作业的成本与产品的批次数量成正比。常见的如设备调试、生产准备等;(3)产品作业:使某种产品的每个单位都受益的作业。例如零件数控代码编制、产品工艺设计作业等;(4)支持作业:为维持企业正常生产,而使所有产品都受益的作业,作业的成本与产品数量无相关关系。例如厂房维修、管理作业等。通常认为前三个类别以外的所有作业均是支持作业。

3. 成本对象

成本对象是企业需要计量成本的对象。根据企业的需要,可以把每一个生产批次作为成本对象,也可以把一个品种作为成本对象。在顾客组合管理等新的管理工具中,需要计算出每个顾客的利润,以此确定目标顾客群体,这里的每个顾客就是成本对象。

成本对象可以分为市场类成本对象和生产类成本对象。市场类成本对象的确定主要是按照不同的市场渠道不同的顾客确定的成本对象,他主要衡量不同渠道和顾客带来的实际收益,核算结果主要用于市场决策,并支持企业的产品决策。生产类成本对象是在企业内部的成本对象,包括各种产品和半成品,用于计量企业内部的生产成果。

4. 成本动因

成本动因,指的是解释发生成本的作业的特性的计量指标,反映作业所耗用的成本或其他作业所耗用的作业量。成本动因可分为三类:交易性成本动因、延续性成本动因和精确性成本动因。(1)交易性成本动因,计量作业发生的频率,例如设备调整次数、定单数目等。当所有的产出物对作业的要求基本一致时,可选择交易性成本动因,以家电制造企业为例,安排一次某型号冰箱生产或处理同一型号产品订货,所需要的时间和精力与生产了多少产品或订货的数量无关。(2)延续性成本动因,它反映完成某一作业所需要的时间。如果不同数量的产品所要求的作业消耗的资源显著不同时,则应采用更为准确的计量标准。例如,工艺流程简单的产品每次所进行的设备调整时间较短,而工艺流程复杂的产品所需要的设备调整时间较长,如果以设备调整次数为成本动因的话,则可能导致作业成本计算的不实,此时以设备调整所需要的时间为成本动因更为合适。(3)精确性成本动因,即直接计算每次执行每项作业所消耗资源的成本。在每单位时间里进行设备调整消耗的人力、技术、资源等存在显著差异的情况下,则可能需要采用精确性成本动因,直接计算作业所消耗资源的成本。

二、作业成本法应用指南

(一)企业实施作业成本管理的必要性

(1)市场竞争的需要:在激烈的市场竞争中,一个公司的成本比竞争对手高,其竞争力就差,需要加强成本管理,以不断挖掘降低成本的潜力。

(2)经营的需要:市场竞争的多样化,需要营销及定价策略的多样化和差异化,这要求企业能提供更为详尽的成本信息。

(3)企业发展战略的需要:发展战略对企业的兴衰至关重要,这就需要分析各类业务的盈利状况、分析新技术对企业效益的影响、分析企业价值链中各个环节的效益情况及企业的资源情况。

(4) 国家主管机构的宏观管理,要求被管理企业提供更为详细准确的业务及成本数据。

(二) 作业成本管理的基本方法——价值链分析

价值链分析是一种策略性的分析工具,主要分析从原材料供应商到最终消费者相关作业活动的整合,寻求以整合或一体化方式增加顾客的价值或降低成本的途径;或者确定是否兼并上游或下游企业,寻求利用上、下游价值链以降低成本的途径。价值链管理将企业的人、财、物等资源按照业务流程有机地整合,使企业的供、产、销系统形成一条"价值链",其功效在于:

(1) 找出无效和低效的作业,为持续降低商品成本,提高企业竞争能力提供途径;

(2) 协调、组织企业内部的各种作业,使各种作业之间环环相扣,形成较为理想的"作业链",以保证每项必要作业都以最高效率完成,保证企业的竞争优势;

(3) 与同行的价值链进行对比分析,发现自己的优势与劣势,进而为扬长避短、改善成本构成和提高作业的质量及效率指明方向。

价值链分析可采取的步骤包括:

(1) 把整个价值链分解为与战略相关的作业、成本、收入和资产,并把它们分配到"有价值的作业"中;

(2) 确定引起价值变动的各项作业,并根据这些作业,分析形成作业成本及其差异的原因;

(3) 分析整个价值链中各节点企业之间的关系,确定核心企业与顾客和供应商之间作业的相关性;

(4) 利用分析结果,重新组合或改进价值链,以更好地控制成本动因,产生可持续的竞争优势,使价值链中各节点企业在激烈的市场竞争中获得优势。

(三) 作业成本管理实施模型:

尽管作业成本管理在不同行业、不同经济技术条件、不同规模的企业实施各具特点,但是根据作业成本管理的基本原理,借鉴西方企业的实施经验,我国企业具体实施时,一般应遵循下列程序进行操作。

(1) 分析累积顾客价值的最终商品的各项作业,建立作业中心。既然企业最终商品的顾客价值均由作业链创造,那么作业成本管理的着眼点就应放在这条作业链上,对构成作业链的各项作业进行分析,确认主要作业和作业中心。一个作业中心即是生产程序的一部分,按照作业中心汇集和披露成本信息,便于管理当局控制作业,考评绩效。

(2) 归类汇总企业相对有限的各种资源,并将资源合理分配给各项作业。企业的生产经营活动消耗作业,作业则消耗资源,而企业的资源总是有限的。因此,作业成本管理强调要对企业的各种资源分类汇总,建立资源库,根据需要科学合理地对各项作业进行资源配置,并对各项作业资源耗费所创造的顾客价值大小进行跟踪的动态分析,尽可能降低必要作业的资源消耗,杜绝不必要作业的资源浪费。

(3) 对生产经营的最终商品或劳务分类汇总,明确成本对象。成本对象的确定必须包括所有的最终商品或劳务,不能遗漏某种商品或劳务,否则,其他商品或劳务就会承担过高的成本,从而造成成本信息的失真。但是,作业成本管理并不是直接以最终商品或劳务为成本管理的对象,而是将其相关的作业、作业中心、顾客和市场纳入成本管理体系,这样就抓住了资源向成本对象流动的关键。

(4) 发掘成本动因,加强成本控制。发掘成本动因,就是摈弃传统的狭隘的成本分析方式,代之以宽广的与战略相结合的方式进行成本动因分析,并以成本动因为标准,将各项成本聚集到终极商品或劳务。加强成本控制,主要强调两个方面:一是控制成本动因,只有了解了主要价值链活动的成本动因,才能真正控制成本;二是通过改造和优化企业的主要作业链活动,如商品设计与研制开发、生产、营销等,来取得成本竞争优势。

(5) 建立健全业绩评价体系,加强成本管理的绩效考评。实施作业成本管理,必须结合责任会计制度建立健全成本管理的绩效评价体系,将作业中心的确立与责任中心的划分衔接一致,明确经济责任和权限范围。通过使用合适的成本动因,保证成本指标和经营绩效的真实性与可靠性,从而有助于管理当局从非财务的角度进行业绩评价,进一步从理论上完善责任会计。

(四) 作业成本法在管理中的实施和运用

1. 作业分析对产品定价策略的影响。

一些公司在产品定价方面很少有自主权。它们生产大量的产品并在高度竞争的市场上销售,这使得人们很难从质量和性能的角度上对产品品种进行区分,顾客也能够非常容易地转换供应商以获得最低价格的产品。一个公司只是被一个大公司控制的行业中的一个小分子,除非这个小公司的顾客非常忠诚(或者顾客的转换成本很高),否则这个公司就必须遵循行业领导者的价格政策。在这种情况下,即使是经过了一次详细的成本分析,公司也不能变更其价格政策。这些公司必须注重于经营策略而不是用定价来提高他们产品的获利性,这些经营策略包括重新设计、替代、削减产品或改进生产。

然而许多公司在价格调整方面拥有自主权,尤其是对于那些高度顾客化的产品。在产品不在高度竞争的市场上销售的情况下,管理者通常是根据对产品标准成本的补偿或根据现有的类似产品价格的推断来定价的。当价格政策来源于传统的标准成本制时,由于制造费用的分配是通过直接人工或机器小时来实现的,管理者只能制定出很差的价格政策,例如,高产量的蓝黑笔的价格是在激烈竞争的市场上建立起来的,特殊的产品如紫红色笔,虽然外表和生产过程都类似,但由于其独特的性质,价格就会稍高于普通蓝黑笔,除了此分析之外还要为这种产品付出很高的关于产品发展、产品改进、购买、接收、检查、准备以及保持这种特殊颜色所需资源等方面的成本。在通常情况下,对于一位顾客来说,购笔的这项花费只是他全部花费中很小的一部分(购买特殊颜色的笔用来书写婚礼请柬的钱还不到整个婚礼花费的 0.01%),同时顾客也许愿意为高品质、可靠的产品以及特殊产品的独特性能付出相当的高价。在进行初步的作业成本分析之后,公司往往能将那些特殊的、顾客化的和豪华产品的价格上升 50% 或更多。相反地,一旦那些低产量的特殊产品的成本被正确的分配了以后,那些高产量普通产品的成本就会下降,而且,成熟产品的成本可能会降低 5%~8%。虽然这样的成本下降看上去是比较小的,但高产量的成熟产品通常在竞争市场上销售,达到 3%~5% 的边际增长都是很难的。事实上，如果这些产品没有被分配它根本没有耗用的资源资本，那么它们早就可以取得更高的边际收益了。在这种情况下，公司可能采取积极的价格策略以提高这些获利产品的销售量。管理者们会发现，这些产品增加的产量只引起了单位水平费用的增加，而没有引起批量费用和生产费用的增加。

例如：某企业生产 A 和 B 两种产品，基于作业成本计算所提供的成本信息给出 A 和 B 两种产品的制造成本分别为 25 元和 30 元，基于传统成本法所提供的 A 和 B 两种产品制造成本分别为 30 元和 28 元。若市场上两种产品的销售单价分别为 32 元和 35 元，则若该企业在基于传统成本定价的方式下会倾向于多生产 B 产品，少生产 A 产品，而基于作业成本定价的方式下企业的生产决策则恰恰相反。若该企业依据传统成本法进行价格决策，在多生产 B 产品的同时，正自欣喜，认为 B 产品能带来较高的单位毛利（7 元/件），殊不知，其生产的 B 产品越多，则 A 产品成本越高，亏得越多，导致整个企业亏损越多。

为什么会出现上述问题呢？原因在于两种成本法估测的产品成本信息精确程度不同，通过作业成本法计算的成本，其精确度较高，可能会造成计算出的产品实际成本比用传统成本法所得出的成本高，这时的定价自然就应该高一些，以使该产品不至于亏损。

2. 作业分析对企业价值链的分析、理顺与优化。

（1）重新设计产品。

一些产品之所以昂贵是由于设计不合理。在没有作业成本引导产品设计的情况下，工程师们往往忽略许多部件及产品多样性和复杂的生产过程的成本。他们为性能而设计产品却不考虑添加独特部件的成本、新买主和复杂成本分析将揭示一些设计中存在的非常昂贵的复杂部件以及独特的生产过程，它们很少增加产品的绩效和功能，故可以被删除或修改。产品的重新设计是非常有吸引力的选择。因为它经常不会被顾客发现，如果设计成功了，公司也不必进行重新定价或替代其他产品。

（2）整合优化作业项，降低成本。

对作业成本法计算的产品水平成本进行仔细分析也会给改进生产过程带来机会。传统的复杂产品成本的计算是通过一个由最终产品所需的全部零部件和配件组成的材料清单来进行的，但还需要作业清单。在作业清单中除了要显示材料、人工和机器小时等单位水平作业成本外，还要揭示生产产品所需的批量水平和产品水平的作业，如定购部件、安排生产、处理顾客订单、机器准备、加工产品清单、设计产品和生产过程。在前面，我们讨论了如何利用这些信息进行定价和同顾客讨论使用更便宜的替代产品的可能性，作业清单能提供额外的一系列可以降低产品所需资源成本的行为。例如，公司可以通过定购材料、加工产品、订单、机器准备、处理订单、发运、收款来改进其经营过程。在公司的生产经营过程被改进以后，完成相同任务就会需要更少的资源。这种效率上的收益将通过较低的作业成本动因比率的形式，在未来的作业成本模型中予以量化，较低的作业成本动因又会反过来导致对使用这些作业的产品分配更少的成本，这是因为作业成本分析将显示出在经营作业和过程上的改进是怎样导致了较低的产品成本的。

以某从事机械制造的 A 企业集团为例，通过对该企业进行价值链分析，可以对类似于生产协调、检测、修理、运输等类虽不增加顾客价值但又无法消除的作业进行整合与优化,减少此类作业的耗费。例如:生产协调、检测、修理三个作业,其人员较多,分布在分厂的各个岗位,虽觉得冗员较多,但无法弄清多在哪里;在按作业定岗定员后,可将分散的人员汇总,问题就解决了,每项作业可裁掉部分人员,同时成本和耗费也会相应降低。

(3) 通过作业链分析,理顺企业的生产作业顺序。

① 可根据销售量确定生产量,根据生产进度状况确定库存;

② 逆推某种产品的生产时间进度,由交货期确定交库期;

③ 根据交库期确定各部件交付组装的时间,再结合工序的生产方式以确定其投料及在各车间的生产时间;

④ 各种产品生产时间确定后,进行优化处理,找出关键路径,并在实际生产中对关键路径上的工序作业严格控制,以保证客户需求。

3. 作业分析对作业环节的选择判断与整合优化

(1) 通过作业分析,判断哪些作业是增值的,哪些作业是不增值的。例如:生产工艺流程中的各项作业一般都是增值作业,如制模、浇铸、下料、冲压、成形、装机、调试等作业。不增值作业指对增加顾客价值没有贡献,或者经消除不会降低产品价值的作业,比如储存、移动、等待、检测等作业,此部分作业可以考虑在工艺流程中尽量减少。

(2) 分析重要性作业。企业的作业通常达成百上千种,对每一项作业都做一一分析是不必要的,也不符合成本效益原则;根据重要性原则,对那些相对于顾客价值和企业价值而言比较重要的作业进行分析。

(3) 将企业的作业同其他企业类似的作业进行对比。增值的作业并不意味着有效和最佳,通过与其他企业先进水平的作业进行比较,可以判断某项作业或企业整个价值链是否有效,寻求改进的机会。例如:产品设计作业应是一种增值作业,但若某企业采用手工方式进行图纸设计,而其他企业却采用能快速提供服务的电脑辅助设计,在采用多品种、少批量生产方式和要求快捷供货的情况下,用计算机辅助设计替代人工设计是必要的。

案例:对于 A 企业集团的作业情况,运输作业主要是厂内运输,主要的运输工具是叉车。在作业成本法的思路下,将分散在各分厂的叉车集中在一起作为一个作业进行管理,可提高利用效率,增强灵活性。不但可以节省购买新叉车的支出,还可将多余的叉车出售,既省掉了新叉车的投资和运行成本,还降低了现有叉车的运行成本,降低了资源浪费,体现了资源集成的思想。

(4) 进行技术投资。弹性制造系统(FMS)是为了高效地制造呈弹性变化的多种类产品而组成一个一体化的集合,它由数控机床、自动传送带机器仓库、工业机器人与计算机控制中心这几个硬件设施构成,这些设施对零部件的形状差异、数量变化等具有充分的适应能力。弹性制造系统的构成解释了先进的制造技术是怎样解决大量生产的效率与灵活性之间矛盾的。弹性制造系统和其他信息密集型的制造技术如电脑辅助设计(CAD)、电脑辅助工程(CAE)和计算机辅助软件技术(CASE),极大地降低了批量与产品水平作业成本,而同时又保持了高度自动化生产的效率。因此,在这些高级且复杂的信息密集型制造技术上的投资,实际上是出于降低传统的制造技术导致的批量水平作业和产品水平作业成本的愿望。然而这些成本只有在工厂为计算批量水平作业和产品水平作业而采用了作业成本制度时才是可视的。这些大量的,可视的批量水平作业和产品水平作业成本成了计算机综合制造技术的主要缩减任务。

4. 作业的深层次分析对降低耗用、提高效率的影响

(1) 通过提高其零部件设计的通用性,可降低相关作业的成本。例如:在模具制作作业中,其消耗的资源与零件的种类数有直接因果关系,因此,可以通过在设计零件时考虑其通用性以减少零件的种类数,以降低资源消耗。

(2) 细化其作业中心的划分,提升管理效率。通过对作业中心的划分,集团总部由原来控制 5 个分厂变为控制 14 个作业中心,当总部可以直接监测作业中心的消耗情况时,信息反馈速度将明显加快,加强了总部对生产的管理力度,体现了扁平化管理的思想。集团总部的有力监督有效促使各作业中心加强材料管理,减少资源浪费。

(3) 削减产品。上面介绍的方法都是将不获利产品转变为获利产品的方法,如果上述方法不能奏效,那么管理者将不得不采取最后的办法:终止不获利产品的生产。即使有些产品不能获利,但销售人员也不愿放弃,他们认为,这些产品是对获利产品的补充。从满足顾客需要和销售的角度来讲,企业必须拥有全面的产品线。在这种情况下,如果不获利产品确实能够增加整体产品的获利性,通过不获利产品和获利产品组合能使企业利润达到最大化,可以继续对不获利产品进行生产和销售;否则,要对之进行停产处理。

(五) 作业成本管理在成本管理中的意义

作业成本管理是以作业为成本管理的起点与核心,比之传统的以商品或劳务为中心的成本管理是一次深层次的变革和质的飞跃。

1. 适应新经济技术环境的客观要求

随着全球经济一体化和资本国际化进程的加快,科学技术朝着信息化方向迅猛发展,市场需求的多样化、个性化,现代企业商品生产过程的自动化、信息化以及制造系统的复杂化是当前不可逆转的大趋势。在这种新的经济技术环境下,若继续采用在商品成本中所占比重越来越小的直接人工去分配所占比重越来越大的制造费用,必将导致商品成本信息的严重失真,进而误导企业的战略决策。

而作业成本管理与传统成本管理的显著区别,在于将企业视作为满足顾客需要而设计的一系列作业的集合体,企业商品凝聚了在各个作业上形成而最终转移给顾客的价值,作业链同时表现为价值链。从而将成本管理的着眼点与重点从传统的"商品"转移到了"作业",以作业为成本分配对象,这样不仅能够科学合理地分配各种制造费用,提供较为客观的成本信息,而且能够通过作业分析,追根溯源,不断改进作业方式,合理地进行资源配置,实现持续降低成本的目标。因此,作业成本管理能够很好地适应高新经济技术环境对成本管理的客观要求。

2. 有利于加强成本控制

自 20 世纪 80 年代以来,现代企业间的市场竞争进入白热化。与此相适应,企业商品通常采用多品种、个性化、小批量的生产经营模式,以适应顾客日新月异的多样化需

求。使得传统的以"商品"为管理的核心与起点,以标准成本与实际成本的差异分析及控制为重点的成本管理,日益难以适应这种新的、动态的、不稳定的生产经营环境。

而作业成本管理则以作业成本为对象,以每一作业的完成及其所耗资源为重点,以成本动因为基础,及时、有效地提供成本控制所需的相关信息。从而可极大地增强管理人员的成本意识,并以作业中心为基础设置成本控制责任中心,将作业员工的奖惩与其作业责任成本控制直接挂钩,充分发挥企业员工的积极性、创造性与合作精神,进而达到有效地控制成本的目的。

3. 有利于提高商品的市场竞争能力

随着社会生产的发展和世界经济的一体化,现代企业间的市场竞争也逐渐趋于激烈化和国际化。而我国传统的成本管理模式只注重商品投产后与生产过程相关的成本管理,忽视了投产前商品开发与设计的成本管理,这已愈来愈难适应当代社会经济发展的需要,极大地阻碍了企业商品市场竞争能力的提高。

作业成本管理则能很好地适应现代企业在激烈的市场竞争中的发展需要,从一开始就特别重视商品设计、研究开发和质量成本管理,力求按照技术与经济相统一的原则,科学合理地配置相对有限的企业资源,不断改进商品设计、工艺设计以及企业价值链的构成,从而提高企业商品的市场竞争能力。

本 章 小 结

本章主要讲作业成本计算法,以及传统的成本计算方法的对比,同时介绍作业管理问题。与由于传统的成本计算方法(职能基础产品成本计算法)适合于直接成本占总成本的比重较高情况。对于间接费用所占的比重相对很高的情况,比如制造费用,传统的成本计算方法是不利于对产品成本的准确计算。这便是作业成本计算法的产生的原因。作业成本计算法认为成本不应该硬性分为直接材料、直接人工和制造费用,更不是根据每种产品的工时来计算分配全部资源成本(无论直接的或间接的),而是应该根据资源的投入量和消耗额,计算消耗的每种资源的"完全消耗成本"。

作业成本计算法的基本概念是由作业、作业链、价值链、成本动因、作业成本及成本库等构成。其中作业是指能产生附加价值,并会发生成本的经济活动,它是一种资源投入和另一种效果产出的过程;也是作业活动贯穿于生产经营过程的全部,产品从设计到最终销售出去是由各种作业的形式而完成的,没有作业的实施,经营活动就无法实现;同时又是可以量化的,即作业可以采用一定的计量标准进行计量。作业链是相互联系的一系列作业活动组成的链条。因为从产品设计到产品销售过程的整个生产经营过程,都是由一系列前后有序的作业构成,这些作业由此及彼、由内到外相连接,就形成了一条"作业链"。作业消耗资源,产品消耗作业,每一项作业的完成都需要消耗一定的资源,同时又有一定的价值量和产出转移到下一个作业。价值沿作业链在各作业之间转移,就构成了一条"价值链"。成本动因是指决定成本发生的那些重要的活动或事项。它可以是一个事项、一项活动或作业。从广义上说,成本动因的确定是作业成本计算实施的一部分;狭义的看,它又可视作企业控制制造费用努力的一部分。一般而言,成本动因支配着成本行动,决定着成本的产生,并可作为分配成本的标准。成本库亦称"作业中心",主要分四种类型:(1)单位水平成本库:指生产每一单位产品所发生的作业,这类作业所耗用的成本随产品产量成比例变动,例如直接人工、直接材料、机器运转有关的动力成本等。(2)批次水平成本库:指生产每一批产品所发生的作业,这类作业所耗用的成本随生产批次成比例变动,例如生产调度、机器准备、订单处理、原料准备、质量检验的成本等。(3)产品水平成本库:指为支持生产每类产品或劳务所发生的作业,这类作业所耗用的成本随产品项目成比例变动,例如编制材料清单、处理工程变更指令、测试线路的成本等。(4)维持水平成本库:指为维持生产环境所发生的作业,这类作业所耗用的成本与产品的种类和某种产品的多少无关,此类成本属于企业生产全部产品所共同发生的成本,属于期间成本,例如厂务管理、通风、取暖、照明、厂房维修、人事管理的成本等。

通过计算对比发现:作业成本法克服了传统成本计算方法导致的成本信息失真问题,能提供相对准确的成本信息;传统成本管理的主要是产品,而作业成本法不仅包括产品,而且包括作业。企业改进作业链,减少作业耗费,提高作业的效益成为可能;作业成本法是更广泛的完全成本法。作业成本法涉及较多方面的成本,这样提供的成本信息更有利于企业进行定价等相关决策;所有作业成本均是变动的,这有利于企业分析成本产生的动因,进而降低成本;作业成本法更具有管理意义,因为它相当于是一种实现成本前馈控制与反馈控制相结合,成本计算与成本管理相结合的"全面成本管理系统"。

作业管理是以"作业"作为企业管理的起点和核心,比传统的以"产品"作为企业管理的起点和核心,在层次上大大地深化了,可视为企业管理上一个重大的变革和突破。作业管理的有效实施,有赖于作业成本计算提供信息支持。作业管理的目标,就是要充分运用作业成本计算提供的动态的明细化的信息,通过不断改进和优化企业"作业链"来不断改进和优化企业的"价值链",以促进企业经营目标的顺利实现。作业管理要求通过不断优化企业的"作业链"来不断优化企业的"价值链",而企业的"作业链"的优化又要求深入地进行作业分析。

复习思考题

1. 作业会计的程序有几个步骤?它与传统的以交易或数量为基础的成本计算程序有何不同?
2. 作业有哪几种分类?如何确认作业?
3. 何谓单位作业、批别作业、产品作业、维持性作业?
4. 何谓作业链和价值链?
5. 如何理解成本动因,资源动因和作业动因之间的关系?
6. 如何确定成本动因的数目?
7. 何谓积极性成本动因和消极性成本动因?
8. 成本性态在作业会计下发生怎样的变化?
9. 什么是作业管理?作业管理的核心是什么?
10. 如何利用作业会计信息来改进企业战略决策?
11. 如何利用作业会计信息来改进预算控制、标准成本控制和责任会计制度?

12. 如何利用作业会计信息来改善业绩评价?
13. 为什么说作业会计是作业成本计算和作业管理的有机统一?

案 例 分 析

X公司是一家专业化很强的电子公司,现在公司的Ⅰ号产品面临着来自其他公司的强烈竞争。公司的竞争对手一直在压低Ⅰ号产品的价格。而该公司的Ⅰ号产品比其他所有竞争对手的产量都高,并且是公司生产效率最高的产品。公司的总经理一直在思考:为什么其他公司的这种产品的价格远远比他们的价格低。不过,让公司总经理高兴的是:公司新开发的Ⅲ号产品虽然工艺复杂,产量远不及公司生产的Ⅰ号和Ⅱ号产品的产量。但由于专业化程度非常高,其他竞争对手不想涉足这种产品生产,所以公司几次提高Ⅲ号产品的售价,客户仍是源源不断。

公司的定价策略将目标价格设定为产品制造成本的110%,产品制造成本所包含的间接费用即制造费用依据直接人工工时分配。由于公司的Ⅰ号产品的竞争对手一直在压低Ⅰ号产品的价格。结果公司Ⅰ号产品的销售价格已降到了75美元以下。

在公司年终总结会上,公司总经理问主计长:"为什么我们的产品竞争不过其他公司的产品?他们的Ⅰ号产品仅售69美元,那比我们的Ⅰ号产品的成本还要少1美元。这是怎么回事?"

"我认为是我们过去的产品成本计算方法造成的。"主计长说,"也许你还记得,我刚来公司时,采用一种作业成本计算法做了一项先期研究。结果发现,公司采用的传统制造成本计算法高估了产量高工艺简单的Ⅰ号产品成本,并且大大地人低估了Ⅲ号产品的成本。对此我曾提出过警告,但公司仍保持原有的方法。"

"好的,"总经理说:"你下午给我提供作业成本计算法的有关数据。"主计长回到办公室后,整理了公司年末会计系统提供的有关数据,并列出了公司年末产品成本和年度销售数据,如表9-32所示。

表9-32 X公司产品成本和年度销售数据

项目	Ⅰ号产品	Ⅱ号产品	Ⅲ号产品
年销售量(件)	100 000	50 000	10 000
单位产品成本(美元)	70	61	160
其中:直接材料	10	25	40
直接人工	10	6	20
制造费用	50	30	100
直接人工工时(小时)	50 000	15 000	10 000
制造费用明细(美元)			
机器维修	1 500 000		
机器折旧	3 000 000		

(续表)

项目	Ⅰ号产品	Ⅱ号产品	Ⅲ号产品
产品检测	1 500 000		
机器准备	500 000		
材料处理	500 000		
产品包装	500 000		
总计	7 500 000		

制造费用分配率＝7 500 000/(50 000＋15 000＋10 000)＝100(美元/小时)

主计长也列出了作业成本计算法下，间接费用分配的有关数据，如下表9-33所示。

表9-33 X公司间接费用分配相关数据

作业成本库	成本动因	三种产品作业成本分摊比例		
		Ⅰ号产品(%)	Ⅱ号产品(%)	Ⅲ号产品(%)
机器维修	机器小时	50	30	20
机器折旧	机器小时	40	20	40
产品检测	检测次数	50	20	30
机器准备	准备次数	45	30	25
材料处理	材料订单数量	45	35	20
产品包装	包装小时	50	30	20

要求：

(1) 计算主计长采用作业成本计算确定法确定的三种产品成本；

(2) 计算作业成本计算法下三种产品的目标销售价格；

(3) 给总经理写一份备忘录，解释传统的制造成本计算法与作业成本计算法的不同，并说明传统制造成本计算可能造成的后果；

(4) 公司应做何种战略选择？为什么？

第十章 战略管理会计

【引导案例】

根据《银行家》杂志发布的《中国商业银行竞争力评价报告（2014）》，平安银行凭借在战略转型上的领先定位和管理业绩的出色表现，获评"最佳战略管理全国性商业银行"。这是平安银行成功运用战略管理会计所取得的成果。为适应外部环境变化，平安银行从目标客户、服务、组织模式三方面进行战略定位；建立混业战略联盟开展业务，实施价值链管理；从财务、客户、内部流程、学习与成长四个层面出发，将企业的绩效评价与战略紧密结合，形成了平衡计分卡战略绩效评价与考核体系。从表面上看，战略管理会计必然涉及企业的战略决策，似乎仅与高层有关，实际上，战略管理会计的核心是提高盈利，关系到企业的各项业务活动。平安银行在推广战略管理会计过程中，通过培训、会议等形式向员工灌输战略观念、外向型观念、整体观念、可持续发展等战略管理会计的思想，使全员认识到实施战略管理会计的重要性以及自身的责任感和使命感。

【学习目的和要求】

通过本章的学习，了解战略管理会计的产生和发展，理解战略管理会计的概念、作用、内容和方法，掌握竞争对手分析、价值链分析和成本动因分析的基本原理。

现代企业处于一个错综复杂、瞬息万变的外部环境之中，企业管理已经开始全面进入以战略管理为中心的时代。如同企业其他管理一样，企业战略管理也需要管理会计支持，但目前的管理会计只是一种注重短期利益的战术性管理会计，特别是在用于企业最高管理当局决策时常暴露出封闭性、短期性、狭隘性、单一性和缺乏应变性等方面的缺点，不能适应企业战略管理的要求。如何适应战略管理的需要，如何支持企业的战略管理成为管理会计领域亟待解决的问题。企业战略是在认真研究外部环境的基础上，有效地组织和利用企业内部的各种资源和能力，为实现企业长期的全局目标而确立的指导整个企业经营活动的总谋略和总方针。战略管理则是指为实现战略目标而进行的规划和控制过程，正确的战略是企业取得成功的基本保证，科学的战略管理，对企业至关重要，但传统管理会计由于自身的缺点无法满足战略管理的要求。因此，企业管理从传统管理开始向战略管理转变,传统管理会计向战略管理会计转变。

第一节 战略管理会计概述

一、传统管理会计的局限性

20世纪90年代以后,随着现代科技的进步和生产力的迅猛发展,顾客消费水平不断提高,企业竞争更加激烈,企业面临着一个全新的外部环境。为了适应新的环境,企业的管理思维、管理方式随之发生了很大的变化,由此对传统的管理会计产生了巨大的冲击,要求管理会计人员更新观念、变革技术。在新的管理环境下,传统管理会计自身的缺陷显露无余,从战略的观点看,传统管理会计有以下几个方面的缺点:

（一）缺少对高新技术发展的适应性

从20世纪80年代以来,高级制造技术（AMT）、电脑辅助设计与制造（CAD/CAM）弹性制造系统（FMS）及适时制（JIT）、计算机集成制造系统（CIMS）的普及与发展,引发了制造技术的革命。这种变化也带来产品制造成本的变化,例如JIT的推行,基本上防止了间接成本的出现,而先进制造技术的应用则大大改变了产品的成本构成,在产品的总成本中直接材料和直接人工所占的比重正在缩小,而固定费用的部分所占比重越来越大。在发达国家,制造业成本或投入的资本中,其中的管理和研发等与知识相关的软成本占制造业成本的60%—70%。因此传统管理会计对产品成本核算方法的局限性明显表现出来,在先进制造技术的使用中,产品成本动因将不再简单分为变动成本和固定成本,也不能用常规的量—本—利关系来分析成本动因对成本性态的影响;而且对固定制造费用按生产工人工资分配也不符合现代制造技术的要求,因为在产品的生产过程中,人工成本所占的份额将越来越小,按人工成本来分配制造费用所得出的成本信息将不再具备对企业战略的相关性。

（二）缺乏重视外部环境的战略观

外部环境是企业生存和发展的基础,因此,管理会计作为信息的输出系统,应能提供诸如企业所处的相对竞争地位的信息,提供有利于企业竞争战略调整的会计资料,达到预警的目的。例如,从市场占有率的变化中可以看出企业竞争地位的相对变化,这种信息无疑会提高管理会计的相关性,但是传统的管理会计却不能提供这种信息。此外,超出会计主体范围本身,联系竞争者来分析企业的竞争优势,通过与外部竞争者的比较来研究本企业销售额、利润和现金流量的相对变化,这对实现企业的战略目标来说更有意义。可是,传统的管理会计只从短期观点出发,依据投资报酬率和其他财务数据进行管理。

（三）涵盖的内容较为狭隘,提供的信息单一

传统管理会计主要提供货币计量的信息,而忽略非货币计量的信息。制定战略目标所使用的指标除财务指标之外还有大量的非财务指标,如产品质量、生产的弹性、顾客的满意程度、从接受订单到交付使用的时间等等,这些都是和企业战略密切相关的非

财务指标,但是传统管理会计系统不能提供这些指标。传统管理会计只重视企业内部的、物质资源的信息,而对企业外部的、人力资源方面的信息基本上视而不见,信息面较为狭窄。信息的不充分使得管理会计的决策支持功能松弛,在缺乏战略管理所需信息的条件下,企业的管理者很难做出正确的战略规划。为此,要拓展信息渠道,提供超越企业本身的更广泛、更有用的与战略管理相关的信息,不仅包括内部信息和财务信息,更重要的是诸如市场需求量、市场占有率等外部信息和非财务信息。

(四)忽视企业的长远发展,忽视风险

从管理会计的目标上看,传统管理会计以"利润最大化"为目标,忽视了企业的长远发展,忽视了风险,这容易造成企业行为的短期化,如为了一时的经济利益而降低质量标准,这可能会最终损害企业的声誉和品牌形象,从而损害企业的长远利益。从战略的角度来讲,管理会计的终极目标应是"企业价值的最大化",以获得一种持久的竞争优势。传统管理会计目标的短期化使得管理会计的许多方法同样存在短期性,例如成本性态分析是各种决策分析的基础,而固定成本和变动成本的划分是建立在相关范围的假定之上,即在一定时期一定范围内才成立,时间上的限定使得这一方法显然不能满足长期分析的需要。

概括起来,这些传统管理会计的缺陷是针对其内向性、过去性、短期性而言的。传统管理会计只把焦点对准组织内部,仅限于报告过去活动的结果,而对长期的战略问题并不是很关心。为了适应战略管理的需要,一方面应将管理会计导入企业战略管理并与之相融合;另一方面,更重要的是在管理会计中引入战略管理思想,实现战略意义上的功能扩展。这样就促使了战略管理会计的产生。

二、战略管理会计的产生与发展

为了解决传统管理会计的不足,管理会计学者在如何使管理会计能够适应战略管理的需要,为企业战略管理提供适当的信息和有效的控制手段等方面进行了大量的研究。他们把研究重点放在分析、判断企业竞争地位、提高企业竞争优势的会计信息方面,如成本、价格、业务量、市场占有率和现金流量的相对水平和变化趋势的分析与评价等。这些研究拓展了传统管理会计学的研究领域,结合对竞争者的分析来考察本企业的竞争地位,从战略的高度审视企业的组织机构设置、产品开发、市场营销和资源配置,并据以取得竞争优势而提供内部的和外部的、财务的和非财务的、定性的和定量的会计信息,为企业发挥优势、利用机会、克服弱点、回避威胁提供信息,创造条件。战略管理会计(Strategic Management Accounting,SMA)的理论与实践在此背景下应运而生,它服务于企业的战略管理,分析和提供与企业战略相关的信息。

管理会计的发展经历了以下五个阶段[①]:

(一)萌芽阶段

第一次工业革命促成了管理会计的萌生,出现了以成本计算与分析为标志的管理

---

① 引自葛家澍,余绪缨,侯文铿等.《会计大典(第五卷管理会计)》.北京:中国财政经济出版社,1999.

会计雏形。19世纪初的工业革命导致了工厂制度的出现,并从根本上改变了传统的生产过程。为了适应企业价格决策和业绩评价的需要,产生了作为管理会计萌芽的成本会计。20世纪前管理会计的主要成就是,将间接成本纳入产品成本的范围,并将成本计算融合到财务会计中,在复式簿记系统将人工、原材料和间接费用分配到最终产品,并初步研究了本量利分析问题。

（二）科学管理阶段

科学管理运动推动了管理会计的发展,形成了以成本控制为特色的管理会计。随着科学管理运动的兴起,一些具有科学管理思想的工程师力求通过对作业的简化和标准化来提高生产过程的效率,狠抓完成作业的最佳方式确定人工和材料的耗费标准,并用以制定生产计划和控制内部营运过程。于是会计学者提出了利用标准进行成本控制的设想,研究和使用了标准成本制度,形成了记录和分析标准差异的会计系统。

（三）管理控制阶段

随着企业组织形式的发展,业绩管理成了管理会计的主要内容。20世纪初期,在美国的企业合并浪潮中,出现了超大型公司和跨行业的企业集团。这些大型企业采用集权化的组织机构,企业最高管理当局的任务是协调各部门的业务,制定企业战略,并在各种不同的业务之间进行最具盈利潜力的资本分配。为了支持这种企业组织形式,人们设计了新的管理会计方法。比如,引进了投资报酬概念。在第一次世界大战以后,纵向集权企业变成了多部门经营企业。由于产品市场的多样化和生产规模的扩大及其复杂性的增加,信息的处理成了一个大问题,企业最高管理当局很难在其所有的市场上高效率地运转。解决这一问题的办法是进一步分权化,设置投资中心,授权部门经理进行大部分的业务决策和投资决策,企业最高管理当局集中精力协调、激励和评价部门经理的业绩。因为有了投资报酬率指标,最高管理当局才有可能将有效使用资本的责任委托给部门经理。投资报酬率成了考核部门经理使用资本的责任和各部门资本使用效率的指标,投资报酬率的高低成了总部向各部门提供资本的重要依据,成了衡量各个部门和整个企业成功程度的重要尺度。由于部门之间的相互依赖和中间产品的转移价格对投资报酬率会产生很大的影响,为了使各个部门之间的分配利润有一个合理的基础,所以人们设计了转移价格系统。50年代末、60年代初一些公司在20世纪初形成的标准成本计算和预算控制的基础上实行了责任会计,完成了从成本控制到管理控制的过渡,于是形成了现代意义上的管理会计。

（四）全面控制阶段

经济学、管理学等学科的发展为管理会计提供了新的营养,管理会计开始从更宽广的视野上研究决策、预算、控制和业绩评价等题。五六十年代之后,企业内部日益需要财务报告之外的会计信息。当时广泛流行的完全成本计算有误导企业决策之嫌,相关成本概念获得越来越多的认可。管理会计学者从经济学、数学等学科引进了一些新概念,于是,管理会计中出现了许多决策模型和控制模型,管理会计人员从工厂走向了董事会的会议室。60年代之后,特别是70年代以来,企业行为理论、行为科学、信息经济学、代理理论以及权变理论在管理会计中得到了不断深入的应用。人们认识到,企业的相关各方有着目标上的冲突;对人的激励不能只依靠单一的因素和手段;信息是可以买卖的商品，信息的质量决定其对使用者的价值，取得信息需要付出成本；任何代理都需要成本，对代理者业绩的计量和报告会影响到代理者的行为；任何一种管理理论都不可能适用于所有的环境。于是管理会计演变成更具综合性的学科，开始从更宽广的视野上分析决策、预算、控制和业绩评价等问题。

（五）战略管理会计阶段

高新技术的发展和激烈的国际化市场竞争促进了战略管理会计的形成，管理会计开始提供企业战略管理所需要的内外部会计信息。20世纪80年代以来高新技术的发展和日益加剧的国际化市场竞争使人们认识到传统管理会计不能适应制造和竞争环境的变化。战略管理会计则可以弥补传统管理会计的缺陷，它提供与企业战略管理有关的管理会计信息，它所进行的分析并不局限于单一的会计主体，它能够提供企业内部的和外部的、财务的和非财务的、定性的和定量的管理会计信息。

管理会计的发展史告诉我们，管理会计的产生是由于客观的需要，而管理会计的每一步发展，也都是客观环境推动的结果。当旧的管理方法、管理会计指标无法满足管理者的现实需要时，管理会计变革的时候也就来临了。战略管理会计是为满足企业间竞争的需要，顺应时代发展而产生的，是管理会计发展的必然结果。它突破了传统管理会计的局限，使管理会计进入了一个全新的发展阶段。

三、战略管理会计的概念

战略管理会计的概念最早由英国学者西蒙斯（R. R. Simmons）于1981年提出。他将战略管理会计定义为："用于构建与监督企业战略的有关企业及其竞争对手的管理会计数据的提供与分析。"之后，他又在一系列的论文中，强调了管理会计与企业战略结合的重要性，特别是企业相对竞争者的成本竞争地位。他认为管理应多注重外部环境，并协助企业衡量其竞争地位，首次强调学习曲线与长期成本在衡量竞争优势中的重要性和了解竞争者成本结构的重要性。从此以后，人们沿用了"战略管理会计"这一名称，但对其定义却未达成共识。

威尔逊（Wilson）在《战略管理会计》一书中，将其定义为："战略管理会计是明确强调战略问题和所关注重点的一种管理会计方法。它通过运用财务信息来发展卓越的战略，以取得持久的竞争优势，从而更加拓展了管理会计的范围。"它主要强调战略管理会计的外部指向和前瞻性。

CIMA的正式述评将战略管理会计定义为"这样的一种管理会计形式，它不仅重视内部产生的信息，还重视非财务信息和外部相关的信息。"

余绪缨教授认为战略管理会计是为企业战略管理服务的会计，它从战略的高度，围绕本企业、顾客和竞争对手组成的"战略三角"，既提供顾客和竞争对手具有战略相关性的外向型信息，也对本企业的内部信息进行战略审视，帮助企业的领导者知己知彼，进行高屋建瓴式的思考，进而据以进行战略的制定和实施，借以最大限度地促进本企业"价值链"的改进与完善，保持并不断创新其竞争优势，以促进企业长期、健康地向前发展。

尽管对战略管理会计的定义多种多样，但是都有一个共同的特点，它们都涉及战略管理会计的一些基本要素,体现了战略管理会计的一些基本特性,即重视外部环境和市场,注重整体性等。归纳起来,战略管理会计是管理层为谋求企业长远的、持续竞争优势的能力,以取得整体竞争优势为目标,以战略观念审视外部和内部信息,整合营销、财务、生产等部门,以分析研究企业、顾客和竞争对手所组成的"战略三角"为核心,强调财务与非财务信息、数量与非数量信息并重,为企业战略制定、执行和考评,提示企业在整个行业中的地位及其发展前景,提供全面、相关和多元化信息而形成的现代管理会计与战略管理融为一体的新兴交叉学科。

四、战略管理会计的特点

战略管理会计的发展并没有改变管理会计的性质及职能,但其观念和方法得以更新。这些新的观念和方法使战略管理会计具有不同于传统管理会计的基本特征。

(一)战略管理会计着眼于长远目标,注重整体性和全局利益

传统管理会计以单个企业为服务对象,着眼于有限的会计期间,在"利润最大化"的目标驱使下,追求企业当前的利益最大。它所提供的信息是对促进企业进行近期经营决策、改善经营管理起到作用,注重的是单个企业价值最大和短期利益最优。战略管理会计适应形势的要求,超越了单一会计期间的界限,着重从多种竞争地位的变化中把握企业未来的发展方向,并且以最终利益目标作为企业战略成败的标准,而不在于某一个期间的利润达到最大。它的信息分析完全基于整体利益,有时更为了顾全大局而支持弃车保帅的决策。战略管理会计放眼长期经济利益,在会计主体和会计目标方面进行大胆的开拓,将管理会计带入了一个新境界。战略管理是制定、实施和评估跨部门决策的循环过程,要从整体上把握其过程,既要合理制定战略目标,又要求企业管理的各个环节密切合作,以保证目标实现。相应地,战略管理会计应从整体上分析和评价企业的战略管理活动。

(二)战略管理会计重视企业和市场的关系,具有开放系统的特征

传统的管理会计主要针对企业内部环境,如提供的决策分析信息主要依据企业内部生产经营条件、业绩评价主要考虑本身的业绩水平等,因此构成了一个封闭的内部系统。而战略管理会计要考虑到市场的顾客需求及竞争者实力,正宗市场观念一方面表现为管理会计信息收集与加工涉及面的扩大及控制角度的扩展,市场观念使管理会计的视角由企业内部转向企业外部;另一方面,战略管理会计倡导的市场观念的核心是以变应变,在确定的战略目标要求下,企业的经营和管理要适应动态市场的需要及时调整。这种"权变"管理的思想对管理会计的方法体系同样产生了深远的影响,它要求战略管理会计在变动的外部环境下进行各项决策分析。

(三)战略管理会计重视企业组织及其发展,具有动态系统特征

企业战略目标的确定是和特定的内外部环境相适应的,在环境发生变化时还要相应做出调整,所以战略管理是一种动态管理。处于不同发展阶段的企业,必然要采取不同的企业组织方式和不同的战略方针,并且要根据市场环境及企业本身实力的变化相应做出调整。例如,比较处于发展期和处于成熟期的企业,前者可能注重营销战略、以

迅速占领扩大中的市场,企业组织相应较为简单,内部控制较为松散;而后者一般规模较大,组织结构复杂,面对的是成熟的市场,因此必须通过加强内部控制来降低成本、增强竞争优势,同时注重新产品的开发。这种和企业组织发展阶段相对应的战略定位又必然随着企业由发展期向成熟期过度而做出调整。

(四)战略管理会计拓展了管理会计人员的职能范围和素质要求

传统管理会计由于信息范围狭小,数据处理方法有限,使管理会计人员难以从战略的高度提出决策建议,只能是计算财务指标、传递财务数据,跳不出单个企业财务分析的范围。在战略管理会计下,管理会计人员不止于财务信息的提供,而是要求他们能够运用多种方法,对包括财务信息在内的各种信息进行综合分析与评价,向管理层提供全部信息的分析结论和决策建议。在战略管理会计中,管理会计人员将以提供具有远见的管理咨询服务为其基本职能。随着职能的发展,管理会计人员就总体素质而言,不仅应熟悉本企业所在行业的特征,而且更要通晓经济领域其他各个方面,具有战略的头脑,开阔的思路以及准确的判断力,善于抓住机遇,从整体发展的战略高度认识和处理问题,是一种具有高智能、高创造力的人才。

第二节　战略管理会计的基本内容

从战略管理会计的发展过程和特点来看,战略管理会计的体系内容应是围绕战略管理展开的。战略管理在环节上包括战略的制定、战略的实施和战略的评价等,相应地,战略管理会计的基本内容一般包括战略管理目标制定、战略管理会计信息系统、战略成本管理、战略投资决策、战略业绩评价五个方面。

一、战略目标制定

战略管理会计首先要协助企业管理者制定战略目标。企业的战略目标可以分为三个层次:公司战略目标、竞争战略目标、职能战略目标。公司战略目标主要是确定经营方向和业务范围方面的目标;竞争战略目标主要研究的是产品和服务在市场上竞争的目标问题;职能战略目标所要明确的是在实施竞争战略过程中,公司各个职能部门应该发挥什么作用,达到什么目标。战略管理会计要从企业外部与内部收集各种信息,提出各种可行的战略目标,供企业管理者选择。协助企业制订战略管理目标是战略管理会计的首要任务。

(一)调查研究

在制定企业战略目标之前,必须进行调查研究工作,在进入确定战略目标的工作中对已经作过的调查研究成果进行复核,进一步整理研究,把机会和威胁、长处与短处、自身与对手、企业与环境、需要与资源、现在与未来加以对比,搞清楚他们之间的关系,为确定战略目标奠定比较可靠的基础。为确定战略而进行的调查研究不同于其他类型的调查研究,它的侧重点是企业与外部环境的关系和对未来研究和预测。关于企业自身的历史与现状的陈述自然是有用的,但是,对战略目标决策来说,关键的还是那些对企业未来具有决定意义的外部环境的信息。因而在调查研究的过程中必须加强对企业外部环境的关系和对未来的研究和预测。

(二) 拟定目标

经过细致周密的调查研究,接下来可以着手拟定战略目标,拟定战略目标一般要经历两个环节:拟定目标方向和拟定目标水平。首先在既定的战略经营领域内,依据对外部环境、需要和资源的综合考虑,确定目标方向。再通过对现有能力与手段等诸种条件的全面衡量,对沿着战略方向展开的活动所要达到的水平也做出初步的规定,形成可供决策选择的目标方案。在确定战略目标的过程中,要注意目标结构的合理性,列出各个目标的综合排列的次序,在满足实际需要的前提下,要尽可能减少目标的个数。

(三) 评价论证

战略目标拟定出来之后,就要组织多方面的专家和有关人员对提出的目标方案进行评价和论证。论证和评价要围绕目标是否正确进行,并对所拟定目标的可行性和完善化程度进行评价。如果在评价论证时,人们已经提出了多个目标方案,那么这种评价论证就要通过对比权衡利弊,找出各个目标方案的优劣所在。拟定目标的评价论证过程,也是目标方案的完善过程。通过评价论证,找出目标方案的不足,并想方设法使之完善。如果通过评价论证发现拟定的目标完全不正确或根本无法实现,就回过头去重新拟定目标,再重新评价论证。

(四) 目标决断

在决断选定目标时,要从目标方向的正确程度、可望实现的程度、期望效益的大小三方面权衡各个目标方案,作综合考虑。所选定的目标、三个方面的期望值都应该尽可能大。目标决断时,必须掌握好决断时机。因为战略决策不同于战术决策,战术目标决策常常时间比较紧迫,回旋余地很小,而且战略目标决策的时间压力相对不大。在决策时间问题上,要防止在机会和困难都还没有搞清楚之前就轻率决策,也不能优柔寡断,贻误时机。

从调查研究、拟定目标、评价论证到目标决断,确定战略目标这四个步骤紧密结合在一起,后一步的工作要依赖于前一步的工作,在进行后一步的工作时,如果发现前一步工作的不足,或者遇到了新情况,就需要回过头去,重新进行前一步或前几步的工作。

二、战略管理会计信息系统

战略管理会计信息系统指收集、加工和提供战略管理信息资料的技术和方法体系。

(一) 战略管理会计信息系统的意义和要求

企业建立有效的战略管理会计信息系统对其进行战略管理意义重大。首先,战略管理会计是为企业战略管理服务的,采用一定的形式和方法,将战略性信息提供给决策者,可以直接协助决策者进行战略决策和战略管理。战略管理会计提供信息的充分、正确和及时程度决定了企业战略选择和分析的质量。其次,这种信息是企业战略分解和各层次战略衔接的依据,能使战略及相应资源的分配更符合企业内部的能力特征。再次,战略实施过程和环境变化方面的信息,能使企业及时掌握战略实施与战略目标及要求之间的吻合程度,了解战略目标与环境发展和变化的一致性程度,以决定是继续实施原计划的战略,还是对战略进行调整,或是立即停止战略的实施。总之,战略管理会计提供的信息直接制约着企业战略管理的水平和实际效果。

战略管理会计作为战略管理的决策支持系统,面对的是复杂多变的外部环境和大量半结构化、非结构化的战略决策问题,因而它所需要的信息来源、数量、特征和加工处理都与传统管理会计有着明显的不同,需要重新对原有的管理会计信息系统进行设计和改进,战略管理会计信息系统的设计必须符合以下要求:(1)有助于战略决策;(2)能消除信息沟通隔阂,提高决策用户参与程度;(3)及时提供与特定战略决策相关的信息;(4)应变能力强。

(二) 战略管理会计信息系统的内容和特点

战略管理会计信息系统提供的信息主要包括:有关本企业基本情况的说明信息;对本企业分析、预测以及与竞争对手进行比较的信息;客户方面的信息;对竞争对手的分析、评价及发展趋势进行预测的信息;政府政策、市场情况、国际形势及可能影响到企业经济发展方面的信息;企业自愿披露的其他信息等。其信息来源除了企业内部的财务部门以外,还包括市场、技术、人事等部门,以及企业外部的政府机关、金融机构、中介顾问、大众媒体等等。

战略管理会计信息系统所提供的信息一般具有以下特点:

(1) 提供财务信息,但更注重提供非财务信息,如产品质量、信誉、送货和售后服务、市场需求量、市场占有率、客户满意程度、交货期、产品青睐度等。因为这些非财务信息在当今激烈竞争的环境中已成为企业成功的关键因素,可以帮助企业制定正确的战略决策。

(2) 强调相对指标的重要性,尤其是相对价格、相对成本、相对现金流量、相对市场份额等。

(3) 注重提供与企业战略相关的前瞻性预测信息,特别是反映实际成本、业务量、价格、现金流量和企业总资源的需求等方面趋势的信息。

(4) 以外部信息为重点。

(三) 战略管理会计的信息披露方式

与丰富多彩的战略性信息内容相适应,战略管理会计的信息披露方式也具有较大的灵活性。主要包括:

(1) 报表。它是指以表格形式对本企业、本企业与竞争对手相比较而产生的信息所作的披露。如反映本企业与竞争对手成本水平的成本表及比较成本表、反映本企业一定时期内获取现金能力的现金流量表及相对现金流量表、人力资本表、本企业与竞争对手资源对比表、客户信息表、政府信息表等等。

(2) 分析报告。以现实为基点对国际和国内经济形势、市场和顾客消费趋势、竞争对手及本企业的优势和劣势等所作的综合判断,如宏观经济政策及发展趋势分析报告、反映竞争对手优势、劣势、竞争战略及趋势的竞争对手分析报告、本企业人力资源分析报告等。

（3）情况说明书。对本企业的背景情况、竞争对手基本情况、社会购买力状况、市场状况、国内外与本企业有关的重大事件的说明性文件。还有对本企业所拥有的各种资源、市场占有率、新产品创新能力、市场开发潜力、企业内部经营管理水平、企业集团的团队精神、企业和竞争者的价值链构成、竞争者拥有的资源、产品状况和发展战略、投融资环境、顾客信息和宏观经济政策等情况所做的说明。

（4）其他披露方式。即战略管理会计部门认为更有效或企业管理部门认为能更好地满足其需要的其他信息披露形式。

三、战略成本管理

成本管理是企业管理中的一个重要的组成部分。在成本管理中导入战略管理思想，实现战略意义上的功能扩展，便形成了战略成本管理。在战略思想指导下，战略成本管理关注成本管理的战略环境、战略规划、战略实施和战略业绩，可表述为"不同战略选择下如何组织成本管理"。成本管理服务于企业战略的开发和实施，实质上就是成本管理会计信息贯穿于战略管理循环，成本分析与成本信息置身于战略管理的广泛空间，与影响战略的相关要素结合在一起，通过从战略高度对企业成本结构和成本行为的全面了解、控制与改善，寻求长久的竞争优势。战略成本管理与传统成本管理相比存在很大区别，具体表现如表 10-1 所示。

表 10-1 战略成本管理与传统成本管理的区别

不同点	传统成本管理会计	战略成本管理会计
目标不同	以降低成本为目标/局部性/具体性	以企业战略为目标/全局性/竞争性
眼界不同	狭隘（考虑成本效益原则）	广阔长远（考虑长期战略效益）
时间不同	短期的（每月、季、年）	长期的（产品生命周期）
效果不同	暂时性/直接性	长期性/间接性
降低成本对象不同	表层面的/直接成本动因	深层次的/表现在质量、时间、服务、不同技术创新等方面的动因
成本概念不同	仅指产品的短期成本	多组成本概念：质量成本、责任成本、作业成本、人力资源成本等等
关注重点不同	重视成本结果信息/事后信息	重视成本过程信息/实时信息
战略观念不同	注重内部成本管理，较少联系宏观产业政策、外部竞争对手、环境资源等来分析，难以超越本会计主体的范围	注重外部环境，分析企业的市场定位，提供预警信息，及时调整企业竞争战略，可超越本会计主体的范围

战略成本管理的基本框架是关注成本驱动因素，运用价值链分析工具，明确成本管理在企业战略中的功能定位。价值链分析、战略定位分析、成本动因分析构成了战略成本管理的基本内容。价值链分析主要是从原材料供应商起，一直到最终产品消费者之间一系列相关作业的整合，是从战略层面上分析如何控制成本的有效方法。这种分析具有多重视角，如对企业自身价值链分析、对行业价值链分析、对竞争对手价值链分析

等等。战略定位分析是帮助企业在市场上选择竞争武器以对抗竞争对手的工具。企业要对自己所处的内外部环境进行周密的调查分析,在此基础上,进行行业、市场和产品方面的定位分析,再确定以怎样的竞争战略来保证企业在既定的产品、市场和行业中站稳脚跟,击败对手,以获取竞争优势。成本动因是指导致成本发生的因素。从价值的角度看,每一个创造价值的活动都有一组独特的成本动因,它用来解释每一个创造价值活动的成本。作业影响动因,动因影响成本。战略成本动因分析把成本动因分为结构性成本动因、执行性成本动因,它们分别属于企业宏观和中观的成本动因。

战略成本管理的基本范围是对整个经济寿命周期成本的管理,且管理的重点在前期阶段(即开发、设计、投入阶段)和后期的售后服务阶段。就一般而言,越是处于寿命周期成本的前期阶段,能确定的成本额就越大,其功能、结构变更的容易程度也就越高,这就使得前期阶段降低成本的潜力大增。另外,未来的经济时代是一个用户至上、充满个性化的时代,生产上的突出特点是多品种和灵活性,以满足日趋个性化的市场需求。因此,战略成本管理跳出了传统成本管理只注重生产制造环节的成本核算和成本分析与控制的局限性,将关注的重点转向产品的设计与开发,以及后期的售后服务阶段。

战略成本管理是全员、全面、全过程的统一,是技术与经济的统一。(1)每一个员工都是成本产生的能动因子,企业的每一个环节、每一个方面都在形成成本,企业的整个生产经营过程都是成本产生的载体。成本控制的主体应是企业全体员工,其落脚点是每个生产经营环节,战略成本管理部门则起着反映、协调、揭示的作用。(2)在全员、全面、全过程的管理中,战略成本管理人员和设计开发人员必须紧密配合。因为,如果设计开发人员了解产品寿命周期的全过程,了解自己设计的每个功能可能给企业的生产、销售、使用带来的经济影响,它就会自觉地在功能性与经济性之间做出最优的选择,从而有可能设计出不仅用户满意,而且也适合企业经营能力,能给企业带来最大利益的产品。因此,战略成本管理注重对产品整个寿命周期进行目标成本管理,并实行成本规划和产品设计一体化,以便从根本上降低成本,实现经济与技术的最佳结合。

四、战略性投资决策

传统的管理会计采用项目的净现值或内部收益率作为评价投资项目是否可行的标准,如项目的净现值大于零,或者项目的内部收益率大于或等于企业的加权平均资本成本时,项目即为可行,但是战略管理会计认为这种方法存在如下问题:

(一) 与项目有关的成本或收益难以界定

传统管理会计成本或收益是可以量化的并且可以用货币表示,但战略管理会计的观点认为有些成本或收益是不能量化的或者不能用货币表示的。战略管理会计将成本和收益分为三类:①可以直接用货币表示的;②可以换算为货币表示的;③不能够用货币表示的。因此只将第一部分计算在内是不全面的。

(二) 传统管理会计没有考虑某个项目的接受与否是否与公司的整体战略相吻合

例如一公司应客户要求,为了短期效益生产了一批质量较低的产品,尽管接受这个订单在经济上是可行的,但却可能影响公司在顾客心目中注重质量的形象,从而降低企业的竞争优势。这实际上也是接受该项目的一种成本,只是这种成本不能货币化或量化。

(三)传统管理会计没有充分考虑风险在项目执行中的影响

在项目的执行过程中存在各种风险,尽管在使用净现值法时,有人认为应将市场风险考虑在内,但这种风险不只在市场环节出现,而是贯穿项目执行的全过程,传统的方法显然考虑得不够全面。

按照战略管理会计的要求投资评价可以采用一种新方法——战略投资评价矩阵,这种方法克服了传统管理会计的不足,它将项目执行过程中的风险和项目对公司总体战略的影响充分考虑在内。战略投资评价矩阵的四个区域中显示出一个接受区域和一个拒绝区域,而处于另外两个区域的方案则有可能因为在财务上或者战略上的原因而被采纳,这由企业的决策者根据具体情况选择。如图10-1所示。

战略符合系数	
有条件选择	接受
拒绝	有条件选择

风险调整系数

图10-1 战略投资评价矩阵

战略投资评价矩阵的横轴表示风险调整系数,这一系数综合了传统的财务评价和项目的风险因素。在计算这一系数之前,必须承认对于不同的项目来说有着不同风险,因此需要用不同的系数对项目的财务评价进行风险调整。为了使项目的评价具有可比性,战略管理会计应对同一企业的不同种类的风险赋予不同的风险权重,而这种权重应该反映企业控制各种风险的能力。如果企业有着行之有效的项目成本管理系统,则可以给企业的成本风险赋予较低的权重;如果企业曾经错误地估计竞争对手的反应,则应该给企业的市场风险赋予较高的权重。战略投资评估矩阵的纵轴表示项目的战略符合性系数。战略符合性系数表示待评估项目符合公司的使命和目前的经营战略的程度。企业的战略因企业的不同而各异,但一般来说,很多战略为大多数企业所采纳,如投资于能够带来高附加值的新技术、建立并维持企业的客户群体、发挥核心竞争力、建立长期行业进入障碍、与供应者建立良好关系等。在求得项目的风险调整系数和战略符合性系数后,即可对项目可行性进行评价。

五、战略性业绩评价

战略业绩评价是战略管理会计的重要组成部分。从战略管理的角度看,业绩评价是连接战略目标和日常经营活动的桥梁。良好的业绩评价体系可以将企业的战略目标具体化,并且有效地引导管理者的行为。

在传统管理会计中,业绩评价指标多是以一定期间的会计收益为基础计算的财务指标,使用这些考核指标极易导致决策者的短期行为,而且这些评价指标只是对结果的考评,难以实现对过程的控制,也无法表明产生此结果的原因及今后该从哪方面改进。加之传统的业绩指标主要是面向作业的,缺少与战略方向和目标的相关性,有些被企业鼓励的行为其实与企业战略并不具有一致性。处于高竞争、高科技的现代经营环境之中的管理人员越来越不满足于传统的业绩评价方法,将越来越多的非财务指标融入他们的业绩评价指标体系当中，用以考核那些使他们获得竞争优势的关键获胜因素，从而引出了战略业绩评价。

所谓战略业绩评价是指结合企业的战略，采用财务性与非财务性指标结合的方法来动态地衡量战略目标的完成程度，并提供及时反馈信息的过程。战略业绩指标应当具有以下基本特征：(1)全面体现企业的长远利益；(2)集中反映与战略决策密切相关的内外部因素；(3)重视企业内部跨部门合作的特点；(4)综合运用不同层次的业绩指标；(5)充分利用企业内、外部的各种(货币的、非货币的)业绩指标；(6)业绩的可控性；(7)将战略业绩指标的执行贯穿于计划过程和评价过程。战略业绩计量与评估需在财务指标与非财务指标之间求得平衡，它既要肯定内部业绩的改进，又要借助外部标准衡量企业的竞争能力，它既要比较战略的执行结果与最初目标，又要评价取得这一结果的业务过程。

用于战略业绩评价的有效方法有平衡记分卡法和标杆法。由卡普兰和诺顿提出的平衡记分卡法是从财务、顾客、内部营运和学习与成长四个方面来进行业绩评价，而标杆法则是从企业个体的外部寻找绩优企业作为标准，评价本企业的产品、服务或工艺的质量，以便发现差距，并持续、系统地加以改进。

第三节 战略管理会计的主要方法

一、竞争对手分析

竞争对手分析是通过提供竞争者成本资源、成本结构、产品研发、市场份额、经营策略等财务与非财务信息，并进行深入分析，以帮助管理者进行战略定位，保持相对竞争优势，获取超额报酬的一种战略管理会计方法。

(一) 竞争对手分析的意义

企业之间的竞争已成了全球性经济发展的动力。任何企业都无一例外地面临着竞争，竞争的胜利体现的是比较优势。因此，决策者应该了解竞争对手的有关信息——过去的信息、现在的信息并预测将来的信息。竞争对手分析主要体现了"知己知彼，百战不殆"的战略思想。商场如战场，如何能在战场上洞悉对手意图并提前做好应对准备，对于一场战争的胜败有着重要意义。

传统管理会计在为企业的决策提供信息时，忽视了企业制定竞争战略时的一个重要问题——对竞争对手的分析和了解。竞争战略是建立在与竞争对手对比分析的基础上，不能准确地判断竞争对手就无法制定可行的竞争战略。比如，如果计划中拟采取的尾随提价决策因主要竞争对手没提高价格而无法实现，企业计划中的盈利能力就会受到严重的影响；又比如竞争对手采取降低价格的措施，是在成本上升的情况下以牺牲短期盈利能力来提高市场份额，还是真正具有成本优势？如果是前一种情况，竞争对手迟早会再次提高价格，如果是后一种情况，企业面临的环境就比较严峻。对竞争对手的不同判断会导致不同的竞争战略，因此准确、全面地了解竞争对手是企业取得成功的关键。

战略管理会计可以在与竞争对手对比的基础上提供比较性的管理会计信息。能否成功在很大程度上取决于如何面对其主要竞争对手。如果对主要竞争对手的优势、劣势和战略缺少必要的了解,企业就可能过于重视短期决策,忽视长期战略问题,很难取得最佳业绩,并可能遭受不必要的攻击,遇到意料之外的竞争压力。在竞争对手分析基础上形成的企业战略无疑会更加准确地击中竞争对手的要害,更加有效地防御竞争对手的进攻。

竞争对手分析并不是一个简单的收集信息的过程,而是一个理解竞争对手的过程。竞争对手分析有助于预测竞争对手的行动,既可以提醒企业管理当局早作准备,防御竞争对手的进攻,又可以抓住由于竞争对手的错误和劣势所提供的机遇。竞争对手分析对战略决策所起的作用可归纳为如下几点:(1)了解竞争形式和企业面临的问题;(2)决定与谁竞争和如何竞争;(3)寻找迎接外部变化的决策;(4)判断竞争对手的相对竞争能力;(5)吸取竞争对手的经验和教训;(6)保持竞争姿态;(7)寻求自身生存、发展之道。

(二) 竞争对手分析的内容

1. 企业和谁竞争?

企业实际的和潜在的竞争对手包括:(1)目标市场提供相似产品或服务的公司和采用相似技术的公司,比如丰田、福特可以看作是克莱斯勒的几个竞争对手,IBM则是苹果的竞争对手;(2)经营同类产品或服务的公司,比如录像厅、电视就是电影院的间接竞争对手;(3)制造或提供不同的产品,但可以提供相同的最终服务的公司,比如长途汽车公司不仅相互竞争,而且与铁路、航空公司竞争;(4)为了相同的购买力而相互竞争的公司,比如在居民购买力一定的情况下,是购买录像机还是购买个人电脑就体现了两种制造商之间的竞争。

2. 竞争对手的目标是什么?

竞争对手的目标可能包括优良的财务业绩、技术上的优先地位、市场份额的增长、服务上的领先地位或在市场上领先地位等。掌握了竞争对手的具体目标,就可以大致判断竞争对手会采取何种竞争手段。比如,追求技术领先的竞争对手,一个寻求提高市场份额的竞争对手有可能采取更迅速、更具进攻性的降价措施或大量增加广告费用。

3. 竞争对手采取何种竞争战略,其成功程度如何?

这一问题关系到企业如何与竞争对手竞争。未能收集、消化或充分利用竞争信息是许多公司长期存在的问题。对每个竞争对手进行单独分析详细了解竞争对手的部分情况,无法揭示竞争对手可能采用的竞争手段或企业面临的潜在机遇。

4. 竞争对手的优势和劣势是什么?

在制定战略时,分析和评价竞争对手的优势和劣势是十分关键的一环。不过一般情况下,这种信息不太容易获得。但是这种困难不能成为否定收集竞争对手信息的理由,因为正是由于这种有用的信息,才应该建立广泛的信息渠道弥补信息不足的缺陷。

5. 面对外部的进攻,竞争对手如何反应?

一般来说,可以从两个角度考察竞争对手可能作出的反应:其一,竞争对手如何对外部环境的一般变化作出反应;其二,对其他企业的竞争性行为作出的反应。另外,还应考察竞争对手采取竞争攻势的可能形式。

二、价值链分析

(一) 价值链与价值链分析的含义

价值链的概念是由美国哈佛大学教授迈克尔·波特(Michael. Porter)在《竞争优势论》中提出的。他认为,每一个企业都是在设计、生产、销售、配送和辅助其产品生产过程中进行种种活动的集合体,所有这些活动都可以用一个价值链来表示。任何企业的价值链都是由一系列相互联系的创造价值的作业构成的。这些作业分布在从供应商最初的原材料来源到最终产品的最后消费之间的每一个环节。价值链分析将价值形成过程分解为战略性相关的作业,以便于更好地理解成本的性态和产品优势产生的源泉。

价值链分析是一种战略分析工具,从外部环境的角度分析问题,把每个企业都当成整个价值创造作业链中的一环,从原材料的取得到最终产品使用后废弃,在整个价值链的层次上分析产品的成本和收益,从合理分享利用的角度,求得供应商和顾客的合作和协调,科学地设置整个价值链。价值链分析的目标是找出在价值链的哪一阶段可以增加顾客价值或降低成本。成本的降低或价值的增加使企业更具竞争力,企业可以通过寻找更好的供应商,简化产品配送,外购和识别企业不具竞争力的领域来降低成本或提高价值。价值链分析关注产品的整个价值链,从产品的设计、生产到售后服务。分析的基本概念在于认为每个企业都是整个价值链中的某个或某几个组成部分。占据价值链的哪一部分或哪些部分由企业竞争优势的战略分析决定,亦即,企业在何处能以最低的成本为顾客提供价值。例如,计算机制造业中的一些企业主要生产芯片(如德州仪器),而另一些企业则主要生产微处理器(如英特尔公司);一些企业将外购和自制的部件组装成整机(如康柏和 IBM),而另一些企业则完全依赖外购部件(如戴尔公司)。事实上,每个企业都基于对自己竞争优势的战略分析在价值链的某一部分或某几部分塑造自己。

(二) 企业价值链分析的主要内容

按照分析的角度不同,价值链分析可分为企业内部价值链分析和行业价值链分析。

1. 企业内部价值链分析

企业内部价值链由企业内部创造产品价值的不同实体性和技术性活动构成,这个过程包括从最终的供应商手中得到原材料,直到最终产品送到用户手中的全过程,可分为基础作业和支持作业。在任何一个企业里,基本作业都可以划分为内部的后勤服务、运营、外部的后勤服务、市场营销与销售和售后服务五类。支持作业既是对基本作业的支持,又相互支持,它们是依靠提供外购投入品、技术、人力资源和各种企业范围内的功能来进行的。企业的内部结构与特定的基本作业并没有联系,不过它对整个价值链起着支持作用。一个典型的内部价值链如图 10-2 所示。

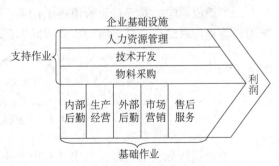

图 10-2 企业内部价值链

企业内部价值链分析的关键是找出企业内部的哪些作业产生了竞争优势,然后对这些作业进行更有效的管理。内部价值链分析由以下四步构成:(1)识别价值链作业;(2)确定哪些价值链作业具有战略性;(3)对价值链作业成本进行追踪;(4)使用作业成本信息对具有战略性的价值链作业进行更有效的管理。

通过企业内部价值链分析,可确定哪些活动是战略性的,从识别现有客户认可的产品特性入手,确定价值链中的哪些活动是具有战略性的,考虑企业能实现的最好特性并如何实现这些特性,由此为客户创造价值。这些作业可能包括质量、服务、产品特征、任何产品或公司有形或无形的特征。在识别了不同的产品特征后,要找出企业中的哪些作业与创造这些产品特征有关,这些作业就是价值链中最重要的作业,也就是实现竞争优势的战略价值作业。

对于战略价值作业以外的非战略作业也要加以识别。他们虽不是企业实现竞争优势的源泉,也可能不是增值作业,但也是很重要的,有时也是一个企业不可缺少的。企业要实现其竞争优势,必须对价值链作业进行比同行业其他企业更有效的管理,并不断地加以改进。对价值链进行有效的管理意味着在加强竞争优势中降低各方面的成本。但有一点是必须注意的,降低成本并非一定要降低所有作业的成本,另外,降低某项作业的成本必须以不影响战略优势的实现为前提。

内部价值链作业是相互关联的,没有任何一项作业可以不考虑对其他作业的影响而独立地进行管理。当价值链中的两项活动有关联时,改变其中之一的实施方式能够减小两者的总成本,有意识地提高一项活动的成本不仅可以降低另一项活动的成本,而且能够降低总成本。通过协调和最优化机制,能为降低成本创造机会,例如采购和组装之间的协调,可以减少库存需要从而降低库存成本。

2. 行业价值链分析

一个企业的价值链根植于一个更大的行业价值链体系之中。在这个更大的体系之中,包含有企业上游供应商的价值链,以及涉及将产品送至最终用户的下游客户或联盟的价值链。准确地测度一个企业在终端市场上的竞争力,要求企业的管理者对行业价值链体系进行分析和利用,而不仅仅是了解企业自身的价值链。行业价值链包含行业内所有的价值创造活动,它始于基本原材料,而终止于产品运送给最终客户。一个企业往往是处于行业价值链的某一个或几个联结中,很少可能位于整个价值链上。由于企业在行业价值链上的位置各不相同,其规模、管理复杂性、生产技术等必然对其产品的生产成本造成影响。对于位于价值链上的某一企业而言,其价值链的联结又可分为与上游供应商的联结以及与下游销售商或顾客的联结,如图10-3所示。

图 10-3　企业行业价值链

行业价值链分析的关键是找出并利用企业在本行业中的相对优势和行业中各企业的经济关系。行业的这种价值链又叫垂直联结,即代表了企业在行业价值链中与其上、下游企业之间的关系。与上游供应商间的联结主要是因为供应商的产品设计特性、服务、质量保证程序、产品运送程序及订单处理等均会影响企业的成本和差异化能力。改善与供应商的联结关系，提供了降低成本、提高自身竞争力的良好机会。与下游企业间的联结也很重要，因为下游企业的成本和利润是最终用户支付的价格的一部分。同时，下游企业所开展的活动也会影响最终用户的满意度。此外，与下游企业间的联结关系还会影响其成本结构，如下游企业的仓储位置、产品处理技术，将影响企业后勤与包装成本。这些都说明企业非常有必要同上、下游企业进行紧密的合作，改造或者重新设计他们的价值链，以提高它们的共同竞争力。

通过行业价值链分析，企业可寻求以整合方式降低成本的途径。企业整合战略是指企业兼并为自己提供原材料的企业，或是企业通过自身扩展进入生产自己的原材料或使用自己的产品的业务。整合可以提高原材料的及时供应和技术可靠性，特别是当企业原材料供应商数量不多，而对原料的竞争很激烈，原料的价格有较强的上升趋势时。通过行业价值链分析，企业就能对以整合方式降低成本的可行性提供决策依据。

通过行业价值链分析，可以利用行业价值链来消除不增值作业。行业价值链中常常会存在许多不增值的作业。如炼铁厂向炼钢厂提供生铁，就因铁水的冷却、运输、熔化而产生许多不增值作业，浪费社会资源，通过价值链分析就能发现问题，并寻求解决办法。又如，成品水泥用纸袋包装送达用户，用户拆包使用，这一包一拆的过程就属浪费的作业，通过价值链分析后改进为利用罐装车直接向用户运送散装水泥，不仅方便了供需双方，还降低了各自成本。

通过行业价值链分析，企业还可寻求利用上、下游价值链来降低成本。例如通过与上游供应商共同协商降低供应商产品成本的途径，通过供应商的及时供货降低存货及采购成本，通过与下游分销商一道协商降低销货成本，利用零售商了解顾客消费倾向及对产品的要求来降低产品生命周期成本等等。

总的来说，进行行业价值链分析可以使企业明了自己在行业价值链中的位置，以及与自己同处一个行业的价值链上其他企业的整合程度对企业形成的威胁，也可使企业探索利用行业价值链达到降低成本的目的。

三、成本动因分析

战略管理会计不是一个僵化的体系，它要求会计人员应用一种系统方法对各种结构性和执行性成本动因进行分析，并理解成本结构怎样随着时间变化。美国的汽车行业发展是一个利用战略成本动因分析取得成功的生动案例。20世纪80年代通用汽车公司称霸美国的汽车行业，它的汽车产量是福特汽车公司的两倍多，并且投巨资于新的生产工艺的研发，这些都应该为通用带来显著的成本优势。由于通用汽车当时具有很强的规模效应、技术优势、成本优势和纵向整合优势，因此通用公司的地位被认为是不可动摇的。但是福特汽车公司认识到通用汽车在追求规模效益的同时，其生产线过于复杂却导致了更大的规模不经济，这抵消了通用在其他方面的成本优势。因此福特公司大量缩减向消费者提供的车型，而且由于福特公司在其生产线上采取了对员工授权和全面质量管理,这使得福特公司比通用汽车公司更为先进的生产线更有效率,福特公司大幅缩小了与通用汽车公司之间的差距。在这个例子中,福特公司通过利用质量管理和简化生产线这两个成本动因成功地抵消了通用汽车在规模、经验和纵向整合上的优势,取得了成功。

成本动因可分为两个层次:一是微观层次的与企业的具体生产作业相关的成本动因,如物耗、作业量等;二是战略层次上的成本动因,如规模、技术多样性、质量管理等。成本动因分析超出了传统成本分析的狭隘范围(企业内部、责任中心)和少量因素(产量、产品制造成本要素),而代之以更宽广、与战略相结合的方式来分析成本。战略成本动因对成本的影响比重比较大,可塑性也大,从战略成本动因来考虑成本管理,可以控制住企业日常经营中的大量潜在的成本问题。战略成本动因可大体分为结构性成本动因(structural cost driver)和执行性成本动因(execution cost driver)两大类。战略成本动因分析的目的就是要通过结构性成本动因及执行性成本动因,分析对企业的成本产生持续而深远影响的因素,然后根据企业所确定的竞争战略,确定以何种方式来控制、影响,甚至改变这些成本动因,达到在提高企业竞争力的同时,降低成本的目的。

(一) 结构性成本动因分析

结构性成本动因是与企业基础经济结构有关的成本驱动因素。结构性成本动因具有以下特点:这些因素的形成常需较长时间,而且一经确定往往很难变动,因此对企业成本的影响是持久的和深远的;这些因素往往发生在生产之前,其支出属资本性支出,构成了以后生产产品的约束成本;这些因素既决定了企业的产品成本,也会对企业的产品质量、人力资源、财务、生产经营等方面产生极其重要的影响,并最终决定企业的竞争态势。结构性成本动因一般包括构成企业基础经济结构的企业规模、业务范围、经验积累、技术和厂址等。

(1) 规模(scale),指对研究开发、制造、营销等活动进行投资的规模。企业规模适度,有利于成本下降,形成规模经济;企业规模过大、扩张过度,会导致成本上升,形成规模不经济。可见,规模的战略选择必须把成本作为一个基本因素加以考虑。

(2) 业务范围(scope),指企业垂直一体化的程度,而水平一体化则与上述经济规模有关。企业业务范围属于整合的范畴,体现企业的整合程度。企业整合分为垂直整合与水平整合,前者与企业业务范围有关,后者与企业规模经济有关。垂直整合按其整合的取向分为前向整合与后向整合,可纵向延伸至供应、销售、零部件自制,这完全取决于企业和市场对垂直整合程度的要求。企业垂直整合的程度,即业务范围的扩张程度,对成本产生正负双面影响。业务范围扩张适度,可降低成本,带来整合效益;相反,业务范围扩张过度,则可提高成本,使得效益下滑。企业可通过战略成本动因分析,进行整合评价,确定选择或解除整合的战略。

(3) 经验(experience),指企业是否有过生产某产品的经验,或者生产过多长时间。经验是影响成本的综合性基础因素,是一个重要的结构性成本动因。经验积累,即熟练程度的提高,不仅带来效率提高、人力成本下降,同时还可降低物耗,减少损失。经验积累程度越高,操作越熟练,成本降低的机会越多,经验的不断累积和发展是获得"经验—成本"曲线效果,形成持久竞争优势的动因。经验来自对实践的不断总结和学习,前者为直接经验,后者为间接经验。在技术更新、全球经济环境变化迅速、竞争加剧的情况下,加大学习力度将获得"学习曲线"的明显效果。因此有人提出"未来最成功的企业将是学习型企业"。学习效应在企业初建时尤为明显,成熟企业的学习效应相对不够明显,价格敏感性强的企业学习效应显著,它可拉动需求,加大产量,推动学习,降低成本。可见,学习策略的选择也有一个权衡的问题。

(4) 技术(technology),指在企业价值链的每一个环节中运用的处理方法。它体现企业生产工艺技术的水平和能力,是从技术结构上影响成本的动因。先进的技术和技术水平的提高,不仅直接带来成本降低,而且还可改变和影响其他成本动因从而间接影响成本。鉴于技术开发与应用付出的成本较高,技术更新迅速,开发技术被淘汰的风险较大,企业在选择能获得持久性成本优势的技术创新时,其革新的成本应与取得的利益保持平衡。技术领先或技术追随的策略选择,应视条件而定,能形成独特的持久领先技术,或获得独占稀有资源优势,可采用技术领先(领导)策略,否则,应予放弃。

(5) 厂址(address),指工厂所处的地理位置。厂址的选择和转移对成本的影响是多方面的。比如,所处位置的气候、文化、观念等人文环境对成本带来影响;地形、交通、能源及相关基础设施则对企业的产、供、销成本带来影响。工厂地理位置的改变和转移,可以带来成本降低的机会。当工厂处于不利地理位置,企业可利用地理位置这一成本动因,改变地理位置获得成本优势;地理位置的改变和转移也可导致其他成本上升,在有形成本降低的同时可能造成无形资源的流失,如厂址转移到工资水平较低的地区,在降低工资成本的同时造成人才流失。可见,厂址的改变或转移需权衡利弊,合理选择。

(二) 执行性成本动因

执行性成本动因是与企业执行作业程序有关的动因,即影响企业成本态势并与执行作业程序有关的驱动因素。其具有以下特点:与结构性成本动因相比,执行性成本动因属中观成本动因,即这些成本动因是在结构性成本动因决定以后才成立的成本动因;非量化的成本动因;这些成本动因因企业而异,并无固定的因素;其形成与改变均需较长的时间。执行性成本动因通常包括参与、全面质量管理、能力应用、联系、产品外观及厂址布局等。

(1) 参与(participation)。人是执行作业程序的决定因素,每个员工参与执行与成本相关,员工参与的责任感是影响成本的人力资源因素。企业取得成本优势而采取的组织措施,包括人力资源的开发管理,可促使员工积极参与,从而带来成本的降低。

(2) 全面质量管理(total quality management,TQM)。质量与成本密切相关,质量与成本的优化是实现质量成本最佳、产品质量最优这一管理宗旨的内在要求。在质量成本较高的情形下,TQM更是一个重要的成本动因,能为企业带来降低成本的契机。

(3) 能力应用(capacity utilization)。在企业规模既定的前提下,员工能力、机器能力和管理能力是否充分利用,以及各种能力的组合是否最优,都将成为执行性成本动因。如进行技术改造、采用先进的生产管理方法,都会使能力得到充分发挥,从而带来降低成本的机会。

(4) 联系(linkages with suppliers or customers)。这是指企业各种价值活动之间的相互关联，包括内部联系和外部联系。内部联系通过协调和最优化的策略提高效率或降低成本。外部联系主要指与供应商和顾客的合作关系。上下游通力合作、互惠互利的"临界式生产管理"是重视"联系"的典范，它同时让企业和供、销方获得降低成本的机会，从而成为重要的成本动因。

(5) 产品外观(product configuration)。这是指产品设计、规格、样式的效果符合市场需要。

(6) 厂址布局(plant layout efficiency)。这是指厂内布局的效率，即按现代工厂布局的原则和方法进行合理布局。

两类成本动因对企业的扩张战略选择具有不同的意义。结构性成本动因涉及企业规模、范围、技术、经验和厂址的合理选择，但并非愈多愈好。盲目扩大规模、范围或进行技术开发和迁移厂址会对成本带来负面影响，于企业发展不利；放弃发展战略，固守原有规模、范围、技术和不利的地理位置，甚至故步自封，则必将处于竞争劣势，不利于企业的生存和发展。可见，从结构性成本动因看，归根到底是一个扩张战略目标的选择问题。执行性成本动因涉及全面质量管理、能力利用、联系、厂内布局、产品外观的全面加强，而非"选择"的问题。可见，通过结构性成本动因分析有助于扩张战略目标的选择，而通过执行性成本动因分析，有助于全面加强管理，以确保战略目标的实现，前者旨在优化基础资源的战略配置，后者旨在强化内部管理，完善战略保护体系。

本 章 小 结

从战略的观点看，传统管理会计缺少对高新技术发展的适应性，缺乏重视外部环境的战略观，涵盖的内容较为狭隘，提供的信息较为单一，忽视企业的长远发展，忽视风险，不能适应企业战略管理的需要。战略管理会计致力于弥补传统管理会计的缺陷，提供与企业战略管理有关的管理会计信息，战略管理会计并不局限于分析单一的会计主体，能够提供企业内部的和外部的、财务的和非财务的、定性的和定量信息，用于企业战略制定、执行和考评，揭示企业在整个行业中的地位及其发展前景，以谋求企业长远的、持续竞争优势的能力，取得整体竞争优势。战略管理会计的基本内容一般包括战略管理目标制定、战略管理会计信息系统、战略成本管理、战略投资决策、战略业绩评价五个方面。战略管理会计信息系统的设计必须符合以下要求：(1)有助于战略决策；(2)能消除信息沟通隔阂，提高决策用户参与程度；(3)及时提供与特定战略决策相关的信息；(4)应变能力强。战略管理会计的主要方法包括竞争对手分析、价值链分析、战略成本动因分析等。竞争对手分析是通过提供竞争者成本资源、成本结构、产品研发、市场份额、经营策略等财务与非财务信息，并进行深入分析，以帮助管理者进行战略定位，保持相对竞争优势，获取超额报酬。价值链分析是一种战略分析工具，从外部环境的角度分析问题，把每个企业都当成整个价值创造作业链中的一环，从原材料的取得到最终产品使用后废弃，在整个价值链的层次上分析产品的成本和收益，从合理分享利用的角度，求得供应商和顾客的合作和协调，科学地设置整个价值链。战略成本动因可大体分为结构性成本动因(structural cost driver)和执行性成本动因(execution cost driver)两大类。战略成本动因分析的目的就是要通过结构性成本动因及执性行成本动因,分析对企业的成本产生持续而深远影响的因素,然后根据企业所确定的竞争战略,确定以何种方式来控制、影响,甚至改变这些成本动因,达到在提高企业竞争力的同时,降低成本的目的。

复习思考题

1. 简述战略管理会计的含义及特点。
2. 战略管理会计包括哪些主要内容?
3. 企业如何进行战略目标定位?
4. 简述战略管理会计信息系统的构成和作用。
5. 战略成本管理和传统成本管理相比有何区别?
6. 竞争对手分析有何作用?
7. 企业内部价值链分析的目的和意义是什么?
8. 行业价值链分析的目的和意义是什么?
9. 战略成本动因包括哪些?

案 例 分 析

东方电瓷厂是一家国有中型电瓷产品制造企业,历史悠久,技术力量雄厚,产品质量过硬,生产管理严格,在国内同行业中一直处于领先地位,占有较大的市场份额。十年前,国内生产电瓷产品的企业不到 100 家,企业产品的毛利率可达到 70%;而到了 1997 年,同类企业达到几百家,竞争日趋激烈,企业产品的毛利率下降到 35%。在激烈的竞争面前,该厂几年来实施战略管理会计,大力推行作业成本法,取得了显著效果。具体做法如下:

1. 分析企业的内外部环境,制定竞争战略

我国经济持续发展,为企业创造了良好的市场环境。威胁使同类企业竞争日趋加剧,很多江浙一带的民营企业加入竞争,由于国有企业的灵活性不如民营企业,有些民营企业甚至采用不正当手段进行竞争,这对企业也是很不利的。从企业内部资源看,企业的技术力量雄厚,管理水平较高,是企业的优势;劣势是企业的历史包袱较重,本地的劳动力成本也较高。由于电瓷产品的技术比较成熟,产品的技术含量在各厂家大同小异,因此企业只有在价格上相互竞争。在进行了 SWOT 分析后,企业决定采取低成本战略。

2. 进行成本动因分析,有步骤地实施作业成本计算法

在战略定位后,企业开展了"深入了解业务过程"活动。会计人员和制造部门人员进行了工艺分析,分析产品生产的作业和作业背后的成本动因,在分析的基础上应用作业成本法进行产品成本的计算和实施以作业为基础的管理。

该厂把作业分为四个层次:单位级作业、批量级作业层次、产品级作业层次和管理级作业层次。单位级作业的项目有机器动力,其费用的分配是按机器工时。批量级作业以生产设备次数、材料移动次数和检验次数作为分配基础。产品级作业是产品的分类包装,以分类包装次数为分配费用的基础。管理级作业所分配的费用包括生产设备

折旧和管理人员工资等,按机器工时和产品的主要成本比例进行分配。

按传统方法计算的产品成本和按作业成本法计算的成本对比后发现,传统计算方法的产品成本被严重扭曲了。在实行了作业成本计算后,不仅改变了企业成本数据不准确和售价不合理的情况,企业还深挖产品成本较高的原因,为降低产品成本奠定了基础。

3. 运用价值链分析,与上下游企业实现双赢

企业对供应商和顾客进行分析后发现,企业与他们合作的机会很多。例如,该厂每月需 5 000 只不锈钢盖,如果其上游企业不锈钢餐具厂购入其加工余下的边角料作为原材料,经测算可节约成本 8 000 万元。之后又发现该厂有加工能力,企业只需出模具即可,这样每月可节约成本 9 100 万元。企业降低了成本,餐具厂以更高的价格出售了边角料,实现了双赢。在销售环节,该厂通过分析把原来的销售办事处换成了代理商,实行代理分销制。例如,在天津通过代理商使得销售有了快速增长,销售费用比设办事处时降低了 35%。

案例讨论问题:

1. 作业成本法与战略管理会计存在什么样的关系?
2. 战略管理会计的实施可以从哪些方面着手?
3. 价值链分析如何在企业的战略管理中发挥作用?

第十一章 企业业绩评价

【引导案例】

宝钢钢管公司从2002年开始尝试全面引入价值管理(VM)的概念,并初步构建了VM体系。公司将制造环节的分厂和市场营销室分为不同的价值中心形成主价值链,着重关注其影响整体价值贡献的程度;将辅助车间(部门)视为服务提供单位形成基础保障链,着重关注其影响作业线的关键指标;将职能管理部门作为管理部门链,着重关注其如何发挥管理部门的专业技能使其他部门价值贡献增加。关于价值贡献指标的选择,一是借鉴EVA的思想选取综合的财务指标;二是选取战略性的非财务指标;三是选取相互挂钩的业绩指标。然后借鉴BSC的思路将财务因素和非财务因素融合成价值贡献模型。公司形成了以创造价值为核心的理念,全体员工都以为公司创造价值为工作的根本出发点,进行系统思考,以价值创造为一切工作的评判标准,大家在做每一件事时都会问问这是创造价值还是损害价值。而且由于体系的健全运作,真正实现了以最小的成本实现客户所需的功能,从而提高企业运营的整体价值。

宝钢钢管公司运用经济增加值和平衡计分卡等价值管理基本概念构建价值贡献模型,不仅使财务指标得到有效的衡量与评价,而且关键的非财务指标也得以量化。那么,什么是经济增加值和平衡计分卡?财务指标和非财务指标各有什么特点?这正是本章重点阐述的内容。

【学习目的和要求】

本章介绍了企业业绩评价的概念、构成要素、评价模式和业绩评价的演进,对业绩评价指标和业绩评价系统的设计作了深入探讨。通过本章的学习,应理解业绩评价相关概念的内涵,了解业绩评价的发展历史及趋势和业绩评价系统的设计,掌握业绩评价指标的运用。

第一节　业绩评价概述

一、业绩评价的内涵

企业业绩评价，是指运用数理统计和运筹学的方法，通过建立特定的或综合的评价指标体系，对照相应的评价标准，按照一定的程序，将定量分析与定性分析相结合，对企业一定经营期间的盈利能力、资产质量、债务风险以及经营增长等经营业绩和努力程度进行的客观、公正和准确的综合评判。

科学地评价企业业绩，可以为出资人行使经营者的选择权提供重要依据；可以有效地加强对企业经营者的监管和约束；可以为有效激励企业经营者提供可靠依据；还可以为政府有关部门、债权人、企业职工等利益相关方提供有效的信息支持。业绩评价的标准不同，使得得出的评价结果不同，业绩评价系统的功能也会不同。总体来看，业绩评价主要有以下基本功能。

（一）激励与约束功能

以年度预算作为业绩评价标准，可以评价下属单位经理人员的工作成绩，并作为人员调配、提升、奖励等决策的重要参考。年度预算一般以特定子企业或分部为预算单位，依据下年度该单位特定的经营环境制定，在具体编制时，一般有子企业或分部经理参与，并由其对预算的执行情况负责。正是在这个意义上，管理者可将业绩评价视为一种最有用的人力资源管理工具。

（二）资源再配置功能

现代企业的成功经营取决于企业能否在其所涉及的几个不同行业或同一行业几个不同产品线上具有竞争优势。将企业所涉及的这些行业或产品的业绩水平与其主要竞争对手进行对比，可以使企业认清自己在哪些行业或哪些产品具有竞争优势，哪些行业或产品不具有竞争优势。根据这些信息，管理者可以重新对这些行业或产品从战略的高度进行分析并采取相应的措施，对原有资源配置进行重新调整，从不具有竞争优势或不可能具有竞争优势的行业或产品线撤出，增强其他行业或产品线已有的竞争优势，或重新选择新的竞争方向。

（三）项目再评估功能

资本预算是企业对长期重大项目投资所进行的可行性研究和收支计划，一般包括投资报酬率、净现值、现值指数等指标。在编制资本预算时，这些指标往往根据预测的资料得出，这些投资的实际运行效果与设想的是否一致，是企业管理者极为关心的问题。以资本预算作为业绩评价标准，将实际效果与预算进行比较，起到项目再评估的作用；同时，可以找出预测误差，不断提高预测的准确性。

（四）战略管理功能

业绩评价在企业战略管理中发挥着重要作用。在战略设计阶段，业绩评价可以发挥项目再评估和资源再配置功能，为形成最优战略提供信息；在战略实施阶段，业绩评价可以发挥其人事管理功能,以激励各级人员努力实现战略目标。业绩评价是联系战略管理循环的纽带。

二、业绩评价的分类

按照不同的分类标准,可将业绩评价划分为不同的类型和层次。

(一)根据业绩评价主体不同的分类

根据业绩评价主体不同,可将业绩评价划分为外部评价和内部评价两大类。

外部评价就是由企业的外部有关评价主体对企业业绩作出评价,内部评价就是由企业内部的有关评价主体对企业业绩作出的评价。根据利益相关者理论,企业除了股东以外还有其他利益相关者。由于利益相关者是通过契约与企业形成特定经济关系,期望从企业经营中获取回报,或者尽管没有契约关系,但其利益受企业经营影响,因此利益相关者需要通过各种机制对企业经营和管理施加影响,业绩评价系统就是其中之一,因此不同利益相关者都可能成为企业业绩评价的主体。具体到一个企业,其外部评价主体包括中小股东、潜在的投资者、现有的和潜在的债权人、政府有关部门、供应商和客户、社会公众等;内部评价主体包括大股东、各级管理者和基层职员等。

内部评价的依据是企业的战略规划和战略计划,利用的是企业内部所产生的各种管理信息,包括财务信息和非财务信息;而外部评价则受信息获取方式的限制,主要以企业披露的财务信息和市场信息为主,因此内部评价通常比外部评价更为精确。

(二)根据业绩评价客体不同的分类

根据业绩评价客体不同,可将业绩评价分为整体评价、部门评价和个人评价三个层次。

整体评价是对企业整体业绩进行评价;部门评价是对企业中的各个部门的业绩进行评价,包括对业务部门和管理部门的评价;个人评价就是对个体业绩进行评价。从管理学角度看,业绩即组织期望的结果,是组织为实现其战略目标而展现出不同层面的有效产出。一个组织要实现其战略目标,需要将其目标进行分解,落实到部门和个人,只有部门和个人的目标实现了,组织的业绩目标才有可能得以实现。

(三)根据业绩评价内容不同的分类

根据业绩评价内容不同,可将业绩评价分为财务评价和非财务评价。

财务评价主要是对企业的财务状况进行评价,即主要是利用财务指标进行评价,其评价内容具体可细分为盈利能力状况、偿债能力状况、营运能力状况和增长能力状况等方面。

非财务评价主要是对企业的非财务表现进行评价,其评价的内容主要包括客户、内部业务流程、员工和创新等方面。

(四)根据业绩评价范围不同的分类

根据业绩评价范围不同,可将业绩评价分为综合评价和单项评价。

综合评价是指对企业在一定时期的生产经营各方面的情况进行系统全面的评价。综合评价的目的是找出企业生产经营中带有普遍性的问题,全面总结企业在这一时期的成就与问题,为协调各部门的关系、搞好下一期生产经营安排奠定基础或提供依据。

单项评价是根据评价主体或评价目的的不同,对企业生产经营过程中某一方面的问题所进行的较深入的评价。单项评价能及时、深入地揭示企业在某方面的财务状况,为评价主体提供详细的资料信息,对解决企业关键性问题有重要作用。

三、业绩评价系统的构成要素

业绩评价系统是企业管理控制系统中一个相对独立的子系统,是建立与完善现代企业管理控制体系的重要组成部分,是企业战略目标实现的重要保证。企业业绩评价是按照企业管理的需要设计评价指标体系,比照特定的评价标准,采用特定的评价方法,对企业目标的实现情况进行判断的活动。一个有效的业绩评价系统是由下列因素有机组成的:评价主体、评价客体、评价目标、评价指标、评价标准与方法和评价报告。

(一) 评价主体

评价主体是指谁需要对评价对象进行评价。评价主体是与评价对象的利益密切相关,关心评价对象业绩的相关利益人。评价主体的不同,直接决定主体的需要不同,进而影响评价标准的选择及主体对客体的价值判断。不同的评价主体与客体的关系不同,影响主体获取评价信息的能力和评价指标中具体指标的选择:企业外部的主体对企业业绩评价则倾向于更多地采用财务业绩指标,而企业管理者进行业绩评价时则可以有一些衡量企业各个方面的个性化指标。企业业绩评价存在多元化的评价主体:出资人、管理者及员工、债权人、政府部门等,不同的评价主体,评价的目的和侧重点有所不同。

(二) 评价客体

评价客体是指对什么进行评价,即实施评价行为的对象。由于在业绩评价中,评价客体——企业本身是一个复杂的有机体,所以往往需要根据评价主体的需要,得到细化的评价对象,一般分为组织和组织成员两个层次。组织包括企业、分企业,也包括企业中的部门、车间、工段等单位;组织成员是管理人员及一般员工,或者是指团队。对于不同的评价对象,评价的要求、内容、指标等都不相同。评价对象的确定非常重要,评价的结果对评价对象今后的发展会产生重要的影响,对组织的评价影响到组织的扩张、维持、重组等问题,对组织成员的评价影响到其奖惩、升迁等问题。

(三) 评价目标

评价目标是指整个系统运行的指南和目的所在,它服从和服务于业绩评价主体。不同的业绩评价主体具有不同的评价目标。例如,经营管理者的业绩评价更多的是作为企业战略管理的一部分,业绩评价系统的目标是为管理者制定最优战略及实施战略提供的有用信息。在战略制定过程中,通过业绩评价反映各部门的优势及弱点,有利于企业制定最佳战略;在战略实施过程中,通过业绩评价反馈的信息管理者能够及时发现问题,采取措施以确保战略目标的实现。

(四) 评价指标

评价指标是指对评价对象的某些方面进行评价,是根据评价目标和评价主体的需要而设计的。这里所说的"某些方面"是指评价对象与企业战略成败密切相关的方面,有财务方面的,也有非财务方面的,所以业绩评价指标也分为财务评价指标和非财务评价指标。企业业绩评价系统设计中最重要的问题就是如何选择能准确反映与企业战略管理密切相关的评价指标。评价指标的选择一般要求具备完整性、客观性、可比性、可控性和目标一致性等功效。

(五) 评价标准与方法

业绩评价标准是指判断评价对象业绩优劣的基准。评价标准的选择取决于评价的目的。企业业绩评价系统中常用的标准是:预算标准、历史最高水平标准(历史标准)、经验标准、行业标准、同行业竞争对手标准。前两种属于内部标准,后三种属于外部标准。标准的选用与评价对象密切联系,也直接影响评价的功能。业绩评价方法在实践中应用比较广泛的有三类:单一评价方法、综合评价方法和多角度平衡评价方法。

(六) 业绩评价报告

业绩评价报告是企业业绩评价系统的输出信息,也是业绩评价系统的结论性文件。评价报告的编制应当按评价指标计算、差异计量和分析、评价结论形成和奖惩建议等几个步骤进行。业绩评价报告的文字与格式应当简洁、清楚,便于理解,应抓住关键的问题与原因以提高效率。业绩评价报告的格式与内容因不同的评价对象而不同。

以上六个要素共同组成完整的业绩评价系统,它们之间相互联系、相互影响,具体表现在:评价目标决定了其他要素,而其他要素选择又影响评价目标的实现。评价目标从定性和定量两个角度又分解为评价指标和评价标准。它决定了评价指标的选择、评价标准的设置、评价方法的确立和评价报告的编制。评价报告的深度、广度与可信度取决于评价指标、评价标准和评价方法的科学性。

四、业绩评价模式

业绩评价模式按评价指标可划分为财务模式、价值模式和平衡模式三种模式。

(一) 财务模式

财务模式产生于20世纪初的生产管理阶段,当时巨大的市场空间使规模经济成为企业制胜的"法宝",企业的目标主要是通过提高生产效率来追求利润最大化。由于不断地通过外部融资扩大生产规模,所以,庞大的投资使企业最为关心并评价以投资报酬率为核心的财务指标。

根据责权利一致的原则,企业通常划分了3种典型的责任中心,即成本中心、利润中心和投资中心。这种划分最大的好处是可以将企业的总目标层层分解为每个责任中心的子目标。这些子目标常常直接用财务报表中的数据或根据财务报表计算的财务指标来表示,如成本、利润、投资报酬率等,并且与总目标共同构成一个具有量化关系的逻辑分析体系。这些子目标一旦被分解后,企业总部常常给予各子部门充分的自由以保证各部门目标的实现,进而保证企业总目标的实现。这个过程通常以年度预算的形式来实现。

财务模式中所使用的业绩指标主要是从会计报表中直接获取数据或根据其中的数据计算的有关财务比率。这些数据的获取严格遵循会计准则,最大限度地减少数据的人为调整,具有较高的可比性。但是,由于会计准则从谨慎的角度反映了外部利益相关者要求,并且按照历史成本原则进行计量,是一种保守的评价模式,所以财务模式无法从战略角度反映企业决策的要求,即无法反映出财务指标和非财务指标之间的因果关系。另外,在预算执行过程中,如果某个部门的财务指标被修改之后,以致企业整体目标分解的逻辑性、系统性也将丧失。因而,在现实中,除了预算中的财务指标外,还需要一些非财务指标来判断企业的得失成败。同时,为保证企业目标的实现,企业还需要建立健全完善的投资决策制度、资金管理制度等相关的财务管理制度。

(二) 价值模式

财务指标虽具有可操作性的优点,但也存在被操纵的可能,因而,未必能够真实地反映出企业的经济现实与未来价值。基于此,价值模式以股东财富最大化为导向,它所使用的评价指标主要是经过调整的财务指标,或根据未来现金流量得到的贴现类指标。价值模式中最有代表性的当属经济增加值(economic value added,EVA)。

经济增加值站在经济学的角度对财务数据进行了一系列调整,通过对传统财务指标的调整,使经济增加值比会计利润更加接近企业的经济现实。企业经济增加值持续地增长意味着企业市场价值的不断增加和股东财富的增长,从而实现股东财富最大化的财务目标。在进行调整时,特别需要考虑企业的战略、组织结构、业务组合和会计政策,以便在简单和精确之间实现最佳的平衡。

价值模式站在股东的角度来评价企业的业绩,能够有效地将企业战略与日常业务决策与激励机制有机地联系在一起,最终为股东创造财富。但是,我们也不能忽视其不足的一面。尽管价值模式试图建立一种优于财务模式的业绩评价指标,但是,它的评价指标主要还是通过对财务数据的调整计算出来的货币量指标。由于对非财务指标的考虑不足,价值模式无法控制企业的日常业务流程。同时,价值模式也没有充分考虑企业的其他利益相关者。

(三) 平衡模式

相对于财务模式和价值模式,平衡模式最大的突破就是引入了非财务指标。但这只是表面,从深层来看,平衡模式以战略目标为导向,通过指标间的各种平衡关系以及战略指标或关键指标的选取来体现出企业不同利益相关者的期望,从而实现企业价值最大化的目标。

许多研究者认为,非财务指标能够有效地解释企业实际运行结果与预算之间的偏差。比如,市场占有率和产品质量等指标长期以来被企业用于战略管理,因为它们可以有效地解释企业利润或销售收入的变动。此外,非财务指标能够清晰地解释企业的战略规划以及对战略实施进行过程控制。非财务指标是企业业绩创造的动因指标,是企业业绩评价体系纵向延伸的结果,同时,非财务指标也是经营者最为理解的评价指标。因而,由财务指标与非财务指标组成的评价指标体系就犹如企业的"神经系统"一样:适时地"感触"企业的"健康"状况;精确地"定位"企业的"病处";正确地"预示"企业的发展趋势。平衡模式中,比较有代表性并引起广泛关注是平衡计分卡(the balanced score card, BSC)。

平衡计分卡被视为被许多高层经理广泛接受的业绩评价系统。平衡计分卡指标体系包括财务、顾客、流程、学习和成长四个方面,各有侧重,相互影响,平衡了企业发展中是短期利益和长期利益、局部利益和整体利益,平衡了财务指标和非财务指标,平衡了过程控制和结果考核的联系。在战略规划阶段,通过对战略目标的量化与分解,将企业目标转化为部门及个人行动目标,极大地增强了企业内部之间沟通的有效性,使各个部门及全体员工对企业整体目标达成共识;在战略实施阶段,业绩评价反馈的信息有助于管理者及时发现问题,采取措施以保证既定战略的顺利实现。

每种业绩评价模式的产生都有着深刻的背景,反映着企业管理面对不断变化的内外部环境而涌现的与时俱进的创新精神。需要强调的是,业绩评价模式的划分只是出于理论研究的方便,现实中并不存在泾渭分明的业绩评价模式。每种业绩评价模式都有各自的优缺点,不同的业绩评价模式之间不是互斥的关系,它们完全可以相互补充。企业业绩评价系统包括若干的基本组成要素,但由于每个企业所处的行业、竞争环境、限制因素、生命周期等环境的不同,企业业绩评价系统的评价目的、评价指标、评价标准等都会有所不同,也就是说,业绩评价系统不可能脱离其服务的对象——企业。从这个角度来看,是不存在适合于任何企业的标准业绩评价系统。

第二节 业绩评价指标

一、财务指标

(一) 基本财务指标

1. 净收益

(1) 净收益的概念。无论是净收益总额还是联系股份数表示的每股收益,都被广泛用于企业业绩的计量。净收益是一个企业一定时期的收入减去全部费用的剩余部分。作为业绩计量指标,净收益是归属于普通股股东的净收益。

$$净收益 = 净利润 - 优先股股利$$

在其他条件不变的情况下,企业净收益越多,所做的贡献越大,成就也就越显著,这正是企业的根本目的所在。由于净收益的大小与企业的投入资本有关,不便于企业之间的横向比较,也不便于投入资本变化时同一企业的各期比较,因此需要使用每股收益。

《企业会计准则第34号——每股收益》规范的每股收益包括基本每股收益和稀释每股收益。基本每股收益只考虑当期实际发行在外的普通股股份,按照归属于普通股股东的当期净利润除上当期实际发行在外普通股的加权平均数计算得出。稀释每股收益是以基本每股收益为基础,假设企业所有发行在外的稀释性潜在普通股均已转换为普通股,从而分别调整归属于普通股股东的当期净利润以及发行在外普通股的加权平均数计算而得的每股收益。

对归属于普通股股东的当期净利润调整的事项有当期已确认为费用的稀释性潜在

普通股的利息、稀释性潜在普通股转换时将产生的费用或损失及相关的所得税影响。稀释性潜在普通股主要包括可转换企业债、认股权证和股份期权、企业承诺将回购其股份的合同等。稀释每股收益的计算和列报主要是为了避免每股收益的虚增可能带来的信息误导。

净收益既包括正常活动损益,也包括特别项目损益。特别项目损益是极少发生的,典型的特别项目是地震或其他自然灾害损失和资产被政府没收等。特别项目虽然包括在净收益中,但它不反映企业的经营业绩,能够反映业绩的是正常活动损益。在评价企业业绩时,排除特别项目损益可以使不同时期和不同企业的收益有更好的可比性。

净收益还包括了会计政策变更的影响。由于报表使用者需要比较一个以上会计期间的报表,以判别财务状况、经营成果和现金流量的变化趋势,通常要求企业在每个会计期间采用相同的会计政策。但法令和会计准则的修改以及为恰当地反映会计事项,企业有时会变更会计政策。按照会计准则规定,会计政策变更一般应采用追溯调整法,视同该政策在比较会计期间一直被采用而调整各期的净损益项目和有关项目,以维持会计报表的可比性。

(2) 净收益的评价。作为业绩评价指标,净收益有着悠久的历史,获得公众的广泛认可,对其含义有比较准确的了解,至少比其他业绩指标更为人们所熟悉。对于净收益和每股收益的计算方法,各国都有统一的会计准则或会计制度来进行规范,因此该指标具有很好的一致性和一贯性,这为可比性提供了保障,这是其他业绩评价指标无法与之相比的。净收益数字是经过审计的,因此其可信性比其他业绩指标要高得多。尽管会计信息的可靠性不断受到批评,但与其他经济信息相比,会计信息也是最可靠的。

净收益作为评价指标有明显的不足之处。

① 净收益是一个总量绝对指标,不能反映企业的经营效率,它没有考虑资产管理情况和通货膨胀的影响。净收益的确定是以币值不变为假设前提的,在通货膨胀期间净收益被夸大了,可能无法反映真实的业绩。

② 净收益作为评价指标,容易使企业追求眼前利益,产生短期行为,不利于激励企业追求长期的、潜在利益。经理人员可能为提高净收益而减少当年研究开发支出,因为成功的新产品开发可能对未来的净收益产生重大影响,不符合净收益应具备的确定性和可估计性要求,这样不利于企业长期、稳定地可持续发展。

③ 净收益容易被经理人员进行主观的控制和调整。这些调整可能是出于正当目的,也可能是出于粉饰业绩等不正当目的;使用的手段可能是符合会计准则的,也可能是不符合会计准则的。从业绩评价来看,不增加企业价值而可以改变净收益的任何做法,都是不利于客观评价的。

④ 每股收益指标的"每股"的"质量"不同,限制了该指标企业之间的可比性。每股面值不同,每股收益不具有可比性;每股面值相同但发行价格不同,股东实际投入的资本不同,每股收益也缺乏可比性。另外,即使同一企业的股票,由于每年的留存收益不同而使每股代表的净资产不同,各年的每股收益也不具有真正的可比性。

无论是净收益还是每股收益,作为业绩评价指标是不够理想的。它们长期且广泛的使用,主要原因是便于计量以及不需要额外的信息成本。因此,净收益指标应该在了解其局限性的基础上使用,且与其他财务的和非财务的业绩指标相结合。

2. 投资收益率

(1) 投资收益率的概念。投资收益率是收益与投入资本之比,是效率指标,反映投资的有效性。它把企业获取的经营利润与维持生产经营必需的资本联系起来,衡量企业资产使用的效率水平,因此,投资报酬率是监控资产管理和经营策略有效性的有用工具。

投资收益率被用于计量企业业绩时,有两种互为补充的衡量方法:总资产报酬率和所有者权益收益率。总资产报酬率是息税前利润除以总资产的百分比。它假设纳税、付息前的收益是运用总资产赚取的,两者存在因果关系。所有者权益收益率是利润表中的净利润除以资产负债表中的所有者权益的百分比。它着眼于经营效率转化为所有者权益的情况,反映股东获得回报的水平。所有者权益收益率假设净利润是运用股东资本赚取的,两者存在因果关系。

总资产报酬率和所有者权益收益率有内在联系。总资产报酬率是企业形成良好所有者权益收益率的必要基础,但良好的总资产报酬率并不能保证股东会获得满意的回报,还要看负债的多少、利率及所得税税率的高低。所有者权益收益率与影响因素之间的关系如下:

$$\text{所有者权益收益率} = \left[\text{总资产报酬率} + \left(\text{总资产报酬率} - \text{负债利息率}\right) \times \text{负债}/\text{净资产}\right] \times \left(1 - \text{所得税税率}\right)$$

(2) 投资收益率的评价。投资收益率是目前许多国家十分偏好的评价企业经营业绩的指标。其优越性体现在以下方面。

① 能反映企业的综合盈利能力,且具有横向可比性;

② 可作为选择投资机会的依据,成为配置资源的参考依据,包括技术改造、新产品研制与开发等,有利于正确引导企业管理行为,避免短期行为。

但投资收益率也非尽善尽美,其主要缺陷是:

① 投资收益率的计算要使用净收益数据,作为评价指标具有与净收益类似的缺点,如会计处理方法的选择会影响投资收益的客观性,经理人员对它有一定的粉饰能力,通货膨胀期间会夸大企业业绩等;

② 不同发展阶段,投资收益率会有变化。在开办阶段,资产的增加会超过收益的增加,投资收益率较低;在衰退阶段,资产减少大于收益的减少,投资收益率可能提高。因此投资收益率的评价要结合企业的发展阶段进行;

③ 它诱使经理人员放弃收益率低于平均收益率但高于企业资本成本的投资机会。

3. 现金流量

(1) 现金流量的概念。现金流量是现代理财学中的一个重要概念,是指企业在一定会计期间按照收付实现制,通过一定经济活动而产生的现金流入、现金流出及其总量情况的总称。从业绩评价来看,现金流量有三种不同的含义。

① 净现金流量。净现金流量是净收益加上(或减去)非现金费用(或收益)项目:

$$\text{净现金流量} = \text{净收益} + (\text{或} -) \text{非现金费用}(\text{收益})$$

净现金流量是企业的"现金盈利",可以衡量一个企业产生现金的能力。其计算隐含了两个假设:一是流动资产与流动负债在会计期内保持不变,所有的利润都变成了现金,并且计入成本的非现金费用也已收回现金;二是不存在投资和筹资活动损益。在这两个假设成立情况下,净现金流量等于按收付实现制确定的盈利。

② 经营活动现金流量。一个企业的期初和期末的流动资产和流动负债是不同的,非现金流动资产的增加必然会使现金减少,而流动负债的增加会使现金增加。此外企业在投资和筹资活动中也会发生一定的损失或收益。因此,把它们纳入现金流量的计算调整后的现金流量财务经营活动净现金流量。

$$\text{经营活动净现金流量} = \text{净现金流量} - \text{流动资产增加额} + \text{流动负债增加额} - \text{非经营活动收益}$$

作为衡量企业产生现金能力的指标,经营活动净现金流量比净现金流量更好。它承认了流动资产和流动负债的变化和非经营活动的损益,确实反映了经营活动给企业增加的资金。如果一个企业的经营活动长期不能产生正的净现金流量,则不可能给股东带来财富,但是经营活动净现金流量并不代表企业价值或股东财富。经营活动净现金流量中,有一部分是投资的收回,而不是财富的增加。因此,经营活动净现金流量只能在一定程度上反映企业业绩,并不是一个理想的评价指标。

③ 自由现金流量。自由现金流量是支付了有价值的投资需求后能向股东和债权人派发的现金总量。

$$\text{自由现金流量} = \text{经营活动净现金流量} - \text{资产投资支出}$$

自由现金流量未纳入任何与筹资活动有关的现金流量,例如利息费用或股息等,反映了企业业务所产生的可以向资本供应者提供的现金流量。如果它是一个负值,则反映企业本期向所有资本供应者收取的现金流量总额。事实上,企业为股东创造财富的主要手段是增加自由现金流量,只有自由现金流量才是股东可以拿到的财富。虽然个别股东可以通过出售股票取得现金,但是把股东作为一个总体来观察,他们的财富只能来自企业的自由现金流量。因此,自由现金流量是企业价值评估的基础。

(2) 现金流量的评价。现金流量作为业绩评价指标正日益为企业所广泛运用,原因如下:

① 在经理人员可以控制和影响投资基数时,使用现金流量指标可以避免因使用投资报酬率或剩余收益指标可能带来的机能失调行为。这也提高了经营活动的经济价值和经济利润。

② 使用现金流量指标,有利于统一事前预算与事后评价的口径,在一定程度上缓解投资决策的评估方法和投资决策结果的评价方法之间存在的矛盾。企业在评估投资项目时,往往以现金流量为最重要的衡量因素;而在评价投资结果时,重点却往往转移到会计收益或以会计收益为基础的衡量指标上。这就会导致事前评估与事后评价的矛盾,改为现金流量来评价投资结果显然更为合理。

现金流量概念虽然简洁明晰,但无法取代净收益,主要原因是它不区分收益性支出与资本性支出,按此计算的每年现金流出与现金流入没有因果关系,使得年度经营现金流量很难直接作为业绩评价指标。此外,单纯的现金流量不能反映业绩的全貌,也不能借以可靠预测将来的业绩。要克服现金流量指标的这一缺点,就必须很好地解释现金流动的原因。

4. 经济增加值

(1) 经济增加值的概念。经济增加值(EVA)可以定义为企业收入扣除所有成本(包括股东权益的成本)后的剩余收益,在数量上它等于息前税后经营收益再减去债务和股权的成本。

经济增加值的不同之处在于,它考虑了带来收益的所有资本的成本,传统的会计收益只扣除了有息负债的利息,而没有考虑权益资本的成本。

$$经济增加值＝息前税后经营收益－使用的全部资本 \times 资本成本率$$
$$＝税后经营收益－使用的股权资本 \times 股权成本率$$

经济增加值是资本在特定时期内创造的收益,或者称为剩余收益。如果经济增加值为正值,说明企业创造了价值和财富;如果经济增加值为负值,说明企业摧毁了应有的价值;如果经济增加值为零,说明企业只获得金融市场的一般预期,刚好补偿资本成本。

尽管经济增加值的定义很简单,但它的实际计算却较为复杂。为了计算经济增加值,需要解决经营收益、资本成本和所使用资本数额的计量问题。经济增加值衡量的是经营收益,因此所有与经营无关的收支及非经常性发生的收支均应剔除在经济增加值的核算之外,以保证最终核算结果能够真正反映企业的经营状况。不同的解决办法形成含义不同的经济增加值。从企业整体业绩评价来看,基本经济增加值和披露的经济增加值最有意义。

① 基本经济增加值。基本经济增加值是根据未经调整的经营收益和总资产计算的经济增加值。

$$基本经济增加值＝息前税后经营收益－报表总资产 \times 资本成本率$$

② 披露的经济增加值。披露的经济增加值是利用公开会计数据,包括公布的财务报表及其附注中的数据,对经营收益和总资产进行调整计算出来的经济增加值。概括起来,典型的调整包括:资本化费用、营业外收支、会计准备、无息流动负债等。

经济增加值不仅是一套完整的业绩评价系统,还是一个全面财务管理的架构,用4M的概念可以最好地阐释经济增加值体系的特点,即评价指标(measurement)、管理体系(management)、激励制度(motivation)以及理念体系(mindset)。经济增加值是衡量业绩的一种尺度,它以会计利润为基础,但从两个方面不同于会计利润:首先,它是减去资本成本后的剩余收益;其次,它对营业利润进行相应调整。

企业的管理人员明白增加价值只有三种基础本途径:(1)通过更有效的经营现有的业务和资本,提高经营收益;(2)投资所期回报率超出企业资本成本的项目;(3)可以通过出售对别人更有价值的资产或通过提高资本运用效率,比如加快流动资金的运转,加速资本回流,而达到把资本沉淀从现存营运中解放出来的目的。

(2) 经济增加值的评价。经济增加值是一种新型管理工具,它不仅仅是一个高质量的业绩指标,还是一个全面财务管理的架构,也是一种经理人薪酬的激励机制。它可以影响到一个企业从董事会到基层的决策,可以改变企业文化,改善组织内部每一个人的工作环境,可以帮助管理人为股东、客户和自己带来更多财富。作为一个业绩评价指标,经济增加值的优点主要表现在以下几个方面。

① 能真实地反映企业的经营业绩。传统指标在计算时只考虑债务成本,而忽视了股权资本成本。经济增加值从股东角度来定义利润,只有当企业的盈利超过了股东的机会成本时股东财富才会真正增加;当盈利不足以抵偿股权资本成本,实际上正在侵蚀股东财富。经济增加值表明企业在每一个会计年度所创造或损失的股东财富数量,使用经济增加值能较好地从结果上衡量企业所实现的财富增值,减少了多种财务指标的混乱状况。

② 将企业价值(股东财富)与企业决策联系在一起。经济增加值指标有助于管理者将财务的两个基本原则融入经营决策中:第一,企业的主要财务目标是企业价值(股东财富)最大化;第二,企业价值依赖于投资者预期的未来利润能否超过资本成本。应用经济增加值有助于企业进行符合股东利益的决策,可以为资本配置提供正确的评价标准,避免使用会计利润和投资收益率可能导致资本配置失衡。一旦他们在资本上获得的收益超过由其他风险相同的资本需求者提供的报酬率,投资者投入的资本就会获得增值,导致企业股票价格就会上升,企业市场价值也得到提高。

③ 注重企业的可持续发展。经济增加值不鼓励以牺牲长远业绩的代价来夸大短期效果,也不鼓励诸如削减研发费用的行为;而是着眼于企业的长远发展,鼓励企业的经营者进行可能给企业带来长远利益的投资决策,如新产品的研究和开发、人力资源的培训等等,消除管理者对研发费用和无形资产这类投资的顾虑。

④ 尽量剔除会计失真的影响。尽管传统会计信息依然是进行计算的主要信息来源,但经济增加值要求在计算前对会计信息来源进行必要的调整,消除传统会计的稳健性原则导致的会计数据不合理现象,减少管理者粉饰利润、管理盈余的机会,明确管理人员对实际投入资本负有的保值增值责任,更真实、完整地评价企业的经营业绩。

当然,在企业实际运用中,并没有完美的指标,经济增加值也有局限性。

① 适用范围的局限。研究表明,经济增加值不适用于金融机构、周期性企业、风险投资企业、新成立企业等企业。金融机构有着特殊法定资本金要求,不适用于经济增加值;而且把贷款总额作为使用资产将高估资本成本,导致结果扭曲。分析周期性企业时,由于利润波动太大,通过与竞争对手比较来分析企业更为恰当。新成立企业利润波动也很大,在创立初期还无法为市场带来新产品。风险投资企业可以通过改变资本结构、业务选择来改变资本成本,但是这只能由高层管理者决定,而在不同时期,资本成本是最不稳定、易变的变量。经济增加值同样不适应矿山、石油开采等资源类企业。

② 经济增加值是历史性的而不是前瞻性的。经济增加值使用资产历史成本,没有考虑到通货膨胀的影响,如资产重置价值,这样经济增加值无法反映资产真实收益水

平,不同行业受到影响的程度不一样。扭曲程度因企业资产结构和投资周期、折旧政策不同而有所差别。比如,用直线法折旧时,经济增加值抑制企业成长。有着大量新投资的企业反而比旧资产较多的企业经济增加值低,这显然不能用来比较企业实际盈利能力。

③ 经济增加值不是完全意义上的利润指标。经济增加值无法衡量一家企业在行业创造财富中的相对地位,也就是说,它无法提供企业在行业新增财富中的份额。没有与之相匹配的制度环境和企业治理机制,经济增加值的应用效果必将大打折扣。经济增加值计算时应作哪些调整以及资本成本的确定存在许多争议,加大了计算的复杂性和难度,妨碍了经济增加值的广泛应用。

5. 市场增加值

(1) 市场增加值的概念。市场增加值就是一家企业的市场价值与其的股权和债务调整后的账面价值之间的差额。市场价值是指由供求关系所形成的价值。对于上市公司来说,市场是通过股票价格对其进行评价的。简而言之,市场增加值就是企业所有资本通过资本市场累计为其投资者创造的财富,也即企业市值与累计资本投入之间的差额。其计算公式为:

$$市场增加值 = 企业市值 - 累计资本投入$$

在理论上,市场增加值等于未来经济增加值的折现值,也就是说市场增加值是市场对企业获取未来经济增加值能力的预期反映。两者的关系可以表示为:

$$市场增加值 = 未来经济增加值的现值$$

企业市值包括债券价值和股权价值,累计资本投入是资本供应者投入的全部资本。企业创建以来的累计市场增加值,可以通过当前的企业市值减去当前投入资本的价值计算;某一年的市场价值,可以根据本年末累计市场增加值减去上年末累计市场增加值来计算。

企业的债务价值比较容易估计,它通常是债务的本利和。上市企业的股权价值可以通过每股价格和总股数估计,非上市企业的股权价值只有根据同类上市企业的股价或者其他方法间接估计。由于会计上的总资产是按历史成本计量的,不能反映当前累计投入资本,为了使账面总资产调整为当前的投入资本经济价值,需要做两方面的调整:一方面要承认投资的时间价值,投入资本应随占用的时间增加其价值;另一方面要把会计师不合理注销的资产加以恢复,比如并购重组、研究与开发、广告等支出大增,会计上都将其发生时一笔注销,似乎过于武断。

对于企业来说,市场增加值越高越好。市场增加值越高,说明企业为其股东创造了越多的财富。如果市场增加值出现负值,则说明企业的经营投资活动所创造的价值低于投资者投入企业的资本价值,这就意味着投资人的财富或价值在遭受损失。对于一个企业来说,其目的就是要最大化市场增加值,而不是最大化企业价值,因为后者可以非常简单地通过增加投资来实现。

(2) 市场增加值的评价。从理论上看,市场增加值是评价企业创造财富的准确方法，计算的是现金流入与现金流出之间的差额，是企业变现价值与原投入资本之间的差额，它直接表明了一家企业累计为股东创造了多少财富，是从外部评价企业管理业绩的最好方法。

市场增加值可以反映企业的风险。企业的市值既包括了投资者对风险的判断，也包含了他们对企业业绩的评价。市场增加值不仅可以用来直接比较不同行业的企业，甚至可以直接比较不同国家的企业业绩。市场增加值是创造财富这一竞赛的最终目标。

市场增加值等价于金融市场对一家企业净现值的估计，便于人们普遍接受。如果把一家企业看成是众多投资项目的集合，市场增加值就是所有项目净现值的合计。企业的净现值与市场增加值的唯一区别在于净现值是企业自己估计的，而市场增加值是金融市场估计的。

虽然市场价值与企业目标有极好的一致性，但在实务应用中市场增加值却不广泛。这是由于：

首先，股票市场并不能真正评价企业的价值。虽然有效市场理论已经有多年的历史，并且得到许多实证研究的支持，但是也有许多同样的反证。由于信息不对称，投资者经常做出不正确的预期，使得股价偏离企业价值。

其次，从短期来看，股市总水平的变化可以"淹没"管理者的作为。股票价格不仅受管理业绩的影响，还受股市总水平的影响。整个经济不景气、股市总水平下降，某个企业虽然业绩很好但股价也会下降，只不过比别的企业下降得慢一些。股价每天有升降，并非由于业绩天天有变化。

最后，非上市企业的市值估计往往是不可靠的，没有恰当的市值估计数据，限制了市场增加值的应用。即使是上市企业，也只能计算它的整体经济增加值，对于下属部门和单位无法计算其经济增加值，也就不能用于内部层面的业绩评价。

成熟的投资者使用许多不同方法对股票进行合理估价，但所有这些方法都基于市场估值基本原理之上。任何企业的市场增加值事实上都是通过加总投资者预测的未来经济增加值的折现值得出的。市场增加值表明了股东投入的资本的增值部分，直接与股东财富的创造相关。经济增加值能起作用的原因在于它扣除了资金成本，减去了投资者期望的最低投资回报。所以，当市场认为企业的经济增加值将为零的时候，从经济增加值的角度看，企业只是做到了收支平衡，投资者只获得了最低回报，而企业的市场增加值也将为零。此时，企业的市值与资金的账面价值相等。

6. 经济收益

（1）经济收益的概念。经济收益是一个经济学的概念，是企业在期末和期初拥有等量资产的情况下，可以给股东分出的最大数额。经济收益强调资本保全，期初资本必须得到保全，成本耗费得到充分补偿后，超出期初资本的部分，才能确认为收益。

经济收益与会计收益的含义不同。会计收益以收入的实现为原则，不包括未实现的资产收益；而经济收益包括了已实现的收益和未实现的资产收益。计算会计收益与经济收益的成本含义也不同。会计成本指已经付出或者承诺付出的成本，它通常是历史成本而不考虑所耗资产的价格变化；而计算经济收益的成本，包括现时成本或机会成本。例如,计算会计收益的成本不包括权益成本,权益成本既不是实际付出的成本,也没有对股东作出支付的承诺,而经济收益则包括权益资本的成本,它是维持企业原有价值所必需的代价。

经济收益指一个企业不仅要真正盈利,其利润不仅要弥补企业经营成本,还要弥补其资本成本。在业绩评价期内,它指由于生产经营、培训职工、提高工作效率等使企业增加的价值。经济收益的数额在理论上等于经济收入减去经济成本的差额,但是,它们很难计量,不具有适用性。由于财富可以用未来现金流量的现值来估计,经济收益也可以定义为某一会计期间的期末期初给所有者产生的预期未来现金流量的现值减去所有者净投资后的差额。

经济收益＝预期未来现金流量的现值－净投资的现值

经济收益与市场增加值有区别。经济收益的计量不依赖于股票价格,而是根据现金流量估计的。它可以直接计量每一年的经济利润,衡量在单一时期内所创造的价值。而市场增加值是可见的预期未来价值创造,一年内的市场增加值等于经济利润(已取得的价值创造)加上价值创造预期。只有在其未来业绩没有变化,而且加权平均的资本成本在年度内始终不变的情况下,市场增加值才等于经济利润。

(2) 经济收益的评价。经济收益比会计收益更接近真实收益,更能反映客观实际。经济收益与经济学概念一致,容易被管理人员和投资者理解。

但是,一个企业的未来现金流量的数量和时间的确定,是建立在未必可靠的基础上的。折现率的确定也是个困难的问题,不容易很准确。因此在实务中,经济增加值的计量是不精确的,并且不易验证得到。

(二) 财务指标的评价

选用财务指标最大的优点在于其容易计算、简单明了。财务指标的数据来源于会计系统,取得比较方便,可信性比较高,能够对企业战略和经营策略的结果进行量化和整体评价,评价结果具有较强的公信力。其次,财务指标应用较为广泛,既为企业外部大众所接受,用于评价企业的基本业绩,又适宜于企业组织内部各层次的业绩评估。再次,财务指标具有一定的可比性,使得行业内部比较、历史数据比较成为可能,从而不同信息使用者在判定某一阶段经营活动成效时有了客观凭据。最后,财务指标本身也在不断地发展,使得其蕴含的信息能更真实地反映企业业绩。

但是,财务指标不能全面地反映出企业的资源和实力,具有明显的局限性,主要表现在。

(1) 财务指标是滞后性指标,是组织过去经营状况的反映,对未来的盈利能力不具备预测性。

(2) 财务指标评价容易导致经营管理层的短视行为,为了追求短期的财务效益而牺牲组织的长远利益,从而削弱了企业创造未来价值的能力。

(3) 财务指标评价是一种以结果为导向的评价,对驱动财务效益的因素缺乏考虑,不能揭示业绩变化的关键因素和动因,也没有反应企业内部交叉职能的运作过程。

(4) 财务指标是高度总结、概括性的指标,对发现管理中问题的本质及解决方案上提供的信息非常有限,往往会掩盖组织在运营过程中存在的问题,不利于指导管理行为。

(5)财务指标缺乏对人力资本、信息资本、组织资本等无形资产的评估,而无形资本被许多学者认为是组织核心竞争力的源泉之一。

二、非财务指标

业绩评价对企业的经营起着导向性的作用,直接关系到企业核心竞争力的形成与保持,影响着企业的生存与发展。近年来,企业业绩评价的一个显著趋势就是引入非财务指标。研究显示,面临竞争压力越大的企业,越注重非财务指标的评价;越是经营环境不确定,越应该采取非财务指标评价。非财务指标的设计应考虑经营战略、与财务指标和股东价值最大化的联系、行业特性、企业生命周期等因素,通常有三类主要的非财务指标:客户、经营和员工。

(一)客户评价指标

1. 市场份额

某一特定产品的市场占有率是指该产品在目标市场中的销售量占整个市场销售量的百分比。它直接反映企业所提供的商品和劳务对消费者和用户的满足程度,表明企业的商品在市场上所处的地位。市场份额越高,表明企业经营与竞争的能力越强。市场份额具有十分重要的宣传与指示作用,对企业的市场分析及进一步提高销量有指导意义,也是企业向外宣传并在业内定位的主要依据之一。一般情况下,占领某市场或品类领域30%以上,即可形成强势或垄断地位,进一步发展很可能占据行业内领头羊地位。当同行业竞争对手拥有同等市场份额的产品或企业规模,则形成强势竞争。

2. 客户保持和获得

保持现有客户是企业保持一定市场份额的理想方法,可通过现有客户保持交易的部分占整个客户的比重来反映,还可通过现有客户业务的增长率来反映客户的忠诚度。企业要扩大市场份额,就需要争取新客户,可通过企业赢得的新客户及与其进行的业务数量或金额计量。

3. 顾客满意度

顾客满意度是顾客对产品本身或者服务性能的评价,是顾客对于消费的满足情况的反馈,包括低于或者超过满足感的水平,是一种心理体验。为了对顾客满意程度进行定量地评价,可对顾客满意划分层级,给出每个层级的得分值,并根据每项指标对顾客满意度影响的重要程度确定不同的加权值,这样即可对顾客满意度进行综合的评价。

4. 客户获利能力

企业现有的客户或将要争取的客户必须具有获利能力或有助于获利的特性,某些客户即使暂时不具备,最终也会产生获利效果,放弃不获利客户,能阻止企业由客户为主变为受客户困扰。能否长期获利,是决定保留或排除客户的关键点。

(二)经营评价指标

1. 战略目标

战略目标是对企业战略经营活动预期取得的主要成果的期望值。企业的战略目标是多元化的,既包括经济目标,又包括非经济目标;既包括定性目标,又包括定量目标。BSC战略地图或者是KPI鱼刺图是分析企业战略的好方法。明确实现战略目标的各种成功的关键方面,通过关键方面来分析出关键能力,通过关键能力来找出核心能力。

2. 创新

一个企业的盈利能力是靠不断创新来维持,不论是成本优势还是产品新颖性的优势,都会由于竞争对手的创新和自己的停滞而丧失,因此关键技术和成本改进方面的创新能力以及适应技术变革的能力,是企业提升业绩的一个重要方面。创新技术目标,这一目标将导致新的生产方式的引入,既包括原材料、能源、设备、产品等有形目标,也包括工艺程序的设计、操作方法的改进等无形目标。评价一个企业是否有创新能力,主要是评价企业有无在关键技术上进行变革的可能性,这些评价包括:技术开发和创新技术的能力;率先从行业外引进新技术的能力;在别人引进新技术后紧紧跟上的能力;企业在技术创新和引进人才方面的投入量;利用收购、合资、购买专利等方面引进技术的情况。

3. 产品和服务的质量

产品品质是指产品的质量水平,具体表现在两个方面:一是产品在生产阶段符合企业制造标准所表现出的品质;二是产品在售后阶段符合顾客使用要求而表现出的品质。它可以通过废品率和顾客退货率两个指标综合反映。如果一个企业的废品率和退货率过高,顾客流失,导致企业利润空间下降,甚至毫无利润可言,可能造成企业的破产。

4. 生产力

它指企业的生产技术水平。只有某种技术显著地影响了企业的竞争优势,或对企业的相对成本地位或产品新颖化方面作用显著,它对竞争才是举足轻重的。从广义角度看,任何产业都有技术创新问题。许多竞争优势的创新并不涉及科学上突破,而是一些成熟技术的新的组合方式。评价一种技术是否有利于形成竞争优势的标志是:使企业降低成本或提高产品独特性,且使企业长期居于技术领导地位;进一步发展应当对本企业有利,即使它被对手效仿,也会扩大自己的市场份额;使企业形成行业的率先行动者优势,而不是成为别人的跟随者。

(三) 员工评价指标

1. 员工能力

绝大多数企业采取了对员工业绩进行评估的三种手段,分别是:员工是否对工作感到满意、员工是否愿意留在本职工作、员工的劳动生产力。在这三项标准中,第一项往往对第二项和第三项起决定作用。

(1) 员工满意程度。员工感到满意是提高劳动生产率和服务质量的重要前提,对本职工作感到满意的员工同时能使企业的客户最满意。员工感到满意的因素包括:参与决策;认为本职工作不错;在做好本职工作时得到肯定;主观能动性得到鼓励;后勤部门提供积极支持;对企业整体上感到满意。

(2) 员工保留率。指企业保留那些在他们身上有长期利益的员工。企业对这些员工进行长期投资,他们不辞而别将给企业造成知识资本的损失。长期雇用的、忠诚的员工代表着企业的价值观念。

(3) 员工的劳动生产率。评价员工的劳动生产率是对员工进行总体培训效果进行评价,这种总体培训包括:加强员工技能、改善工作态度、改进经营程序并使顾客感到满意,培训目的是使员工的劳动生产率同投入的员工数量成正比。评价员工劳动生产率最简单的标准是每位员工给企业带来的收入。提高劳动生产率的方式有:提高现有员工的产出而不增加员工数量;削减员工数量,这可在短期内提供劳动生产率,但从长期来看可能对企业的潜力造成损害。

2. 学习与团队

企业在选定对顾客的满意程度、保留员工的计划和劳动生产率进行评估的手段之后,就应继续确定推动企业学习成长计划的具体因素,从三个方面推动企业的学习与成长过程:员工掌握新的技能、加强信息系统的能力、启发员工的积极性等。

(1) 员工的技能培训。员工必须重新培训,他们的工作必须从对顾客的需要做出被动反映转变为对顾客的需要进行积极预测,向顾客提供全方位的产品和服务。可以从两个方面看待:一是重新培训的程度,二是需要重新培训的员工所占的比例。当员工所需的再培训的程度较低时,一般性的培训和教育就可以维持员工现有的能力。企业在实行大规模的再培训计划的同时,必须缩短再培训的周期。

(2) 员工的信息沟通能力。要想员工在如今的竞争环境中有效地发挥作用,就必须使他们获得足够的信息,即有关顾客、业务程序及财务决策的后果等方面的信息。第一线的员工需要及时、准确、全面了解每一位客户同企业的关系。这些信息可能包括成本分析和每位客户可能给企业带来的利润、在多大程度上满足现有客户的现有需要、所生产的产品和提供的服务的信息反馈等。良好的信息系统可以帮助员工不断改进生产和服务过程。

(3) 积极性和创造力、工作授权和团队合作。企业内部的学习和成长过程的第三要素是营造企业内部环境,激发员工的积极性和创造力,并向员工授予一定自主权力。

员工被采纳的建议的数量可评价出员工对改善企业业绩的参与程度;个人之间及部门之间的协作,这取决于个人和部门同企业的目标是否有联系;团队合作的表现,可通过对内部团队建设进行调查、实现利润分成等措施来评价和促进企业团队合作。

(四) 非财务指标的评价

非财务指标与严格定量的财务指标相比主要的优势有四点。

(1) 可以直接计量创造财富活动的业绩。财务指标不能直接计量创造财富的活动,只能计量这些活动的结果,不能说明财富是如何创造的。非财务指标,包括扩大市场份额、提高质量和服务、创新和提供生产力等,都可以直接计量企业在创造财富的活动中所取得的业绩。

(2) 可以计量企业的长期业绩。财务计量是短期的计量,具有诱使经理人员追求短期利润而伤害企业长期发展的弊病。非财务指标关系到企业的长期盈利能力,可以引导经理人员关注企业长期发展。

(3) 相对于财务指标,非财务指标包含了更多的经营决策信息,也揭示了财务指标的驱动因素或关键成功因素。非财务指标评价能给管理层提供更多市场份额、顾客满意度、产品品质、内部运作效率等方面的信息,使他们能及时发现企业经营管理中出现的问题，以便确定对策。

(4) 可以激励管理层，更能反映他们的实际贡献。研究表明，当业绩指标能够提供有关经理人努力程度方面的额外信息时，那么将该指标包含在激励合约之中更能提高对经理人努力程度估计的准确性，进而提高激励合约的有效性。非财务指标一般能揭示经理人努力程度的额外信息，有效地引导经理人的目标和股东的目标趋于一致。

当然，非财务指标也有其本身的局限性，这表现在以下三个方面：

(1) 与利润的相关性小。非财务指标与利润和成本的相关性不容易测量，这就使得这两个重要的数值很难挂钩。另外，从管理者方面来看，运用这些指标很难在短期内有明显的成果，因此影响了管理者的积极性。

(2) 非财务指标评价方法的不一致，各部门之间不容易协调，缺乏共同的尺度。所以在实际的运用中，对各个部门指标之间的不协调甚至相互矛盾很难平衡。

(3) 缺乏一个整体的可靠性。例如，对于客户满意度等指标的调查只能局限于部分的人群而无法涉及全部，这种统计的可靠性相对较差，从而削弱了业绩评价的正确性，以及对未来的预测。

第三节 业绩的综合评价

综合评价(Comprehensive Evaluation，CE)是对评价对象的全体作出全局性、整体性的评价，根据所给的条件，采用一定的方法给每个细分的评价对象赋予一定的价值，再据此择优或排序。构成综合评价的基本要素有评价主体及其偏好结构、评价对象、评价指数体系、评价原则、评价模型、评价环境，各基本要素有机组合构成一个综合评价系统。

一、综合评价的原理

(一) 综合评价的步骤

综合评价的基本过程可分为5个步骤进行。

(1) 明确对象系统。评价对象系统的特点直接决定着评价的内容、方式和方法。

(2) 建立评价指标体系。由于系统规模大、子系统和系统要素多、系统内部各种关系复杂等特点，使得这类系统的评价指标体系呈现多指标、多层次结构。

(3) 确定参与综合评价的人员，选定评价原则及相应的评价模型。

(4) 进行综合评价。主要包括：不同评价指标属性值的量化、评价主体对不同目标(指标)子集系数进行赋值、逐层综合等。

(5) 输出评价结果并解释其意义。

(二) 综合评价的基本方法

目前国内外常用的综合评价方法有：经济分析法、专家评价法、运筹学和其他数学方法等。

1. 经济分析法

这是一种以事先议定好的某个综合经济指标来评价不同对象的综合评价方法。如直接给出综合经济指标的计算公式或模型的方法、成本效益分析法等。该方法含义明确,便于不同对象的对比。但是计算公式或模型不易建立,而且对于涉及较多因素的评价对象来说,往往很难给出一个统一的公式。

2. 专家评价法

这是一种以专家的主观判断为基础,通常以"分数""指数""序数""评语"等作为评价的标准,对评价对象作出总的评价的方法。常用的方法有:评分法、分等方法、加权评分法、优序法等。专家评价法简单方便,易于操作,但主观性强。

3. 运筹学和其他数学方法

目前用得较多的主要有以下几类。

(1) 多目标决策方法。多目标决策方法又包括下面几种:一是化多为少法,即通过多种汇总的方法将目标化成一个综合目标来评价,最常用的有加权平方和方法、乘除法和目标规划法等;二是分层序列法,即将所有目标按照重要性依次排列,重要的先考虑;三是直接求所有非劣解的方法;四是重排次序法;五是对话方法等。该方法较严谨,要求判决对象的描述清楚,评价者能明确表达自己的偏好,这对于某些涉及模糊因素、评价者难以确切表达自己的偏好和判断的评价问题的求解带来了一定的困难。

(2) 层次分析法。层次分析法是在 20 世纪 70 年代由著名运筹学家托马斯·塞蒂提出的,它的基本原理是根据具有递阶结构的目标、子目标、约束条件及部门等来评价方案,通过用两两比较的方法确定判断矩阵,然后把判断矩阵的最大特征与相应的特征向量的分向量作为相应的系数,最后综合出个方案各自的权重(优先程度)。该方法是一种定性和定量相结合的方法,由于让评价者对照一相对重要性函数表给出因素两两比较的重要性等级,因而可靠性高、误差小。不足之处是遇到因素众多、规模较大的问题时,该方法容易出问题,如判断矩阵难以满足一致性要求,进一步对其分组往往难以进行等。

(3) 数理统计方法。数理统计方法主要是应用其中主成分分析、因子分析、聚类分析、差别分析等方法对一些对象进行分类和评价等。该方法不依赖于专家判断,这就可以排除人为因素的干扰和影响,而且比较适宜于评价指标间彼此相关程度较大的对象系统的综合评价;此评价结果仅对方案决策或排序比较有效,并不反映现实中评价目标的真实性程度,其应用时要求评价对象的各因素须有具体的数据值。

综合评价需要较好地考虑和集成各种定性和定量信息,解决综合评价过程中的随机性和评价专家主观上的不确定性等问题。既要充分考虑评价专家的经验和主观思维的模式,又要降低综合评价过程中人为不确定性因素;既具备综合评价方法的规范性,又能体现较高的解决问题的效率。

二、综合评分法

1928 年,亚历山大·沃尔(Alexander.Wole)出版的《信用晴雨表研究》和《财务报表比率分析》中提出了信用能力指数的概念。他选择了 7 个财务比率即流动比率、产权比率、固定资产比率、存货周转率、应收账款周转率、固定资产周转率和自有资金周转率,分别给定各指标的比重,然后确定标准比率(以行业平均数为基础),将实际比率与标准比率相比,得出相对比率,将此相对比率与各指标比重相乘,得出总评分。沃尔评分法把若干个财务比率用线性关系结合起来,以此来评价企业的信用水平,其最主要的贡献就是它将互不关联的财务指标按照权重予以综合联动,使得综合评价成为可能。

沃尔的评分法从理论上讲有一个明显的问题,就是未能证明为什么要选择这 7 个指标,而不是更多或更少些,或者选择别的财务比率,以及未能证明每个指标所占比重的合理性。这个问题至今仍然没有从理论上得到解决。沃尔评分法从技术上讲也有一个问题,就是某一个指标严重异常时,会对总评分产生不合逻辑的重大影响。这个毛病是由财务比率与其比重相"乘"引起的,财务比率提高一倍,评分增加 100%;而缩小一半,其评分只减少 50%。

尽管沃尔的方法在理论上还有待证明,在技术上也不完善,但它还是在实践中被应用。耐人寻味的是,很多理论上相当完善的经济计量模型在实践中往往很难应用,而企业实际使用并行之有效的模型却又在理论上无法证明。这可能是人们对经济变量之间数量关系的认识还相当肤浅造成的。

受沃尔评分法的启发,后来许多人研究将多个指标综合起来的方法,综合评分法的原理不仅用于信用评价,也被用于整个企业的财务评价,甚至扩展到财务以外的领域。下面根据 2006 年国务院国有资产监督管理委员会发布的《中央企业综合绩效评价实施细则》来说明综合评分法的程序、方法及其应用。

(一) 选取业绩评价指标

进行经营业绩综合分析的首要步骤是正确选择评价指标,指标选择要根据分析目的和要求,考虑分析的全面性和综合性。实施细则选择的企业综合绩效评价指标包括 22 个财务绩效定量评价指标和 8 个管理绩效定性评价指标。

表 11-1 央企综合绩效评价的定量定性指标

财务绩效定量评价指标			管理绩效定性评价指标
指标类别	基本指标	修正指标	评议指标
一、盈利能力状况	净资产收益率总资产报酬率	销售(营业)利润率盈余现金保障倍数成本费用利润率资本收益率	战略管理发展创新经营决策风险控制基础管理人力资源行业影响社会贡献
二、资产质量状况	总资产周转率应收账款周转率	不良资产比率流动资产周转率资产现金回收率	
三、债务风险状况	资产负债率已获利息倍数	速动比率现金流动负债比率带息负债比率或有负债比率	
四、经营增长状况	销售(营业)增长率资本保值增值率	销售(营业)利润增长率总资产增长率技术投入比率	

(二)确定各项经济指标的标准值及标准系数

为了准确评价企业经营业绩,对各类经济指标标准值的确定,根据企业类型不同及指标分类情况规定了不同标准。

1. 财务绩效基本指标的标准值及标准系数

基本指标评价的参照水平由财政部定期颁布,分为五档,分别为优秀(A)、良好(B)、平均(C)、较低(D)、较差(E)。对应的标准系数分别为 1.0、0.8、0.6、0.4、0.2。不同行业、不同规模的企业有不同的标准值。

2. 财务绩效修正指标的标准值及标准系数

基本指标有较强的概括性,但是不够全面。为了更加全面地评价企业绩效,财政部另外设置了4类14项修正指标,根据修正指标的高低计算修正系数,用得出的系数去修正基本指标得分。财务绩效修正指标的标准值由财政部定期发布。

(三)确定各类经济指标的权数

指标的权数根据评价目的和指标的重要程度确定。表 11-2 是企业综合绩效评价指标体系中各类及各项指标的权数或分数。

表 11-2 综合绩效评价指标体系中各类(项)指标的分数(权数)

财务绩效定量评价指标(权重70%)			管理绩效定性评价指标(权重30%)
指标类别(100)	基本指标(100)	修正指标(100)	评议指标(100)
一、盈利能力状况(34)	净资产收益率(20) 总资产报酬率(14)	销售(营业)利润率(10) 盈余现金保障倍数(9) 成本费用利润率(8) 资本收益率(7)	战略管理(18) 发展创新(15) 经营决策(16) 风险控制(13) 基础管理(14) 人力资源(8) 行业影响(8) 社会贡献(8)
二、资产质量状况(22)	总资产周转率(10) 应收账款周转率(12)	不良资产比率(9) 流动资产周转率(7) 资产现金回收率(6)	
三、债务风险状况(22)	资产负债率(12) 已获利息倍数(10)	速动比率(6) 现金流动负债比率(6) 带息负债比率(5) 或有负债比率(5)	
四、经营增长状况(22)	销售(营业)增长率(12) 资本保值增值率(10)	销售(营业)利润增长率(10) 总资产增长率(7) 技术投入比率(5)	

(四)各类指标得分计算

1. 财务绩效基本指标得分计算

基本指标反映企业的基本情况,是对企业绩效的初步评价。它的计分是按照综合评分法原理,将平均指标实际值对照行业平均标准值,按照规定的计分公式计算各项基本指标得分。计算公式为:

$$基本指标总得分 = \sum 单项基本指标得分$$

$$单项基本指标得分 = 本档基础分 + 调整分$$

$$本档基础分 = 指标权数 \times 本档标准系数$$

$$调整分 = 功效系数 \times (上档基础分 - 本档基础分)$$

$$上档基础分 = 指标权数 \times 上档标准系数$$

$$功效系数 = (实际值 - 本档标准值)/(上档标准值 - 本档标准值)$$

本档标准值是指上下两档标准值居于较低等级一档。

2. 财务绩效修正指标修正系数计算

对基本指标得分的修正,是按指标类别得分进行的,需要计算"分类的综合修正系数"。分类的综合修正系数由"单项指标修正系数"加权平均求得;而单项指标修正系数的大小主要取决于基本指标评价分数和修正指标实际值两项因素。计算公式为:

$$某部分综合修正系数 = \sum 该部分各修正指标加权修正系数$$

$$某指标加权修正系数 = (修正指标权数 / 该部分权数) \times 该指标单项修正系数$$

$$某指标单项修正系数 = 1.0 + (本档标准系数 + 功效系数 \times 0.2 - 该部分基本指标分析系数)$$

单项修正系数控制修正幅度为 $0.7 \sim 1.3$。

$$某部分基本指标分析系数 = 该部分基本指标得分 / 该部分权数$$

3. 修正后得分的计算

$$修正后总得分 = \sum 各部分修正后得分$$

$$各部分修正后得分 = 各部分基本指标分数 \times 该部分综合修正系数$$

4. 管理绩效定性指标的计分方法

(1) 管理绩效定性指标的内容

管理绩效定性评价指标的计分一般通过专家评议打分形式完成,聘请的专家应不少于7名;评议专家应当在充分了解企业管理绩效状况的基础上,对照评价参考标准,采取综合分析判断法,对企业管理绩效指标做出分析评议,评判各项指标所处的水平档次,并直接给出评价分数。

(2) 单项评议指标得分。

$$单项评议指标分数 = \sum (单项评议指标权数 \times 各评议专家给定等级参数) / 评议专家人数$$

(3) 评议指标总分数的计算。

$$评议指标总分数 = \sum 单项评议指标分数$$

(五) 综合评价得分计算

在得出财务绩效定量评价分数和管理绩效定性评价分数后,应当按照规定的权数,耦合形成综合绩效评价分数。其计算公式为:

$$企业综合绩效评价分数 = 财务绩效定量评价分数 \times 70\% + 管理绩效定性评价分数 \times 30\%$$

在得出评价分数以后,应当计算年度之间的绩效改进度,以反映企业年度之间经营绩效的变化状况。其计算公式为:

绩效改进度＝本期绩效评价分数／基期绩效评价分数

绩效改进度大于1,说明经营绩效上升;绩效改进度小于1,说明经营绩效下滑。

(六) 确定综合评价结果等级

企业综合绩效评价结果以85、70、50、40分作为类型判定的分数线。具体的企业综合绩效评价类型与评价等级如表11-3所示。

表11-3　企业综合绩效评价类型与评价等级表

评价类型	评价级别	评价得分
优(A)	A++ A+ A	A++≥95 95＞A+≥90 90＞A≥85
良(B)	B+ B B−	85＞B+≥80 80＞B≥75 75＞B−≥70
中(C)	C C−	70＞C≥60 60＞C−≥50
低(D)	D	50＞D≥40
差(E)	E	40＞E

三、平衡计分卡

平衡计分卡(balance score card,BSC),源自哈佛大学教授Robert Kaplan与诺兰诺顿研究院的执行长David Norton于90年代所从事的《未来组织绩效衡量方法》研究计划,1992年两人在《哈佛商业评论》发表论文《平衡计分卡:良好绩效评价体系》,提出的一种新的绩效评价体系。1993年,两人又发表论文《平衡计分卡的实际运用》,1996年又进行了理论提升,发表论文《把平衡计分卡作为战略管理体系的基石》,至此形成较为系统的理论体系。平衡计分卡一经提出就受到了理论界与企业界的广泛认同和接受,在企业管理中纷纷引入。他们两人在研究过程中发现,企业由于无法全面地描述战略,管理者之间及与员工之间无法有效沟通,对战略无法达成共识。2004年,两人发表《战略地图化无形资产为有形成果》。所谓战略执行地图就是全面、明确勾画出企业战略目标与日常经营活动目标之间逻辑关系的一个框架图。

(一) 平衡计分卡的主要内容

平衡计分卡引入了非财务指标并将评价指标与战略相联系起来,把企业战略转化为目标和指标,分为财务、顾客、企业内部流程、学习与成长四个方面。平衡计分卡是一种战略执行工具,也是一个业绩管理系统,集策略系统、沟通系统和执行系统的三位一体。

平衡计分卡着重分析四个方面的平衡关系:财务指标与非财务指标之间的平衡;长

期和短期目标的平衡关系;外部计量(股东与客户)与内部计量(流程、学习和成长)之间的平衡关系;要求的结果与这些结果的驱动因素之间的平衡关系。

平衡计分卡包括六个基本要素:角度、战略目标、绩效指标、目标值、行动方案和任务。角度是观察组织和分析战略的视点。企业最通用的角度是财务、顾客、流程、学习和创新。任务是执行战略行动方案过程中的特定行为。行动方案由一系列相关的任务或行动组成,目的是达到每个指标的期望目标值。由于每个企业的战略目标不同,所采取的具体战略不同,所涉及的关键因素不同,导致其各自的平衡计分卡的具体内容和指标都有所不同。

早期的平衡计分卡所提供的分析框架就是从财务、顾客、内部流程及创新与学习四个角度讲整体战略进行分解。而近年来卡普兰倡导的以企业战略执行图为基础的分析框架则更加操作性和逻辑性。在明确了目标与行动的因果关系,并将总目标分解为各层次的子目标以后,可以按照平衡计分卡提供的四个层次寻找相应的关键业绩指标,形成指标体系,以衡量和监控目标的完成情况,并及时根据环境的变化对目标进行适当的调整。

1. 财务方面

这一方面回答的是"我们怎样满足股东"。财务衡量不仅占有一席之地,而且是其他衡量方面的出发点和落脚点。一套平衡计分卡应该反映企业战略的全貌。从长远的财务目标开始,将它们同一系列行动相联系(这些行动包括财务、客户、内部作业、创新与学习),最终实现长期经营目标。平衡计分卡中财务指标的意义在于:其他方面的指标是基于企业对竞争环境和关键成功要素的认识,但这种认识可能是错误的,只有当这些指标的改善能够转化为销售额和市场份额的上升、经营费用的降低或资产周转率的提高时对企业才是有益的。所以弄清其他指标与财务指标间的联系很关键。

处在生命周期不同阶段的企业,其平衡计分卡财务衡量的重点也有所不同。在成长阶段,企业要进行数额较大的投资,因此现金流量可以是负数,投资回报率亦很低,财务衡量应着重于销售额总体增长百分比和特定顾客群体、特定地区销售额增长率;处在维持基本发展的企业应着重衡量获利能力,如营业收入和毛利、投资回报率、经济增加值;在收获阶段的财务衡量指标主要是现金流量,企业必须力争现金流量最大化,并减少营运资金占用。

2. 客户方面

这一方面回答的是"客户如何看待我们"的问题。客户是企业之本,是企业的利润来源,客户体验理应成为企业关注的焦点。一般来说,客户关注的不外乎时间、质量、性能、成本四个方面,与之对应,企业就应该在自身的反应速度、产品质量、生产成本上面下功夫,并妥善经营客户关系、满足客户需求。客户方面衡量指标可分为过程指标和结果指标。常见指标包括:按时交货率、新产品销售所占百分比、重要客户的购买份额、客户满意度指数、客户排名顺序等。

3. 内部流程方面

这一方面回答的是"我们必须擅长什么"。内部经营过程可以按内部价值链划分研究与开发、生产过程、售后服务三个过程,关乎企业的核心竞争力。研发阶段的指标主要有新产品开发所用时间、新产品销售收入占总收入的比例等;生产过程的衡量指标主要有质量指标、成本指标、耗用时间；售后服务的主要指标有退货率、产品保修期限和产品维修天数等。

内部流程的业绩指标最能说明平衡计分卡与传统财务业绩衡量方法之间的区别。传统的财务业绩衡量方法，强调的是对已有责任中心和部门的控制和现有的生产过程的改进，平衡计分卡把对内部经营过程的考核定位在创新、经营和售后服务上，而这正是形成和提高企业核心竞争力的关键。

学习与成长方面。这一方面回答的是"我们能否继续提高并创造价值"。企业的学习与成长反映企业获得持续发展能力的情况，强调的是未来的调整项目，如新产品和新设备的研发。企业的学习和创新有三个主要来源：人员能力；信息系统和部门协作与激励。人员能力指标主要包括员工满意程度、职员保持率和职员的工作效率。信息系统能力主要通过企业当前可获得的信息与期望所需要的信息之比等指标进行衡量。协作与激励指标可以用每个职员参与程度、提建议的积极性来衡量。

平衡计分卡从财务、客户、内部流程和学习成长四个独立的角度，系统地对企业经营业绩进行评价。这四个方面是紧密联系、不可分割的，在逻辑上紧密相承，具有一定的因果关系，如图11-1所示，逐渐将组织战略得到传递和落实。

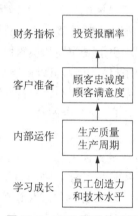

图 11-1　BSC 因果关系链

（二）平衡计分卡的实施

1. 运用平衡计分卡的前提

通过理论探索和实践检验，要运用平衡计分卡，首先应正确认识计分卡的本质。平衡计分卡的核心思想是通过4个维度之间的指标实现绩效考核、绩效改进，最终实现战略目标。在此基础上还应具备以下四个前提条件。

（1）组织的战略目标需要能够层层分解，并能够与组织内部的部门、个人的目标达成一致，其中个人利益能够服从组织的整体利益。高级管理层大力支持是成功实施平衡计分卡的必要条件，才能制定战略并推动战略在基层的贯彻。

（2）平衡计分卡所揭示的四个方面指标，即财务、客户、内部经营过程、学习与成长之间存在明确的因果驱动关系。但是这种严密的因果关系链在战略单位内部却不易找到，计分卡所涵盖的四个方面指标可能不是必需的。

（3）这要求与实施平衡计分卡相配套的其他制度是健全的，包括财务核算的运作、内部信息平台的建设、业务流程管理及与绩效考核相配套的人力资源管理的其他环节等。

（4）假设组织内部每个岗位的员工都是胜任各自工作的，在此基础上研究一个战略业务单位的组织绩效才有意义。平衡计分卡是实现将人力资源提升到战略层次这一目标的有力工具。

2. 平衡计分卡的制定过程

每个组织应该根据自身特点制定平衡计分卡，下面是一个典型的制定过程。

(1) 选择适当的业务部门,确定平衡计分卡项目的目标。企业应首先明确界定适于建立平衡计分卡的业务部门。一般来说,有自己的顾客、销售渠道、生产设施和财务绩效评估指标的业务部门,最好从一个具有战略意义是业务部门开始,适于建立平衡计分卡。企业高层应当确定一个能够担当起平衡计分卡总体设计重任的人选,可以在内部管理层选用,或在外部专业机构聘任。

(2) 设计人员与企业高层对制定平衡计分卡的主要意图及战略目标达成共识。高级管理人员收到关于平衡计分卡的背景材料,以及描述企业的愿景、使命和战略的内部文件。设计人员通过对该部门的全面了解,帮助部门管理人员理解企业是战略目标,并了解他们对平衡计分卡评估手段是建议,解答他们提出的问题。在充分沟通与反复讨论是基础上,最终确定企业的战略目标。

(3) 设计小组制定初步的平衡计分卡,选择和设计评估手段。与高级经理举行会谈后,在确定了关键的成功因素后,由小组制定初步的平衡计分卡,其中应包括对战略目标的绩效评估指标。设计人员对讨论会得出的结果,并就这一暂定的平衡计分卡进行考察、巩固和证明,包括以下要点:对每个目标,设计出能够最佳实现和传达这种目标意图的评估手段;对每一种评估手段,找到必要是信息源并为获得这种信息而采取必要的行动;对于每个目标的评价体系之间的相互影响以及与其他目标的评价体系的影响进行评估。

(4) 制定实施计划。高层管理人员、中层经理及其直接下属集中到一起,对企业的愿景、战略陈述和暂定的平衡计分卡进行讨论,达成最终的一致意见,并开始构思实施计划。设计者和管理人员为平衡计分卡中的每一指标确定弹性目标,并确认实现这些目标的初步行动方案,包括在评估指标与数据库和信息系统之间建立联系、在整个组织内宣传平衡计分卡,以及为分散经营的各单位开发出二级指标。

(5) 定期考察,将平衡计分卡融入企业的管理制度并发挥作用。每季或每月应准备一份关于平衡计分卡评估指标的信息蓝皮书,以供最高管理层进行考察,并与分散经营的各分部和部门进行讨论。在每年的战略规划、目标设定和资源分配程序中,都应包括重新检查平衡计分卡指标的有效性。

(三) 平衡计分卡的评价

1. 平衡计分卡的优越性。

(1) 将战略和目标具体化。它以企业的经营战略和愿景为基础,根据自身的战略和经营需要设计各具体指标,因此具有充分的战略导向性,并能把战略开发和财务控制两者紧密联系在一起,充当了企业经营业绩桥梁。

(2) 实现评价指标之间的平衡,强调指标间的因果关系。平衡计分卡包含财务、客户、内部业务流程、学习和成长四个方面,囊括了影响企业业绩的所有主要指标,兼顾非财务指标,从而预防了管理人员短期行为,充分地描述实现企业实现长期战略目标的推动因素。

(3) 促进企业内部沟通和联系。在沟通反馈方面,平衡计分卡可以作为企业各种努力的聚焦点,向管理人员、员工、客户和投资者作出明确通报,更容易在个人目标、部门目标和权益战略之间实现一致。

(4) 增强战略反馈和学习能力。平衡计分卡在企业内部建立了战略学习、知识网络,员工就有机会在客户服务和流程改进方面取得突破性进展,同时企业上下也能在战略制定、评价及奖励过程中,达到相互交流和学习的目的,并形成有关企业战略目标的共识。

2. 平衡计分卡的局限性

当然,由于本身发展的不成熟和企业现有管理水平的局限,平衡计分卡在使用过程中还面临着若干瓶颈。

(1) 它必须以完善的信息系统为基础,如果无法实现,就会出现业绩信息不及时、管理时效性差、上下级指示无法对接等问题。设计平衡计分卡、确认业绩驱动因素、在财务指标也非财务指标之间建立联系等都需要耗费大量时间,并增加员工的工作量,如果沟通不力,就会给企业带来沉重压力。

(2) 非财务评价指标是设计和计算也是一个难题。一些非财务指标难以量化,如在学习与成长方面,业绩指标常常前后矛盾,缺乏明确的分界线,应用难度较大。事实上,学习、成长与创新都是很宽泛的概念,涉及企业生产经营的方方面面,单独界定一个方面似乎比较困难。

(3) 指标体系的非财务层面,未能直接体现出以财务业绩为落脚点的逻辑关系。平衡计分卡四个层面的评价指标,最终均应指向财务评价指标,因为财务目标是企业追求的最终目标。无论是客户层面的业绩,内部流程层面的业绩,还是学习与成长层面的业绩,最终都为了追求财务业绩,尽管四个层面之间由一条因果关系链联系起来,但都没有在具体指标项目上体现出来。不同指标之间如何进行权衡也未明确。

(4) 在财务指标的改进和完善方面,平衡计分卡并未有很多的实质性突破,采用的财务业绩指标依旧是传统的财务以及评价指标,未能很好地体现知识经济时代企业战略经营业绩评价对财务指标设置的要求。

第四节 业绩评价体系的设计

不同的企业组织背景千差万别,因此不可能建立起一套适合于所有企业的业绩评价系统,但任何一个组织在构建业绩评价系统时必须全面考虑评价目标、评价指标、评价标准和评价方法等因素,它们构成了业绩评价系统基本要素。实际操作中,企业应根据自身具体组织背景设计业绩评价系统。

一、业绩评价目标的设计

评价目标是整个业绩评价系统运行的指南和目的,决定了评价指标的选择、评价标准的设置和评价方法的确定,而评价目标的确定更多的是以关键成功因素的形式与战略目标和战略规划联系在一起。从企业所面临的环境复杂性和动态性的特征来看,企业要想获得或者保持竞争优势,必须从本身独特的战略资源和核心能力出发,选择有吸引力的行业,制定正确的竞争战略,并且在战略目标和战略规划已经形成的前提下来选择评价目标。

企业业绩评价模式最具代表性也最具有广泛影响力的是平衡记分卡。平衡记分卡在综合分析企业内外环境和资源条件的基础之上,将目标归结为财务、客户、内部业务流程和员工与学习四个基本方面,帮助企业管理者理解并把握经营成功的关键动因,全面提升企业价值管理水平。这四个基本方面是根据多数企业的经验提炼出来的,而且被实践证明是影响企业竞争力的四个最关键的因素,因此平衡记分卡应该成为探讨业绩评价目标选择的指导性框架。综上所述,财务目标是一个企业最终追求的目的,要实现企业的财务目标,关键是让客户满意,而要使企业所创造的价值被认同,企业就必须不断进行创新。只有调动员工的积极性和激发员工的创造力,才能使企业得到持续发展,取得战略成功。

二、业绩评价指标的设计

评价指标的设计是建立企业业绩评价系统的关键与核心环节,评价指标设计的过程实际上就是一种选择的过程,就是如何在众多的评价指标中选择出能够反映评价目标实现程度的业绩"指示器"。从实践来看,一个企业在构建企业业绩评价指标体系时,通常应遵循的原则:一是以战略目标为源头,按照企业内部的控制层级,逐层进行分解和落实,形成一个层级式的业绩评价指标体系,同时注意各层级评价指标之间的目标一致性和协调性;二是在选择或者设计业绩评价指标以建立业绩评价指标体系时应考虑具体的组织背景,可以先搭建一个业绩评价指标的通用框架,再根据企业所处的环境和自身的特点在其中选择相应的评价指标;三是在建立内部管理业绩评价指标体系时应把握不同类型评价指标之间的平衡,包括财务指标和非财务指标的平衡、内部指标与外部指标的平衡、不同计算基础指标的平衡等。

构建适合我国国情的企业内部管理业绩评价指标体系,必须针对我国企业业绩评价的现状。在我国,国有企业一直占据主导地位,企业经营业绩评价长期以来一直是由政府倡导、组织和实施的,主要是以外部评价为主。我国先后制定并颁布实施了多套企业经营业绩评价指标体系,1999年颁布了《国有资本金业绩评价规则》及《国有资本金业绩评价操作细则》,并于2002年进行了修订。其重点是评价企业资本效益状况、资产经营状况、偿债能力状况和发展能力状况四项内容,对这四项内容的评价有基本指标、修正指标和专家评议指标三个层次,初步形成了财务指标和非财务指标相结合的业绩评价指标体系。国有资本金业绩评价指标体系是我国目前最具有代表性的企业业绩评价指标体系,在实践中也得到比较广泛的应用。

三、业绩评价标准的设计

评价标准是判断评价对象业绩优劣的基准,如何选择评价标准在业绩评价系统设计过程中同样是一个关键环节。由于可选择的评价标准存在多种类型,不同类型的评价标准各有利弊,在业绩评价系统中,通常可以应用四种类型的评价标准。

1. 经验标准

它是指经过大量的实践经验的检验而形成的标准。经验标准具有一定的公允性和权威性,在内部管理业绩评价中具有一定的适用价值,尤其对于难以通过其他方法设置评价标准的评价指标而言。经验标准最大的缺点是只考虑一般和普遍的情形,没有考虑特定组织背景所存在的特殊性。因此,在应用经验标准时应该杜绝生搬硬套。

2. 历史标准

历史标准是以企业过去某一时间的实际业绩为标准。应用历史标准有其优点,一是可靠性较高,因为其反映企业曾经达到的水平;二是可比性较强,因为这有利于评价企业自身经营财务状况和财务状况是否改善。但是历史标准只适用与纵向比较,不适用于横向同行业比较,也缺乏灵活的适应性,不能反映企业的现实经营环境,也无法评价企业在同行业中的地位与水平。

3. 行业标准

它是按行业制定的,反映行业财务状况和经营业绩的基本水平。行业标准是一种动态的标准,有利于企业开展同行业的横向比较,判断企业在行业中所处的地位与水平,从而发现企业经营管理活动存在的差距。但是,在实际中难以直接可靠地获取竞争对手的相关信息,如果行业标准数据不够准确,依据其确定的业绩评价目标值就不具有说服力了。

4. 预算标准

它是指企业根据自身经营条件或经营状况所制定的目标标准。预算标准可以将行业标准和企业历史标准相结合,能够比较全面地反映企业的状况。从理论而言,预算标准是最为合理的一种业绩评价标准。业绩评价的目的在于衡量管理者控制战略实施活动的效果和效率,其本质上是战略目标和战略规划实施的一种保障机制,预算标准的制定符合业绩评价的目的和本质。从实践上来看,预算标准是我国应用最为广泛的一种业绩评价标准。但是,预算标准的确定也在一定程度上受到人为因素的影响,从而可能缺乏客观的依据。因此需要采用科学的方法制定预算标准。

四、业绩评价方法的设计

评价方法解决的是如何评价的问题,即采用一定的方法运用评价指标和评价标准,从而获得评价结果。如果没有科学合理的评价方法,那么评价指标和评价标准就成了孤立的评价要素,也就失去了本身存在的意义。目前,在实践中应用比较广泛的评价方法主要有单项评价方法和综合评价方法。单项评价方法就是选择单项指标,计算该指标的实际值,并与所设置的评价标准进行比较,从而对评价客体的经营业绩做出评价结论;综合评价方法就是以多元指标体系为基础,在评价指标、评价标准和评价结果之间建立一定的函数关系,之后计算出每个评价指标的实际数值,进而得出综合的评价结论,具体又可以根据评价方法的特点分为指标分解评价方法和指标综合评价方法。前者以杜邦分析体系和帕利普财务分析体系为代表,后者包括综合指数法、综合评分法等。平衡记分卡从本质上讲属于指标综合评价方法,可以将其看作是一种特例,因为平衡计分卡更多的是注重不同类型指标之间的平衡关系,强调不同类型指标之间的因果关系,在评价指标设计、评价程序确立等方面具有一定的创新性。

对我国企业而言,业绩评价方法的基本选择应是综合评价方法,其中定量指标采用综合指数法和综合评分法,定性指标采用综合分析判断法。综合指数法就是首先将单项指标实际值与标准值进行比较,计算出指标的单项指数,之后根据各项指标的权重进行加权汇总,得出综合指数,最后根据综合指数的高低判断经营业绩水平;综合分析判断法是由评价专家凭借自身的学识和经验,根据评价对象在某一方面的表现,采用主观分析判断的方法确定评价指标达到的等级,再根据相应的等级参数和指标权数计算得分。

在实际操作中,综合评价方法也存在许多问题。应用综合评价方法的难点在于指标权重的确定,指标权重的确定方法包括主观赋权法(如德尔菲法)和客观赋权法(如因子分析法、相关权重赋权法等)在确定评价指标权重的过程中,应根据企业内部的具体情况具体分析,注意企业就部门的发展阶段、竞争地位和战略类型等现实存在的差异,将主观赋权法与客观赋权法结合起来考虑。也就是说,评价指标权重的设置应该遵循权变观念,充分考虑企业组织背景的影响。评价指标权重的确定并不意味着一成不变,一旦企业的组织背景发生了相应的变化,评价指标权重就应该动态、灵活地进行调整。

本 章 小 结

企业业绩评价,是指运用数理统计和运筹学的方法,通过建立综合评价指标体系,对照相应的评价标准,将定量分析与定性分析相结合,对企业一定经营期间的盈利能力、资产质量、债务风险以及经营增长等经营业绩和努力程度进行的综合评判。业绩评价基本功能包括激励与约束功能、资源再配置功能、项目再评估功能和战略管理功能。按照不同的分类标准,业绩评价可划分为不同的类型和层次:根据业绩评价主体不同可分为外部评价和内部评价,根据业绩评价客体不同可分为整体评价、部门评价和个人评价,根据业绩评价内容不同可将分为财务评价和非财务评价,根据业绩评价范围不同可分为综合评价和单项评价。业绩评价系统的构成要素包括评价目标、评价对象、评价指标、评价标准、评价方法和评价报告。

国外企业业绩评价的历史发展大致可分为三个阶段:成本业绩评价时期,财务业绩评价时期,企业战略经营业绩评价时期。我国企业业绩评价的历史演进存在着财政部和其他部门两条线。中外企业经营业绩评价演进史我们可以看出:经营环境的变化是企业经营业绩评价体系发生变化的根本原因,所得与所费是企业经营业绩评价的基本内容,业绩评价体现着不同阶段的财务管理目标。

业绩评价指标包括财务指标和非财务指标。基本财务指标有净收益、投资收益率、现金流量、经济增加值、市场增加值和经济利润等;非财务指标通常有客户、经营和员工三大类,客户评价指标包括市场份额、客户保持和获得、顾客满意度、客户获利能力,经营评价指标包括战略目标、创新、产品和服务的质量、生产力,员工评价指标包括员工能力(员工满意程度、员工保留率、员工的劳动生产率)、学习与团队(员工的技能培训、员工的信息沟通能力、积极性和创造力、工作授权和团队合作）。财务指标和非财务指标各有优缺点。

综合评价是对以多属性体系结构描述的对象系统作出全局性、整体性的评价，即对评价对象的全体，根据所给的条件，采用一定的方法给每个评价对象赋予一定的价值，再据此择优或排序。目前国内外常用的综合评价方法有：经济分析法、专家评价法、运筹学和其他数学方法等。

综合评分法的基本程序为选取业绩评价指标、确定各项经济指标的标准值及标准系数、确定各类经济指标的权数、计算各类指标得分、计算综合评价得分、确定综合评价结果等级。

平衡计分卡（BSC）作为一种新的绩效评价体系，主要包括财务、客户、内部业务、学习与成长四个方面的内容，这四个方面是紧密联系、不可分割的，在逻辑上紧密相承，具有一定的因果关系，企业战略则依据该关系逐渐得到传递和落实。同传统业绩评价体系相比，平衡计分卡有着明显的优势，但也存在一定局限性。

不同的企业组织背景千差万别，但任何一个组织在构建业绩评价系统时必须全面考虑评价目标、评价指标、评价标准和评价方法等因素，它们构成了业绩评价体系设计的基本要素。

复习思考题

1. 什么叫企业业绩评价？它有哪些功能？
2. 企业业绩评价系统由哪些要素构成？
3. 业绩评价有哪些模式？
4. 从国内外业绩评价的历史演进中我们能够得到什么启示？
5. 企业业绩评价的财务指标有哪些？财务指标有何优缺点？
6. 企业业绩评价的非财务指标包括哪些方面？与财务指标相比有哪些优点和局限性？
7. 企业业绩的综合评价方法有哪些？
8. 企业业绩评价指标体系的设计包括哪些方面？

案 例 分 析

1. Z公司是一家使用竹子为主要原料生产纸张的集团公司，它在云南、广西、四川、贵州等地都有下属造纸企业，该公司每年每个当地企业至少消耗几十至上百万吨竹子。原料时常短缺。这并不是因为竹资源不够，而是竹资源外流：被当地有些小造纸厂收购走了；或是用于做脚手架、边竹篮甚至当柴；农民由于农忙或者阴雨天不愿砍竹子。当地竹原料不够时企业只有停工，或改变工艺流程使用木材，而改变工艺流程就要改变设备条件，增加费用，这样使有些企业付出的成本甚至高于停工成本。所以该集团公司每个下属企业都有停工期，最长的要停5个月。

该公司在每个地方的造纸厂都是当地收购竹子的大户，能稳定市场价格，为政府增加农业税收等各项财政收入。因此许多当地政府也对造纸厂收购竹子给予政策支持。

另外,当地野生竹子资源不充足,必须有计划的建立人工植竹基地,种竹子也得靠当地政府和农民进行,所以,每个造纸厂就必须与当地政府密切合作,把企业和政府的关系处理好,解决与竹原料相关的事成为各个造纸厂的重要业务内容。

因此,各个下属企业的产量除了与工人努力、企业管理水平有关以外,还与竹原料的供应有关。那么,在这种情况下,应该从哪些方面来评价每个下属造纸厂的业绩呢?

2. 河南神火集团有限公司(以下简称"神火集团")是以发电、煤炭、电解铝生产及产品深加工为主的大型企业集团,中国企业500强,河南省百户重点企业,河南省重点扶持的煤炭骨干企业及铝加工企业,河南省第一批循环经济试点企业。现有总资产406亿元,员工36 000人。所属子公司河南神火煤电股份有限公司"神火股份"于1999年在深交所挂牌上市。

表 11-4　神火煤电 2008—2011 年 EVA　　　　　　　　　　　　　单位:元

年份	2008	2009	2010	2011
税后净营业利润	2 722 936 705	1 961 700 865	3 079 717 670	3 235 903 100
资本总额	8 533 326 420	11 459 472 610	15 886 144 63	16 476 808 230
WACC	9.69%	6.67%	10.84%	9.32%

(1) 2009 年的 EVA 比 2008 年在减少,这说明了公司什么?而 2010 年与 2009 年 EVA 又增加这又暗示了什么?

(2) 从 2008—2011 年河南神火集团有限公司 EVA 的变化情况,给了我们什么启示?

图书在版编目(CIP)数据

管理会计学/张绪军,杨桂兰主编. —2版. —上海：复旦大学出版社,2020.11(2022.8重印)
(信毅教材大系.会计学系列)
ISBN 978-7-309-15173-2

Ⅰ.①管… Ⅱ.①张… ②杨… Ⅲ.①管理会计-高等学校-教材 Ⅳ.①F234.3

中国版本图书馆 CIP 数据核字(2020)第 122996 号

管理会计学(第二版)
张绪军　杨桂兰　主编
责任编辑/方毅超

复旦大学出版社有限公司出版发行
上海市国权路 579 号　邮编：200433
网址：fupnet@fudanpress.com　http://www.fudanpress.com
门市零售：86-21-65102580　团体订购：86-21-65104505
出版部电话：86-21-65642845
上海四维数字图文有限公司

开本 787×1092　1/16　印张 19.5　字数 439 千
2020 年 11 月第 2 版
2022 年 8 月第 2 版第 2 次印刷

ISBN 978-7-309-15173-2/F·2715
定价：49.00 元

如有印装质量问题,请向复旦大学出版社有限公司出版部调换。
版权所有　侵权必究